U0154340

# 國貿及海空運實務完全手冊

許坤金 —— 著

五南圖書出版公司 印行

# ▮ 亞慶貿易有限公司黃董事長　推薦序

　　本人和許坤金先生相識40多年。初識時，我們僅是船公司員工與貨主的關係。還記得，我方貿易公司於1978年第一次出貨，正是使用許坤金先生服務的OCL（英國海外貨櫃輪船公司）船運，自此結下不解之緣。

　　許坤金先生為人誠懇、熱心服務、談吐幽默又滿腹經綸，不論詩詞歌賦、古今中外史地，都有相當程度的涉獵，甚至通曉中、英、日三國語言，令我好生佩服。

　　1981年，許坤金先生有幸獲得一家英國進口公司客人的賞識，轉行開設貿易公司，做了臺灣總代理，負責採購業務，並出口至英國及歐洲。後來，甚至還受聘於中華民國外貿易發展協會（貿協）當講師，主講船務（Shipping）、三角貿易實務，被譽為權威名師。從此，不僅桃李滿天下，更出版了多本著作。一個同時擁有船務、國貿、講師的跨領域人才，委實不多見，這樣富有實務經驗又作育英才成功的實例，堪稱奇葩。

　　本書匯集了許坤金先生多年的實務經驗，內容不僅豐富，更是深入淺出、淺顯易懂，其主要針對船務公司、進出口貿易常遇到的疑難雜症，提出處理建議及解決方案。相信不論讀者的資歷深淺，都可融會貫通、學以致用。而身為許坤金先生多年好友的我，也給予這本書最大的肯定，並有幸在此出書之際，大力推薦，為之作序。

亞慶貿易有限公司

董事長　黃金樹　謹上

2023年5月20日

# ▌超捷國際物流集團蔡董事長　推薦序

　　本人從事海、空貨運、物流30餘年，接觸過很多業界的從業人員，但像許坤金先生這樣，不但精通海、空運的操作，對報關通關流程及作業，也有相當程度了解之人，殊屬難得。他早年在船務代理公司及海、空貨運公司，實際服務過將近20年，具有相當的經驗及專業知識。

　　許坤金先生是我臺南一中的學長，他在海、空貨運業界退休後，受聘到外貿協會，從事培訓進出口貿易及物流人才的教學工作，成績斐然，榮獲外貿協會頒發獎狀表揚。

　　如今許坤金先生又願意以其精研所得專業知識及實務經驗編著成書，名曰《國貿及海空運實務完全手冊》，來嘉惠後進，讓新進人員讀後能很快進入工作狀況，也讓在職的員工，在處理事情上更順手、更有效率。

　　本人對於許坤金學長這種精神，深為感動，也對於這本書的內容甚為讚賞，值此學長出書之際，能為之作序，深感榮幸。

超捷國際物流股份有限公司

集團董事長　蔡登俊　謹識

2023年6月

# ▌長榮貨櫃公司前總經理 推薦序

　　臺灣屬海島型經濟，一切進出口貿易行為均以海、空運輸達成之；民國84年許坤金先生成立跨世紀企業管理顧問公司，10幾年來，他舉辦的「船務實務」企業講座，參加者眾、甚獲好評，幾已成為進出口廠商船務人員的進修搖籃。現在他願以其在業界多年的經驗及專業知識著手整理出書，嘉惠貿易界及海空貨運業界朋友，這種經驗傳承的精神著實值得學習及肯定。

　　許坤金先生與本人為屏東中學初中同學，認交約40載，許君在校成績優異，為人謙恭誠懇；大學畢業後，歷任著名外商船務公司及海空貨運承攬業之副總經理及總經理職務多年，深具國際貿易及海空運輸之專業知識和實務經驗，英文造詣又佳，其昔日編撰出版的《國貿船務英文》，把國際貿易和船務方面之主要常用的英文、專門術語及用法，加以精闢之解說，對於從事外銷生意及海空貨運的人員，若能鑽研此書，再佐讀許君近日之另一佳作《國貿及海空運實務完全手冊》，予以融會貫通後，對進出口貿易及海空貨運之知識和實務經驗，不但將有更深一層地了解，亦能駕輕就熟地搶奪先機達成交易，實助益匪淺，特藉此推薦之。

長榮貨櫃股份有限公司

前總經理　莊錦衡

# ▌作者序

　　貿易愈頻繁，貨物的運送就愈顯重要。由於坊間很少有專門針對海空貨運、貨櫃場作業及報關通關方面，加以連貫說明的書籍，因此，一般船務人員很難獲得工作上所需的專業知識及解決問題的技巧。傳統上幾乎都是「土法煉鋼」，邊做邊學得到的，但這種方法不但落伍，而且緩不濟急，同時也會造成公司無謂的損失。

　　有鑒於此，筆者以從事貿易及船務業30餘年的經驗及所學，特別針對進出口廠商經常會碰到的問題，及應該如何解決的方法編寫成冊，讓資淺的船務人員讀後能很快進入工作狀況；讓資深者在「知其然而不知其所以然」的情況下能豁然開朗。

　　本書內容包括海空貨物運送、兩岸報關通關、貨櫃場作業、三角貿易及跨境電商物流操作實務，涵蓋很廣。筆者是以實務方式來詮釋問題，但海空貨運業者因公司政策、立場不同，各家處理問題的方式也不盡相同，容或有與筆者看法不一之處，尚祈讀者及各位先進不吝指教！

　　2020年全球爆發「新冠肺炎」以來，世界各主要港口陸續都有塞港情形，導致航班失序、艙位失衡、貨櫃調度困難及運費大漲等情事，讀者在進出口操作上，宜密切與運送業者連繫，隨時掌握最新訊息。

　　本書中所提供的費用數據、文件及操作程序，只為方便作者說明，讓讀者能更容易了解、僅供參考而已，容或時空變化有所

變更，但仍值得鑑古知今，一窺事情變化的緣由，還請讀者知悉及諒解。

　　筆者期望這本書，能讓所有的船務人員在處理Shipping的工作上更順手、更有效率！

許坤金　謹識
2023年10月

作者許坤金與台塑關係企業董事長王永慶先生合影

作者應經濟部外銷服務團邀請在臺北國貿局大禮堂演講

臺北市海運承攬運送業公會邀請作者專題演講

作者於外貿協會國際企業人才培訓中心擔任講師

# CONTENTS

## 空運 PART 1

# 海運

PART 2

# 三角貿易 PART *3*

# 跨境電商物流　　　PART 4

PART *1*

# 空運

## Unit 1-1

# 常用的空運專有名詞及術語解釋

## 一 〉 空運專有名詞

1. IATA：International Air Transportation Association 國際航空運輸協會。
2. Direct：直走。
3. CONSOL：Consolidation 併裝。
4. Transit：轉運。
5. MAWB：Master Airway Bill（主提單，亦指航空公司之提單）。
6. HAWB：House Airway Bill（分提單，指空運公司之提單）。
7. CNEE：Consignee 收貨人。
8. SHPR：Shipper 寄貨人。
9. Agent：國外代理。
10. PP：Prepaid 運費預付（指運費由寄貨人負擔）。
11. CC：Collect 運費到付（指運費由收貨人負擔）。
12. G. W.：Gross Weight（毛重）。
13. V. W.：Volume Weight（材積重）。
14. C.W.：Chargeable Weight（計價重量）。
15. Local Debit Note：通常指 PP 帳單。
16. Debit Note：通常指「應收」國外帳單。

17. Credit Note：通常指「應付」國外帳單。

18. Profit Share：專為利潤分配之帳單，包括「應收」和「應付」兩種。

19. IATA Rate：指國際航空運輸協會所規定之價格。

20. Selling Rate：指賣價。

21. Net Rate：指底價。

22. Net/Net Rate：指真正的底價。

23. All-in：指將所有費用全部計算在一起之報價。
即指「預先將（運費＋其他費用＋報關費）÷重量後之單價作為報價之方式」，採用此方式只能向付款者收取All-in之價格，不可再收取其他費用，除非是客戶所要求代為申請之某項特殊文件費。

24. M：Minimum Charge（指最低收費）。

25. N：Normal Rate（−45KG，指45公斤以下之費率）。

26. Q：Quantity Rate（＋45KG，指45公斤以上之費率）。

27. Air Freight：空運運費。

28. Freighter：全貨機。

29. W.S.C.（T/C）：Warehouse Charge（Terminal Charge）倉租Min. NT100.00。300公斤以下，每公斤NT5.00，超過300公斤，超過之部分，每公斤NT1.50。
例：貨物重量520KGS，應付倉租NT1,830.00。其算法為NT5.00 × 300KGS ＋ NT1.50 ×（520KGS−300KGS）。

30. EDIC：Electronic Data Interchange Charge 鍵輸費。
一般航空公司，每張提單收費NT40.00，出口海關以時間計費，進口海關收費NT200.00。

31. H/C：Handling Charge 手續費或報關費（可依各公司之決定，自行設定收費及成本標準）。

32. Cartage：卡車費。

33. TACT：The Air Cargo Tariff 國際航空貨運規章（附件1-1）

34. ULD：Unit Load Devices 單位裝載器具，亦即空運盤櫃（附件1-2）。

35. R/A：Restricted Articles 管制品。

36. D/G：Dangerous Goods 危險品。

37. Customs Airport：清關機場（有海關駐紮，負責貨物通關的機場）。

38. Manifest：艙單（貨物申報單）。
   有航空公司的艙單（附件1-3）及空運公司的艙單（附件1-4）。

39. C.A.S.：Customs Automation System 海關自動化通關系統。

40. Off Load：貨物從飛機上被拉下來（通常指中繼站 Space 擁擠時）。

41. C.O.D.：Cash On Delivery 貨到收款。
   進口提單上如有註明C.O.D.，意謂代收貨價的意思（如附錄1-1），此種送貨及兼收貨款的方式，大都用於進口商向國外買進急需的小量樣品，供應商請空運公司在進口地送貨時，順便收款的方式，這樣可以節省時間，而空運公司也可從中賺取手續費。

42. C.A.D.：Cash Against Document 付款交單。
   這是國際貿易中慣用的付款方式之一，空運進口提單如有註明「Cash Against Document」（如附錄1-2），就是出口地的空運公司要提醒進口地的代理，在放貨時，要注意提單上的Consignee（通常是銀行）是否有簽名背書，有的話，才可以放貨。

43. 直飛：指該航線直接由起運地飛抵目的地，中途不停靠其他機場。

　　例：TPE－LAX　BY　"CI"。

44. 轉機：指該航線由起運地飛抵目的地，途中須至某一指定機場轉換另一班機。

　　例：TPE－HKG　BY　"CX435/02 MAR"。

　　　　HKG－SHA　BY　"KA808/03 MAR"。

45. 直走：指直接以航空公司之提單（Master Airway Bill）出貨，直走有可能直飛，也可能途中停靠某機場上下貨，但原機飛往目的地機場。原因：

　　⑴寄貨人或收貨人指定必須採用直走方式。

　　⑵L/C 指定必須採用航空公司之提單押匯。

　　⑶空運公司在目的地沒有國外代理代為處理，或無法併裝。

46. 併裝：指將不同出貨人所出至「同一目的地」或「可先送至該目的地再行轉運」之貨合併在一起當成一筆貨，或為「國外代理之指定貨」必須以併裝之方式出貨者，以一張主提單（MAWB）出貨之方式。原因：

　　⑴同時收到不同寄貨人出至同一目的地之貨，且無指定直走，可藉由併裝獲取更多利潤。

　　⑵運費為到付（Collect）且收費低於 IATA Rate，須由 Agent 代收運費。

　　⑶航空公司拒收 Collect 貨。

　　⑷指定貨（Routing Order）指定必須由某一空運公司或國外代理代為運送。

　　⑸三角貿易（避免製造廠商和收貨人直接接觸）。

　　⑹轉運貨（須由國外代理安排轉運至目的地）。

## 附件 1-1　**The Air Cargo Tariff 內容介紹**

1. 空運分區：⑴美洲、格陵蘭；⑵歐、非洲；⑶亞、澳、紐西蘭、大洋洲。
2. Customs Airport 清關機場：有海關駐場負責貨物通關的機場。
   ⑴ 機場英文名索引、機場代號、City Codes（由三個英文字母組成）。
   ⑵ 機場代號索引、機場英文名稱。
3. 航空公司英文代號：由二或三個英文字母組成。
   ⑴ 英文代號索引、航空公司全名。
   ⑵ 航空公司全名索引、英文代號。
4 航空公司數字代碼：提單號碼之前三碼，代表航空公司。
5. 可接受運費到付（Charge Collect）之國別及航空公司。
6. 各國清關機場及重要機場介紹。

## 附件 1-2 貨物單位搭載用器

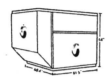

IATA ID CODE : AKE, RKE(Refrigerated)
Maximum capacity : 3,500LBS/ 153CU.FT
Tare weight : 198LBS
Types of aircraft : B747F, B747M, B747, MD11, DC10, A300F, A300
Usage : General cargo, Garment, Perishable items

IATA ID CODE : ALF
Maximum capacity : 7,000LBS/ 312CU.FT
Tare weight : 348LBS
Types of aircraft : B747F, B747M, B747, MD11, DC10, A300F, A300
Usage : General cargo

REFRIGERATED LD-9 CONTAINER(88 × 125 × 64)

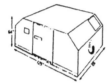

IATA ID CODE : AAP, SAK, RAK
Maximum capacity : 13,300LBS/ 365CU.FT
Tare weight : 1162LBS
Types of aircraft : B747F, B747M, B747, MD11, DC10, A300F, A300
Usage : General cargo, Garment, Perishable items

M1 CONTAINER(96 × 125 × 96)

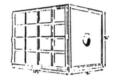

IATA ID CODE : AMA
Maximum capacity : 15,500LBS/ 605CU.FT
Tare weight : 834LBS
Types of aircraft : B747F, B747M, A300F
Usage : General cargo, Garment

96˝ × 125˝ PALLET

IATA ID CODE : PMC
Maximum capacity : 15,500LBS/ 630CU.FT
Tare weight : 270LBS
Types of aircraft : B747F, B747M, A300F
Usage : General cargo

88˝ × 125˝ PALLET

IATA ID CODE : PIP, PAP, PAG
Maximum capacity : 13,300LBS/ 580CU.FT
Tare weight : 245LBS
Types of aircraft : B747F, B747M, B747, MD11, DC10, A300F, A300
Usage : General cargo

20-FOOT PALLET

IATA ID CODE : P7E, PGE
Maximum capacity : 25,000LBS/ 1,123CU.FT
Tare weight : 1,548LBS
Types of aircraft : B747F, B747M
Usage : Heavy cargo

HORSE STALL

IATA ID CODE : HMA
Maximum capacity : 15,000LBS/ 605CU.FT
Tare weight : 2,083LBS
Types of aircraft : B747F, B747M, A300F
Usage : Horse transport

**附件 1-3**　航空公司艙單

**KLM CARGO**

ICAO Annex 9 Appendix 2
OACI Anexo 9 Apendice 2

**CARGO MANIFEST**
*MANIFIESTO DE CARGA*

Owner or operator
*Propietario o explotador*
**KLM Royal Dutch Airlines**
*KLM Compañía Real Holandesa de Aviación*
Trade Register Amsterdam no. 14286
*Registro Mercantil Amsterdam no. 14286*

GT　1803　02MAY

FG　1614　03MAY

| Marks of nationality and registration / *Matrícula y nacionalidad* | PH-BFH | Flight no. / *Vuelo no.* | KL 877 | Date / *Fecha* | 03MAY 1995 |
|---|---|---|---|---|---|
| Point of lading (place) / *Punto de embarque (lugar)* | AMS | Point of unlading (place) / *Punto de desembarque (lugar)* | | TPE | |
| Air Waybill no. / *Número de conocimiento* | | For use by owner/operator only / *Para uso exclusivo del propietario/explotador* | | | |

| Airline prefix / *Prefijo Lín. A.* | Serial no. / *No. serial* | No. of pckgs / *No. de bultos* | Nature of goods / *Naturaleza de las mercancías* | Spec. CGO / *CGA esp.* | Gross weight / *Peso bruto kgs* | Origin/ destination / *Origen/ destinación* | For official use only / *Sólo para uso oficial* |
|---|---|---|---|---|---|---|---|
| LOCAL | | | | | | | |
| 074 | 68916993 | 11 | PHARMA NR 〈冷藏品〉 | PEC | B M | 272 | BRU TPE | KL3864/03MAY |
| 074 | 34243263 | 1 | ELEC | | B | 10 | TLV TPE | KL0506/03MAY |
| 074 | 35466443 | 1 | PARTS | | B | 8 | GVA TPE | KL0292/03MAY |
| 074 | 34556583 | 3 | ELEC | | B | 5 | MUC TPE | KL0226/03MAY |
| 074 | 66683153 | △5 | FOODSTUFFS | PEC | B M | 1150 | AMS TPE | SFD | NCS./03MAY |
| 074 | 35357453 | 1 | RADAC 〈危險品〉 | RRY | B | 22 | AMS TPE | SFD | MAL./03MAY |
| 074 | 60383514 | 4 | SPARES | | B | 3010 | MIL TPE | KL4364/29APR |
| 074 | 31784594 | 3 | CHEM 〈危險品〉 | RPL | B | 35 | MUC TPE | KL0232/02MAY |
| 074 | 35391624 | 1 | SHIPS SPARS | | B | 164 | LON TPE | KL0114/03MAY |
| Q74 | 61964394 | 1 | TANNED SKINS | | B | 42 | KAN TPE | KL0586/03MAY |
| 074 | 35111694 | 8 | COMMUN EQUIP | | B M | 214 | TLV TPE | KL0506/02MAY |
| 074 | 35466384 | 1 | CARDPHONE PARTS | | B | 129 | GVA TPE | KL4424/30APR |
| 074 | 34122524 | 1 | TECH LIT | | B | 22 | BWI TPE | KL0652/29APR |
| 074 | 65931574 | 1 | COMPONENTS | | B | 74 | MAN TPE | KL0918/03MAY |
| 074 | 35230624 | 1 | CONSOL | | B | 8 | GLA TPE | KL0918/03MAY |
| 074 | 34297384 | 1 | CHEMS ND | | B | 1 | FRA TPE | KL2444/03MAY |
| 074 | 34457334 | 3 | CONSOL SEE MANI | | B | 71 | EIN TPE | KL4124/02MAY |
| 074 | 34452504 | 10 | WAFERSTEPPER 〈樣〉 | HEA | B | 8500 | AMS TPE | SFD | CHT./03MAY |
| 074 | 67528624 | 1 | PARTS 〈樣〉 | | B | 3 | LYS TPE | KL0200/03MAY |

# 附件 1-4　空運公司艙單

TO:

空運艙單

Milano:　telex 311011 jasmili | Vicenza:　telex 481686 jasvic l
Torino:　telex 213543 jastim | Bologna:　telex 213543 jasbol |
Biella:　telex 573637 jasfir l Firenze:　telex 572637 jasfir |
Venezia:　telex 481686 jasvc l Genova:　telex 270270 jaspo l
Civ.Marche:　telex 561389 jascrvt l Napoli:　telex 313097 jasbol |
Rome:　telex 620525 jasrom | Telefax (02) 70200308

| | | | | CARRIER . FLIGHT / DATE |
|---|---|---|---|---|
| | | | | CI 0346021195 |
| MAWB | | | | TO |
| 297/82023126 | | | | TAIPEI/CHIANG KAI SHEK |
| FROM | | | | |
| MILAN/ITALY | | | | |
| CONSOLIDATION / C NBR | | | | DATE　31/10/ |
| 1/9544269 | | | | |

CONSOLIDATION CARGO MANIFEST / EXTENSION LIST

| HAWB | PCS | GROSS WEIGHT (KILOS) | APT. | COLLECT FREIGHT CHARGE CURRENCY: | SHIPPER | CONSIGNEE | REMARKS |
|---|---|---|---|---|---|---|---|
| 9/9502241 | 12 | 212,38 | KHH | | | | FABRICS |
| 1/9517710 | 1 | 18,60 | TPE | | | | TRIMMINGS |
| 1/9517712 | 3 | 25,50 | TPE | | | | TEXTILES |
| 1/9517731 | 8 | 46,90 | TPE | | | | YARNS |
| 1/9517740 | 1 | 5,80 | TPE | | | | FABRIC RANGE |
| 1/9517742 | 5 | 253,10 | TPE | | | | TRANSFER PAPER |
| 1/9517776 | 44 | 910,00 | TPE | | | | SPARE PARTS |
| 3/9505149 | 3 | 233,00 | TPE | | | | SPARE PARTS |
| 3/9505164 | 6 | 144,30 | TPE | | | | FABRICS |
| 5/9511504 | 12 | 2002,00 | TPE | | | | SKIN CARE |
| 9/9502232 | 3 | 135,00 | TPE | | | | SPARE PARTS |
| * TOTAL ** | 98 | 3986,58 | | | | | |

## Unit 1-2

# 航空貨運簡略介紹

1. 航空公司的英文代號：由「The Air Cargo Tariff#」規定。
2. 航空公司的數字代碼：提單前三碼就是代表這家航空公司的號碼，也是由TACT規定。
3. 可供載貨之飛機型態：
   (1) 客貨兩用飛機（Passenger Flight）：上倉載人、下倉載貨。
   (2) 全貨機（Cargo Flight 或 Freighter）。
   （註：客貨兩用飛機班次多，全貨機班次少，客貨兩用飛機比較準點但 Space 少，如旅客行李多時，Cargo還有可能會被 Off Load「拉下」。）
4. 機型（依飛機製造廠商別）：（請參考附件1-5）
   (1) 波音公司：Boeing 707/727/737/747/757/767。
   (2) 道格拉斯：DC8/DC9/DC10。
   (3) 空中巴士 ：Airbus A300……。
   (4) 其他：如 Concorde、MD-11、Lockheed Tristar……。
5. 航空公司盤櫃型式：（請參考附件1-2）
   (1) 盤櫃之長寬高。
   (2) 最大裝載量。
   (3) 內徑可裝載材數。
6. 貨載之優先順序：旅客隨身行李／軍用物資／郵包／鮮貨／快遞貨／空運貨。

7. 時刻表（Time Table）：

　⑴ 起飛時間；⑵ 到達時間；⑶ 班次；⑷ 直飛；⑸轉機點；⑹各航空公司轉機點；⑺卡車轉運。

8. 如何選擇合適的航空公司：

　⑴ 直航班機（不轉機）；⑵ 選擇全貨機；⑶ 班次較密集者；⑷ 目的地國飛機。

9. 航權介紹：

　⑴ 飛越領空（不降落）。

　⑵ 降落不攬貨（僅加油、加水）。

　⑶ 降落兼攬貨。

10. 計價方式：以毛重（Gross Weight）及體積重（Volume Weight）較大者，當計價單位。

　Volume Weight 的計算方式：

　⑴ 長×寬×高 （cm）÷6,000＝V.W.。

　⑵ 長×高（in）÷366＝V.W.。

　⑶ 長×寬×高（in）÷1,728＝Cubic feet（材）。

　⑷ 材×1,728÷366＝V.W.。

　⑸ 長×寬×高（m）＝CBM（$m^3$）。

　⑹ CBM×35.315＝材。

　⑺ 材×4.725＝V.W.。

　⑻ 1材＝4.725公斤。

11. IATA Rates：國際航空運輸協會所訂定清關機場至清關機場之費率，一般均以出口國之當地貨幣為單位。

　⑴ M：Minimum Charge（M÷N＝Min. Weight）。

　⑵ N：Normal Rates（－45kg 以下之費率）。

　⑶ Q：Quantity Rates（＋45kg 以上之費率）。

⑷ SCR：Specific Commodity Rates（對特定產品之優惠費率）。

⑸ Container Rates：整櫃（盤）價格（一般適用於美國、加拿大）。

12. 空運貨之類別：

⑴ 乾貨：一般工業產品／後送行李／印刷品……。

⑵ 鮮貨：Perishable cargo or fresh cargo（花／海產／水果及農產品……等易腐性之產品）。

⑶ 活動物：Live animal（牛、羊、豬、馬、魚……）。

⑷ 危險品：易爆／易燃／腐蝕性／毒性／傳染性／農藥／放射性／電磁波……。

13. 較易使用空運的貨物：（乾貨）

⑴ 貨樣：Sample（參展或交易用 Approved Sample）。

⑵ 價值高物品：Valuable Cargo（如貴金屬、IC……）。

⑶ 生產用設備、模具：使用價值較高，有時效性且成本可由量產下之產品分擔。

⑷ 生產線零件：國際分工的趨勢下，生產用零件、物料空運機會大。

⑸ 新產品促銷：先期以空運送交，將產品打開市場後，海運貨隨後如期到達。

⑹ 處罰性貨物：生產延誤無法如期裝船交貨，經客戶同意改用空運但空運費自行負擔。

14. 空運公司可承攬之業務：航空公司都必須透過空運承攬業來攬貨。

出口空運：賣價／安排航次／訂位／確認班機／發放主或副提單……。

## 附件 1-5　貨物搭載能力　**Aircraft Configuration**

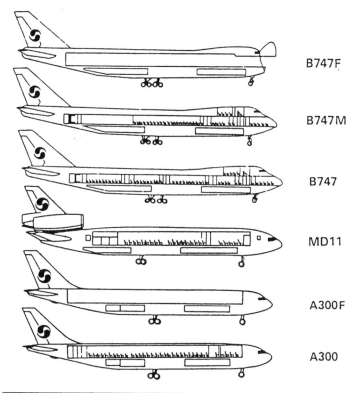

| AIRCARFT TYPE | | B747F | B747M | B747 | MD11 | A300F | A300 |
|---|---|---|---|---|---|---|---|
| Main Deck | Number of ULD | 29P | 7P | – | – | 14P | – |
| | Capacity(CUFT) | 16,210 | 6,615 | – | – | 6,590 | – |
| Lower Deck | Number of ULD | 30C or 6L+12C | 32C or 4L+20C | 32C or 4L+20C | 32C or 4L+20C | 20C or 4L+8C | 22C or 4L+10C |
| | Capacity(CUFT) | 3,360 | 3,680 | 3,680 | 3,680 | 2,240 | 2,560 |
| Bulk | Capacity(CUFT) | 560 | 270 | 270 | 270 | 260 | 240 |
| Total | Capacity(CUFT) | 20,130 | 10,565 | 3,950 | 3,950 | 9,090 | 2,800 |

✻ Main Deck ULD Contour
　" B747F : 96×125×118 Inch － 21 Positions( Type 2 H)
　　　　　 96×125× 96 Inch － 8 Positions( Type 2)
　" B747M : 96×125×118 Inch － 6 Positions( Type 2 H)
　　　　　 96×125× 96 Inch － 1 Positions( Type 2)
　" A300F : 96×125× 96 Inch － 11 Positions( Contour from 84 Inch Height)
　　　　　 96×125× 91 Inch － 3 Positions( Contour from 65 Inch Height)

✻ Lower Deck ULD Code
　" C : 60.4 × 61.5 × 64 Inch
　" L : 88 × 125× 64 Inch

## Unit 1-3
# 空運出貨方式與MAWB、HAWB提單的關係

**一》直走方式**

　　指直接以「航空公司之提單（MAWB）」出貨：

1. 直走出貨程序：

　　寄貨人 → 委託空運公司代辦出口手續

　　→ 空運公司向航空公司訂位→ 再向海關辦理通關手續

　　→ 放行交單轉交航空公司運送

　　→ 貨到目的地由航空公司通知收貨人領單

2. 直走原因：

　　(1) 寄貨人或收貨人指定必須採用直走方式。

　　(2) 信用狀指定必須使用航空公司之提單押匯。

　　(3) 目的地無國外代理代收運費，或無法併裝。

　　(4) 運費為預付且航空公司同意提供 Net 底價。

3. 直走運送單據：

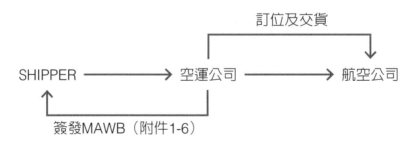

## 二》併裝方式

　　指將不同出貨人所出至「同一目的地」或「可先送至該目的地再行轉運」之貨合併在一起當成一筆貨，或為「國外代理之指定貨」必須以併裝之方式出貨者，以一張主提單（MAWB）出貨的方式。

1. 併裝出貨程序：

　　寄貨人 → 委託空運公司代辦出口手續

　　→ 空運公司先向航空公司訂位 → 再向海關辦理通關手續

　　→ 放行交單轉交航空公司運送 → 貨到目的地由航空公司通知

　　→ 空運公司的國外代理領單 → 再由國外代理通知收貨人領單

2. 併裝原因：

　　⑴同時收到不同寄貨人出至同一目的地的貨物，且無指定直走，可藉由併裝獲取更多的利潤。

　　⑵運費為到付（Collect）且收費低於 IATA Rate，須由Agent代收運費。

　　⑶航空公司拒收Collect貨。

　　⑷指定貨（Routing Order）：指定必須由某一空運公司或國外代理代為運送。

　　⑸三角貿易（避免製造廠商和收貨人直接接觸）。

　　⑹轉運貨（須由國外代理安排轉運至目的地）。

　　（註：一併一「表示一張MAWB包含一張HAWB」，依此類推，有一併二、一併三……等等。）

3. 併裝運送單據：

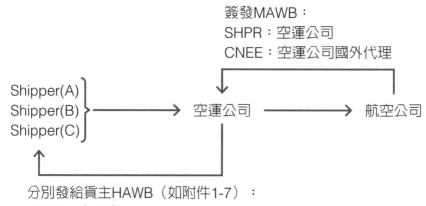

簽發MAWB：
SHPR：空運公司
CNEE：空運公司國外代理

Shipper(A)
Shipper(B) ──→ 空運公司 ──→ 航空公司
Shipper(C)

分別發給貨主HAWB（如附件1-7）：
SHPR：出口商
CNEE：國外BUYER 或開狀銀行

# 三〉 轉運

## （一）轉運的作業情形

1. 轉運貨必須經由國外的代理來處理。

2. 轉運時，將會使用兩張MAWB來作業。

3. 轉運貨除轉空運外，可能使用保稅卡車或其他運輸工具。

4. 轉運貨會被轉入目的地之海關倉庫，如機場、航空公司貨倉、保稅倉……。

5 轉運貨若為CC貨時，必須考慮由誰去向收貨人收取運費。

6. 轉運貨除轉運費成本外，看是否另外有其他任何費用（Reforwarding Charges）。

## （二）轉運使用之時機

1. 較不容易直接由航空公司安排到的目的地，如中轉大陸貨。

2. 轉運本身可節省運費成本，如經由SIN/BKK……轉運至歐洲。

3. 經由國外代理，可安排更好的班機，機位也較充足。

4. 利用併裝併貨到離目的地較近之機場，後段再交由國外代理轉運，如此可省前段之運費成本，如經由LAX/ORD/JFK轉美國國內點。

（註：直走轉機與Agent轉運之不同點，在HAWB併裝上之應用。）

## 附件 1-6 MAWB：主提單

| 695 | | 1231 671 | | | | 695- 1231 671 |
|---|---|---|---|---|---|---|

Shipper's Name and Address
TRANSWORLD EXPRESS CO.,LTD.
6F NO. 397, SEC.5 NAN-KING EAST ROAD
TAIPEI TAIWAN

Shipper's Account Number

Not negotiable
**Air Waybill**
(Air Consignment note)
Issued by
EVA AIRWAYS CORPORATION

**EVA AIR**
376, HSIN NAN ROAD, SEC. 1, LU CHU SHIANG, TAOYUAN HSIEN, TAIWAN.

Copies 1, 2 and 3 of this Air Waybill are originals and have the same validity

Consignee's Name and Address
WELLTON EXPRESS INC
179-14 149TH ROAD SUITE 201,JAMAICA
NY 11434
USA
TEL:718-6320732

It is agreed that the goods described herein are accepted in apparent good order and condition (except as noted) for carriage SUBJECT TO THE CONDITIONS OF CONTRACT ON THE REVERSE HEREOF. ALL GOODS MAY BE CARRIED BY ANY OTHER MEANS INCLUDING ROAD OR ANY OTHER CARRIER UNLESS SPECIFIC CONTRARY INSTRUCTIONS ARE GIVEN HEREON BY THE SHIPPER, AND SHIPPER AGREES THAT THE SHIPMENT MAY BE CARRIED VIA INTERMEDIATE STOPPING PLACES WHICH THE CARRIER DEEMS APPROPRIATE. THE SHIPPER'S ATTENTION IS DRAWN TO THE NOTICE CONCERNING CARRIER'S LIMITATION OF LIABILITY. Shipper may increase such limitation of liability by declaring a higher value for carriage and paying a supplemental charge if required.

Issuing Carrier's Agent Name and City

Accounting Information

(MAWB 併裝)

Agent's IATA Code / Account No.

LOT NO. :8810-00153
"FREIGHT PREPAID"

Airport of Departure (Addr. of First Carrier) and Requested Routing
CKS AIRPORT, TAIWAN

| To | By First Carrier | Routing and Destination | to | by | to | by | Currency | WT/VAL PPD COLL | Other PPD COLL | Declared Value for Carriage | Declared Value for Customs |
|---|---|---|---|---|---|---|---|---|---|---|---|
| JFK | BRO32/24OCT | | | | | | TWD | P | P | N.V.D. | N.C.V. |

Airport of Destination
NEW YORK, USA

Requested Flight/Date

Amount of Insurance
NIL

INSURANCE — If carrier offers insurance, and such insurance is requested in accordance with the conditions thereof, indicate amount to be insured in figures in box marked "Amount of Insurance".

Handling Information
POUCH ATTD.

These commodities, technology or software were exported from the United States in accordance with the Export Administration Regulations. Diversion contrary to USA law prohibited.

SCI

| No. of Pieces RCP | Gross Weight | kg lb | Rate Class / Commodity Item No. | Chargeable Weight | Rate / Charge | Total | Nature and Quantity of Goods (incl. Dimensions or Volume) |
|---|---|---|---|---|---|---|---|
| 6 CTNS | 578.0 | K | | 578.0 | TWD191.00 | TWD110,398.00 | CONSOL SHIPMENT AS PER ATTACHED MANIFEST |
| | | | | V:89K<br>SIZE:98x90x39cmX1<br>37x35x26cmX2<br>33x35x33cmX1<br>19x27x83cmX1<br>14x16x172cmX1 | | | |

| Prepaid | Weight Charge | Collect | Other Charges |
|---|---|---|---|
| TWD110,398.00 | | | EDIC TWD40.00 |

Valuation Charge

Tax

Total Other Charges Due Agent

Total Other Charges Due Carrier
TWD40.00

Shipper certifies that the particulars on the face hereof are correct and that insofar as any part of the consignment contains dangerous goods, such part is properly described by name and is in proper condition for carriage by air according to the applicable Dangerous Goods Regulations.

| Total Prepaid | Total Collect |
|---|---|
| TWD110,438.00 | |

Currency Conversion Rates

Signature of Shipper or his Agent

OCT.22,1999      TPE      KENNY

Executed on (date) / at (place)

Signature of Issuing Carrier or its Agent

695- 1231 671

## 附件 1-7　HAWB：分提單

| MASTER AIR WAYBILL NO. | 695-12316710 | | Not negotiable<br>**Air Waybill**<br>(Air Consignment note)<br>Issued by | | TEC-992140 |
|---|---|---|---|---|---|

| Shipper's Name and Address | Shipper's Account Number |
|---|---|
| PACKRITE INT'L CORP.　　TAIPEI,<br>TAIWAN,R.O.C. | |

TRANSWORLD EXPRESS CO., LTD.
6F NO.399 SEC.5 NAN-KING EAST ROAD
TAIPEI TAIWAN R.O.C.
TEL : (02) 2748-3311
TLX : 16111 TEC CARGO　FAX : (02) 27358610
Copies 1,2 and 3 of this Air Waybill are originals and have the same validity

| Consignee's Name and Address | Consignee's Account Number |
|---|---|
| PACKSTAR GROUP, INC.<br>SHIP TO:KOEGEL MEATS,INC. #3400 | |

It is agreed that the goods described herein are accepted in apparent good order and condition (except as noted) for carriage SUBJECT TO THE CONDITIONS OF CONTRACT ON THE REVERSE HEREOF THE SHIPPER'S ATTENTION IS DRAWN TO THE NOTICE CONCERNING CARRIERS LIMITATION OF LIABILITY Shipper may increase such limitation of liability by declaring a higher value for carriage and paying a supplemental charge if required

| Issuing Carrier's Agent Name and City |
|---|
| |

Accounting Information

(HAWB)

| Agent's IATA Code | Account No |
|---|---|
| | |

Airport of Departure (Addr. of first Carrier) and Requested Routing
CKS AIRPORT, TAIWAN

| to | By first Carrier  Routing and Destination | to | by | to | by | Currency | CHGS Code | WT/VAL PPD COL | OTHER PPD COL | Declared Value for Carriage | Declared Value for Customs |
|---|---|---|---|---|---|---|---|---|---|---|---|
| JFK | BR032/24OCT | | | | | USD | C | C | C | N.V.D. | N.C.V. |

| Airport of Destination | Flight/Date  For Carrier Use Only | Flight/Date | Amount of Insurance |
|---|---|---|---|
| NEW YORK, USA | | | NIL |

INSURANCE - If Carrier offers insurance, and such insurance is requested in accordance with conditions on reverse hereof indicate amount to be insured in figures in box marked amount of insurance

Handling Information

INV & P/L ATTD.(INV. NO.DSC/991020)

| No. of Pieces RCP | Gross Weight | kg lb | Rate Class<br>Commodity Item No | Chargeable Weight | Rate / Charge | Total | Nature and Quantity of Goods (incl. Dimensions or Volume) |
|---|---|---|---|---|---|---|---|
| 3<br>CTNS<br><br>DF<br>(IN DIAMOND)<br>C/NO.1-3<br>MADE IN TAIWAN<br>R.O.C. | 81.0 K | | | 81.0 K | USD3.00 | USD243.00 | PVC SHRINK LABELS<br><br>Q'TY: 27,900PCS<br><br><br>"FREIGHT COLLECT" |

| Prepaid | Weight Charge | Collect | Other Charges |
|---|---|---|---|
| | USD243.00 | | W.S.C. USD13.00  H.C. USD30.00  CARTAGE USD20.00 |

| | Valuation Charge | | EDI USD10.00 |
|---|---|---|---|

| | Tax | |
|---|---|---|

| | Total other Charges Due Agent | |
|---|---|---|
| | USD73.00 | |

Shipper certifies that the particulars on the face hereof are correct and that insofar as any part of the consignment contains dangerous goods, such part is properly described by name and is in proper condition for carriage by air according to the applicable Dangerous Goods Regulations.

| | Total other Charges Due Carrier | |
|---|---|---|

AS AGENT FOR CARRIER
EVA AIRWAYS CORP.
　　　　　　　　Signature of Shipper or his Agent

| Total Prepaid | Total Collect |
|---|---|
| | USD316.00 |

| Currency Conversion  rates | cc charges in Dest Currency |
|---|---|

OCT.23,1999　　　　　　　　　　　　　LILY
Executed on　(Date)　at　(Place)　Signature of Issuing Carrier or its Agent

TAIPEI

| For Carrier's Use only | Charges at Destination | Total Collect Charges |
|---|---|---|

## Unit 1-4

# 空運貨物的出口運送流程

## 一 〉 出口作業流程

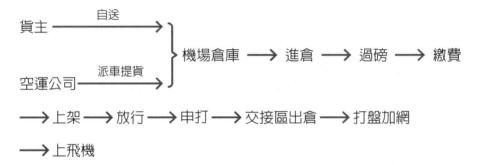

　　貨主比較不瞭解的部分是在貨物到了機場倉庫之後的作業流程，茲分別說明如下：

1. 進倉：卡車司機將貨載送至機場時，空運公司的機場人員會安排接貨事宜，司機將車子的車斗面靠倉庫的平臺，將貨卸在大的鐵盤上（註：海運是卸在小的木棧板上），等候過磅。

2. 過磅：倉庫門口有電子地磅，並有理貨員負責量材數，進倉貨物的重量及材數會登記在託運單上（註：託運單類似海運的S/O），作為繳付倉租及空運費的依據。

3. 繳費：依託運單上的重量（取毛重與材積重較大者）繳倉租。空運貨物一進倉就得先繳1至3日的倉租（請參閱附件1-8-1倉租費率表），不像海運出口的貨物至少有5天的free time（免租費期）。

4. 上架：所謂上架是倉庫人員用堆高機把貨存放在貨架的儲位上，因倉庫空間有限，貨架有好幾層，上架後，倉庫人員會把進倉資料鍵輸到關貿網路（請參閱附件1-9），此時會與先前空運公司所輸入的報單資料碰檔，這才開始進入海關通關階段。

5. 放行：貨物進倉碰檔後，由海關電腦篩選此票貨的通關方式──$C_1$、$C_2$或$C_3$（請參閱附件1-10），空運公司須等到海關放行的訊息後，才會把提單及託運單交給Airlines（簡稱交單）進行申打動作（申請打盤）。

6. 申打：交單後，由倉庫人員把貨物從貨架上面取下來，在交接區交給航空公司的地勤人員進行打盤的工作。

7. 打盤加網：地勤人員將貨物擺放在運輸的鐵盤上，裝好後用塑膠布覆蓋起來，以免裝機時遭雨淋濕，最後再用網子將整盤貨物加以固定，以免貨物在飛機上隨氣流任意晃動而散開，甚至受到毀損。

8. 上飛機：即把打好盤的貨物，從倉庫後面的打盤區，拖到停機坪裝上飛機。

（註：以上貨物作業流程，可參閱附件1-11。）

## 二》出口所應具備的文件及作法

1. 商業發票：Invoice（附件1-12-1）。
2. 包裝明細單：Packing List（附件1-12-2）。
3. 個案委任書或長期委任書（附件1-12-3）。
4. 報單（附件1-12-4）。
5. 特殊貨物則另備證明文件，例如：
   ⑴ 電腦產品含軟體，須附授權文件（附件1-13）。

⑵ 出口藥品須有衛生署函。

⑶ 某些產品須附貨物稅照。

6. 有些國家會指定出口時，須大使館簽證，方可出口（有專門辦理公司），或需當地產地證明。

7. 後送行李：報關時，須附上搭機證明及護照，金額NT12,000以下免稅。

## 三》 出口託運單與貨主權益的關係

### （一）何謂空運出口託運單

　　空運出口託運單性質，類似海運的S/O（請參閱附件1-14），當出口商委託空運公司要出空運貨時，空運公司會要求貨主提供一些基本資料，如貨物品名、件數、重量、材積及目的地等，然後替貨主打好出口託運單並向航空公司預訂艙位，航空公司確定艙位後，在託運單上簽章，貨物憑此託運單才能進倉，尤其在出貨旺季時，沒有航空公司在託運單上蓋章確認艙位，倉庫人員是不准貨物進倉的，以避免倉庫內擁擠混亂。

### （二）託運單的功能

1. 進倉的憑證，如上文所述。

2. 計價的依據：貨物進倉時，倉庫的理貨人員會把時間、件數、重量、材積註明在託運單上，作為計算倉租、空運費的依據，貨主領到提單時，如認為提單上的資料，例如：重量有誤時，可以根據出口託運單上的數據，向空運公司要求更改收費發票。

## （三）貨主應有的認識

因為空運出口時間緊迫，託運單幾乎都是由空運公司打列，但由於影響貨主權很大，貨主應注意下列二點：

1. 貨主出貨前，最好向空運公司確認託運單是否已由航空公司蓋章確定艙位，以免Space擁擠時，無法進倉。

2. 分批進倉的情況下（整票貨物無法一次全部進倉時），最好要求空運公司Copy託運單留檔，以便日後與提單核對，因為分批進倉容易造成計算上的失誤。

## 附件 1-8-1 永儲公司航空貨運站倉庫使用收費費率表

86年7月1日起實施（僅供參考）　　　　　　　　　　　　　　　　　　單位：新臺幣元

| 收費項目種類 | | | 收費費率 | | 收費單位 | 付款人（進口） | 付款人（出口） |
|---|---|---|---|---|---|---|---|
| I. 倉儲 | 一、一般貨物 | 1.進、出口 | 第1-3日 | 300公斤以內 5.00 / 逾300公斤 1.50 | 元/公斤 | 受貨人 | 託運人 |
| | | | 第4-6日 | 2.00 | 元/公斤/日 | 受貨人 | 同意承運之運送人 |
| | | | 第7日起 | 3.00 | 元/公斤/日 | | |
| | | 2.進、出口整盤（櫃） | 第1-2日 | 1.50 | 元/公斤 | 受貨人 | 託運人 |
| | | | 第3日起 | 2.00 | 元/公斤/日 | 受貨人 | 同意承運之運送人 |
| | 二、特殊貨物 | 進、出口 | 第1-2日 | 300公斤以內 5.00 / 逾300公斤 1.50 | 元/公斤 | 受貨人 | 託運人 |
| | | | 第3-4日 | 2.00 | 元/公斤/日 | 受貨人 | 同意承運之運送人 |
| | | | 第5日起 | 3.00 | 元/公斤/日 | | |
| | 三、航空公司之自用物品 | 進、出口（均無運費者） | 第1-6日 | 300公斤以內 5.00 / 逾300公斤 1.50 | 元/公斤 | 貨物所屬之運送人 | |
| | | | 第7日起 | 2.00 | 元/公斤/日 | | |
| | 四、最低收費額 | 1.進、出口 | | 100.00 | 每提單 | 受貨人 | 託運人 |
| | | 2.進、出口整盤（櫃） | | 1,000.00 | 每盤（櫃） | 受貨人 | 託運人 |

※以上收費，每筆均另加5%加值型營業稅。

# 永儲公司航空貨運站設備租用暨服務項目收費表

單位：新臺幣元

| 項目 | 收費項目種類 | | | 收費費率 | | 付款人 |
|---|---|---|---|---|---|---|
| Ⅱ.<br>盤櫃<br>保管 | 一、貨盤 | 一個單位 | | 元／塊／日 | 10.00 | 申請人 |
| | 二、貨櫃 | 半個單位 | | 元／日 | 50.00 | |
| | | 一個單位 | | 元／日 | 100.00 | |
| Ⅲ.<br>其他 | 一、租用<br>裝備 | 堆高機 | 8,000磅以下 | 元／每十分鐘 | 250.00 | 申請人 |
| | | | 8,000磅以上 | | 400.00 | |
| | | 助力拖車 | | | 150.00 | |
| | 二、出口貨物經交予同意承運之運送人<br>後，復行退倉儲存而每班次其重量<br>在500公斤以上者。 | | | 元／公斤 | 0.50 | 申請人 |
| | 三、（一）如遇下列情形之一者：<br>　　1.進口貨物交受貨人後，復<br>　　　行退倉存儲者。<br>　　2.一般出口貨物進倉後，復<br>　　　行辦理退關者。<br>　　3.正常上班時間外，申請加<br>　　　班進出貨物者。<br>　　4.出口貨物申請重新過磅而<br>　　　重量無誤差者。<br>　　5.進口貨物申請過磅者。<br>　　6.再次申請裝（拆）盤<br>　　　（櫃）者。<br>　　7.整盤整櫃貨物需驗貨或調<br>　　　整貨物者。<br>　　8.應申請人之申請而提供特<br>　　　別服務者。 | | | 元／公斤 | 0.50 | 申請人 |
| | （二）每提單最低收費額 | | | 元 | 100.00 | |
| | 四、（一）申請證明文件者。 | | | 元／張 | 50.00 | 申請人 |
| | 　　（二）更改貨箱上記錄者。 | | | 元／每提單 | 100.00 | |

※以上各項收費，每筆均外加5%加值型營業稅。

## 附件 1-8-2　使用說明

## （一）倉庫收費使用說明

1. 特殊貨物係指冷凍物品、動植物、機邊驗放貨物與經貨主報價其價值超過每公斤新臺幣1,000元（含外幣折算）之貨物，及國際航空協會規定之危險物品、貴重物品。

2. 出口集運貨物以主提單計費；進口集運貨物以主提單號碼進倉者，以主提單爲計費標準；以分提單號碼進倉者，以分提單爲計費標準。

3. 貨物存倉以及盤櫃保管以整日（0至24時）爲計算單位，其不足1日部分，以一整日計。

4. 貨物重量以公斤爲計費單位，其不足1公斤部分，以1公斤計，貨物實際重量與體積重量，以兩者中較大者計費，每筆計費，元以下四捨五入。

5. 同一班機之進口貨物，存倉計費時間，以第一筆貨物進倉時間爲準。

6. 同一提單之貨物存倉計費時間，以第一批貨物進倉時間起算，分批進倉者，以各分批實際進倉時間分別計算，但出口貨物當日分批進倉者，仍依主提單計費。

7. 同一提單之貨物存倉，一部分爲特殊貨物，一部分爲普通貨物者，各依實際重量分別以一般貨物及特殊貨物計費。

8. 航空公司之自用物品如有特殊物品存於特殊物品庫時，仍依本表之特殊物計費。

9. 本表倉儲一、一般貨物，1. 進出口貨物之1～3日與2. 進口整盤（櫃）貨物之1～2日，以及二、特殊貨物進出口貨物之1～2日

內，如遇天然災害或不可抗力之因素，致無法辦理進、出倉作業者，得順延計費。

10. 有關倉庫使用費彈性收費乙案，俟民航局發文後，另行公告。

## （二）設備租用暨服務項目使用說明

1. 貨櫃以318×244公分（128×96 英寸）大小為一個單位，其放櫃如不足半個單位，以半個單位計算；如超過半個單位，不足一個單位，以一個單位計算，餘類推。

2. 租用堆高機，每10分鐘為計費單位，未滿10分鐘以10分鐘計。

3. 正常上班時間係指海關辦公時間，及本站認定之合理作業時間。

### 附件 1-9　關貿網路主要產品簡介

## 空運業界自動化系統（ACCS）

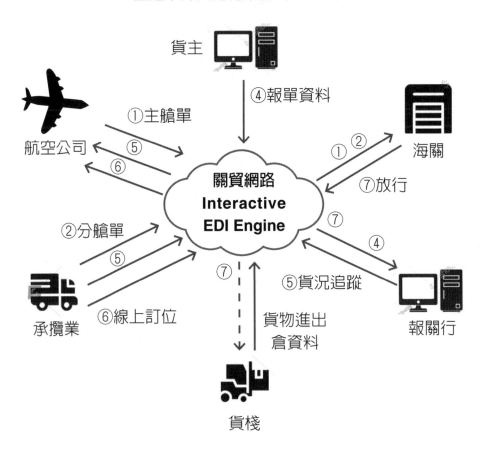

附件 1-10 出口通關簡略流程圖

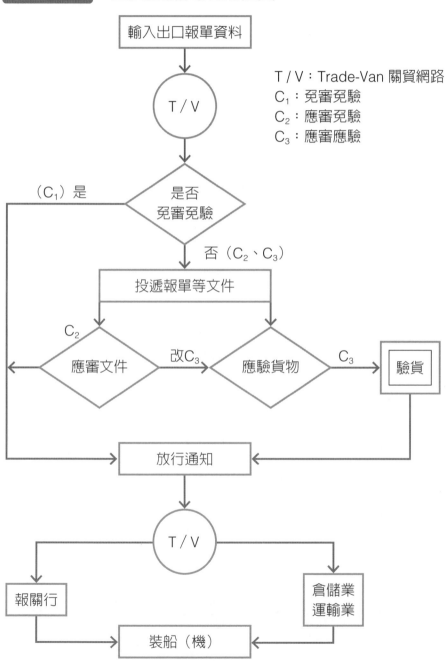

## 附件 1-11　出口貨物作業流程

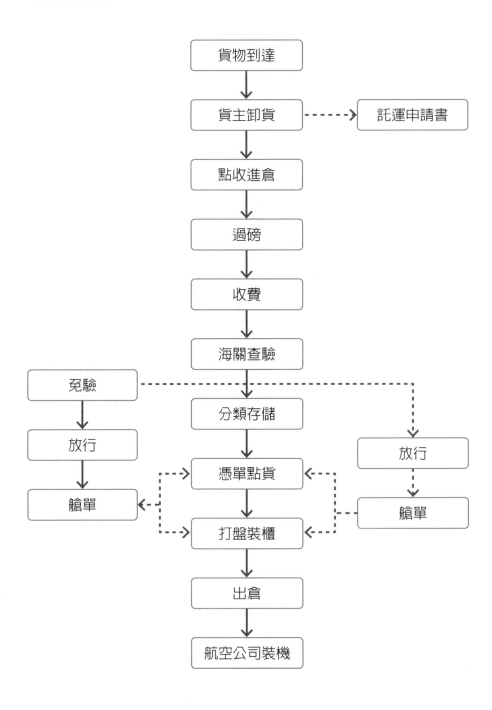

## 附件 1-12-1 商業發票

**ELECTRONICS INDUSTRIAL CORP.**
電子工業股份有限公司
台北縣汐止市新台五路一段90號11樓

## INVOICE

No: ........................      Date: .........................

INVOICE of ...........................................................................

For account and risk of Messrs. ......ASAT. LTD.......................

........(4/F HOK YUEN INDUSTRIAL BUILDING, 159 TFNG0 ROAD, TSHEN WAN, HONG KONG, HK...

Shipped by   ELECTRONICS INDUSTRIAL CORP.    Per   BY AIR FREIGHT

sailing on or about ....................................... From   CKS AIRPORT TAIWAN  to   HONG KONG

L/C No. ........................................ Contract No. ......................................

| Marks & Nos. | Description of Goods | Quantity | Unit Price | Amount |
|---|---|---|---|---|
| | 89070343 BALL GRID ARRAY | | FOB TAIWAN | |
| ASAT | PART NO. F01484001-1-12 | 2,527PCE | USD 1.85 | USD4,674.95 |
| (IN DIA.) | (R10-0015) (01 LAYERS) | | | |
| HONG KONG | P.O NO.005030 | | | |
| C/NO. 1-1 | SIZE:7.38X1.97X.022 | | | |
| MADE IN TAIWAN | CUSTOM ROM APPROVAL NO. | | | |
| R.O.C. | 88-1101 | | | |
| | N-0FT SCRAPPED BOARDS | 288PCE | USD00.001 | USD 0.29 |
| 輝文保（出）89155**號 | CUSTOM ROM APPROVAL NO. | | | |
| | 88-1101 | | | |
| | | =========== | | =========== |
| | | 2,815PCE | | USD4,675.24 |
| | | vvvvvvvvvvvvv | | vvvvvvvvvvv |

SAY TOTAL: U.S. DOLLARS FOUR THOUSAND SIX HUNDRED SEVENTY FIVE AND CENTS
TWENTY FOUR ONLY.

電子工業股份有限公司
統一發票專用章
統一編號
04943278
負責人：鄭水枝
TEL:2696-3996

E. & O. E.

# 附件 1-12-2　包裝明細單

**ELECTRONICS INDUSTRIAL CORP.**
電子工業股份有限公司
台北縣汐止市新台五路一段90號11樓

| No. 89070343 | **PACKING/WEIGHT LIST** | Date: 12-JUL-2000 |

**PACKING LIST** of .............ASAT LTD...................................................

For account and risk of Messrs.
14TH FLOOR, QPL INDUSTRIAL BUILDING, 138 TEXAGO ROAD, TSUEN WAN
HONG KONG HK
.........................ELECTRONICS INDUSTRIAL CORP......................

Shipped by ..............................................
AIR FREIGHT

Per S. S. ..............................................

sailing on or about ..........................................
CKS AIRPORT TAIWAN.........HONG KONG.........

From .....................to ...............................

**MARKS & NOS:**
ASAT
(IN DIA.)
HONG KONG
C/NO. 1-1
MADE IN TAIWAN
R. O. C.

■保(出)894557號

| Packing No. | Description | Quantity | Net Weight | Gross Weight | Measurement |
|---|---|---|---|---|---|
| 1 | 89070343 BALL GRID ARRAY<br>------------------------<br>PART NO. E01484001-1-42<br>(B10-0015) (04 LAYERS)<br>P/O NO. 005030<br>SIZE:7.38X1.97X.022<br>CUSTOM BOM APPROVAL NO.<br>88-1401 | 2,527PCE | 6.06KGS | 7.06KGS | |
| | X-OUT/SCRAPPED BOARDS<br>CUSTOM BOM APPROVAL NO.<br>88-1401 | 288PCE | | | |
| =========<br>1CTN<br>vvvvvvvvv | | ==========<br>2,815PCE<br>vvvvvvvvvvvv | ==========<br>6.06KGS<br>vvvvvvvvvvv | ==========<br>7.06KGS<br>vvvvvvvvvvv | |
| | SAY TOTAL: ONE CARTON ONLY. | | | | |
| | E. & O.E. | | | | |

電子工業股份有限公司
統一發票專用章
統一編號
04943278
負責人：鄭永枝
TEL:2696-3996
台北縣汐止市新台五路一段90號11樓

## 附件 1-12-3 　報關委任書

# 個案委任書

茲委任　　　　　報關行向　　貴局辦理第 CAISEI■107547 號
進、出口報單或轉運申請書所載貨物通關過程中依規定應為之各項手續，
受任人對之均有為一切行為之權，並包括：簽認查驗結果、繳納稅費、
提領進口貨物、捨棄、認諾、收受有關本批貨物之　貴局一切通知與稅
費繳納證等文件、領取本批貨物之貨樣，以及辦理出口貨物之退關、退
關轉船、提領出倉等之特別委任權。

此　致

財政部　　　關稅局

委　任　人：　　　　　　　　　　　　　　　簽章

委任人統一編號：
（船公司請填代號）

地　　　　址：

負責人姓名：　　　　　　　　　　　　　　簽章

地　　　　址：

受　任　人：　　　　　　　　　　　　　　　簽章

地　　　　址：

箱　　　號：

負責人姓名：　　　　　　　　　　　　　　簽章

地　　　　址：

中　華　民　國　　　　　年　　　　月　　　　日

## 附件 1-12-4 報單

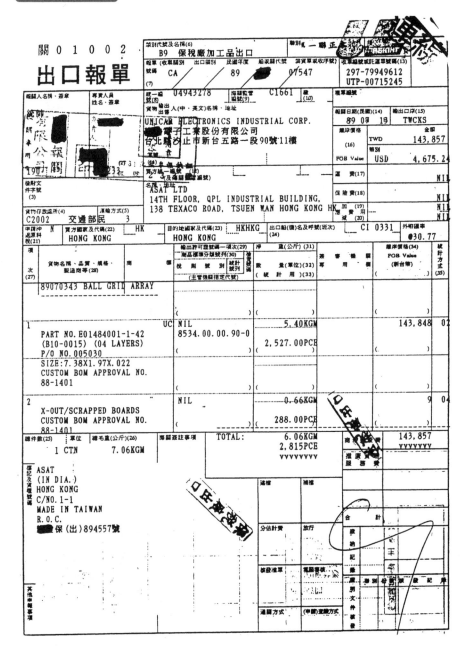

關 0 1 0 0 2

# 出口報單

| 類別代號及名稱(6) B9 保稅廠加工品出口 | | 聯別代 一聯 正 運送 |
|---|---|---|
| 報單 (收單關別 出口關別 民國年度 船裝關代號 装貨單或收序號) 號碼 CA 89 01547 | | 收單編號或批准單號碼(13) 297-79949612 UTP-00715245 |

| 報關人名稱・簽章 | 專責人員 姓名・簽章 | 統一編 號(8) 04943278 | 海關監管 編號(9) C1661 線 (10) | 海單編號 | | |
|---|---|---|---|---|---|---|
| | | 貨物出口人(中・英文)名稱・地址 UNICAM ELECTRONICS INDUSTRIAL CORP. 電子工業股份有限公司 台北縣汐止市新台五路一段90號11樓 | | 報關日期(民國)(14) 89 07 19 | | 出口口岸(15) TWCKS |
| | | | | 離岸價格 (16) | TWD | 金額 143,857 |
| | | | | FOB Value | USD | 4,675.24 |
| | | 買方統一編號 (1) 及海關監管編號) 名稱・地址 ASAT LTD 14TH FLOOR, QPL INDUSTRIAL BUILDING, 138 TEXACO ROAD, TSUEN WAN HONG KONG HK | | 運 費(17) | | NIL |
| 檢附文 件字號 (3) | | | | 保險費(18) | | NIL |
| 貨物存放處所(4) C2002 交通部民 | 運輸方式(5) 3 | | | 加 (19) 費用 (20) | | NIL NIL |
| 申請沖 退原料 稅(21) N | 買方國家及代碼(22) HK HONG KONG | 目的地國家及代碼(23) HKHKG HONG KONG | 出口船(機)名及呼號(班次)(24) CI 0331 | 外幣匯率 (30.77 | | |

| 項 次 (27) | 貨物名稱・品質・規格・ 製造商等(28) | 商標 | 稅則號別(30) (主管機關指定代號) | 輸出許可證號碼─項次(29) | 檢查 號碼 | 淨 重(公斤)(31) 數 量(單位)(32) (統計用)(33) | 生 產 國 別 | 輸出 入 貨 物 分 類 號 列 | 離岸價格(34) FOB Value (新台幣) | 統 計 方 式 (35) |
|---|---|---|---|---|---|---|---|---|---|---|
| | 89070343 BALL GRID ARRAY | | | ( ) | ( ) | | | | ( ) | |
| 1 | PART NO. E01484001-1-42 (B10-0015) (04 LAYERS) P/O NO. 005030 SIZE:7.38X1.97X.022 CUSTOM BOM APPROVAL NO. 88-1401 | UC | NIL 8534.00.00.90-0 | | | 5.40KGM 2,527.00PCE ( ) | | | 143,848 | 02 |
| 2 | X-OUT/SCRAPPED BOARDS CUSTOM BOM APPROVAL NO. 88-1401 | | NIL | ( ) | | 0.66KGM 288.00PCE | | | 9 | 04 |

| 總件數(25) 單位 總毛重(公斤)(26) 1 CTN 7.06KGM | 海關簽註事項 | TOTAL: | 6.06KGM 2,815PCE vvvvvvvv | | 商港建設費 143,857 vvvvvvv |
|---|---|---|---|---|---|
| 標記及貨櫃號碼 ASAT (IN DIA.) HONG KONG C/NO.1-1 MADE IN TAIWAN R.O.C. 保(出)894557號 其他申報事項 | | 述檔 補檔 | | 推廣貿 易服務費 | |
| | | 分估計費 放行 | | 合 計 | |
| | | 核發准單 視同書件 | | 徵 納 記 | |
| | | 通關方式 (申關)查驗方式 | | 類別發證主管核退紀錄 | |

# 附件 1-13　產品授權證明書

WWW.████.COM

████資訊股份有限公司
台北市東興路45號████
電話：(02)8768 3890
傳真：(02)8768 2690

# 產品授權證明書

日　　期：八十九年三月二十日

有效期限：即日起至民國八十九年十二月三十一日止

證明書編號：U-LP970017

產品名稱：　VideoStudio　　　版　　本：　4.0SE

合約編號：＿＿＿＿＿＿＿＿＿＿＿＿

出口國別：＿＿＿＿＿＿　數　　量：＿＿＿套

著作權人：████資訊股份有限公司

著作權執照編號：第　30011　號

說　　明：
本公司同意依據上述條款授權于 ████電腦股份有限公司 將本公司產品及商標與
該公司之硬體共同搭配(Bundle) 銷售及委託他人銷售之權利。

████資訊股份有限公司
負責人：████

## 附件 1-14　出口託運單

CHINA AIRLINES

**SHIPPER'S LETTER OF INSTRUCTIONS**

CARRIER CODE

AIRPORT OF DEPARTURE　CKS

AIRPORT OF DESTINATION　HGH

SHIPPER
　　　　LTD.,
　　　TPE

| 331 |
| --- |

CONSIGNEE
　　　　LTD.,
　　HGH

DECLARED VALUE　FOR CARRIAGE　M.V.D.　FOR CUSTOMS　N.C.V.
INSURANCE-AMOUNT REQUESTED

MAWB NO : 297-2414 6076

You are hereby requested and authorized upon receipt of the consignment described herein to prepare and sign the Air Waybill and other necessary documents on our behalf and despatch the consignment in accordance with Conditions of Contract.

I certify that the contents of this consignment are properly identified by name. Insofar as any part of the consignment contains dangerous goods such is in proper condition for carriage by air according to the applicable Dangerous Goods Regulations

The shipment is prepared for carriage by air. The undersigned, on behalf of shipper hereby confirms the following:
1. The originator of the freight is known to me, and I am satisfied that the contents are as stated and safe for carriage
2. The goods have been protected during storage and transportation used at all stages of transit has been secured.

| AIR FREIGHT CHARGES (Make one to apply) | ☐PREPAID ☐COLLECT (If Service Available) | OTHER CHARGES AT ORIGIN (Make one to apply) | ☐PREPAID ☐COLLECT (If Service Available) |
| --- | --- | --- | --- |

航空公司
同意籌倉

| NO & KIND OF PKGS | DESCRIPTION OF GOODS | GROSS WEIGHT | FOR CUSTOM USE ONLY | |
| --- | --- | --- | --- | --- |
| | | | 登驗 | 放行 |
| 9CTNS | ELEC.GOODS | 1418Kgs | | |

| FOR ACT'S USE ONLY | | |
| --- | --- | --- |
| ACTUAL GROSS WEIGHT　1531 | SPECIAL INFORMATION | DATE INPUT |

FOR SPEIAL INSPECTIONS USE ONLY

| VOLUME WEIGHT　1420 | ACCEPTED BY | CHECKED BY | WAREHOUSE CHARGE |
| --- | --- | --- | --- |

| RECEIVING TIME & GROSS WEIGHT & STORAGE LOCATION | FOR AGENT'S USE ONLY |
| --- | --- |

84×94×135×5=888.3
72×101×125×1=116.5
72×101×103×1=124.84
72×101×95×1=115.1K
DCK　18 00/11/30 14:56　5 331
84×94×116×1
101×72×116×1=140.59
DCK　18 00/11/30 14:53　4 650 KG

☐本筆貨物已全部通關放行,如有不實,願負全責
☐本筆貨物仍有部份提單未放行如下:
HABW NO

託運人 簽章
承攬業 日期

| 331 |
| --- |

## Unit 1-5

# 海運提單與空運提單有何異同？
# 空運的主提單與分提單如何分辨？

## 一　海運提單與空運提單的異同（空運提單內容，請參閱附件1-15-1）

### （一）在功能方面

（分別由船公司、航空公司或其代理人所簽發而交給託運人的運送貨物的文件。）

1. 相同處：兩者都可作爲：(1) 書面收據；(2) 運送契約。
2. 相異處：
   (1) 海運提單爲物權證券，具有流通性（Negotiable），不論記名或不記名提單，均可因背書而移轉物權，提單持有人具有提領貨物的權利。
   (2) 空運提單不具流通性，且爲記名式，所以並非物權證券。貨物運抵目的地時，僅提單記載之受貨人才有權提貨物（受貨人爲銀行時，常會以背書授權他人提領貨物，但並不是背書轉讓的性質）。

### （二）進口商領取貨物的手續方面

1. 海運提單：進口商持提單在進口地的船務代理公司換取小提單（D/O），再憑小提單前往報關提貨。
2. 空運提單：一般受貨人憑空運提單才能提貨，但實務上，有些

空運公司並不嚴格要求受貨人出示提單，只要能證明其爲受貨人，即可提貨。

## （三）提單製作方面

1. 海運B/L：依出貨人所寫的S/O製作，通常一式三份正本提單，每份均具有同一效力，在貨物到達目的地時，憑其中一份正本即可要求運送業者交付貨物，其餘各份立即失效（但如在中途站提領，則須出示全部正本）。

2. 空運提單：通常係由空運公司依貨主提供的資料（Invoice、Packing List） 填具並簽署，不像海運提單那樣嚴謹，因空運提單僅係提貨憑據，不是可以流通的物權證券。

3. 一份空運提單有三張正本：
   ⑴ Original 1 for the Issuing Carrier；由航空公司留存。
   ⑵ Original 2 for Consignee；與貨物隨機一同送往目的地。
   ⑶ Original 3 for Shipper；由航空公司簽名後，交給託運人押匯或作憑證。

# ■二》 主提單（MAWB）與分提單（HAWB）的不同點

1. 運送人不同：主提單是航空公司（Airlines）的提單，分提單是空運公司（Air Freight Forwarder）的提單，這兩者可從提單的號碼來分辨，如果提單前三碼是阿拉伯數字的話，就是主提單，因爲 IATA（國際空運協會）有給每家航空公司除了英文代碼外（如中華航空爲CI），另有數字代碼代表這家航空公司，如中華航空其數字代碼是297，其後才緊接8個流水號碼

（附件1-15-1），而分提單的前三碼則大都是空運公司自己英文名稱的簡寫（附件1-15-2）。

2. 提單內容不同：併裝的主提單Shipper是空運公司，Consignee也是空運公司（國外代理），而分提單的Shipper則是出口商Consignee是銀行或是Buyer。另外，如果貨主直走航空公司不併裝，這種由空運代理所發的主提單被稱為直走提單，其上的Shipper及Consignee與分提單類似。

3. 件數：主提單記載的件數是併裝的總件數，而分提單則是Shipper個別的件數。

4. 運費：主提單上記載的運費是IATA的費率，而分提單上的則是空運公司與貨主實際約定的運費。

## 附件 1-15-1　空運主提單

297 | | 24146076

| Shipper's Name and Address<br>██████ TAIWAN LTD.<br>NO.14 NANKING E.RD SEC 5, TAIPEI TAIWAN<br>TEL:02-2762-2633 | Shipper's Account Number | Not negotiable<br>**Air Waybill**<br>Issued by | CHINA AIRLINES<br>TAIPEI, TAIWAN |
|---|---|---|---|

Copies 1, 2 and 3 of this Air Waybill are originals and have the same validity

| Consignee's Name and Address<br>██████ CHINA LTD.<br>ROOM 1029, LIANG MAO BUILDING, 279 TI YU<br>CHANG ROAD, HANGZHOU 310003, CHINA<br>TEL:86-571 505 5840,86-571-505 5829<br>FAX:86-571-510 7814 | Consignee's Account Number | It is agreed that the goods described herein are accepted in apparent good order and condition (except as noted) for carriage SUBJECT TO THE CONDITIONS OF CONTRACT ON THE REVERSE HEREOF. ALL GOODS MAY BE CARRIED BY ANY OTHER MEANS INCLUDING ROAD OR ANY OTHER CARRIER UNLESS SPECIFIC CONTRARY INSTRUCTIONS ARE GIVEN HEREON BY THE SHIPPER, AND SHIPPER AGREES THAT THE SHIPMENT MAY BE CARRIED VIA INTERMEDIATE STOPPING PLACES WHICH THE CARRIER DEEMS APPROPRIATE. THE SHIPPER'S ATTENTION IS DRAWN TO THE NOTICE CONCERNING CARRIER'S LIMITATION OF LIABILITY. Shipper may increase such limitation of liability by declaring a higher value for carriage and paying a supplemental charge if required. |

| Issuing Carrier's Agent Name and City<br>██████ (TAIWAN) LTD. | Accounting Information |
|---|---|

| Agent's IATA Code<br>34-3 2928 | Account No. |
|---|---|

Airport of Departure (Addr. of First Carrier) and Requested Routing
CKS AIRPORT TAIWAN

| To | By First Carrier Routing and Destination | to | by | to | by | Currency | CHGS Code | WT/VAL PPD COLL | Other PPD COLL | Declared Value for Carriage | Declared Value for Custom |
|---|---|---|---|---|---|---|---|---|---|---|---|
| HKG | CI331/01 | HGH | | | | TWD | | P | P | N.V.D | N.C.V. |

| Airport of Destination<br>HANGZHOU | Flight/Date For Carrier Use only<br>MU504/02 | Flight/Date | Amount of Insurance<br>NIL | INSURANCE If Carrier offers insurance, and such insurance is requested in accordance with the conditions hereof, indicate amount to be insured in figures in box marked 'Amount of Insurance' |
|---|---|---|---|---|

Handling Information
DOC ATT'D　　" FREIGHT PREPAID "
SCI

| No of Pieces RCP | Gross Weight | kg lb | Rate Class<br>Commodity Item No. | Chargeable Weight | Rate Charge | Total | Nature and Quantity of Goods (incl. Dimensions or Volume) |
|---|---|---|---|---|---|---|---|
| (9) | 1531K | | Q | 1531K | 75/K | TWD114825.00 | CON'S SHIPMENT AS PER MANIFEST<br><br>SIZE:<br>84X94X135X5<br>72X101X125X1<br>72X101X103X1<br>72X101X95X1<br>72X101X116X1 |

| Prepaid<br>TWD114825.00 | Weight Charge | Collect | AWB Fee<br>EDIC TWD40.00 MY TWD3062.00 | Terminal Fee |
|---|---|---|---|---|
| | Valuation Charge | | DB Fee | Other Charges |
| | Tax | | D/G Fee | |

| Total Other Charges Due Agent | Shipper certifies that the particulars on the face hereof are correct and that insofar as any part of the consignment contains dangerous goods, such part is properly described by name and is in proper condition for carriage by air according to the applicable Dangerous Goods Regulations.<br><br>██████ TAIWAN LTD.<br><br>Signature of Shipper or his Agent |
|---|---|

| Total Other Charges Due Carrier<br>TWD3102.00 | |
|---|---|

| Total Prepaid<br>TWD117927.00 | Total Collect |
|---|---|

| Currency Conversion Rates | CC Charges in Dest. Currency | DEC 01 2000　　TPE |
|---|---|---|
| For Carrier's Use only at Destination | Charges at Destination | Total collect Charges | Executed on (date)　　at (place)　　Signature of Issuing Carrier or its Agent |

297- 24146070

3. – ORIGINAL – FOR THE SHIPPER　　A

附件 1-15-2　空運分提單

ORIGINAL 1 (FOR SHIPPER)

Unit 1-6

# 空運出口報單內容介紹

　　貨主在出貨前，要將Commercial Invoice及Packing List傳給報關行，以便報關行將其中有關出貨的資料打在報單上，同時傳輸至關貿網路進行報關手續。由於貨主沒有自己辦理報關，因此對於報單內容不甚瞭解，但報單的繕打及申報正確與否，關係到貨主的權益甚巨，進出口廠商有必要時，最好要求報關行打好後，回傳一份以供核對，避免日後發現錯誤再請海關修改而花費更多時間及精神。（出口報單，請參閱附件1-16）

## 一 ＞ 對於報單貨主應注意的項目

（一）出口貨物的類別代號及名稱（6）

常用的有：

G5——國貨出口，即一般國產的外銷貨物。

G3——外貨復出口，例如：進口來臺灣的參展品，展示完後
　　　復運回去。

B8——保稅廠原料復出口。

B9——保稅廠加工品出口。

（類別代號，請參閱附件1-17）

## （二）報單號碼（7）：CA89/190/13552

這關係到將來貨主如果要與海關處理與此報單的貨有關的問題時，海關一定要先知道報單號碼，否則無從談起，只提貨主名稱是不易調閱報單的，因為報單的內容大都以代號填寫以節省空間並方便電腦作業。

樣例中報單號碼為CA×××××，開頭的CA是臺北關稅局的代碼（關稅局別代碼，請參閱附件1-18），中正機場的倉庫均屬臺北關管轄，貨物在CA投單報關，也一樣在CA出口，則只填一個CA即可，如果關別不同，像海運投單在AW（五堵支關）但出口在BC（高雄前鎮支關），則二者都要填寫上去。

## （三）統一編號（8）

不能打錯，否則會造成實際有出貨，但稅捐處一時無法勾稽到這票貨的申報，以為貨主故意漏報營業額，屆時被查到，將耗費時間去澄清更正。

（註：海關與稅捐單位有電腦連線，只要有出口，稅捐處一定會知道。）

## （四）離岸價格（16）

海關規定出口以離岸價格（即FOB）為基準來申報，並課徵商港服務費（海運才有，空運無）及推廣貿易服務費（萬分之4.15），進口則以起岸價格（即CIF）作為課徵關稅及營業稅的基礎。這裡要注意的是幣別，只要在外匯市場有掛牌的貨幣皆可申報，例如：日幣、美金、英鎊、馬克等。美金是一般國際貿易中最常用的貨幣，也因此在繕打報單時，習慣上都會打上USD，如果貨主所承接的訂單是以日幣計價時，小心幣別要打日幣，否

則打成美金，屆時核定下來的稅額，就會膨脹好幾倍，等事後發現，再要求海關更改退費，將很麻煩。

## （五）貨物存放處所（4）

以前空運只有一個倉庫，就是中正機場貨運站倉庫（代碼CA），現在有四個。一是華儲（即原中正機場貨倉現改爲民營的華儲）；另外三個是永儲（CH）、遠翔（CL）及長榮倉儲（航空公司使用哪一倉庫，請參閱附件1-8），貨主如果把貨物進錯倉庫而與輸入報單的存放處所不一樣時，報單將無法碰檔。

## （六）申請沖退原料稅（21）

需要退稅要打Y（Yes）並附上退稅清表，不要退稅打N（no）。

## （七）貨物名稱（28）

品名要照實打列，否則一旦被海關查驗到與實際貨物不符，貨主將遭海關處罰，如果是進口貨主將被罰逃漏稅額的2至5倍，並行文給國貿局記點違規，而且萬一將來此出口貨因故要退運回來時，將被海關課徵進口關稅，因爲與當初出口時申報的品名不符，不能當作國貨復運進口免稅。

至於件數如與艙單不符，海關將處罰航空公司一定的金額（以前從NT4,500至NT12,000之間，最近罰金加重，視情節輕重而定），這些罰款最後會轉給貨主支付，貨主在投單報關之前，務必要再Check文件要與實到貨物品名、件數符合。

## （八）商標（29）

出口貨品如有商標（即經註冊備案者，如Nike、IBM等），

要附上商標圖文，沒有商標則填NIL（無），假使貨品有商標而報單上申報NIL，一旦被海關查獲，將依申報不實遭到處罰，至於只是公司的Logo（圖形），而不是註冊的商標，貨主最好在報單下面「其他申報事項」註明一下，以免驗貨關員誤解。

## （九）稅則號別（30）

亦即慣稱的CCC Code（商品標準分類號列），每一種商品都有其數字代號，國際關稅合作理事會把世界常用的商品用6個阿拉伯數字代表，世界各國通用；例如：123456代表木製玩具，世界各國亦使用此代碼。在臺灣，我們使用11碼，除前6碼與世界各國一樣外，7及8碼供海關作為課徵關稅之用，9及10碼作為國貿局統計管理使用，第11碼為檢查號碼。只要貨品名稱正確，稅則號別打錯，基本上海關不罰，因為稅則分門別類太過精細，不要說貨主，就連部分海關人員亦無法正確歸類，只要貨物名稱申報無誤，很難認定業者有故意填報不實行為，但如果貨主（進口商）想以較低稅率的貨品名稱蒙混申報，一旦被查獲與實際貨物不符，不但要記點違規，還要處罰貨主逃漏稅額的2至5倍，假使進口的物品是屬於違禁品，除了沒入之外，還要處罰貨主1至3倍的罰款。

## （十）統計方式（35）

這關係到出口貨品是否要開立發票向稅捐處申報，常用的有：

02──貨主須開立出貨發票。

04──樣品免開發票，但其金額一定要申報，亦即與其他貨品加在整個報單金額上，由於稅捐處與海關有電腦連

線，將來貨主開立發票的金額與報單上的金額有差異
時，稅捐處會知道。

81——洋貨轉售復出口，要開出貨發票。

94——賠償貨不用開立發票，但須註明是賠哪票貨的報單，
在海關有押款時，才須調閱當初的報單，否則只要提
供報單號碼即可。

　　出口報單共分一正二副，正本第一聯一份供海關留底，副本
視需要加繕，分別為：

1. 押匯用聯（以前貨物出口要申請輸出許可證，但績優廠商可
免，不過申匯時要提供報單第二聯，現在已很少使用）。

2. 沖退原料稅用聯。

3. 退內地稅用聯（如音響的貨物稅等）。

4. 出口證明用聯（給當地稅捐處證明貨物有出口）。

## ■二〉 錯單／送錯貨／誤班等的處理方式

### （一）錯單

1. 如貨未進倉，發現報關文件有誤，應立即作電腦修正，方可進
倉、碰檔，以免事後修改比較費時。

2. 如電腦已碰檔放行，亦可現場向海關申請改為$C_3$派驗方式，現
場修改報單。

### （二）送錯貨

1. 應立即通知國外辦理退運事項（一般都由收貨人發現較多）。

2. 如貨已進倉而未裝機出發，可辦理退關事項。

## （三）誤班

1. 立即通知相關部門，誤班原因及改訂班機或轉航機。
2. 如併裝貨其中部分沒有放行，亦可通知航空公司部分走貨或延
   班機。

## （四）貨物異常（附件 1-19）

　　需有航空公司或倉庫提出的異常報告，通知業者是否要重新
包裝或退關。

（註：如何處理貨物短溢卸貨異常狀況，請參閱Unit 9-4「運送
過程中，如果發生異常狀況，如何處理」。）

## 附件 1-16　出口報單

關 01002
出口報單

| | | | | |
|---|---|---|---|---|
| 報單 CA | 89 | 190 | 13552 | 297-21146076 |

B9　保稅廠加工品出口　　原一聯 正本

COMMUNICATIONS & MULTIMEDIA INC.
達通股份有限公司
桃園縣龜山鄉山鶯路157號

| | |
|---|---|
| TWD | 45,772,141 |
| FOB Value USD | 1,424,592.00 |

COMMUNICATIONS & MULTIMEDIA (L) CORP

運　費(17)　NIL
保險費(18)　NIL
加　費　用(19)　NIL

交通部民

HONG KONG　HONG KONG　HKHKG　出口船(機)名及呼號(班次)　CI 0331　外幣匯率 @32.13

| 貨物名稱 | 商品標準分類號列(30) | 淨重(公斤)(31) | FOB Value (新台幣) | |
|---|---|---|---|---|
| CELLULAR PHONE CKD | | | | |
| GSM MAIN BD CKD HITACHI PA 56D (92.G0520.023) CUSTOM BOM APPROVAL NO:89-1034 | MOTOROLA NIL 8529.90.90.00-8 | 1,328.00KGM 20,000.00PCE | 45,772,141 | 02 |
| | TOTAL: | 1,328.00KGM 20,000PCE | 45,772,141 | |

9 PLT 1,418.00KGM
(=122CTNS)
MOTOROLA
HANGZHOU
C/NO.1-9
MADE IN TAIWAN
電通保出字第 TGM0535/00 號

附件 **1-17**　**出口貨物類別代號及名稱**

| 代號 | 名稱 |
|:---:|---|
| B1 | 國內廠售與保稅廠原料 |
| B2 | 保稅廠售與他保稅區再加工出口 |
| B8 | 保稅廠原料復出口 |
| B9 | 保稅廠加工品出口 |
| D1 | 國貨售與發貨中心 |
| D3 | 保稅貨售與發貨中心 |
| D4 | 保稅貨退運出口 |
| D5 | 保稅貨出倉出口 |
| D9 | 國貨進保稅倉 |
| E2 | 加工區輸出國外 |
| E3 | 課稅區輸入加工區 |
| E6 | 國外輸入加工區復出口 |
| G3 | 外貨復出口 |
| G5 | 國貨出口 |
| P1 | 國內廠售與科園區 |
| P2 | 科園區售與保稅廠或加工區再加工出口 |
| P5 | 科園區進口原料復出口 |
| P6 | 科園區成品出口 |

## 報單類別（Type of Declaration）

【代碼簡介】

維護單位：關稅總局（徵課處、資料處理處）

發布機關：關稅總局

編碼原則：

一、長度及屬性：長度為2碼，屬性為文數字。

二、各碼意義說明：

　　　第一碼：為文字，表示各區報單類別。

　　　　　　　G：進出一般課稅區報單別。

　　　　　　　D、B及L：進出保稅區報單別。

　　　　　　　E：進出加工出口區報單別。

　　　　　　　P：進出科園區報單別。

　　　　　　　X：快遞貨物簡易申報單別。

　　　第二碼：為數字，細分各區報單類（如為快遞貨物簡易申報

　　　　　　　案件，第二碼數字區分快遞貨物類別）。

通關作業使用本代碼之訊息：

・空運：5105、5105A、5203、5203A、5135、5205

・海運：5105S、5203S

【本次修訂部分簡述】

　　為配合快遞貨物簡易申報制度之實施，增列進、出口快遞貨物簡易申報單訊息「簡5135」、「簡5205」。

## （一）進口報單

| 代碼 | 代碼意義 |
|---|---|
| G1 | 外貨進口 |
| G2 | 本地補稅案件 |
| G7 | 國貨復進口 |
| D2 | 保稅貨出倉進口 |
| D6 | 保稅倉與物流貨相互轉儲與售與 |
| D7 | 保稅倉或物流售與加工或科園區 |
| D8 | 外貨進保稅倉 |
| B3 | 保稅廠售與記帳廠再加工出口 |
| B7 | 保稅倉或物流售與保稅廠 |
| E1 | 國外輸入加工區 |
| E4 | 加工區售與記帳廠再加工出口 |
| E5 | 加工區輸出貨復進口 |
| P3 | 科園區售與記帳廠再加工出口 |
| P4 | 國外輸入科園區 |
| X1 | 進口快遞文件（簡易申報單） |
| X2 | 進口低價免稅快遞貨物（簡易申報單） |
| X3 | 進口低價應稅快遞貨物（簡易申報單） |
| L2 | 保稅貨出物流進口 |

## （二）出口報單

| 代碼 | 代碼意義 |
|---|---|
| G3 | 外貨復出口 |
| G5 | 國貨出口 |
| D1 | 課稅區售與發貨或退回物流中心 |
| D3 | 保稅貨售與保稅倉或物流中心 |
| D4 | 保稅貨退運出口 |
| D5 | 保稅貨出倉出口 |
| D9 | 國貨進保稅倉 |
| B1 | 國內廠售與保稅廠原料 |
| B2 | 保稅廠售與他保稅區再加工出口 |
| B8 | 保稅廠原料復出口 |
| B9 | 保稅廠加工品出口 |
| E2 | 加工區輸出國外 |
| E3 | 課稅區輸入加工區 |
| E6 | 國外輸入加工區復出口 |
| E7 | 加工區售與他保稅區再加工出口 |
| P1 | 國內廠售與科園區 |
| P2 | 科園區售與他保稅區再加工出口 |
| P5 | 科園區進口原料復出口 |
| P6 | 科園區成品出口 |
| X6 | 出口快遞文件（簡易申報單） |
| X7 | 出口低價快遞貨物（簡易申報單） |
| L5 | 物流中心貨物出口 |

## 附件 1-18　關稅局別代碼

| 代碼 | | 代碼 | |
|---|---|---|---|
| AA | 基隆關稅局 | BG | 臺南機場支所 |
| AH | 花蓮分關 | BH | 臺南郵局支所 |
| AS | 蘇澳分關 | BM | 馬公支關 |
| AW | 五堵支關 | BB | 高雄關稅局保稅組 |
| AE | 六堵支關 | CA | 臺北關稅局 |
| AP | 基隆郵局支所 | CP | 臺北郵局支所 |
| AT | 桃園支所 | CS | 新竹科學工業園區支所 |
| AL | 南崁支所 | CT | 臺北機場辦事處 |
| AN | 暖暖支所 | CI | 臺北關稅局稽查組（旅客行李） |
| BA | 高雄關稅局 | CD | 臺北關稅局稽查組（機邊驗放） |
| BC | 前鎮支關 | CB | 臺北關稅局保稅組 |
| BE | 中興支關 | DA | 臺中關稅局 |
| BD | 中島支所 | DP | 臺中郵局支所 |
| BP | 高雄郵局支所 | DT | 臺中加工區支所 |
| BK | 高雄加工區支所 | DB | 臺中關稅局保稅課 |
| BN | 楠梓加工區支所 | | |
| BF | 高雄機場支所 | | |

## 附件 1-19　臺北航空貨運站進口貨物查驗異常情形報告表

台 北 航 空 貨 運 站

進口貨物 接收 異常情形報告表

TAIPEI AIR CARGO TERMINAL　REF NO. ICIRP

INBOUND CARGO RECEIVING EXAMINING DELIVERING IRREGULARITY REPORT　82-33

| 航空公司:<br>Carrier: CV | 日期:<br>Date: 82.10.20 | 班次:<br>Flight No. CV796 | 啟運站:<br>Port of Origin: |
|---|---|---|---|
| 主提單號碼:172<br>Mawb No: 18696526 | 分提單號碼:<br>Hawb No: 59307756 | 件數:<br>No. of Pieces: 173 | 重量: 公斤<br>Weight: 3314 KGS |

異常及處理情形<br>Irregularity<br>Action taken

| | 短 少<br>Shortage. | (短收件)<br>(Short received pieces) | ✓ | 貨號碼與提單不符<br>Incorrect AWB No. on label. |
|---|---|---|---|---|
| | 分批到貨<br>Partial Incoming | X | ✓ | 包裝裝損<br>Damage of packing |
| | 溢 起<br>Overage. | 超收件<br>(Over received pieces) | / | 滲 漏<br>Leakage. |
| | 浸 濕<br>Wet. | | | 貨實重量與貨運證單\貨物裝運記載不符<br>Incorrect Weight Marked on AWB/Label |
| | 死 亡<br>Mortality. | | | 其 他<br>Others |

(1)本表依據接收量單 82-5830 號

(2)貨名:"MEN'S WEAR"(N.V.D)取驗會同檢視外包裝破損
三件,其中 NO.7 號箱外箱重訂,清點內容物為空箱,本
箱外箱標示17kg,經重磅重為2kg.其餘二箱無短少。

(3)如有異事以公証報告為憑。(以下空白)

上列異常情形在進口倉庫接收(取驗、发行)時发現
The above irregularity was found acceptance of the shipment in import warehouse
Examining
Delivering

製表者<br>Prepared by _____

進口組<br>import warehouse

証明者<br>Certified by 陳歸雷　　　袁起明

航空公司代表/貨主/或代理人<br>Representative of carrier/Shipper/Or his agent

管理員票雲田

| 本件分送:<br>Distributon: | 1倉庫存檔<br>Warehouse File. | 2航空公司<br>Carrier | 3貨主或其代理人<br>Consignee/Shipper or his agent |
|---|---|---|---|
| | 4台北關<br>Taipei Customs Office | | |

ACT 80.11. 4×50×200本

## Unit 1-7
# 空運公司如何報價／如何利用併裝方式創造利潤？

## 一　空運公司的報價依據

空運公司報價係依據航空公司（Airlines）的售價，有下列情況：

1. 正常5％佣金即IATA所定的費率×0.95＝空運公司（Forwarder）底價（成本）

2. 除了正常5％之外，再加上額外的佣金，即IATA費率×0.95×（1～?%）＝空運公司底價

3. 航空公司直接報淨價（Net Rates），亦即根據重量級距，如：＋45KGS、＋100KGS、＋500……等，空運公司再加上利潤賣給貨主。

4. 航空公司一價賣到底，不管任何重量、任何產品。

5. 空運公司向航空公司包盤櫃，類似海運的F.A.K整櫃。
（一般適用在量大的市場，如美國線。）

（註：進口空運費由國外代理在國外取得，以當地幣別報價。）

## 二　空運公司如何利用併裝方式創造利潤

由於市場競爭的關係，如果空運業者根據上述航空公司給的售價，加上利潤再賣給出口廠商，這種利潤一定很少。因為很多

空運公司爲了搶生意，會把利潤壓得很低，爲了彌補這方面的不足，業者就會利用併裝方式來賺取更多的利潤。其作法用以下例子來說明：

例如：臺北至東京，航空公司給空運公司的售價如下：

| （公斤） | MIN | −45K | +45K | +100K | +300K |
|---|---|---|---|---|---|
| （臺幣） | 3,000 | 20 | 18 | 16 | 14 |

今天A空運公司有來自3家出口商的貨物要去同一目的地東京：

| | | G.W. | V.W. | C.W. | |
|---|---|---|---|---|---|
| 甲貨主 | 15箱 | 120K | 150K | 150K | （取G.W.與V.W. 大者計價） |
| 乙貨主 | 5箱 | 80K | 60K | 80K | |
| 丙貨主 | 10箱 | 100K | 75K | 100K | |
| 共計 | 30箱 | 300K | 285K | | |

A空運公司向甲貨主收NT16×150K＝NT2,400（按＋100K級距計算）；

A空運公司向乙貨主收NT18×80K＝NT1,440（按＋45K級距計算）；

A空運公司向丙貨主收NT16×100K＝NT1,600（按＋100K級距計算）；

A空運公司一共向三家貨主收取NT5,440元，但這三票貨經A空運公司併裝後，共300公斤交給航空公司並付NT4,200元〔NT14×300K＝NT4,200（按＋300K級距計算）〕。

這差額NT1,240元（5,440−4,200）就是A空運公司的併裝利益。

# Unit 1-8

# 空運進口貨物運送、通關作業流程

## 一 進口貨運送作業流程

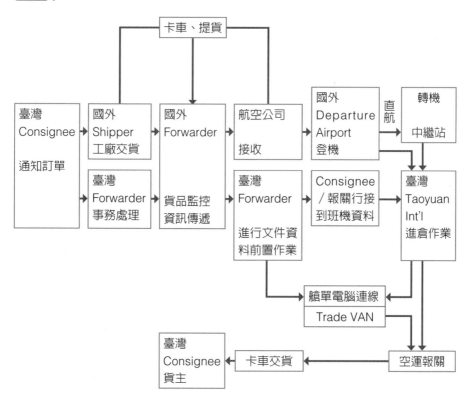

# 進口通關流程

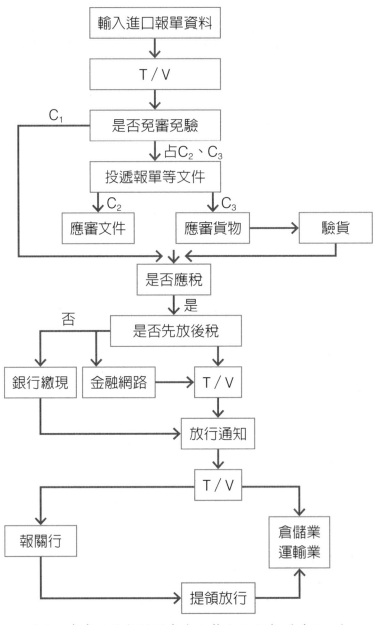

（註：參考財政部通關自動化推行小組報關手冊。）

## 三〉〉 進口報關應注意的事項

1. 慎選報關行：由於進口貨品涉及關稅及走私問題，海關對進口的貨品不論在文件上或查驗上，都比出口貨品嚴謹，稍有失誤就有可能延誤提貨及遭致海關處罰，因此報關行的挑選益顯重要，廠商不妨選擇較具專業性，對進口條規熟稔，稅則分類相當有經驗的報關行。

2. 負責Shipping的人員應注意Check裝機、報關文件是否正確，並與承運的空運公司保持聯繫，如發現報關行與空運公司對某一問題有爭執時，應及時化解，以免影響到貨物的提領。（在報關進行時，文件如有不符，通常報關行與空運公司會互相推諉。）

3. 品名、規格、件數一定要列入報單上，而且一定要正確，品名不可只打上型號而漏打名稱，例如：只打SONY#123而遺漏前面要打上品名「電視機」。報關的件數是以貨物外面最大的包裝單位為準，Pallet、Skid、Bundle均被視為搬運單位而不是包裝單位，因此申報時，應註明這些單位內含的件數，以免遭到罰款。

　〔註：進口有關文件：

⑴進口提單：附件1-20。

⑵進口報單：附件1-21（民國91年開始，進口貨物要先徵收5%營業稅）。

⑶收費發票：附件1-22。

⑷稅費繳納證：附件1-23。

⑸倉租發票：附件1-24。〕

附件 1-20 進口提單

MAWB: 1129-3046 5492                                    HCZ-0000 8772

| Shipper's Name and Address | Shipper's Account Number | Not Negotiable **Air Waybill** Issued by | ███ (SWITZERLAND) LTD FREIGHT BLDG WEST P.O. BOX CH-80██ ZURICH FLUGHAFEN IN A CAPACITY AS CONTRACTING CARRIER |
|---|---|---|---|
| ███ TEXTIL AG EXPORT 9107 4528 ZUCHWIL SWITZERLAND | mp9999 | | Copies 1, 2 and 3 of this Air Waybill are originals and have the same validity |

| Consignee's Name and Address | Consignee's Account Number |
|---|---|
| ███ IND. CORP. ███, ASIA BUSINESS CENTER NO.1, FU HSING N. RD. TAIPEI TAIWAN, R.O.C. | |

It is agreed that the goods described herein are accepted in apparent good order and condition (except as noted) for carriage SUBJECT TO THE CONDITIONS OF CONTRACT ON THE REVERSE HEREOF. ALL GOODS MAY BE CARRIED BY ANY OTHER MEANS INCLUDING ROAD OR ANY OTHER CARRIER UNLESS SPECIFIC CONTRARY INSTRUCTIONS ARE GIVEN HEREON BY THE SHIPPER, AND SHIPPER AGREES THAT THE SHIPMENT MAY BE CARRIED VIA INTERMEDIATE STOPPING PLACES WHICH THE CARRIER DEEMS APPROPRIATE. THE SHIPPER'S ATTENTION IS DRAWN TO THE NOTICE CONCERNING CARRIER'S LIMITATION OF LIABILITY. Shipper may increase such limitation of liability by declaring a higher value for carriage and paying a supplemental charge if required.

| Issuing Carrier's Agent Name and City | Accounting Information |
|---|---|
| 385.71.8211 VSE ███ (SWITZERLAND) LTD 8058 ZURICH-AIRPORT TEL.: +41 1 816'45'75 | SRN/385.71.8211 PHON: 27-277██ FAX: 27-277██ |

| Agent's IATA Code | Account No. |
|---|---|
| 81-4 7019/8003 | |

Airport of Departure (Addr. of First Carrier) and Requested Routing
ZURICH

| To | By First Carrier | to | by | to | by | Currency | CHGS Code | WT/VAL PPD COLL | Other PPD COLL | Declared Value for Carriage | Declared Value for Customs |
|---|---|---|---|---|---|---|---|---|---|---|---|
| AMS | MARTINAIR HOLLAND | TPE | MP | | | CHF | | X X | | NVD | NCV |

| Airport of Destination | Flight/Date | Flight/Date | Amount of Insurance |
|---|---|---|---|
| TAIPEI | MP412 /25 | MP9777/26 | XXX |

INSURANCE - If Carrier offers insurance, and such insurance is requested in accordance with conditions on reverse hereof, indicate amount to be insured in figures in box marked Amount of Insurance

Handling Information
MARKS:NEW HAO ZE429597.01-01/01 03-9299.1797 TAIPEI/TAIWAN/ROC
MADE IN SWITZERLAND
ENCL.:1 COMM. INV.                                           SCI

| No. of Pieces RCP | Gross Weight | kg lb | Rate Class Commodity Item No. | Chargeable Weight | Rate / Charge | Total | Nature and Quantity of Goods (incl. Dimensions or Volume) |
|---|---|---|---|---|---|---|---|
| 1 | 57,5 | K | | 57,5 | AS AGREED | AS AGREED | SPARE PARTS FOR SULZER WEAVING MACHINES 51x 51x 48 CM X 1 VOLUME 0,124 M3 FREIGHT COLLECT ***************** |
| 1 | 57,5 | | | | | | VOL. 0,124 M3 UNDER |

| Prepaid | Weight Charge | Collect | Other Charges |
|---|---|---|---|
| | AS AGREED | | FUEL SURCHARGE                C        8,65 |

| | Valuation Charge | |
|---|---|---|

| | Tax | |
|---|---|---|

| | Total Other Charges Due Agent | |
|---|---|---|

Shipper certifies that the particulars on the face hereof are correct and that insofar as any part of the consignment contains dangerous goods, such part is properly described by name and is in proper condition for carriage by air according to the applicable Dangerous Goods Regulations.

| | Total Other Charges Due Carrier | |
|---|---|---|

ZIEGLER (SWITZERLAND) LTD Vazquez          Se

Signature of Shipper or his Agent

| Total Prepaid | Total Collect |
|---|---|
| | |

ZIEGLER (SWITZERLAND) LTD
PROKURIST

| Currency Conversion Rates | CC Charges in Dest. Currency |
|---|---|
| AS AGREED | Zurich 22NOV2000 |

Executed on (Date)    at (Place)    Signature of Issuing Carrier or its Agent

| For Carrier's Use only at Destination | Charges at Destination | Total Collect Charges |
|---|---|---|

HCZ-0000 8772

**Original 2 (for Consignee)**

附件 1-21　進口報單

關 0 1 0 0 1
# 進 口 報 單

| 項別代號及名稱(7) | | 關別 | | 共 5 頁 | 收單 |
|---|---|---|---|---|---|
| G1 外貨進口 | | | | 第 1 頁 | |

報單（收單關別　轉自關別　民國年度　船或關代號　補單或收序號）
號碼 CL ／ ／ 89 242 ／ 11127
(8)

4 段 大寫

| 報關人名稱・簽章 | 專責人員 姓名・簽章 | 統一編 號(9) 64945865 | 海關監管 編號(10) | 收 (11) 1 | 進口日期（民國）16 報關日期（民國）17 89 11 28 89 11 29 |
|---|---|---|---|---|---|

納稅義務人（中、英文）名稱・地址

世邦航空貨運承攬
股份有限公司

呂志隆

聯華纖維工業股份有限公司
聯一企業 FIBER IND CORP.
台北市復興北路建國南路之3
2715-3128
(13)

| | | 進口日期（民國）16 報關日期（民國）17 |
| | | 89 11 28 89 11 29 |
| FOB Value 離岸價格(11) 幣別 | | |
| FOB Value | CHF | 33,405.05 |
| 運費 19 | CHF | 80.00 |
| 保險費 20 | CHF | |
| CHF | NIL |
| 應 70 加 21 | CHF | NIL |
| 費用 22 | CHF | NIL |
| 起岸價格23 | | 33,549.05 |
| CIF Value | TWD | |
| | | 1,013,107.00 |

| 242 (1) | 657 (2) |
|---|---|
提單號數(3)
129-30685492
8772

貨主通關代碼・統一
編號・海關監管編號(14)
名稱・地址(14)

CH　ZETLAG

SULZER TEXTIL AG

| 貨物存放處所(4) | 運輸方式(5) |
|---|---|
| C2009 | 3 |

EXPORT 9107 4528 ZUCKWIL SWITZERLAND

| 起運口岸及代碼(6) | 進口船（機）名及呼號（班次）(19) | 國外出口日期（民國）20 | 外幣匯率 |
|---|---|---|---|
| ZURICH CHZRH | KP 9777 | 89 11 22 | 18.23 |

| 項 次 (27) | 貨物名稱・牌名・規格等(28) | 生產國別(29) 商品標準分類號列(31) 稅則號別(32) （主管機關指定代號） | 輸入許可證號碼一項次30 檢 查 統 計 | 淨重（公斤）33 件數・單位(34) 數量（單位）34 價 額 統計用(35) | 完稅價格 36 完稅數量 | 進口 稅 從價 (37) 從量 | 進口 稅 附 加 稅(38) |
|---|---|---|---|---|---|---|---|

SPARE PARTS FOR SULZER WEAVING MACHINES

| 1 | SWITZERLAND CH | NIL | FOB CHF | 0.07KGM | | 2.500% | |
| 927 298 581 EMERGENCY OFF KEY, RED | 8448.49.00.00-7 | | | 2PCE | 814 | 31 | |
| | | 22.20 | | | | | |

| 2 | SWITZERLAND CH | NIL | FOB CHF | 0.01KGM | | 2.500% | |
| 927 011 488 STOP BUTTON ZB2-BA 4 VE | | | | 2PCE | 165 | 31 | |
| | | 4.50 | | | | | |

| 3 | SWITZERLAND CH | NIL | FOB CHF | 0.07KGM | | 2.500% | |
| 911 280 874 FIXING PLATE FOR SAFETY LIMIT MEASURING PIN REPLACES 911 482 741 | | | | 2PCE | 847 | 31 | |
| | | 23.10 | | | | | |

| 總件數(39) | 單位 | 總毛重（公斤）(39) | 海關簽註事項 | | 進 口 稅 | 15,329 |
|---|---|---|---|---|---|---|
| 1 | CTN | 57.50 KGM | | | 商港建設費 | |
| | | | | | 推廣貿易 服務費 | 280 |
| | | | | 收單建檔補檔 | 核發稅單 | |
| | | | 分估計稅銷證 | 稅款登錄 | |
| | | | 分估覆核 | 放行 | 稅費合計 15,589 |
| | | | 通關方式 | 申請審驗方式 | 營業稅稅基 822,498 |
| | | | | 滯納金（日） | |

標記及貨櫃號碼

其他申報事項

## 附件 1-22 收費明細表

世 貿 運 通
TRANSWORLD EXPRESS CO., LTD.
TRANSGLOBAL FORWARDING CO., LTD.
DEBIT NOTE

| | | | |
|---|---|---|---|
| 客戶代號: 64945665 | | FAX: 02-277■■ | 掛單序號: 8911-00127 |
| 客戶名稱: ■■■■工業股份有限公司 | | TEL: 02-277■■ | 製單日期: 11/29/2000 |
| 地　址: 台北市復興北路■■■ | | | 編　號: TP00110139AB |
| 大提單號碼: 129-30405492 | 小提單號碼: 8772 | | 報單編號: CL/89/11127 |
| 貨　名: 幼纖機零件 | | | 日　期: 11/29/2000 |
| 發票編號: DP70064207 | | | 件　數: 1CTN |
| 機　名: HP 9777 | 起運地: ZRH | | 重　量: 58KG |
| | | | 到達地: TPE |

| 費　用　名　稱 | 金 | 額 | 費　用　名　稱 | 金 | 額 |
|---|---|---|---|---|---|
| 代收空運運費 | 4,359.00 | | 補作進口證明 | | |
| 發單手續費 | 630.00 | | 快遞費 | | |
| 關稅 | 15,589.00 | | 簽 IP | | |
| 倉租 | 305.00 | | | | |
| 卡車運費 | 450.00 | | | | |
| 特別檢驗費 | | | | | |
| 報關手續費 | 1,000.00 | 50.00 | | | |
| 理貨費 | 200.00 | | | | |
| 鏟輪費 | 200.00 | | | | |
| 起重堆高機工資 | | | | | |
| 搬運工資 | 500.00 | | | | |
| 文件費 | 200.00 | | | | |
| 規費 | | | | | |
| 商檢手續費 | | | | | |
| 銀行背書快遞費 | | | | | |
| 客戶簽收: | | | 小　　計 | 23,433.00 | 50.00 |
| | | | 合　　計 | 23,483.00 | |
| 如有問題請於三日內告知 | | | 預　收　款 | 21,000.00 | |
| 支票抬頭請開世貿航空貨運承攬股份有限公司 | | | 應收／應退 | 2,483.00 | |

## 附件 1-23 稅費繳納證

CLDCP0I-04402

### 海關進出口貨物稅費繳納證 （遠 翔）
### 兼匯款申請書

| | | | | | 繳款截止日期 |
|---|---|---|---|---|---|
| | | | | | 89/12/13 |

稅單號碼　CLI11196237571

統一編號　84945885

收據聯：文繳款人收執

| 納稅義務人就貨物輸出（出售）人 | | | | |
|---|---|---|---|---|
| ▇▇▇▇▇ INDUSTRIAL CORPORATION | | | | |

| 進出口別(I/E) | 貨物進口日期 | 出口收單日期 | 船(機)名及呼號(班次) | 稅費項目 | 金額(新台幣：元) |
|---|---|---|---|---|---|
| I | 89/11/27 | | HP 9777 | 進 口 稅 | $15,329 |
| 報關行箱號 242 | 提單貨單號碼 129-30485492 8772 | | 報單號碼 CL/ /89/242/11127 | 商港建設費 | $0 |
| 應否查驗 Y | 出口貨物離岸價格(新台幣：元) | | 貨名 84484900007 | 推廣貿易服務費 | $260 |
| 件數 1 CTN | 列印者代號 1867 | | 核發機關 | | |
| | 1.扣繳未成 2.申請繳現 3.先放後稅請保額度不足 4.申請EDI線上扣繳 | 填發日期 89/11/29 填發關員 | | 稅 費 合 計 | $15,589 |
| 2 | | | | 營業稅稅基 | $828,495 |

利用通匯辦理繳款者請填列：
解款行：通關小組
代　號：9950016

戶名：台北關稅局經收稅款戶
帳號：0000000000158

地址：桃園縣虀什鄉濱海路一段238號
台北關稅局駐遠翔航空貨物集散站辦公室
電話：(03)3543888轉247

收款銀行戳記

銀行代號

## 附件 1-24-1　倉租發票

遠翔空運倉儲股份有限公司

電子計算機統一發票

中華民國 89年 11月 29日　檢查號碼：795

發票號碼：DN09127333

買受人：

地　址：

統一編號：64945665

主提單：129-30465492　　分提單：8772

| 品名 | 數量（公斤） | 單價 | 金額 | 收費起訖日期 |
|---|---|---|---|---|
| 進口一般貨 | 58 | | 290 | 起 891127　訖 891129 |

依提單重計價

| | 合計 | 稅額 |
|---|---|---|
| 銷售額 | | 應 □ 稅率 ☑ 免稅 □ 零稅率 |
| 營業稅 | 15 | |
| 總計 | 305 | |

總計新台幣　伍萬零仟零佰零拾零元整

| | 記事 |
|---|---|
| 統一發票專用章 | 891129 |

遠翔空運倉儲股份有限公司
統一發票專用章
統一編號 86121030
TEL:(03)3543888 3543999
負責人：田 地　　竹櫃子238號

說明

本發票係工統公司代替統一發票，如發現有第二手塗改情形，恕不受理。本發票於民國八十六月八十七日前提出申請退稅，逾期海關恕不准退。

| | | W8 | 242 |
|---|---|---|---|

第二聯 抵扣聯

定營業人銷售貨物或勞務，其買受人為營業人者，應使用三聯式統一發票。第二聯扣抵聯，交付買受人作為依加值型及非加值型營業稅法規定申報扣抵或扣減稅額之用。

附件 1-24-2 收費明細表

### 全圓航空貨運承攬股份有限公司
### TRANSWORLD EXPRESS CO., LTD.

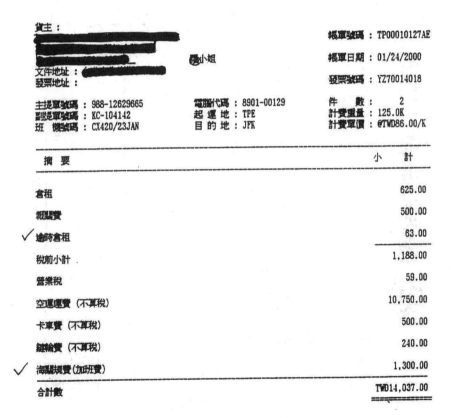

| 貨主： | | |
|---|---|---|
| ▮▮▮▮小姐 | 帳單號碼：TP00010127AE |
| 文件地址： | 帳單日期：01/24/2000 |
| 發票地址： | 發票號碼：YZ70014018 |
| 主提單號碼：988-12629665 | 電腦代碼：8901-00129 | 件　數：2 |
| 副提單號碼：KC-104142 | 起運地：TPE | 計費重量：125.0K |
| 班　機號碼：CX420/23JAN | 目的地：JFK | 計費單價：@TWD86.00/K |

| 摘　要 | 小　計 |
|---|---|
| 倉租 | 625.00 |
| 報關費 | 500.00 |
| ✓ 逾時倉租 | 63.00 |
| 稅前小計 | 1,188.00 |
| 營業稅 | 59.00 |
| 空運運費（不算稅） | 10,750.00 |
| 卡車費（不算稅） | 500.00 |
| 鏈輪費（不算稅） | 240.00 |
| ✓ 海關規費（加班費） | 1,300.00 |
| 合計數 | TWD14,037.00 |

Unit **1-9**

# 貨主對於空運所關心的問題

## 一 〉 如何選擇可靠的空運公司而且運費又合理

　　貨主可以從以下幾個方向來考慮：

### （一）市場上口碑良好的空運公司

　　這可從其他的進出口商同業得知，詢問他們使用過的這家空運公司服務好不好，運費合不合理，雖然服務是看不見的，但可以感受得到，譬如：所使用的那家航空公司班機的ETA、ETD準點性如何、Shut Out次數多寡、製作文件的速度及正確性，以及處理問題的態度好不好等。

### （二）此空運公司在機場的辦事處有多少人員

　　空運公司除了在Office有業務人員負責攬貨，OP人員負責製單外，大都會在機場設有辦事處，負責接貨及報關事宜，一般至少都有2人以上，人員愈多表示業務狀況愈好，提供服務也會比較周延，如果缺乏人手，有時貨主出貨時，找不到人接貨而延誤時間，或延誤投單（尤其碰到$C_2$或$C_3$通關方式時）。

### （三）空運公司對運送產品的專業性

　　某些空運公司的員工流動率高，新手對於報關及製作文件經常搞錯，甚至品名及其CCC Code（產品標準分類號列）並不清

楚，常常回過頭來問貨主而造成困擾。貨主不妨向同行或協力廠商打聽，哪家空運公司對某類產品（如電子類）的運送報關比較專精，如此，報關作業會比較有效率。

## （四）哪家空運公司（Air Freight Forwarder）是航空公司（Airlines）的代理

在臺灣，航空公司會指定幾家空運公司作其承攬貨物的代理，Shipper要出貨，一定得先透過空運公司，不能直接找Airlines，然後空運公司再向航空公司Booking Space，這與海運有很大的不同，貨主可以直接向船公司或 Forwarder訂艙位。為何會有些差異，主要是Airlines沒有那麼多人手來承攬貨物及做報關製單的工作，何況Airlines本身要做的事情也很多，諸如航班的調度、飛機的維修、機場的作業等等。

如果此空運公司是某Airlines的代理，基本上，其規模、信用、制度是受到肯定的，對貨主而言，使用這家空運公司不必擔心其信用的問題，而是考慮其運費是否合乎我們的要求。至於沒有Airlines代理的公司，他們會去向有代理的同行借單或把您的貨Co-load out拋給同行拋，這樣做，如果運送情況順利，倒無所謂，只是如果碰到毀損或短卸時，處理起來可能比較複雜。

## （五）此空運公司專精哪一市場（或航線）

有些空運公司強調他們的歐洲線很強，意謂他們到歐洲的貨量大或是他們在當地的代理強，貨量大表示併裝能力好，相對地，Offer的運費也會比較便宜，而且很快就可以出貨，不像有些空運公司，到某些點的貨量少，等了好幾天還是沒有其他的貨來併，這樣，當然會延誤出貨的時間。

## （六）班機是否直飛或轉機

　　一般來說，貨物走直飛班機到達目的地，會比轉機來得快，例如：貨要到荷蘭的阿姆斯特丹，KLM只停曼谷就飛往目的地，但貨物如走泰航，則須在曼谷轉換其他飛往阿姆斯特丹的班機，而且轉機比較費時。轉得順利，隔天就上飛機；轉接不順利，貨物可能就會耽擱2、3天。由於轉機的航班運費比較便宜，因此貨主要看本身的需求而定，如果是Urgent的貨，如參展品、節日用品或易碎品，最好使用直飛的航班，但如果貨物不急，本身也比較不怕摔，那考慮運費較低的轉機航班，可以減輕運費的負擔。

## （七）使用全貨機或客貨兩用飛機優缺點比較

| | 優點 | 缺點 |
|---|---|---|
| 全貨機 | 1. 空間大、Space多，可以裝超高118"的貨物<br>2. 貨物中途不會被Off Load | 1. 容易Delay或Cancel<br>2. 班次少 |
| 客貨兩用機 | 1. 班次密集<br>2. 起飛、到達均比較準點 | 1. Space少、空間小，一般只裝高度64"以下的貨物（除B747M 型外）<br>2. 中途旅客行李多時或其他軍用物資、郵包、生鮮貨物多時，會把一般Cargo拉下（Off Load） |

（註：進口貨物如果中途有一部分貨物被拉下，另一部分抵達時，如要辦理分批提貨，海關往往要查驗貨物，以C$_3$方式通關，會增加貨主報關費用。）

## 二 〉〉 貨物是否能如期、安全地運抵目的地

　　首先，貨主要瞭解貨物運送的流程，才懂得如何要求空運公司提供貨物最新的Status（狀態），一般貨主都是由空運公司告知，才知道目前貨物的訊息，甚至要等到Buyer來電詢問爲何貨物還沒抵達，才曉得情況與我們預期的有誤，再去催促空運公司。這樣一來一回，浪費不少時間，貨主應主動地在運送過程中每一階段，掌握貨物的最新訊息，茲分別說明如下：

1. 第一階段：貨物由空運公司自 Office提領出去或自己派車載至機場貨運站倉庫，貨主應要求空運公司回報二件事情：(1)貨物何時進倉；(2)材積、重量多少。

2. 第二階段：貨物進倉後，確認是否海關已放行，有時空運公司會因逾期投單，而產生海關加班費或延誤班機等情事，貨主查明原因後，可以拒付此額外的費用（附件1-24-2打√的部分）。

3. 第三階段：貨物放行後，經航空公司打盤加網上飛機，貨主應要求空運公司盡速簽發提單，以便核對資料登載是否有誤，諸如重量、運費、打字等。

4. 第四階段：預計貨物抵達目的地後，詢問空運公司Consignee是否已順利提貨，貨物狀況如何。（貨物的運送流程，請參閱Unit1-4內容）

　　至於在運送過程中，貨物要如何安全地到達Buyer手中，貨主應注意下列事項：

1. 包裝要牢固：在運送過程中，貨物要經常上下堆高機、車輛及飛機，尤其中途又要轉機時，碰撞難免，外箱不堅固又無內盒，貨品自然容易毀損、散落。

2. 貨物價值高、容易遭竊或易碎物品：不妨把幾箱貨物連同棧板一起打上塑膠收縮膜，如此，堆高機在作業時，個別的紙箱才不會掉下來，東西也比較不易遭竊。又如音響組合、高級水晶飾品，也適合打上收縮膜，以防零組件遺失。

3. 貨物最好要投保：即使Buyer沒有要求，貨主最好還是投保以規避風險，因為運送過程中，貨物要經好幾手的搬運，從卡車裝卸、堆高機搬運到上下飛機，一不小心都會造成貨物毀損或遺失，花少許的保險費，以免到時出狀況，求償無門，損失更大。

## 三 文件的製作是否正確而且符合客戶的要求

由於空運的提單要與貨物隨機運抵目的地，空運公司的OP製單人員要趕在飛機起飛前2小時送達機場，交給航空公司，因此在匆忙中，有時會打錯。

要預防文件製作有誤，貨主須配合下列幾點：

1. 出貨前，提早把L/C、Invoice、Packing List以及要申辦許可證的資料傳給空運公司，好讓他們預先把文件作好。

2. 出貨時，如件數或金額有變更，要盡早通知空運公司改正。

3. 出貨日期及時間最好能避開星期五下午或連續假日前1天，因為那天貨量會很大而且車輛多，交通也很壅塞，貨物進倉時間往往得花上1至2小時，比平常多上2～3倍，進倉一慢，有時會誤了原訂的航班，造成要重新修改文件。

4. 貨主最好請空運公司在輸入報單時，能傳一份Copy回來校對一下，看看下列資料是否正確：
   (1) 幣別、金額；(2) 品名；(3) 件數；(4) 商標；(5) 統計方式；
   (6) 商品標準統一分類號列。（附件1-25）

5. 由於臺灣只有少數幾家航空公司有直飛國外目的地，貨物大都需要經由香港或鄰近的日本、新加坡的航空公司轉機，貨主要注意Buyer是否規定不能轉運，如果有的話，要請Buyer修改，或請空運公司在製作提單時，不要出現二家航班的字樣，以免造成押匯時單據的瑕疵。例如：附件1-26的提單，到HKG使用CX565班機，再到DXB則轉機使用CX731班機，一看就知道是Transhipment。

## 四 運送過中，如果生異常狀況，如何處理

1. 貨主到機場提領進口貨物時，要仔細核對箱數及嘜頭並看看外包裝（木箱或紙箱）是否有破損，如果發現外箱有破損或件數不符，要立刻拍照並請倉庫管理員開具貨物異常情形報告表，日後貨主要向空運公司索賠時，這份報告將是具有公信力的憑證。如果貨主疏於注意而把貨物從倉庫提領出去，到自己的倉庫時，才發現件數短少或物品有毀損，此時再向空運公司索賠，可能會遭到拒絕，因為空運公司的運送責任是到機場放行的倉庫為止，他們會辯稱貨物是貨主在提領出去後，自己在運送途中受損或遭竊，這種情形下，貨主就得請公證行前來公證，鑑定此批貨物是在提領前就已破損或被竊，憑此公證報告再向空運公司索賠。

2. 向空運公司索賠，通常需具備下列文件：
   (1) B/L Copy。
   (2) Commercial Invoice。
   (3) Packing List。
   (4) 照片。
   (5) 異常報告表（附件1-27）。
   (6) 公證報告書（附件1-28）。

附件 **1-25** 出口報單

關 01002
出口報單

| 類別代號及名稱(6) B9 保稅廠加工品出口 | 聯別 第一聯 收執 | |
|---|---|---|

| 報單(收單關別 CA | 出口關別 89 | 民國年度 190 | 船或關代碼 13552 | | 海關通關查核專用欄(11) 297-24146076 |

| 領報人名稱·簽章 | 專責人員 姓名·簽章 張秋芬 | 賣方(買方)(8) 出口人(中·英文)名稱·地址 COMMUNICATIONS & MULTIMEDIA INC. 達通股份有限公司 桃園縣龜山鄉山路157號 | 裝船日期(民國)(14) 89 1 30 | 輸出口岸(15) TWCKS |
|---|---|---|---|---|

| | | 買方統一編號 (12) (及海關監管編號) 新竹 COMMUNICATIONS & MULTIMEDIA (L) CORP | 離岸價格 (16) | TWD 45,772,141 |
| | | | FOB Value | USD 1,424,592.00 |
| | | | 運 費(17) | NIL |
| | | | 保 險 費(18) | NIL |
| | | | 加 (19) | NIL |
| | | | 減 (20) | NIL |

| 申請沖 N 退原料 稅(21) | 買方國家及代碼(22) HK HONG KONG | 目的地國家及代碼(23) HKHKG HONG KONG | 出口船(機)名及呼號(班次)(24) | CI 0331 | 匯率 @32.13 |
|---|---|---|---|---|---|

| 項 次 (27) | 貨物名稱·品質·規格·製造商等(28) | | 輸出許可證號碼一項次(29) 商品標準分類號列(30) (主管機關指定代號) | 統計 號別 (33) | 淨 重(公斤)(31) 數 量(單位)(32) (統計用) | 生產 國別 | 輸 出 許 可 | 離岸價格(34) FOB Value (新台幣) | 統計 方式 (35) |
|---|---|---|---|---|---|---|---|---|---|
| | CELLULAR PHONE CKD | | | | | | | | |
| | MOTOROLA NIL GSM MAIN BD CKD HITACHI PA 56D (92.G0520.023) CUSTOM BOM APPROVAL NO:89-1034 | | 8529.90.90.00-8 | | 1,328.00KGM 20,000.00PCE | | | 45,772,141 | 02 |
| | | | TOTAL: | | 1,328.00KGM 20,000PCE | | | 45,772,141 | |

| 件數(25) 9 PLT (=122CTNS) MOTOROLA HANGZHOU C/NO.1-9 MADE IN TAIWAN 電通保出字第 TGM0535/00 號 | 單位 | 總毛重(公斤)(26) 1,418.00KGM | 海關簽註事項 | | | 海關連證費 | |
|---|---|---|---|---|---|---|---|
| | | | | | | 推廣貿易 服務費 | |
| | | | | 證稅 | 沖稅 | | |
| | | | | 分估計費 | 放行 | 合 計 | |
| | | | | | | 繳納紀錄 | |
| | | | | 簽發清單 | 電腦審核 | | |
| | | | | | | 類別份數種費紀錄 | |
| 其他申報事項 | | | | 通關方式 | (申請)放核方式 | | |

## 附件 1-26　空運提單（Air Waybill）

## 附件 1-27　貨物異常報告表

台 北 航 空 貨 運 站

進口貨物　接收取貨改打　異常情形報告表 88年 11月 3日

# TAIPEI AIR CARGO TERMINAL

REF NO. ICIRP:

**INBOUND CARGO** RECEIVING EXAMINING DELIVERING **IRREGULARITY REPORT**

S8 - 6311

| 航空公司：<br>Carrier: | C I | 日期：<br>Date: | 110799 | 班次：<br>Flight No. | 348 | 啟運站：<br>Port of Origin: | |
|---|---|---|---|---|---|---|---|
| 主提單號碼<br>Mawb No. | 85786993 | 分提單號碼<br>Hawb No. | 73259 | 件　數：<br>No. of Pieces: | 3 | 重量：<br>Weight: | 74 公斤<br>KGS |

| 異常及處理情形<br>Irregularity<br>Action taken | | | | |
|---|---|---|---|---|
| ☐ 短　少：<br>Shortage. | 短　收　　　件<br>(Short received poieces) | ☑ | 貨籤號碼與結單不符。<br>Incorrect AWB No. cn label. | |
| ☐ 分批到貨<br>Partial Incoming | | ☑ | 包裝製損<br>Damage of packing | |
| ☐ 溢　超：<br>Overage. | 超　收　　件<br>(Over received pieces) | ☐ | 破　漏。<br>Leakage. | |
| ☐ 漫　濕<br>Wet. | | ☐ | 實際重量與貨運提單\貨物標籤記載不符<br>Incorrect Weight Marked on AWB/Label | |
| ☐ 死　亡<br>Mortality. | | ☐ | 其　他<br>Others. | |

①依 S8 - 20114 查貨事接，更改開立。

②11件外箱損，經開箱檢視，內是炒衣服，需提

經理請來 110件。

③次下呑色。

第三聯　貨主或其代理人

上列異常情形在進口倉庫接收(驗收、改打)時發現
The above irregularity was found acceptance of the shipment in import warehouse
Examining
Delivering

管理員 張國強

製表者
Prepared by ＿＿＿＿＿＿＿＿

進口組
import warehouse

證明者
Certified by ＿＿＿＿＿＿＿

航空公司代表／貨主／或代理人
Representative of carrier/Shipper/Or his agent

| 本件分送：<br>Distribution: | 1. 倉庫存檔<br>Warehouse File. | 2. 航空公司<br>Carrier | 3. 貨主或其代理人<br>Consignee/Shipper or his agent |
|---|---|---|---|
| | 4. 台北關<br>Taipei Customs Office | | |

88 11.6

## 附件 1-28　公證報告書（Survey Report）

公證有限公司
■■ SURVEYORS & ADJUSTERS CO., LTD.

O. 36. HUAI NING STREET.
EL. (10037) TAIWAN
(02)371-0003. 311-6889
(02)381-3362

**SURVEY REPORT**

NO. NSCE-94-355
DATE Nov. 28, 199
PAGE 2

RE : OUR SURVEY ON AUTOMATIC PRESS

Gentlemen,

　　THIS IS TO CERTIFY THAT we, upon the assignation, did attend Yang Ming Container Terminal at Keelung on Nov. 25, 1995 to conduct a survey on the following cargo. A report of our inspection is hereby submitted as below :

COMMODITY :　　Goods of Italian Origin and make as per seller's proforma invoice dated May 20, 1994

　　　　　　　　1. Ptl. automatic press for the cold-cut of the rectangular pieces for fronts and temples

　　　　　　　　2. Animatic-HF, automatic shooting machine for temples

　　　　　　　　3. ASCOP/11, automatic copying milling machine for temples.

SHIPPER :　　　DA RIN & PINAZZA s.r.l.

CONSIGNEE :　　YI LIHE SPECTACLES CO., LTD.

CARRIER :　　　By M/V "MED TOKYO" from Genova to Keelung on Nov. 13, 1994.

　　　　　　　............... to be continued .............

## Unit 1-10

# 貨物走空運、快遞或航空包裹的比較

選擇使用空運，快遞或郵局的航空包裏來運送貨物，可用下列幾點情況加以分析比較：

## （一）視貨量大小及其性質

航空包裏一箱限重20KG，最大尺寸長寬高任何一邊皆以1.05公尺為限，因此只能容納小件的物品，空運及快遞從1到千斤皆可運送，不過快遞業者對貨物較有限制，對於超長的貨物、需要特別檢驗或申請許可證的貨物，大都排除託運，因為業者不想在報關方面花費太多時間。

## （二）視服務的需求情況

空運及快遞可以到府收件，也可以在目的地把貨送交受貨人，正常情形，空運大部分只報價到送達目的地的Airport，而快遞業專做Door to door戶對戶服務，對託運人及受貨人均非常方便，使用航空包裏，託運人就必須親自把貨拿到郵局去辦理交寄事宜（除非特別簽約的客戶），這對遠離郵局的託運人而言，實在不方便，尤其在美國或歐洲幅員廣大的國家，有些託運人可能要開車2～3小時才能到達鄰近的郵局去託運包裏，難怪臺灣的進口商經常抱怨國外的出口商，小量的樣品叫他用Air Parcel Post，卻偏偏用Express或Air Freight寄來，以至造成受貨人不必要的運費浪費。

時效上，空運與快遞從進倉到目的地，以歐美主要城市為例，大約3天內就可以到達，快遞甚至可以保證24小時內送達，但客戶須付出較高的運費，而航空包裹通常要7至10天才能送達美國或歐洲。

## （三）視客戶群的不同

使用空運的客戶大都是作貿易的進出口公司，空運公司對個別客戶提供一對一專業性的服務，從作文件、提貨、報關、運輸到交貨。

選擇Express（快遞）的客戶雖然與使用空運的客戶部分重疊，但大都是在貨量低於25公斤左右的情況下使用快遞（因運費遠低於空運的Minimum Charge），或是在趕時效的貨物，才會走快遞（運費遠高於空運但在保證限時交貨的情況下，不得不的選擇），快遞業者擁有自己的飛機、卡車及服務人員，因此較能掌控貨物的流程及時效。

使用航空包裹的客戶則大部分是私人的物品，量小而且時效性不很重要。

## （四）視運費的高低

空運的費用包括內陸運費，國際運費及報關費三項，而快遞則是三合一，因此小貨低於25KG，使用空運的Minimum Charge，運費就比快遞高出很多，走快遞比較合算。

航空包裹因屬政府的服務性質，運費當然比前面兩者便宜，但客戶要體認郵局的服務是被動的，你無法主動要求郵局提供哪些服務。

## （五）在報關方面

我國的關稅法並不會因不同運送方式而有差別待遇，不論使用空運、快遞或航空包裹，該課稅的貨物還是要徵稅，該出具的報關文件還是要提供，差別只在空運要個別報關提貨，而快遞則集體辦理通關。

總而言之，貨主在選擇使用空運、快遞或航空包裹時，不妨先考慮上面所列舉的因素，根據自己的需要及貨物的性質，作最有利的選擇。

# Unit 1-11
# 空運公司從業人員對於帳單應有的認識

## 一　何謂直走／借單／併裝／併中併／借Agent

1. 直走：指直接以航空公司之提單出貨。

2. 借單：指將航空公司之提單借給同行，或向同行借進某一航空公司之提單。

3. 併裝：指將「不同出貨人」所出至「同一目的地」之貨，合併在一起當成一筆貨，或為國外代理之指定貨必須以併裝方式出貨者，以一張主提單（MAWB）出貨之方式。

4. 併中併：指先將「不同出貨人」所出至「同一目的地」之貨，合併在一起當成一筆貨，或為國外代理之指定貨必須以併裝方式出貨者，以一張副主提單（SUB. MAWB）出貨，再將其整筆併給同行或轉交另一個國外代理代為處理之出貨方式。

5. 借Agent：指將Agent借給同行或向同行借進Agent。

　　綜合上述之出貨方式，可產生下列幾種不同之作法：

1. 正常直走：指由公司本身向航空公司拿單，且以該提單直接出貨。（產生帳款對象：PP——客戶／航空公司，CC——航空公司。）

2. 借進直走：指由公司本身向同行借進某一航空公司之提單，且以該提單直接出貨。（產生帳款對象：PP——客戶／伺行，CC——同行。）

3. 正常借出：指由公司本身向航空公司拿單，但轉借給同行。
（產生帳款對象：PP / CC——同行 / 航空公司。）

4. 借進借出：指由公司本身向同行借進某一航空公司之提單，並將其轉借給另一同行。（產生帳款對象：PP / CC——借進同行 / 借出同行。）

5. 正常併裝：指由公司本身向航空公司拿單，但採併裝方式出貨。（產生帳款對象：PP——客戶 / 航空公司，CC——國外代理。）

6. 借進併裝：指由公司本身向同行借進某一航空公司之提單，但採併裝方式出貨。（產生帳款對象：PP——客戶 / 同行，CC——國外代理。）

7. 貨併同行：指將貨併給同行，又分兩種方式：
   ⑴ Open HAWB：指直接將House提單併給同行。
   （產生帳款對象：PP——客戶 / 同行，CC——同行。）
   ⑵ SUB. MAWB：指先將「不同出貨人」所出至「同一目的地」之貨合併在一起當成一筆貨，或爲國外代理之指定貨，必須以併裝方式出貨者，以一張副主提單（SUB. MAWB）出貨，再將其整筆併給同行，請同行之國外代理將其轉交給我們自己所指定之國外代理之出貨方式。
   （產生帳款對象：PP——客戶 / 同行，CC——國外代理。）

8. 同行併進：指同行將貨併給我們。（產生帳款對象：PP / CC——同行。）

9. 併進併出：指同行併貨給我們，而我們又將該貨併給另一個同行。（產生帳款對象：PP / CC——併進同行 / 併出同行。）

10. 借出Agent：指將我們自己的Agent借給同行，並代同行向

Consignee收取運費。（產生帳款對象：PP／CC——同行／國外代理。）

11. 借進Agent：指向同行借入Agent，並請同行之Agent代爲向Consignee收取運費。（產生帳款對象：PP——客戶／同行，CC——同行。）

## ■二 ➤ MAWB／SUB. MAWB／HAWB 之關係

1. MAWB（Master Airway Bill）：主提單，亦指航空公司之提單。

2. SUB. MAWB（SUB. Master Airway Bill）：副主提單，一般採用HAWB之格式。

3. HAWB（House Airway Bill）：分提單，指空運公司之提單。

　⑴直走：MAWB。

　⑵併裝：HAWB＋MAWB。

　⑶併中併：HAWB＋SUB. MAWB／HAWB＋SUB. MAWB＋MAWB。

　⑷Open HAWB：HAWB。

## ■三 ➤ PP帳單／Debit Note／Credit Note／Profit Share之產生及用途

1. PP帳單：Freight Prepaid（PP）時，所開立之帳單。

　（帳單對象：國內客戶。）

2. Debit Note：Freight Collect（CC）時，所開立之帳單。

　（帳單對象：國外客戶Consignee／國外代理Agent。）

3. Credit Note：溢收或已開立之帳單有誤時，與Agent對沖時所開

立之帳單，亦可作爲Profit Share之帳單。

（帳單對象：國外客戶Consignee／國外代理Agent。）

4. Profit Share：指與國外Agent針對某些指定貨或事先議定之條件，於出貨後就該貨之實際利潤所作之利潤分配帳單。

（帳單對象：國外代理Agent。）

### 四 ▶ 客戶帳／航空帳／同行帳／國外帳之探討

1. 客戶帳（PP帳）：於出貨後，開立帳單給客戶，再依照客戶之收款日收帳。

2. 航空帳（PP／CC均可）：每半個月與航空公司結算一次。（以提單上之日期爲基準，分爲上下兩期，上期爲每月1～15日，下期爲每月16～31日。）

3. 同行帳（PP／CC均可）：每半個月與同行結算一次（以提單上之日期爲基準，分爲上下兩期，上期爲每月1～15日，下期爲每月16～31日。）

4. 國外帳（CC帳）：於出貨時（確定進倉重量後），先行開立Debit Note／Credit Note或Profit Share等帳單，連同提單一併隨機交給國外代理代爲發單，通常每一個月結算一次，先行將該月分與該Agent所有往來之帳單明細詳列出來，以傳眞或其他方式送交Agent審核，經核對無誤後，再行確認付款日期。

### 五 ▶ 如何審核提單／帳單，以及發現帳單有誤時之正確處理方式

#### （一）提單上之重量

若該提單之重量有毛重（Gross Weight）和材積重（Volume Weight）時：

1. 不論該貨為PP或CC，均應向Shipper或Consignee以「材積重」收費，除非是特殊案例或事先議價，方可採用雙方同意之計量標準。

2. 若為同行間之併貨，則一般皆為Volume 1/2意味只須付同行G.W. ＋〔（V.W－G.W.）×50%〕後之重量，同樣也有特殊案例或事先議價，可採用雙方同意之計量標準。

3. 付航空公司則須以材積重為付費標準，除非是特殊案例或事先議價，方可採用雙方同意之計量標準。（發生問題時之查詢對象：Co-load或OP部門。）

## （二）帳單類型

1. 若該提單（MAWB或HAWB）為Prepaid（PP），則必須開立PP帳單向Shipper收費，但亦有特殊案例，須開立Debit Note向國外某一指定之公司收費。（註：非提單上之Shipper、Consignee或Agent。）

2. 若該提單（HAWB）為Collect（CC），則必須開立Debit Note向Agent收費，但亦有特殊案例，須開立Debit Note向國外某一指定之公司收費。（註：非MAWB提單上之Agent。）

3. 若該提單（MAWB）為Collect（CC），則必須向航空公司或同行（若為借單）結帳。

4. 不論是何種帳單，若未開立，即為漏帳。（發生問題時之查詢對象：OP部門。）

## （三）提單日期

於每期上／下期交替日，常因提單日期與班機日期之不同，影響結帳期限之歸屬，造成會計對帳之困擾。（發生問題時之查詢對象：OP部門。）

## （四）提單之屬性

　　指該提單為向「同行借單」或由公司本身向「航空公司領單」，或將提單「借給同行」，或向「同行借單再借給同行」，因提單之屬性牽涉到結帳問題，若未查明，往往會造成結帳時之困擾或漏收帳款。（發生問題時之查詢對象：Co-load或OP部門。）

## （五）開錯帳單

1. 誤將Debit開成Credit，或將Credit開成Debit。
2. 重量單位輸錯 （KG/LB）。
3. 單價輸錯。
4. 重量輸錯。
5. 漏收Other Charge。
6. Profit Share之分配有所爭議或計算錯誤。
7. 收款對象。

## （六）發現錯單或須更正帳單時之處理方式

1. PP帳單：
   ⑴若為同月分，執行修改請採「補差額另行開立一張」或「作廢重開」兩種方式。
   ⑵若為同月分，PP改CC，則採用作廢重新開立Debit Note。
   ⑶若為跨月分，執行修改請採「補差額另行開立一張」或「先沖銷再另行開立一張」兩種方式。
2. CC帳單：不論是同月分或跨月分，請一律採「補差額另行開立一張」或「先沖銷再另行開立一張」兩種方式。（包括Debit Note / Credit Note / Profit Share等，附件1-29。）

## 附件 1-29 應收帳單（Debit Note）

# TRANSWORLD EXPRESS CO., LTD.

```
            D E B I T   N O T E
            ================================
                  (REVISED)                       NO. : TI99100099AE

TO : NYC/WTEI                                     DATE : 10/22/1999

                                                  LOT : 8810-00153
-----------------------------------------------------------------------------
A.W.B. NO.          PCS        WT.                        C.C. AMOUNT
-----------------------------------------------------------------------------
695-12316710

TEC-992140        3CTNS     81.0KG                         USD316.00
          AIR FREIGHT    @USD3.00/K x 81.0K    USD243.00
          W.S.C.                               USD13.00
          H.C.                                 USD30.00
          CARTAGE                              USD20.00
          C.A.S.                               USD10.00


          -------------------------------------------------------------
                    HAWB TOTAL                             USD316.00

  - PROFIT SHARE((USD243.00-USD2.74X74.00))X50.00%           USD20.12
          -------------------------------------------------------------
                 TOTAL AMOUNT DUE TO TEC/TPE              USD295.88
```

SIGNATURE

## Unit 1-12

# 附錄

### 附錄 1-1　空運提單上代收貨款的註記

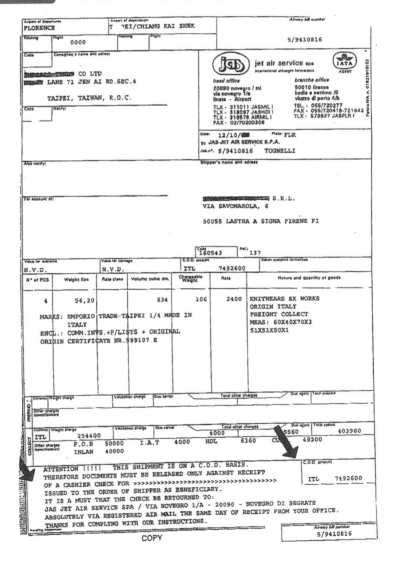

## 附錄 1-2　空運提單上付款交單的註記

| MILAN/ITALY | | TAIPEI/CHIANG KAI SHEK | | | | *Air way bill number* 1/9710964 | |
|---|---|---|---|---|---|---|---|
| *Routing* | *Flight* 0000 | *Routing* | *Flight* | | *Routing* | *Flight* | |
| *Code* | *Consignee's name and address* | | | | | | |

CHUNG HWA COMMERCIAL BANK LTD.
CHUNG LUNG BRANCH 247-1,SEC.3,
CHUNG HSIAO E.RD.,
TAIPEI TAIWAN

PHARM.CO.LTD.
,CHUNG SHAN RD.,
SIN-HUA CHEN,
　　　　TAINAN HSIEN,TAIWAN

jet air service s.p.a.
*International airfreight consolidators*
ORIGINAL
ISO 9002
C. N° 536
CISQ

*head office:*
via Novegro 11/a
20090 Novegro
Milan - Italy

*branch offices:*

Date: 9/07/　Place: MIL MARUCCIA
Ref. n°.1/9710964

*Shipper's name and address*

ACS DOBFAR S.P.A.
VIALE ADDETTA, 6/8/10
20067 TRIBIANO　　　　MI

| | | | Ref.: |
|---|---|---|---|
| | | 46207 | INV.1572 |

| Value for carriage N.V.D | | Value for carriage N.V.D. | | C.O.D. amount | | | |
|---|---|---|---|---|---|---|---|
| N° of PCS. | Weight Kos | Rate class | Volume cubic dck. | Chargeable weight | Rate | Nature and quantity of goods | |
| 10 | 265,00 | | 938 | 265 | AGREED | STERILE CEPHRADINE ORIGIN ITALY FREIGHT PREPAID P/O AO-675 | |

CASH  AGAINST  DOCUMENT

| PREPAID | Currency ITL | Weight charge | Currency adjustment factor | % | Due carrier | Total other charges | Due agent | Total prepaid |
|---|---|---|---|---|---|---|---|---|
| | Other charges (specification) | | | | | | | |

| COLLECT | Currency | Weight charge | Currency adjustment factor | % | Due carrier | Total other charges | Due agent | Total collect |
|---|---|---|---|---|---|---|---|---|
| | Other charges (specification) | | | | | | | |

| | C.O.D. amount |
|---|---|

SHIPPING MARKS:ACS DOBFAR 1/10.

Handling information

COPY　　　　　　　　　　　　　　　Air way bill number

PART 2

海運

## Unit **2-1**

# 解說常用的船務英文專有名詞

1. AI：All inclusive（總價）。
   船公司的報價已包括基本運費、附加費等。

2. ANERA：Asia North America Eastbound Rate Agreement（遠東北美東向運費協定）。
   航行遠東、北美之間的船公司為求運費穩定，彼此間對運費的協議。

3. BAF：Bunker Adjustment Factor（燃料附加費）。
   燃料價格調漲時，船公司營運成本會增加，為彌補此增加的成本，船公司會按變動的幅度，訂定一百分比隨著基本運費向貨主收取，有些船公司使用FAF（Fuel Adjustment Factor）。

4. Break-bulk Cargo（散裝貨）。
   不是裝於貨櫃中的貨物，通常為大宗物品，如水泥、穀物等。

5. CAF：Currency Adjustment Factor（幣值調整附加費）。
   又稱美金貶值附加費，因船公司的運費大都以美金作為計價的單位，當美金貶值時，船公司的運費收入就減少，為彌補此損失，船公司會按貶值的幅度，訂定一百分比，隨著基本運費向貨主收取。

6. CFS：Container Freight Station（貨櫃貨物集散站）。
   在貨櫃場內，貨物在此併櫃或拆櫃，由於併櫃貨（LCL）是貨

主用卡車送來此處裝櫃，所以把併櫃貨也叫作CFS。

7. CLP：Container Loading Plan（貨櫃裝貨明細表）。
又稱CLL（List）記載貨櫃中所裝貨物的品名、箱數、目的港等。

8. CW：Chargeable Weight（計價重量）。
空運運費的計算單位是以毛重（Gross Weight）及體積重（Volume Weight）較大者作為計價的重量。

9. CY：Container Yard（貨櫃存放場）。
在貨櫃場內有重櫃CY區及空櫃CY區，貨主要出整櫃貨（FCL）時，會派拖車到空櫃CY區領櫃子回工廠裝貨，再把此重櫃拖回貨櫃場的重櫃CY區等待裝船，所以一般也把整櫃貨叫作CY。

10. DDC：Destination Delivery Charge（目的地移送費）。
從卸貨港把貨櫃移送至貨櫃場或火車站所收的費用，一般由CNEE（收貨人）支付。

11. Demurrage：（貨櫃滯留費）。（附件2-1）
進口的重櫃放在貨櫃場的CY區，可能由於貨主尚未贖單報關等因素，以至此櫃子超過船公司所給予的免租費期（Free Time）通常為7天，每超過1天，船公司向貨主收取NT400／20'、NT800／40'（各家船公司略有不同），作為貨主延滯此貨櫃的罰金。

12 Detention（貨櫃延滯費）。
貨主向船公司拖空櫃回工廠裝貨，可能由於貨款尚未收到或者貨物有問題，以至此櫃子一直滯留在貨主處，超過船公司給予的免租費期，船公司向貨主收取超過1天NT400／20'、NT800／40'作為罰金（各家船公司略有不同）。

13. D/O：Delivery Order（提貨單）。（附件2-2）
運送人在收貨人交還正本提單時，發給收貨人藉以報關提貨的憑證，為與B/L區別，提貨單被稱為小提單。

14. EIR：Equipment Interchange Receipt（貨櫃交接驗收單）。
貨櫃進出貨櫃場，檢驗櫃況的憑據，用來釐清貨櫃場與船方或貨主的責任。（附件2-3）

15. ETA：Estimated Time of Arrival（預計船抵達的時間）。

16. ETD：Estimated Time of Departure（預計船開航的時間）。
由於天候、風浪等因素均足以影響船、飛機速度，因此無法預先公布準確的抵達或開航的日期時間，以免引發糾紛。

17. FAK：Freight All Kinds（不論品名的運費）。
不論何種商品，其每一CBM或1,000公斤的運費，都一樣（危險品除外）。

18. FCL：Full Container Load（整櫃貨）。
裝滿一個櫃子的貨。

19. Feeder Vessel（子船或稱支線集貨船）。
跑近海的船隻，載運量較小，被用來作為母船運送貨櫃的交通船，這樣會比母船彎靠每一港口裝卸貨來得經濟、方便。

20. FI, FO：Free in, Free out（船方不負責裝卸）。
大宗貨主與船公司接洽租船事宜、承運貨物時，雙方在傭船契約上，訂明船方不負擔裝船費用即為FI，不負擔卸船費用即為FO，如果上述傭船契約訂明裝卸費用歸船方負擔，此條件即為Berth Term，又稱為Liner Term，好像定期船的運送貨物一樣，貨主不必負擔裝卸的費用。

21. GRI：General Rate Increase（基本運費調漲）。

船公司全面調漲基本運費，通常以某百分比作爲調高的幅度。

22. Groupage：把LCL併櫃貨併裝成FCL整櫃貨，也叫作Consolidation。

23. HQ：High Cubic Container（高櫃）。
指9呎半高的40'貨櫃。

24. HS：Harmonized Commodity Description and Coding System（調和商品分類制度）。
我國稅則分類在民國60年採用關稅合作理事會稅則分類（Customs Cooperation Council Code即CCC Code），民國78年採用HS Code，又稱爲「國際商品統一分類制度」。

25. ICC：International Chamber of Commerce（國際商會組織）。
總部設於法國巴黎的國際性機構，目的在公平地促進國際貿易的順利進行，大家所熟知的信用狀統一慣例及國貿條規，係由ICC所制訂。

26. IMDG Code：International Maritime Dangerous Goods code（國際海事組織對海上運送危險品的規定）。

27. IPI：Interior Point Intermodal（內陸點運送）。
從臺灣運往美國的內陸城市的貨櫃，在美國西岸港口卸下後，由船公司負責安排卡車或火車運往內陸的目的地，收貨人在此辦理報關提貨；例如：船公司報價IPI Chicago US70／CBM，船公司會負責把貨送到Chicago貨櫃場，在此把貨交給收貨人。

28. LCL：Less-than Container Load（併櫃貨）。
不滿一個整櫃的貨。

29. L/I：Letter of Indemnity（切結書）。

亦稱 Letter of Guarantee 保證書。

30. Manifest：（艙單）。（附件2-4）

船（飛機）上所載貨物的明細表或乘客的名單。

31. MLB：Mini Land Bridge（迷你陸橋跨陸運送）。

由臺灣運往美國東岸的貨櫃，在美國西岸港口卸下後，由船公司負責安排火車或拖車橫越大陸，運到東岸的港口或城市，讓受貨人在此辦理報關提貨，這種運送方式稱為MLB。有別於另一種叫作All Water Service；即運往東岸的櫃子，從遠東開始，全程用船運經過巴拿馬運河運抵東岸，這種方式耗時較久，約比MLB慢10天，但運費較便宜，大概1×20'相差US150。

32. PNW：Pacific Northwest。

臺灣到北美太平洋西北岸航線，灣靠港有Portland、Seattle、Vancouver。

33. PSW：Pacific Southwest。

臺灣到北美太平洋西南岸航線，灣靠港有Long Beach、Oakland。

34. TEU：Twenty Equipment Unit（20呎櫃等量單位）。

1×20'櫃子稱為1個TEU，1×40'櫃＝2TEU。

35. THC：Terminal Handling Charge（貨櫃場處理費）。

又稱為吊櫃費，由貨主交付船公司，金額視各區域不同，如東南亞線1×20'櫃要NT5,600，1×40'櫃則要NT7,000。

## 附件 2-1　貨櫃滯留費／延滯費

### C.Y. Cargo Demurrage　貨櫃滯留費

**EURO. MEDI & AUSTRALIA**

| 普通乾櫃 | | | 冷凍櫃 | | |
|---|---|---|---|---|---|
| DAY | 20'/每天每櫃 | 40'/每天每櫃 | DAY | 20'/每天每櫃 | 40'/每天每櫃 |
| 1~8 | 免費 | | 1~2 | 免費 | |
| 9~11 | NT$400.00 | NT$800.00 | 3~5 | NT$800.00 | |
| Thereafter | NT$1,300.00 | NT$2,000.00 | Thereafter | NT$2,000.00 | NT$2,500.00 |

**U.S.A.**

| 普通乾櫃 | | | | 45'/每天每櫃 | |
|---|---|---|---|---|---|
| DAY | 20'/每天每櫃 | 40'/每天每櫃 | DAY | | |
| 1~6 | 免費 | | 1~6 | 免費 | |
| 7~16 | NT$500.00 | NT$700.00 | 7~16 | NT$900.00 | |
| Thereafter | NT$1,300.00 | NT$2,000.00 | Thereafter | NT$2,400.00 | |

**S. AFRICA & S. AMERICA**

| 普通乾櫃 | | | 冷凍櫃 | | |
|---|---|---|---|---|---|
| DAY | 20' | 40' | DAY | 20' | 40' |
| 1~6 | 免費 | | 1~3 | 免費 | |
| 7~9 | NT$400.00 | NT$800.00 | 4~6 | N I L | N I L |
| Thereafter | NT$1,300.00 | NT$1,600.00 | Thereafter | NT$1,300.00 | NT$3,900.00 |

---

五、整裝貨櫃提領後，倘未於寬限期內將空櫃送回本公司指定之集櫃場則須收取如下所示之貨櫃延遲費，若貨櫃於歸還時發現受損，貨主應負賠償貨櫃修理費與其他有關之費用及一切損失。

5. When Consignee removes the Container from CY for stripping, the Detention Charges will be assessed in accordance with the schedule set herein and be payable by the Consignee for day(s) or fraction thereof in excess of the free time allowed. If the empty container is found damaged when it is returned to the terminal, the Consignee shall be liable for the cost of damage repairs and other costs and for all losses sustained by the Carrier.

---

### C.Y. Cargo Detention　貨櫃延滯費

**EURO. MEDI & AUSTRALIA**

| 普通乾櫃 | | | 冷凍櫃 | | |
|---|---|---|---|---|---|
| DAY | 20'/每天每櫃 | 40'/每天每櫃 | DAY | 20'/每天每櫃 | 40'/每天每櫃 |
| 1~4 | 免費 | | 1~2 | 免費 | |
| 5~7 | NT$120.00 | NT$180.00 | 3~5 | NT$679.00 | NT$878.00 |
| Thereafter | NT$300.00 | NT$450.00 | Thereafter | NT$1,697.00 | NT$2,196.00 |

**U.S.A.**

| 普通乾櫃 | | | | 45'/每天每櫃 | |
|---|---|---|---|---|---|
| DAY | 20'/每天每櫃 | 40'/每天每櫃 | DAY | | |
| 48 hours | 免費 | | 48 hours | 免費 | |
| 3~7 | NT$500.00 | NT$700.00 | 3~7 | NT$900.00 | |
| Thereafter | NT$1,300.00 | NT$2,000.00 | Thereafter | NT$2,400.00 | |

**S. AFRICA & S. AMERICA**

| 普通乾櫃 | | | 冷凍櫃 | | |
|---|---|---|---|---|---|
| DAY | 20' | 40' | DAY | 20' | 40' |
| 1~3 | 免費 | | 1~3 | 免費 | |
| 4~7 | NT$300.00 | NT$600.00 | 4~8 | N I L | N I L |
| Thereafter | NT$1,300.00 | NT$1,200.00 | Thereafter | NT$1,300.00 | NT$3,900.00 |

## 附件 2-2　提貨單／小提單

**EVERGREEN**
EVERGREEN MARINE CORPORATION

**DELIVERY ORDER**

ORIGINAL

| (2) Shipper/Exporter | (5) 報號 (M/F No.) |
|---|---|
| UNITAINER SYSTEM FORWARDER INC.<br>C/O UNIPAC SHIPPING INC.<br>535 BREA CANYON ROAD<br>WALNUT, CA 91789 TEL: (909)594-2600<br>FAX: (909)594-9277 | 0026 |

Shipper code

| (3) Consignee (complete name and address) | (6) |
|---|---|
| ■■. MACHINERY CO., LTD.<br>NO.5 LANE 632 CHUNG CHENG RD,<br>SHULIN CITY, TAIPEI HSIEN TAIWAN<br>ROC. ■■機械廠股份有限公司 | ☑ 116 |

001A1041　EVERGREEN HSI CHIH

| (4) Notify Party (complete name and address) | (7) |
|---|---|
| ■■. MACHINERY CO., LTD.<br>■■■■ ■■■ CHUNG CHENG RD.,<br>SHULIN CITY, TAIPEI HSIEN TAIWAN<br>ROC. | CONTAINER YARD |

(8) Point and Country of Origin (for the Merchant's reference only)

(9) Also Notify Party (complete name and address)

Notify code

| (12) Pre-carriage by | (13) Place of Receipt/Date | Upon endorsement and payment of all charges please deliver the above-mentioned Goods. Consignees are requested to note particularly the terms and conditions printed on the reverse side |
|---|---|---|
| (14) Ocean Vessel/Voy No. | (15) Port of Loading | (10) |
| EVER DIAMOND 0174-025W | LOS ANGELES, CA. | (02)25001348　SEP.28.2001 |
| (16) Port of Discharge | (17) Place of Delivery | |
| KAOHSIUNG | KEELUNG | 3EQSR　BE 90V821 |

Particulars furnished by the Merchant

| (18) Container No. And Seal No. Marks & Nos. | (19) Quantity And Kind of packages | (20) Description of Goods | (21) Gross weight |
|---|---|---|---|
| GATU7013014/2/9500 | 1 CRT | EXHIBITION GOODS<br>(RETURN CARGO)<br>SERVO MOTOR & ETC. | 523.0 KGS |
| H.S.MACHINERY<br>CO,. LTD. | | | |

| (24) FREIGHT & CHARGES | Revenue Tons | Rate | Per | Prepaid | Collect |
|---|---|---|---|---|---|
| | | | | | |

| (25) B/L No. | (27) Number of Original D/O ONE (1) | | (29) Prepaid at | (30) Collect at |
|---|---|---|---|---|
| EISU<br>003100850973 | (28) Place of D/O Issue/Date | | (31) Exchange Rate | TAIPEI TAIWAN |
| (26) Container Yard | TAIPEI TAIWAN | | | US$1 = NT$34,740 |
| ENCT 001A1041 | (33) Laden on Board<br>SEP.15,2001 | | | |

FORM NO. DOC-051-02

EVERGREEN MARINE CORPORATION

By

AS CARRIER

## 附件 2-3　貨櫃交接驗收單

# EVERGREEN
## 貨 櫃 交 接 驗 收 單
No. 920851
### EQUIPMENT INTERCHANGE RECEIPT

| 櫃型 Container Type: | ALUMINUM STEEL FIBERGLASS | 貨櫃字號 Container No. | 車架號碼 Chassis No. |
|---|---|---|---|

**OUT** 出
- Empty 空櫃 ☐
- Loaded 滿櫃 ☐
- Loading port 裝貨港 ___
- Discharging port 卸貨港 ___

Terminal 貨櫃場 ___ Date ___

Vessel 進出口船名航次 ___ Voy. ___

CONTAINER 貨櫃 前 端 蓋 封 Custom Seal Number ___

EMC or Others Seal Number 長 榮 或 其 他 蓋 封 ___

**IN** 進
- Empty 空櫃 ☐
- Loaded 滿櫃 ☐
- From 何處來 ___

Terminal 貨櫃場 ___ Date ___

Vessel 進出口船名航次 ___ Voy. ___

CONTAINER 貨櫃 卸 端 蓋 封 Custom Seal Number ___

EMC or Others Seal Number 長 榮 或 其 他 蓋 封 ___

收領貨櫃人請注意貨櫃狀況、如貨櫃請領空時請清除櫃內雜碎汙物及

車否公司負責一切責任及發生之費用將由施

Left Side (左側面)　Right Side (右側面)

Floor Base (低床)　Top (櫃頂)

Front (前面)　Container—Inside　Rear (門端)

貨櫃內面

Inside condition of container and status: (貨櫃內部情況)

Left Side (左側面)　Right Side (右側面)

Floor Base (低床)　Top (櫃頂)

Front (前面)　Container—Inside　Rear (門端)

貨櫃內面

Inside container of container and status: (貨櫃內部情況)

Mark clearly all damages and/or parts missing with following codes on the appropriate plan. (請將損壞情況以下列符號記入上圖適當位置。)

| D | Dent 凹 | H | Hole 洞 | C | Cut 破 | B | Bruise 損傷 | M | Missing 失落 | BR | Broken 折斷 |

Further damages be stated below (如有其他損項請記本欄)

Further damages be stated below (如有其他損項請記本欄)

空櫃限　　日前交回、逾期需繳納空櫃使用費。

| CSC PLATE | | ACEP LABEL | |
|---|---|---|---|
| WITH 已有 | REFIT 加裝 | WITH 已有 | REPOST 加貼 |

The equipment listed above is received in good order except where noted
(上列設備除已註入損項之外其餘部份情況良好)

| CSC PLATE | | ACEP LABEL | |
|---|---|---|---|
| WITH 已有 | REFIT 加裝 | WITH 已有 | REPOST 加貼 |

The equipment listed above is received in good order except where noted
(上列設備除已註入損項之外其餘部份情況良好)

DATE 日期　FOR RECEIVER (CARRIER, LICENCE NO.) 領貨人　運輸公司　車牌號碼

The condition of the equipment is as indicated above 設備之情況如上列

For Container Owner 交貨櫃人

DATE 日期　FOR REDELIVERER (CARRIER, LICENCE NO.) 交運人　運輸公司　車牌號碼

The condition of the equipment is as indicated above 設備之情況如上列

For Container Owner 收貨櫃人

EQUIPMENT CONTROL (控制)

附件 2-4　艙單

■航空貨運代理有限公司
■ FORWARDING LTD.

## CONSOLIDATED CARGO MANIFEST

TO　UNISTAR AIR CARGO

MEMPHIS

| DESTINATION: MEMPHIS | | | DATE: MAY.18,1998 | | CARRIER: UPS | |
|---|---|---|---|---|---|---|
| MAWB NO.: 406-22954481 | | | FL NO.: UPS6837718 | | LOTNO.: MEM-91/98 | |
| HAWB No. | No. of P'kg | Weight In Kgs. | Description | Final Dest. | For Official Use Only | |
| J6297870747 | 1PLT | 207.0KGS V.294.0KGS | PRESARIO NOTEBOOK | MEM | F: C.C. | |
| 36297870756 | 1PLT | 171.0KGS V.218.0KGS | PRESARIO NOTEBOOK | MEM | F: C.C. | |
| 36297870765 | 1PLT | 70.0KGS V.150.0KGS | PRESARIO NOTEBOOK | MEM | F: C.C. | |
| 36297876072 | 2PLT | 446.0KGS V.492.0KGS | NOTEBOOK COMPUTER | MEM | F: C.C. | |
| 36297876081 | 8PLT | 1781.0KGS V.1968.0KGS | NOTEBOOK COMPUTER | MEM | F: C.C. | |
| 36297876090 | 1PLT | 223.0KGS V.246.0KGS | NOTEBOOK COMPUTER | MEM | F: C.C. | |
| | 14PLTS | | | | | |

*4F, NO. 150, SEC. 2, NANKING EAST ROAD,*
*TAIPEI 10409, TAIWAN, R. O. C.*
*TEL: 886-2-2506-1570(REP.)*
*FAX: 886-2-2508-2313 · 2504-3441*

## Unit 2-2

# 運送人與船舶貨運承攬業及無船營運公共運送人的異同

### 一〉 何謂運送人、承攬業及無船營運公共運送人

運送人有二種，一是擁有運輸工具、從事實際運送業務之業者，如船公司、航空公司；另一種是不擁有運輸工具，但承擔執行運送業務之業者，例如：NVOCC（Non-vessel Own / Operating Common Carrier）。也許貨主會質疑既然NVOCC沒有運輸工具，如何能執行運送業務，其實他可以向擁有船隻的船公司租Space（艙位），或簽Service Contract（運費合約），然後向貨主報價承攬貨物，發自己名義的提單給貨主，承擔運輸的責任，把託運人的貨物從出口地送到目的地交給受貨人（Consignee），完成運送的責任。

那麼NVOCC與Freight Forwarder又有什麼不同呢？早期在歐美地區，Forwarder的工作是以貨主的代理人身分，安排艙位並處理相關文件，將貨物交由擁有船舶的運送人運送，Forwarder除了向貨主收取手續費外，還可向運送人收取佣金，後來Forwarder逐漸提升業務範圍，自己向船公司簽Service Contract，取得運送費率再報價給貨主來承攬貨物，這種Forwarder自己簽發提單或提供併裝服務賺取運費差額，即已擔任運送人的身分，這樣以運送人身分經營承攬運送業務的承攬運送人，在性質上就像NVOCC一樣。

## 二》 貨主與承攬業及運送人之間的關係

當託運人經由Forwarder把貨交給船公司運送時，其間的關係如下：

出口商 ────── 船舶承攬商 ────── 船公司

運送契約

承攬運送契約

出口商向Forwarder簽S/O，把貨交給Forwarder，出口商就是Shipper（託運人），Forwarder是Carrier（運送人），但Forwarder本身沒有船，所以向船公司簽S/O，把貨交給船公司，這時Forwarder的身分是Shipper，船公司是Carrier，船公司發提單（Master B/L）給Forwarder，Forwarder發提單（House B/L）給出口商，因此出口商與船公司並沒有直接的法律關係，如果託運貨物遭到毀損、滅失時，程序上，出口商要找Forwarder索賠，Forwarder再找船公司索賠，如果此Forwarder是這家船公司的攬貨代理時，船公司要負連帶賠償責任，不能完全不理會Shipper的索賠，只是處理的程序上，Shipper要先找Forwarder。從商業的角度來看，Forwarder是船公司的客戶，在船公司的資料裡面，Forwarder是Shipper而不是出口商，因此出口商不要以為Forwarder發給你的B/L上面，裝運貨物的船名屬於哪一家船公司，你就是那一家船公司的客戶，這是不正確的。

## 三》 貨物直接裝船公司好，還是經由Forwarder好

Buyer沒有指定的Prepaid的貨，可以由下列幾點來考慮：

## （一）運費方面

　　船公司只賣自己的服務，因此費率只有一種，比較沒有彈性，而Forwarder大部分同時與數家運費同盟及非同盟的會員船公司簽Service Contract，因此報價有多套版本可供貨主選擇，貨主可以根據自己接單的狀況來作決定，假如所接的訂單交貨時間不急，利潤又低，此時可以選擇Forwarder使用較低費率的船公司。

　　一般而言，Forwarder會把報價分成三類：一種是「A Service」，即把船期準確、航行時間快、班次多的船公司列為此類，例如：歐洲線的甲船公司到歐洲第一個Main Port只要20天左右，運費US1,800／20'；另一種被列為「B Service」則是班次較少，航行時間較慢的船公司。例如：乙船公司到歐洲要25天左右，運費US1,700／20'，而被列為「C Service」的則是班次更少，航行時間更慢的船公司，例如：丙船公司到歐洲要30天以上，其運費當然要便宜才能競爭，運費US1,500／20'，因此貨主可以根據本身的需求來作選擇。

　　至於LCL的併裝貨，由於Forwarder有些從事同行互相併裝（Co-loading），因此提供的LCL運費比船公司便宜很多，因為一個櫃子裡面貨裝得愈多，每一個CBM的運費成本就愈低，譬如：有甲、乙、丙、丁4家Forwarder，他們同時有貨要到美國西雅圖，甲公司有18CBM，乙公司有16CBM，丙公司有10CBM，丁公司只有8CBM，任何一家拖櫃來裝自己的貨都不划算，因此他們把貨集中「拋」給甲，由甲來開櫃，這樣一個40呎的櫃子就裝有52CBM的貨，如果1×40'到西雅圖是US1,600，那麼一個CBM的成本就只有US30左右，甲、乙、丙、丁Forwarder再加上自己的利潤，大約US3至US5之後報給貨主，由於他們加上去的

利潤不盡相同，因此報價就不會一樣，貨主貨比三家不但不會吃虧，還可能會撿到便宜。

## （二）形象考慮

一般而言，船公司歷史悠久、規模大、信譽較佳、經驗也多，貨主當然不怕他們會倒，權益受影響。至於Forwarder大的公司也有，世界各地均有分公司或代理，但規模小的也不少，員工寥寥幾名，有些在處理國際事務上（如理賠、運務等），經驗、能力均不足，財務也很薄弱，把貨交給他們運送，感覺不安全，怕出了事無法妥善解決。

## （三）領提單快慢

船公司的員工在碼頭裝貨完成時，就會通知公司，船公司馬上就可以簽發提單給貨主，但有些Forwarder從船公司那裡得到的訊息較晚，因此會延誤發放的時間（依照政府航政主管機關的規定，貨物沒有裝載到船上前，不得發放提單），通常比船公司晚2小時至半天，這對急於領取B/L趕押匯的貨主是有些影響的。

## （四）船期配合方面

船公司自己的班次，船期每個月是固定的，如甲船公司一個月有四班次，每星期五結關，貨主（尤其是工廠）只要生產線配合此船期出貨，工人習慣上就會知道每星期五要出貨，心裡有準備可能要加班趕工，這種依照船公司固定結關日出貨的安排，對貨主而言比較單純，船務經辦人員也比較Easy，不必查詢多家船公司的結關日期，但這對貿易商而言則較不適合，因為貿商尤其是作雜貨的，有時一張訂單就包括三家以上的Supplier，而且要

合併一整櫃出口（這樣運費才划算），如果配合船公司一星期固定結關一次的話，萬一有一家Supplier的貨臨時趕不出來，豈不要等到這家船公司下星期的船才能出貨？這樣也許L/C裝船日就過期了，如果走Forwarder的話，因Forwarder與多家船公司有簽約，今天趕不上甲船公司的班次，明天還有乙船公司的，後天有丙船公司可以配合，幾乎天天都有結關的船，因此如果是作雜貨或出多種產品的貿商，選擇Forwarder將比較方便。

### （五）處理問題程序

貨物運送發生問題時，如果直走船公司，當然貨主可以直接找船公司處理，但如經由Forwarder，則須找Forwarder解決，有些Forwarder沒有跟船公司簽Service Contract，而是把貨拋給另一家有簽約的同行，那問題處理起來就複雜了，Forwarder及船公司都可能會找藉口而形成推皮球的情形，而且因同行互相拋貨，Forwarder總是想把櫃子擠得滿滿的，容易造成貨物毀損。

### （六）中國大陸出貨

建議貨主使用Forwarder，因為船公司受到中國大陸行政制度方面的限制，功能無法正常運作，但Forwarder則較「靈活」，作法上也比較「敢」，譬如：在預借提單、拖櫃、報關方面。另外，船公司在中國大陸的代理，往往不同於臺灣的代理，例如：同樣是NYK，在臺灣的代理是聯合船務公司，但在中國大陸可能是外運或外代，因此在中國大陸出貨，即使貨主走NYK，一旦發生問題，要求聯合船務公司處理，他們將不會接受，因為在中國大陸，NYK不是由他們代理，他們並無義務替貨主服務，但Forwarder則不一樣，他們在中國大陸的幹部大都是臺灣的公司派出去的，貨主在中國大

陸出貨一旦有問題，請臺灣的Forwarder解決他們一定會處理，這樣不但節省時間，而且節省長途的通訊費用。至於運費方面，如果Forwarder與中國大陸的船公司，例如：COSCO，有簽約的話，運費可能比其他外商船公司便宜。

（註：(1)外運：中國對外貿易運輸公司；(2)外代：中國外輪代理公司。）

## 四 》 船公司與貨運承攬之間的關係

在市場上船公司對Freight Forwarder可以用一句話來形容，那就是「愛恨交加」，兩者之間既是合作的對象，同時也是競爭的對手，茲分別說明如下：

### （一）合作的對象

船公司為了航線的穩定發展，需要大量的貨載來裝滿船的艙位 （Space），但單靠自己的攬貨能力畢竟有限，很難達到理想的貨運量，因此希望借助Freight Forwarder的力量來達成最佳的載運量。Forwarder憑著在世界各地廣泛的分公司或代理行及提供比船公司更具彈性多元的服務，如內陸運送、倉儲、報關、配送……等，當然能吸引不少Buyer來使用。現今大部分的船公司，其貨載60%以上幾乎來自Forwarder，甚至有高達80%以上的情形者，Forwarder對船公司的貢獻可見一斑。

船公司既然大部分的貨載來自Forwarder，當然可以節省業務員的人數，而專心致力於船務的經營，使班次、船期、航程更合理、更準時，對客戶（包括進出口廠商及Forwarder）提供更好的服務，Forwarder也因有船公司的配合，在運費上、艙位上及作業上能夠順利進行，在市場上占有一席之地，兩者可說是魚幫水、水幫魚，成為事業上的夥伴。

## （二）競爭的對手

本來船公司尋求Forwarder合作是希望Forwarder承攬一些需要作併裝服務的Buyer，或需要提供整體倉儲、報關、內陸配送服務的客戶，因為這些性質的工作船公司比較沒有人手及設備去作。

但Forwarder為了提升擴大服務範圍，不但CY/CY整櫃貨也接，甚至連船公司賴以維生的貨源——港至港（Port to Port）的貨物也搶，Forwarder運用其與數家不同船公司的運費合約（Service Contract），在市場上與船公司搶貨，造成殺價的惡性競爭，當然會引起船公司的不滿，但在自由經濟的體制下，誰也無法規定Forwarder只能承攬哪些客戶，因此船公司對Forwarder真是又愛又恨，在策略上會對Forwarder加以提防及限制，例如：簽約對象的選擇、對出整櫃貨的進出口商低價優惠……等。

貨主游走在船公司與Forwarder間，當然可以漁翁得利，但價錢不要「殺」得太離譜，以免在Shipping船務業界留下「最爛的客戶」之名。

## 五　Forwarder如何避免捲入貨主與船公司之間的糾紛

1. 勿向貨主保證B/L上註明之船舶或貨物一定於ETA時間抵達目的港（地），因為：

   ⑴ 運送人對貨物運送之責任是在貨物發生有形毀損或滅失大前題下，運送人才有責任，運送人不負責任何無形的利益損失或貨物之間接損失，包括利潤／市場之喪失、價格下跌、生產受阻及其他結果損失。

   ⑵ 運送人為了救助或試圖救助海上人命或財物所造成之任何

偏航（Deviation），或其他任何合理偏航，因此所產生之
貨物毀損／滅失可以免責。

(3)法律並無嚴格規定，運送人對於貨物之交付義務必須於特
定日期內履行，而提單正面亦不須（也不應）記載交付之
日期。

2. 勿向貨主保證貨櫃（物）一定是被裝在甲板下，因為：根據船
公司B/L上的條款，運送人得不通知貨方而將貨櫃裝在甲板上
（根據作業習慣，一般乾貨櫃裝在甲板上，被視同甲板下）。

3. 涉及貨損理賠時，勿向貨主保證船方或貨櫃場將賠多少額度，
因為：根據B/L上的條款及各國國內法律，均有所謂的「責任
限制」條款，我國海商法規定，船公司或貨櫃場（輔助運送
人）之最高賠償金額為每件新臺幣9,000元。

# Unit 2-3

# 信用狀與提單的關係

## 一 海洋提單與複合運送提單的特性

　　貨主所要的提單一般都是根據L/C的規定，常用的有海洋提單（Ocean B/L或Marine B/L，如附件2-5）及複合運送提單（Multi-modal Transport B/L或Combined Transport Document，如附件2-6），信用狀統一慣例（UCP600）對提單的定義有很詳細的解釋，有些是給銀行審單及船公司製作提單時，作為依據，貨主並不需要一一去探討其細節，在此，我們要強調的是，當L/C規定要Ocean B/L或Multi-modal Transport B/L時，根據UCP600，銀行在審單時，並不是以提單的名稱來判定這份B/L是屬於海洋提單或複合運送提單，而是以提單上的內容性質來決定。

1. 海洋提單的內容性質，主要有以下二點：

   (1) 當信用狀要求港至港運送的提單時（例如：L/C規定Shipment from Keelung to Hamburg），提單上一定要表明信用狀規定的裝貨港及卸貨港，但提單上記載的收貨地如與裝貨港不同時，應於提單上加註：「裝貨港、裝載貨物的船名及裝載日期」。

   (2) 提單上要表明貨物業已裝載／裝運於標名之船舶，因為既然是港至港的運送，貨物一定是用船舶來裝載，所以要有船名及裝載日期（On Board Date）。

2. 複合運送提單的內容性質如下：

⑴當信用狀要求涵蓋至少二種不同運送方式的單據時（例如：L/C規定Shipment from Hsinchu to Frankfurt）。

所謂運送方式是指陸運、空運、水運或海運，只要這批貨在整個運送過程中，使用到二種以上不同的運送方式；例如：陸空、或海空、或陸海空，這就算複合運送。因為複合運送不一定用到海運，例如：使用陸空方式，所以複合運送的提單並不一定要有船名或On Board Date。

⑵要表明貨物業已接管（Taken in Charge）／發送（Despatched）／裝載（Shipped on Board）的任何一項。

這裡的接管，意思是貨主把貨交運送人接管，發送則是指空運把貨裝上飛機的意思，如同海運的Shipped on Board。當L/C要求複合運送提單要表示Shipped on Board時，船公司一定要等到貨主的貨物實際已裝上船，才會簽發蓋有「Loaded on Board」的提單給貨主，貨主押匯時也才不會有瑕疵。

⑶表明信用狀規定的接管地及目的地，該接管地得不同於裝載港、機場或裝載地；該目的地得不同於卸貨港、機場或卸貨地。

例如：新竹的廠商接到L/C規定「Shipment from Hsinchu to Frankfurt」，很明顯地，這將是複合運送，因為從新竹到德國法蘭克福不可能在整個運送過程中，只用到一種運送方式就可到達，一定要使用到二種以上不同的運送方式，由於新竹並不是機場或是裝貨港，而只是出貨的裝載地而已，其運送方式依L/C規定的交貨條件有下列可能的情況：

① 用陸運把貨送到桃園長榮貨櫃場，然後由船公司負責把櫃子運到基隆去裝船，收這票貨的貨櫃場所在地桃園，

　　就是接管地，裝這票貨的港口基隆，就是裝載港。

②如果不是要裝海運而是走空運，貨從新竹用陸運出來後到桃園國際機場，國際機場就是裝貨的機場。

　　根據UCP600的解釋，L/C規定的接管地得不同於裝載港、機場或裝載地，同樣地，目的地Frankfurt是內陸城市，並不一定是卸貨港、機場或卸貨地。據此UCP600的釋義，押匯時，銀行不會認為有矛盾而當作瑕疵。

## 二　何謂Sea Waybill（附件2-7-1）

　　另一種提單是Sea Waybill，稱為海運貨單（類似空運的Air Waybill），這種單據跟一般提單Bill of Lading不同的地方有二點：

1. 在交貨上：B/L持有人經依規定背書即有權憑B/L提貨，而Waybill一律指名受貨人（Consignee），只要證明受貨人身分無誤，不憑Waybill正本，就可交貨。

2. 在物權上：B/L的物權可以背書轉讓，Waybill不屬於物權證券，因此不能背書轉讓。

　　Waybill大多使用在國際母子公司間的貨物運送及一般私人行李（如移民），這樣可以省掉單據寄送的費用，而且貨一到，不必等收到Waybill，就可以提貨，不致延誤商機或產生倉儲費等，近年來，國際商會有意推動這種單據的使用，因有助於推展EDI無紙化作業。

## 三　FCR（Forwarder's Cargo Receipt）的性質（附件2-7-2）

　　稱為貨運承攬商收據，國際商會認其僅係收貨證明而非運送

單據，因此除非L/C上面特別規定要求FCR，否則銀行將不接受。

## 四 〉 何謂FIATA提單

貨主可能會發現，有些提單的上面右邊有FBL的字樣，這並不是代表某家運送人的英文縮寫，而是代表FIATA的B/L，這種提單是FIATA的會員所簽發，全世界統一格式（附件2-8）。

FIATA是法語Federation International Des Associations De Transitaires Et Assimiles的簡稱，意為「國際貨運承攬商協會聯盟」，結合各國的貨運承攬運送業協會所組成，基於國際的協會之間有密切合作的需要，在1926年5月31日由16個國家的協會發起成立於奧地利維也納。

全世界Freight Forwarder發行的提單，雖然大都模仿船舶運送人的海運提單，但格式則略有不同，不像空運的提單不論是MAWB或HAWB都統一由IATA（國際航空運輸協會）所規定。以前銀行在審單時，對於承攬運送人所簽發的海運各式各樣提單，難免無所適從，造成貨主在押匯時的困擾，因此Freight Forwarder的生意也大受影響，其後FIATA的運作，在以往舊的信用狀統一慣例UCP400中規定：「經國際商會核可的FIATA FBL得予接受」，這是國際貿易上使用FBL的最高峰期（1983～1993年）。但此規定對其他沒有使用FBL的承攬業者似欠公平，因此國際商會於1994年修訂的UCP500將FBL條款予以刪除，而改訂UCP500第30條，其對海運承攬運送業所簽的提單，只要表明係運送人或運送人的代理人即可，從此FBL與其他的Forwarder提單並無差別待遇，銀行業界對Forwarder的提單接受度也大為提高。

## 附件 2-5 海洋提單

| | |
|---|---|
| Shipper<br><br>███. MACHINERY CO., LTD. | W<br><br>B/L No<br>KENGS011 27<br>S/O NO. 0218 |

萬 海 航 運 股 份 有 限 公 司

**WAN HAI LINES LTD.**

# BILL OF LADING

RECEIVED by the Carrier from the Shipper in apparent good order and condition ...

(Terms of Bill of Lading continued on the Back hereof)

| Consignee<br><br>██████ INDUSTRIES LTD.<br>QUALITY & TECHNOLOGY CENTER.<br>PURCHASING GROUP 2-1, NAESHIRO CHO,<br>MIZUHOKU, NAGOYA-CITY, *** | |

| Notify party carrier not to be responsible for failure to notify<br><br>██████████ LTD.<br>20-1, 1-CHOME MEIEKI-MINAMI,<br>NAKAMURA-KU, NAOGYA JAPAN ATTN.<br>MR. NISHIO TEL:(052) ███ 8273<br>FAX:(052) ███ 0760 | FORWARDING AGENT REFERENCES (COMPLETE NAME AND ADDRESS)<br><br>CENTRAL SHIPPING AGENCY LID.<br>5FL NO.2 MEIKO BLDG NO.2-28<br>IRIFUNE 2-CHOME MINATO-KU<br>NAGOYA 455 JAPAN<br>TEL:6516211 FAX:6515858 |

| Pre-carriage by | Place of receipt<br>KEELUNG | |
|---|---|---|
| Ocean vessel<br>WAN HAI 207 | Voy No.<br>N096 | Port of loading<br>KEELUNG TAIWAN |
| Port of discharge<br>NAGOYA JAPAN | Place of delivery<br>NAGOYA | Final destination (for the Merchant reference) |

| Container No. Seal No<br>Marks and Numbers | Number of containers or packages | Kind of packages; Description of goods | Gross weight Kgs./lbs. | Measurement M³cft. |
|---|---|---|---|---|
| LCL TO LCL<br>FSCU3229617 /25D<br>(<br>BROTHER<br>S40B3E-051<br>SOLENOID PF-8<br>C/NO.1-210<br>MADE IN TAIWAN | 210CTNS) | <br><br>PRESSER BAR LIFTER SOLEND.<br>& ETC.<br><br>*** AICHI 467-0641 JAPAN<br>ATTN. MISS. KAEKO ITO<br>TEL:(052) 824-2321<br>SAY: TWO HUNDRED AND TEN CARTONS | KGM<br>4260.00 | MTQ<br>6.450 |
| | | LOADED ON M/V<br>WAN HAI 207<br>VOY:N096<br>AT :KEELUNG<br>TAIWAN<br>ON :FEB.21 2000<br><br>**ORIGINAL** | | |

Particulars furnished by shipper

Total No. of container or packages (in words)

| Freight | Weight Measurement | Rate | Per | Prepaid | Collect |
|---|---|---|---|---|---|
| J.F. (220-00) | 6.450MTQ | USD25.00 | | | |
| J.F.TOTAL | | | | | USD161 25 |
| F.A.F. | | | | | USD6 45 |
| Y.A.S. | | | | | USD9 68 |
| TW.CFS | 6.450 | NTD320 | | | |
| JP.CFS | 6.450MTQ | YEN3,980 | | NTD2,064 | YEN25,671 |
| ".H.C. | | | | | YEN2,193 00 |
| CHARGES | | CFS | | | NTD2,054 |

| Carrier s Reference | | | | | TOTAL | NTD2,064 |
|---|---|---|---|---|---|---|

| Service | | Type of Goods | | | |
|---|---|---|---|---|---|
| RCV | DFLY | | Freight prepaid at | Freight payable at<br>DESTINATION | Place and date of issue<br>TAIWAN FEB 21 2000 |
| 1 CY | 1 CY | 1 ORD | | | |
| 2 CFS | 2 CFS | 2 REEF | Ex. Rate<br>NT$ 30.77 | No. of original B(s)/L.<br>THREE (3) | **WAN HAI LINES LTD.** |
| 3 DOOR | 3 DOOR | 3 DANG | | | |

| | Laden on board the vessel | | |
|---|---|---|---|
| WH<br>B/L | D:FEB. 21 2000<br>WAN HAI 207<br>N096 KEELUNG | Signature | By<br><br>**AS CARRIER** |

# 附件 2-6 複合運送提單

**MCL MULTI CONTAINER LINE**

Consignor: AKING TRADING CO., LTD.P.O.BOX 58425
9F-2 110 JEN AI ROAD SEC.4 TAIPEI TAIWAN

Consignee: TO ORDER

BILL OF LADING  TWHAM007012

FOR COMBINED TRANSPORT
OR PORT TO PORT SHIPMENT

Notify Address: SPEDITION MULTICOM,
A-5033 SALZBURG PHONE: 0662 641705,
FAX: 451641 AND GLOBAL-TRADE
HANDELSGESELLSCHAFT M.B.H.+CO.
SCHOARERBERGSTRASSE 49 A-5302 HENNDORF

MCL MULTI CONTAINER LINE LTD
Kriegackerstrasse 91
CH-4132 Muttenz
Switzerland
Subject to the Standard Conditions printed overleaf

Precarriage by: | Place of receipt: YANTIAN
Ocean vessel: EVER DIVINE V.0896RW-011 | Port of loading: YANTIAN

| Port of discharge HAMBURG | Place of delivery HAMBURG | Final destination SALZBURG | Freight payable at TAIWAN | No of orig THREE |
|---|---|---|---|---|

| Marks and nos | Number and kind of packages | Description of goods | Gross weight kg / Measurements |
|---|---|---|---|
| 2068.MINI SCOOTER 6 STÜCK | 1068 CTNS | SHIPPER'S LOAD & COUNT & SEALED 1X20' & 1X40' CONTAINER S.T.C. | 25204.80 (KGS) 87.770 (CBM) |
| | | AS PER PROFORMA INVOICE NO. 000318 DD.5TH JULY 2000 | *FREIGHT PREPAID* UPTO SALZBURG |
| | | 1) NO.82082 3204PCS ALUMINIUM-ALLOY FOLDABLE ROLLER SCOOTER | |
| | | 2) NO.82062-BLUE 3204PCS ALUMINIMUM-ALLOY FOLDABLE ROLLER SCOOTER | SHIPPED ON BOARD 29th Jul. 2000 |
| | | 3) NO.82082-WHEEL 6408SETS SPARE WHEEL(2PCS) +HEXXXX(2PCS) | |

| -CONTAINER NO- | SIZE | --SEAL NO-- | -QTY- | -UNIT- | - WTG (KG) - | -- CBM -- | - STATUS -- |
|---|---|---|---|---|---|---|---|
| INBU3476556 | 20' | VE45383 | 357 | CTNS | 8425.20 | 29.340 | (FCL - FCL) |
| EISU1203208 | 40' | FZ68124 | 711 | CTNS | 16779.60 | 58.430 | (FCL - FCL) |

TOTAL IN WORDS : ONE THOUSAND AND SIXTY EIGHT (1068) CTNS ONLY

ACCORDING TO CONSIGNORS DECLARATION

Received and shipped in apparent good order and condition, unless otherwise noted herein. The goods and instructions are accepted and dealt with subject the standard conditions printed overleaf and to which the merchant agrees by accepting this combined transport bills of lading. One of these combined transport bills of lading must be surrendered in exchange for the goods. In witness where of original combined transport bill of lading all of this tenor and date have been signed in the number stated above, one of which being accomplished, the other(s) to be void

Place and date of issue: HONG KONG, 29th Jul. 2000

For release of the goods apply to:
CARGO PARTNER CR S.R.O.
P.O. BOX 20, AVIATICK 12/1048
CZ - 160 08 PRAHA 6-RUZYNE,
CZECH REPUBLIC
Tel : 420 2 20116500 Fax : 420 2 20113543

Freight and charges / Special remarks
* FREIGHT AS ARRANGED *

As agent for the carrier MCL MULTI CONTAINER LINE LIMITED
M + R FORWARDING (H.K.) LTD.

AS AN AGENT FOR OR ON BEHALF OF THE CARRIER

# 附件 2-7-1　海運貨單

| | | |
|---|---|---|
| **EVERGREEN** EVERGREEN MARINE CORPORATION | | **SEA WAYBILL** NON-NEGOTIABLE |

| (2) Shipper/Exporter | (5) Document No. 6543 |
|---|---|
| BLUE ANCHOR LINE C/O KUEHNE & NAGEL (TAIWAN) LTD. | (6) Export References |
| SQD000037 | |

| (3) Consignee (complete name and address) | (7) Forwarding Agent References |
|---|---|
| BLUE ANCHOR LINE C/O KUEHNE & NAGEL INT'L LTD. 5935 AIRPORT ROAD, MISSISSAUGA, ONTARIO L4V 1X3 | |

| (4) Notify Party (complete name and address) | (9) Point and Country of Origin (for the Merchant's reference only) |
|---|---|
| BLUE ANCHOR LINE C/O KUEHNE & NAGEL INT'L LTD. 5935 AIRPORT ROAD, MISSISSAUGA, ONTARIO L4V 1X3 | (7) Also Notify Party (complete name and address) |
| Notify code | |

| (12) Pre-carriage by | (13) Place of Receipt/Date KEELUNG | |
|---|---|---|
| (14) Ocean Vessel/Voy. No. EVER UNITED 0005-029E | (15) Port of Loading KAOHSIUNG | (16) Onward Inland Routing/Export Instructions (for the Merchant's reference only) |
| (6) Port of Discharge VANCOUVER, BC. | (17) Place of Delivery TORONTO, ON. | |

Particulars furnished by the Merchant

| (18) CONTAINER NO./SEAL NO. | (19) Quantity and Kind of Packages | (20) Description of Goods | (21) Measurement Gross Weight KGS |
|---|---|---|---|
| CAXU4921774/40H/QP87509 | | | 55.000 CBM |
| | 1 X 40H | "OCEAN FREIGHT COLLECT" SHIPPER'S LOAD & COUNT SAID TO CONTAIN : 971 CARTONS SPORTING GOODS | 2,910.00 KGS |
| TORONTO PO NO.:BLI98-4-1 ITEM NO.:37073 C/NO.:1-304 MADE IN TAIWAN FABRIQUE EN TAIWAN -DO- PO NO.:BLI98-4-2 ITEM NO.: 37073 C/NO.:1-67 -DO- PO NO.:BLI98-8C ITEM NO.:37073 C/NO.:1-500 | | | |
| | | | (23) Declared Value $ |
| TOTAL NUMBER OF CONTAINERS OR PACKAGES (IN WORDS) | ONE (1) CONTAINER ONLY | | |

| (24) FREIGHT & CHARGES | Revenue Tons | Rate | Per | Prepaid | Collect |
|---|---|---|---|---|---|
| | | | | | |

| (25) Waybill No. EISU 003970709182 | (27) Number of Original Waybills ONE (1) | (29) Prepaid at | (30) Collect at DESTINATION |
|---|---|---|---|
| (26) Service Type/Mode FCL/FCL  O/R | (28) Place and Date of Issue TAIPEI JUN.12,1999 | (31) Exchange Rate US$1=NT$32.6700 | (32) Exchange Rate |
| | (33) Laden on Board the Vessel JUN.12,1999 | EVERGREEN MARINE CORPORATION | |
| | | By AS CARRIER | |

FORM NO. DOC-003-00

Subject to the terms and conditions (including those of pre-and on-carriage but not including negotiability) on the reverse side of Evergreen's Worldwide Bill of Lading.

## 附件 2-7-2　貨運承攬商收據

LEVISTONE LIMITED
INTERNATIONAL FREIGHT FORWARDERS

**FORWARDERS CERTIFICATE OF RECEIPT**　No.

LEVISTONE.CONTAINER LINE

TPE-5991-007050-01

RECEIVED from the shipper named hereon: in apparent good order and condition, except as noted hereon, by our appointed consolidators on our behalf subject to any Terms and Condition under which these consolidators agree to enter into business relations, the before-mentioned package(s) said to contain goods described hereon being marked and numbered as before mentioned for shipment. Conditions and clauses printed or otherwise inserted on Ocean Bill of Lading or Airway Bill, whichever is applicable, apply.

| Shipper | |
|---|---|
| AKING TRADING CO., LTD.<br>9F-2 NO.110 JEN-AI RD., SEC.4<br>P.O. BOX 58425 106 TAIPEI TAIWAN<br>H-L-0391 | **Port of Loading** KEELUNG |
| **Consignee**<br>METRO INTERNATIONAL GMBH<br>SCHLUETERSTRASSE 3, DE-40235<br>DUESSELDORF | **Port of Discharge** ROTTERDAM |
| | **Place of Delivery** ROTTERDAM IN*** |
| | **Vessel/Voyage** BUNGA PELANGI DUA |
| **Notify Party**<br>METRO INTERNATIONAL GMBH<br>SCHLUETERSTRASSE 3, DE-40235<br>DUESSELDORF, VITESSE OVERSEAS<br>TRANSPORT B.V. COLUMBUSSTRAAT 27,<br>NL-3165 AC ROTTERDAM, MDL METRO | **Shipped On Board** 14/07/2000 |
| | **ETD Port of Loading** 14/07/2000 |
| | **ETA Port of Discharge** 5/08/2000 |

DISTRIBUTIONS-LOGISTIK GMBH & CO.
HENRY EVERLING STR.1 DE-59174
KAMEN GERMANY
*** TRANSIT TO GERMANY

| Marks & Numbers | No. and Kind of Packages | Description of Goods | Gross Weight (KGS) | Measurement (CBM) |
|---|---|---|---|---|
| | | AS PER ATTACHED LIST | | |
| TOTAL : | 1045 | | 5225 | 23.040 |

| Freight & Charges | Revenue Tons | Rate Per | Prepaid | Collect |
|---|---|---|---|---|
| LCL/FCL<br>FREIGHT COLLECT PAYABLE BY LEVISTONE LTD. HONGKONG. | | | | |

| | |
|---|---|
| Ocean Freight : COLLECT<br>Number of FCR THREE (03)<br>Place & Date TAIPEI<br>of Issue 14/07/2000<br>For Delivery of Goods<br>VITESSE OVERSEAS TRANSPORT B.V.<br>COLUMBUSSTRAAT 25, NL-3165 AC<br>ROTTERDAM<br>THE NETHERLANDS | This Forwarding Agents Certificate of Receipt is issued by LEVISTONE LIMITED solely as transporters and forwarders and not as carriers. All terms and conditions of shipment are covered by the Ocean Bill of Lading or Airway Bill, whichever is applicable, of the carrier concerned. In accepting this Forwarding Agents Certificate of Receipt shipper, consignee and owner of the merchandise agree to all conditions and clause appearing herein.<br>For<br>LEVISTONE LIMITED<br><br>KUEHNE & NAGEL (TAIWAN) LTD., 3/4 |

## 附件 2-8　「國際貨運承攬商協會聯盟」提單

| Consignor | | |
|---|---|---|
| AKING TRADING CO., LTD.<br>9F-2, 110, JEN AI ROAD SEC.4<br>TAIPEI TAIWAN | **FBL** | 17640402000 |

NEGOTIABLE FIATA MULTIMODAL TRANSPORT BILL OF LADING

TW 158　issued subject to UNCTAD/ICC Rules for Multimodal Transport Documents (ICC Publication 481).

**Consigned to order of**
TO THE ORDER OF ISRAEL DISCOUNT BANK LTD. JERUSALEM

**MAKO**
**TRANSPORT CO., LTD.**
順成通運股份有限公司
台北市長春路 137 巷 8-2 號 6 樓

**Notify address**
22 YAD HARUTZIM ST. JERUSALEM, 93420,

6FL., NO. 8-2, LANE 137,CHANG CHUN RD., TAIPEI, TAIWAN, R.O.C.
TEL.:(02) 523-6371(REP)
FAX:(02) 523-3981
AIRPORT TEL:(03) 383-3798
TAICHUNG TEL:(04) 291-4640

**Place of receipt** TAICHUNG, TAIWAN

| Ocean vessel | Port of loading |
|---|---|
| SEA DRAGON V. 0477N | TAICHUNG, TAIWAN |

海運承攬運送業許可證字號：海攬（基）字第 326 號

| Port of discharge | Place of delivery |
|---|---|
| ASHDOD PORT | ASHDOD PORT |

S/O: 8017

| Marks and numbers | Number and kind of packages | Description of goods | Gross weight | Measurement |
|---|---|---|---|---|
| TEAM<br>(IN DIAMOND)<br>ITEM NO.<br>C/NO.1-10,1-10,<br>1-35,1-20,1-20,<br>1-20,1-20,1-20,<br>1-20,1-20,1-20,<br>1-20,1-20,1-20,<br>1-20,1-20,1-20,<br>1-20,1-20,1-20,<br>1-20<br>MADE IN TAIWAN | 1X20'CY<br>(S.T.C.<br>475CTNS)<br>VVVVVVVV | "SHIPPER'S LOAD & COUNT"<br>"SAID TO CONTAIN"<br><br>FURNITURE PLUS 20 CATALOGS<br><br>L/C NO.060VL8305375/JLM<br><br>"FREIGHT PAYABLE AT DESTINATION"<br><br>'CONFISCATION WARRANTED VESSEL IS NOT TO CALL<br>AT PORTS AND NOT TO ENTER THE TERRITORIAL WATERS<br>OF SYRIA LEBANON IRAQ IRAN SAUDI ARABIA YEMEN<br>SUDAN LIBYA OR OTHER ARAB COUNTRIES EXCEPTING<br>EGYPT AND JORDAM PRIOR TO UNLOADING IN ISRAEL<br>UNLESS INDISTRESS OR SUBJECT TO FORCE MAJEURE | 6866.00KGS<br>VVVVVVVVVV | 25.00CBM<br>VVVVVVVV |

SAY TOTAL: ONE (1) CONTAINER (FOUR HUNDRED SEVENTY FIVE (475) CARTONS) ONLY.

CTNR NO:FBZU0041584
SEAL NO:50775
1X20'CY-CY

SHIPPED ON BOARD
VESSEL: SEA DRAGON
VOY NO: V.0477N
DATE : APR.19,1998

according to the declaration of the consignor

| Declaration of interest of the consignor in timely delivery (Clause 6.2.) | Declared value for ad valorem rate according to the declaration of the consignor (Clauses 7 and 8). |
|---|---|
| | |

The goods and instructions are accepted and dealt with subject to the Standard Conditions printed overleaf.

Taken in charge in apparent good order and condition, unless otherwise noted herein, at the place of receipt for transport and delivery as mentioned above.

One of these Multimodal Transport Bills of Lading must be surrendered duly endorsed in exchange for the goods. In Witness whereof the original Multimodal Transport Bills of Lading all of this tenor and date have been signed in the number stated below, one of which being accomplished the other(s) to be void.

| Freight amount | Freight payable at | Place and date of issue |
|---|---|---|
| OCEAN FREIGHT AS ARRANGED | DESTINATION | TAIPEI TAIWAN 04/19/98 |
| Cargo Insurance through the undersigned<br>☐ not covered ☐ Covered according to attached Policy | Number of Original FBL's<br>THREE (3) | Stamp and signature |
| For delivery of goods please apply to:<br>A.M TRANS-LINE LTD.<br>ATTN:MR.ARIK KANEH TEL:002972-3-5583030<br>FAX:002972-3-5590118 | | COPY NOT NEGOTIABLE |

AS CARRIER

## Unit 2-4

# 貨主對運送人在提單上的批註應有的認識

提單上除了印定的基本項目（如Shipper、Consignee、Notify Party、Ocean Vessel、Port of Loading、Port of Discharge、Marks or NOS.……等）之外，船運公司會在下列情況下，在提單上加上批註：

1. 當此票貨物的運送方式是CY/CY整櫃貨運送時，船運公司會在提單的品名（Description of Packages and Goods）空白處加註「Shipper's Load and Count, S.T.C. ×××Cartons」（附件2-9）。這句英文的意思是：「貨主自行裝櫃及計數，據說內含×××箱」，S.T.C.是英文Said To Contain的縮寫，意思是據貨主稱內含……，因為在CY/CY整櫃貨運送時，貨物係由貨主自行裝填到貨櫃裡面，運送人根本沒有參與，也沒有看到貨主到底裝了什麼東西及多少數量在櫃子裡面，除非運送人逐一開櫃，否則無從知道，但實務上這樣做是不可能的，因此運送人在提單上可以對整櫃貨作以上S.T.C.的批註以利貨主押匯，同時又不損及運送人的權益。

如果運送人不在提單上加註「Shipper's Load and Count, S.T.C.」的話，以此附件中的B/L為例，運送人須在目的地負責交出729箱的貨給 Consignee，否則將賠償短少的部分，因為提單係屬有價證券且採文義責任主義，提單上記載729箱，運送人就必須在目的地交付729箱。另外，根據提單背面的運送契

約，其中有一條就明白表示運送人對於整櫃貨的運送，其內裝的貨物發生毀損、滅失，不負賠償責任，運送人往往以此免責條款來對抗貨主的Claim。

2. 除了CY/CY整櫃貨運送外，在正常的情形下，運送人負有將貨物依照託運人交貨時的原狀，把貨物運抵目的地交付給Consignee的義務。據此，運送人在收受貨物時，必須檢查託運人的貨物數量，就外觀上有無短缺、包裝有無破損、或包裝是否經得起運輸途中不可避免的磨損，運送人如發現有上述類似情事，往往會在提單上登載該等瑕疵的事實，藉以免除貨物發生索賠的責任，這種提單稱為不清潔提單（Unclean Bill of Lading）。如果提單上沒有登載這些類似數量短少、包裝不良等有瑕疵的註記時，這種提單就是清潔提單（Clean on Board Bill of Lading）。

如果貨主在B/L空白處現有下列任何英文字眼的批註，此種B/L就是不清潔B/L，押匯時，會被銀行視為有瑕疵：

⑴ Package in damaged container（破損）或Sustained water stain（遭水漬）。

⑵ Package broken（破損）／Holed（破洞）／Torn（撕裂）／Dented（凹陷）。

⑶ Contents leaking（貨物洩漏）。

⑷ Insufficient packaging（包裝不良）。

⑸ Goods damaged／scratched（貨物破損、刮傷）。

船運公司在貨櫃場收貨時，如果通知貨主有上述的情形，貨主最好前往貨櫃場，將有瑕疵的部分換掉，如果時間上來不及，只好向船公司出具切結書，確認理貨員的記錄無誤，並願承擔一切糾紛的責任，拜託船公司出具清潔提單以便順利押匯。

## 附件 2-9 運送人對於整櫃貨在提單上的批註

陽明海運股份有限公司
Yangming Marine Transport Corporation

COPY NON-NEGOTIABLE
BILL OF LADING

| Shipper AKING TRADING CO., LTD. P.O. BOX 58425 TAIPEI TAIWAN | Booking No. 8004 N (93116W) | B/L No YMLUN204018087 |
| --- | --- | --- |
| | Export References | |

Consignee TO ORDER OF FIRST COMMERCIAL BANK

Forwarding agent references

Point and Country of Origin of goods

Notify party ~~BURLINGTON MARCIA TRAVELLA~~
S/N-LOUREDO, 36415 MOS-PONTEVEDRA, SPAIN.

ALSO NOTIFY

| Precarried by | *Place of Receipt TAICHUNG, TAIWAN | Onward inland routing |
| --- | --- | --- |
| Vessel Voy No J310W ING EAST | Port of Loading KEELUNG, TAIWAN | |
| Port of Discharge HAMBURG | *Place of Delivery HAMBURG | Delivery status |

PARTICULARS FURNISHED BY MERCHANT

| MKS & NOS. CONTAINER NOS | NO OF PKGS | DESCRIPTION OF PARKAGES AND GOODS | Measurement(M) Gross Weight KGS. |
| --- | --- | --- | --- |
| | 1 CTNR | SHIPPER'S LOAD AND COUNT S.T.C : 729 CARTONS | 25 000 CBM 9626 700 KGS |
| A.B ITEM NO. HAMBURG /NO 1-330 -81,1-79, -134,1-105 MADE IN TAIWAN O.C | | METAL WIRE SHELF HORIZONTA METAL WIRE SHELF | FREIGHT PREPAID LOADED ON M/V: MING EAST VOY J310W AT KEELUNG, TAIWAN ON MAR/10/98 |

| | | | 729 CARTONS | |

YLU2428516 20'DC FCL/FCL YMA154832

| | | | Place and Date of Issue TAIPEI 0174 | MAR/10/98 |
| --- | --- | --- | --- | --- |
| | | | On Board Date | MAR/10/98 |

| ITEM NO | CHG | RATED AS | PER | RATE | PREPAID | COLLECT | B/L No YMLUN204018087 |
| --- | --- | --- | --- | --- | --- | --- | --- |
| BEW111527 | | FREIGHT | AS | ARRANGED | | | |

Yangming shipping Enterprise corp

| Rate of exchange | USD 32 1400 | | | | |
| --- | --- | --- | --- | --- | --- |
| Number of Original B(s)/L 3 | | Total | (/2) | | |
| | | payable at | | | By |

# Unit 2-5

# 電報放貨、擔保提貨及補發提單的使用時機

1. 電報放貨（Telex or Cable Release of Cargo），簡稱「電放」；由於運輸工具船及飛機的航行速度愈來愈快速，國際間貨品的運送時間大為縮短，往往在貨物已運抵目的地時，提單還沒寄達，以至造成受貨人延遲報關提貨，不但延誤商機而且增加倉租費等，尤其是近洋線，如香港、菲律賓、韓國及日本，這種情形經常發生，因此對於有時效性的貨物，買賣雙方大都具有共識，付款條件以T/T（電匯）為主，賣方在確定貨款無慮時，會把全部正本提單交還運送人，憑切結書向運送人申請電放，然後運送人再以E-mail或Fax方式，通知目的港的分支機構或代理商，將貨放給提單上所記載的受貨人，受貨人只需證明自己身分後，即可提領貨物（附件2-10-1）。

   但付款條件如果是信用狀交易方式或D/P、D/A時，「電放」則無法進行，因為運送單據均已透過銀行，進口商必須先到開狀銀行或代收銀行領取單據後，才能辦理提貨手續。另外，使用「電放」時，出口商如何在貨款尚未收到，而進口商又急於提貨的情況下作決定，這將視進口商的信譽作慎重的考慮。

2. 與前述情形一樣，但付款條件是經由銀行的L/C、D/A、D/P方式，對於近距離的國家，為了避免船到貨到而運送單據還沒寄達銀行，進口商又急需提貨應市或加工生產時，可以向銀行辦理「擔保提貨」（Indemnity and Guarantee Delivery Without Bill

Of Lading，附件2-10-2），以向運送人辦理提貨，將來銀行收到單據後，再把提單交還運送人，以換回擔保提貨申請書或使其自動失效。

（註：進口商向運送人索取「擔保提貨申請書」，塡具後請開狀銀行或代收銀行背書擔保，運送人有了銀行擔保，當然會放心地放貨。）

3. 補發提單是託運人於正本提單遺失後，要求運送人重新再簽發一套正本提單，由於提單係屬有價證券而且是物權證券，誰握有提單就擁有提貨權，因此對於補發提單，船公司是採取比較審愼的態度來處理，但因爲顧及對客戶的服務，所以實務上，每家船公司／Forwarder作法均具有彈性，一般不外下列方式：

⑴ 把遺失的提單登報作廢3天。

⑵ 出具切結書。

⑶ 開立保證票，金額與貨物同等值，押票期間，原則上是該批貨物經受貨人提領後1年，有的則是1個月即交還託運人。

有些運送人基於競爭關係，爲了討好客戶，甚至不須開立保證票，即簽發第二套提單。

## 附件 2-10-1 在提單上加註「電放」字樣

| | |
|---|---|
| Shipper<br>TRANS POWER INT'L LOGISTICS (HK) CO., LTD.<br>O/B SULI SPORTING GOODS FACTORY<br><br>To: 陳 FM: 楊 *30 | B/L NO. TPHK0204331<br>Reference No.<br><br>**TPL**<br>TRANS POWER INT'L LOGISTICS (HK) CO.,LTD.<br>**BILL OF LADING** |

| Consignee<br>SOL EFFECT ENT. CO., LTD.<br>9F-2, NO.1 KUANG FU S RD., TAIPEI, TAIWAN<br>TEL: 2-2748-2126   FAX: 2-2748-2168 | RECEIVED by the Carrier the goods specified herein in apparent good order and condition unless otherwise noted... |

| Notify party<br>SAME AS CONSIGNEE<br><br>TO: 陳's    FM: 楊's *30 | ... |

| Pro-Carriage by* | Place of Receipt* | TRANS POWER INTERNATIONAL CORP. |
|---|---|---|
| Ocean Vessel   Voy. No.<br>LT PEACE   N006 | Port of Lading<br>HONG KONG | 7F-2, NO.200, SEC.3 NANKING E.RD., TAIPEI, TAIWAN, R.O.C.<br>TEL: 2-2773-6070 EXT.230<br>ATTN: MS CHERRY |
| Port of Discharge<br>KEELUNG | Place of delivery*<br>KEELUNG | Final Destination for information only |

| Container No. Seal No.<br>Marks and Numbers or pkgs | No. of Containers<br>or pkgs | Kind of package, description of goods | Gross weight | Measurement |
|---|---|---|---|---|
| SE<br>20211<br>C/NO.1-129<br>MADE IN CHINA | 129CTNS<br>VVVVVV | SPORTING GOODS & ACCESSORIES<br><br>TELEX RELEASE<br>*** CFS-CFS / 129CTNS ***<br>"FREIGHT PREPAID"<br>SAY TOTAL: ONE HUNDRED TWENTY NINE<br>(129) CARTONS ONLY. | 2612KGS | 16.15CBM |

ATTN: 進口部
請於 91 年 4 月 18 日前將所要更改
資料傳回 02-
ETA: 基隆 ->1 滿裝: 台北
台北 TEL:27736070 轉 231~233、235
FAX:27110693、27110637、27110396
世 捷 國 際 聯 運 有 限 公 司

| Freight and Charges<br>OCEAN FREIGHT | Revenue Tons | Rate | per | Prepaid<br>AS ARRANGED | Collect<br>TO: PKS<br>FM: JANE 4/13<br>PLS CHECK !! |
|---|---|---|---|---|---|

| Ex Rate | Prepaid at<br>HONG KONG | Payable at | Place and date of issue<br>HONG KONG APR. 19, 2002 |
|---|---|---|---|
| | Total prepaid in local currency | No. of original B(s)/L<br>NIL | TRANS POWER INT'L LOGISTICS (HK) CO.,LTD |

| | Laden on board the Vessel | | |
|---|---|---|---|
| Date<br>19-Apr-02 | BY | | BY _____<br>As carrier |

## 附件 2-10-2　擔保提貨申請書

### 山 水 國 際 通 運 股 份 有 限 公 司
*Amphibian* PROJECT INTERNATIONAL CO., LTD.

10F, NO. 482, SEC. 5, CHUNG HSIAO EAST ROAD, TAIPEI, TAIWAN R.O.C.

TEL: 02-7595454　　　FAX: 02-75952

GUARANTY FOR DELIVERY OF CARGO

WITHOUT SURRENDER OF PROPERLY ENDORSED NEGOTIABLE BILL OF LADING

-------------------------------------------------------------DATED--------------------------------

TO:----------------------------------------------------------

INN REFERENCEE TO THE FOLLOWING SHIPMENT:

BILL OF LADING NUMBER --------------------------------DATED----------------------------

VESSEL------------------------------------------------VOYAGE-----------------

PORT OF LOADING----------------------------------PORT OF DISCH-----------

CONTAINER NUMBER (S)----------------------------------------------

DESCRIPTION OF GOODS-------------------------------------------------

AS THE ORGINAL, PROPERLY ENDORSED,NEGOTIABLE BILL OF LADING FOR THE
ABOVE SHIPMENT IS UNAVAILABLE, PLEASE RELEASE SAID SHIPMENT TO:

FOR THE ACCOUNT OF:

IN CONSIDERATION OF YOUR RELEASING THE AFOREMENTIONED SHIPMENT TO THE ABOVE,
WE UNDERTAKE TO INDEMNIFY AND HOLD SHIPPING LINER HAMLESS WITH  RESPECT TO
ANY CLAIMS.DAMAGES.COSTS, AND EXPENSES OF ANY NATURE WHATSOEVER.INCLUDING
ATTOMEY'S FEES.IN ANY WAY ARISING OUT OF OR RELATING TO THE RELEASE OF THE SHIPMENT TO
THE ABOVE   MENTIONED PARTY(IES ) AND TO REIMBURSE YOU FOR CARGO VALUE AS
STATED ON THE COMMERCIAL INVOICE AND ANY ADDITIONAL CLAIM(S). DAMAGES, COSTS
AND EXPENSES, INCLUDING ATTOMEY'S FEE, INCURRED IN CONNECTION THEREWITH.
WE FURTHER UNDERTAKE TO DELIVER TO PORT AGENT OF SHIPPING LINER,OR ARRANGE
FOR OUR CUSTOMER TO DELIVER,UPON RECEIPT,THE ORIGINAL BILL OF LADING PROPERLY
ENDORSED,AND, UPON RECEIPT BY PORT OF AGENT OF SHIPPING LINER THIS UNDERTAKING
SHALL HAVE NO FURTHER EFFECT.

--------------------------------------　　--------------------------------------

　　　　CONSIGNEE　　　　　　　　SIGNATURE　　DATE

--------------------------------------　　--------------------------------------

　　　　　BANK　　　　　　　　　OFFICER SIGNATURE DATE

## Unit 2-6

# 海空運業者如何報價／出口商如何向船運公司爭取較佳之運費？

### 一 海空運報價方式

一般來說，船東或航空公司會給臺灣的船務代理或空運公司（Air Freight Forwarder）淨價（Net Rate），然後船公司或空運公司再加上利潤賣出去，例如：CFS的貨，船公司通常每1 CBM加上US3左右報給貨主，20'櫃加上US50左右，40'大櫃則加上US100至150；空運方面每公斤加上NT4元左右（詳見空運篇）。

由於運送業者報價時，有時候會針對市場的特殊狀況及船東所探取之策略，而作特別的調整，因此貨主就有爭取較佳運費的空間。

### 二 如何向運送業者爭取較佳的運費

#### （一）與業務員建立良好的關係

業務員代表船公司／空運公司向貨主承攬貨載，手上有公司規定的最低賣價，再根據情況加上利潤報給貨主，他可以報高一點也可以報低一點，甚至以底價報給貨主，因此與船公司的業務員建立良好的關係，一般均會得到較佳的運費或資訊。另外，出貨如有任何問題時，也可請其處理或協助，例如：碰到出貨旺季時，可請他幫忙爭取Space等。

## （二）與國外客戶互通訊息

船公司在報價時，一定會考慮貨量的大小而有所不同，船公司報給國外的Buyer是根據他在遠東地區整個出貨量作考慮，因此所報運費往往比單獨從臺灣出貨的貨主便宜；例如：甲Buyer向臺灣下單數量20TEU，向香港訂購30TEU，向新加坡訂購30TEU，總共80TEU，船公司報給甲Buyer的運費，當然會比從臺灣出20TEU的貨土來得便宜。因此當我們接到運費Prepaid的訂單時，在與船公司詢價後，不妨打電話或Fax給下單的Buyer，問問國外船公司報給他的運費，再回過頭來向船公司「殺」價，由於貨主已從Buyer那裡取得可靠的行情價，跟船公司討價還價時，將較為有利。

## （三）利用運費結構之差異，向 Forwarder 討價還價

海運方面如前述，茲將空運部分說明於後：

例如：臺北至東京，運費表如下：

| （公斤） | MIN | −45K | +45K | +100K | +300K |
|---|---|---|---|---|---|
| （臺幣） | $3,000 | $20 | $18 | $16 | $14 |

今天A空運公司有來自三家出口商的貨物，要去同一目的地東京：

| | | G.W. | V.W. | C.W. | |
|---|---|---|---|---|---|
| 甲貨主 | 15箱 | 120K | 150K | 150K | （取G.W.與V.W. |
| 乙貨主 | 5箱 | 80K | 60K | 80K | 大者計價） |
| 丙貨主 | 10箱 | 100K | 75K | 100K | |
| 共計 | 30箱 | 300K | 285K | | |

A空運公司向甲貨主收NT16×150K＝NT2,400（按＋100K級距計算）；

A空運公司向乙貨主收NT18×80K＝NT1,440（按＋45K級距計算）；

A空運公司向丙貨主收NT16×100K＝NT1,600（按＋100K級距計算）；

A空運公司一共向三家貨主收取NT5,440元，但三票貨經A空運公司併裝後，共300公斤交給航空公司，並付NT4,200元（NT14×300K＝NT4,200，按＋300K級距計算）。

這差額NT1,240元（5,440－4,200）就是A空運公司的併裝利益。

由於此併裝利益大部分來自甲貨主的V.W. 150公斤，因此空運公司在報價時，會給對併裝利益貢獻較大的那票貨，較低的報價，甚至低於成本，以爭取此票貨，貨主可以多問幾家空運公司（尤其是密度較大的重貨），說不定其中一家剛好就需要你這筆貨來產生較大的併裝利益，當然他們會報給你特別低的價格。

〔註：(1) G.W.是毛重，V.W.是材積重，C.W.（Chargeable Weight）則是計價重量。(2) 空運的費率是以出口地當地的貨幣報價，重量級距不同，運費費率亦不同，重量愈重，費率就愈低。一般而言，空運公司偏好不占空間的重貨。〕

## （四）簽 Service Contract 或申請 I/A Rate（Independent Action Rate）單一產品優惠價

如果一年之中，貨主的貨量穩定，每年均不低於某個數量，例如：200TEU，則不妨與船公司簽定Service Contract，以爭取較

優惠的運費及Space 保障，但貨主須注意合約中是否有罰款的規定，亦即一年下來，如果沒有達到合約的數量，船公司將罰貨主不足部分的運費。另外，貨主也要在合約上註明對自己有利的條款，例如：合約期間，如果運費下跌比合約上的運費還低，則要依照較低的運費，或退還數量折扣給貨主。

如果廠商沒有足夠的量跟船公司簽約，只要某段時間所接的訂單，單一商品數量大時，北美線可以向運費同盟的會員船公司申請I/A Rate，這是運費同盟為了與非同盟爭取貨源所採用之策略；例如：在自行車出貨季節，同盟船公司會鼓勵貨主申請此I/A Rate以享受比正常運費低的費率，一個20'櫃約便宜US50至100，至於數量方面，譬如：未來2至3個月內要出10～20TEU即可試試，如果有申請到，就好像「撿」到便宜，而且如果沒有達到當初申請的數量，也不會受到罰款。

# Unit 2-7

## 發生Claim時，如何有效地與船公司交涉？對象若為外商，英文書信該如何表達？

## 一 何謂貨損糾紛

貨損糾紛大致分為毀損、滅失及遲延交貨：

1. 所謂毀損（Damage）是說有形的商品經過碰撞，形體遭受扭曲變形，失去原有的商業價值，此謂毀損。

2. 滅失（Loss）有二種情形：

   ⑴ 一種是短卸（Shortage），例如：出100箱的貨要到鹿特丹，Consignee領貨時卻只有95箱，短少5箱，此為短卸或稱短到。

   ⑵ 另一種情形是喪失（Missing），例如：50箱要到美國紐約，船到了受貨人要去提貨時，船公司卻沒有這筆貨讓受貨人提領，也許50箱因簽錯S/O導致裝錯船，「跑」到別的地方去了，或根本就還留在原出口地的貨櫃場，因漏裝沒有搭上船，此謂滅失。

3. 至於遲延交貨（Delayed Delivery）則是運送人沒有在約定的期間內，將運送物運達目的地。如果沒有約定一定的時間，則以商業習慣上相當的期間作依據；例如：高雄至舊金山通常15天航程即可抵達，但遲至20天才到達。

## 三》運送人對貨損糾紛的責任

根據我國民法第634條：「運送人對於運送物的喪失、毀損或遲到應負責任」，另1978年漢堡規則第5條也有類似的條款：「運送人對於貨物之滅失、毀損或交付延遲所生的損害應負賠償責任，但運送人能證明其本人或其受僱人／代理人，已採取一切合理措施以避免事故之發生者不在此限」。

由此可見運送人應對運送物善盡託運及保管的責任，在目的地完好如初地交給受貨人，但這裡要提醒貨主的是，船公司對於CY/CY整櫃貨的毀損或滅失，通常是不負賠償責任的，因為提單背面的印定條款上，有一條是CY/CY貨主自行裝櫃，運送人得以免責的規定，主要是因為CY/CY的裝運方式，由貨主自行裝櫃加封條，船公司並無參與也不知道櫃子裡面確實裝了多少數量，裝的貨物是完好的、還是已有損毀的，但如果貨主能證明貨物是運送時遭受撞擊而毀損或是人為外力的破壞，當然還是可以提出索賠。

另外，由於船公司有變更航程的權利（為了補充燃料、食物等理由），航行途中有可能會彎靠不在船期表上的其他港口或換船（轉船），因而造成延遲交貨所產生的損害，船公司是不賠償的，貨主如果在法律上沒有勝算時，可以聯合Buyer以道義上及業務上的利誘，促使船公司採取其他補救的辦法。實務上，貨主很難因貨物運送延誤而得到運送人的賠償，除非雙方白紙黑字簽定合約，言明約定的期間內會將貨物送抵目的地，根據過去的慣例，沒有言明約定的期間，是以商業習慣上相當的期間（指應收到運送物之後2個月內，空運則是7天）。因此對於有時效性的貨物，如參展品的運送應及早作業，或與運送人簽定保證運達時間，但相對地，貨主可能要付出較高的運費。

## 三〉 貨主對貨損的處理步驟

### （一）知會船公司

提貨時，發現貨物有短少或破損，應即刻通知承運的船公司或其代理，在法律上當貨物毀損、滅失很明顯時，貨主要在提貨當天或之前通知運送人，但毀損或滅失不明顯時，例如：外箱受扭曲破損，但不知裡面的貨物是否毀損／滅失，其程度狀況不明確時，可以在交貨後3日內通知運送人，否則運送人可以依法不受理。

### （二）通知保險公司

如果你的貨有保險，亦即交貨條件是CIF或FOB加上保險的話，貨主應該知會保險公司以便處理。一般來說，貨損糾紛最好是由保險公司先賠償，再由保險公司代位向船公司求償，因為貨主如果直接向船公司索賠，往往曠日廢時，船公司對索賠的案子經常會「拖」很久；例如：要求貨主提供資料文件，加上國內、國外調查文件往返，再經過雙方討價還價一番，往往就是一年半載，如果我們投保的保險公司在國內，不但溝通方便而且基於業務考量，保險公司會把貨主當作「客戶」對待，這樣處理起來，當然會比較方便及快速。

### （三）蒐集相關證明文件

一般船公司要求的文件是B/L Copy、Commercial Invoice、Packing List、Survey Report（公證報告，如附件2-11）及其他可以作為證明用的東西，如照片、倉庫的進倉單或異常報告書等（附件2-12），如有可能，最好請倉庫管理員在寫報告時，作對我們比較有利的敘述。

## （四）定時向船公司查詢辦理情形

相關的資料文件交給船公司後，應該不定時向船公司查詢處理的情形，如每隔10、20天以督促船公司盡快解決。

## （五）提起訴訟，應在交貨後 1 年之內為之

在與船公司交涉的過程中，如無法得到滿意的結果，亦即雙方無法善意的和解，貨主應在交貨後1年之內向法院提出告訴，否則超過1年，損害賠償的追訴權將喪失，貨主應注意這個法律的時效性。

## （六）其他應注意的事項

在與船公司交涉Claim時，應以書面方式為之；一方面有憑有據，二方面讓船公司除了執事者外，也有其他高階主管知道有Claim這件事情，在他們內部管理上會有監督的作用，如果只是執事人員知道，有可能他不會盡快去處理這件事情，畢竟這不是平常要執行的公事。

## 四 》 貨損理賠應具備的文件

1. B/L Copy。
2. Invoice。
3. Packing List。
4. Notice of Damage / Loss / Missing
   (1) 貨損明顯時，於提貨當時應提出。
   (2) 貨損不明顯時，於提領貨物後3日內提出。
5. Survey Report
   貨損起訴期限：1年內（自貨物受領之日或自應受領之日起算）。

## 五 ▶ 交涉的對象若為外商船（航空）公司，英文書信該如何表達

請參閱以下的範例，將來貴公司萬一有貨損發生，需要用英文書面信函通知運送人、向船公司索賠時，只要填一填就可以派上用場，不必傷腦筋去寫，其內容翻譯如下：

### 範例（一）

主旨：索賠通知書—我們的編號：＿＿＿＿＿＿

船名：＿＿＿＿＿ 航次：＿＿＿＿＿ 提單號碼：＿＿＿＿

提單日期：＿＿＿＿＿ 從何處啟運至何目的地：＿＿＿＿

貨物名稱是什麼，有幾箱：＿＿＿＿＿＿＿＿＿＿＿

敬啟者：

我們被告知上面主旨所提到的這批貨物到達目的地時，是毀損的狀態（或滅失），所以我們必須要貴公司負起這已經發生的毀損（或滅失）的全部責任。

我們的貨物在某年某月某日在完好的狀況下，送到貨櫃場的CFS倉由你們接管，很顯然地，貨物是在你們運送途中受到毀損。（如果是貨物短缺，此句要改成——我們的貨在某年某月某日以完整的數量送進貨櫃場由你們接管，很明顯地，這些貨物是在你們運送途中不見了。）

請知悉我們代表貨主及他們的保險公司，保留所有的權利；當毀損／滅失的細節被確定時，我們將向貴公司提出索賠。

RE: Notice of Claim -- Our Reference: _____

Vessel: _____ Voyage No.: _____

B/L No.: _____ B/L Date: _____ From/to: _____

_____ 貨物的品名、數量（Details of shipment）_____

Dear Sirs,

We have been informed that the above shipment arrived at destination in damaged condition/with shortage, we must therefore hold you fully responsible for the damage/loss incurred.

_____ 簡略陳述發生的經過如下（Details of damage/loss）：_____

Our goods were delivered into the charge of your CFS on _____ date _____ in good condition.  Obviously the cargo were damaged during the carriage.

(In full quantity, obviously the cargo were missing during the carriage.)

Please be advised that we reserve all rights on behalf of cargo owner and their under-writers to file a claim with you when details of damage/loss have been ascertained.

Yours faithfully,

_____

CC: Consignee (Buyer)

　　以上這封信通知船公司後，等公證行把毀損／滅失的細節作成公證報告，而且已算出賠償的金額時，再寫一封索賠信函（Note of Claim），請見範例（二），連同相關的證明文件寄給船公司，這才算正式完成索賠動作。

　　範例（二）主旨如同範例（一）索賠通知書，但此處多加一項Claimed Amount（求償金額），其內容翻譯如下：

範例（二）
請參閱我們某年某月某日的索賠通知書，同函附上下列相關的文件供參考：
1. 提單影本
2. 商業發票
3. 裝箱單
4. 公證報告
5. 相片

我們要求貴公司盡速賠償我們上述所提出的損失（即主旨上求償金額）。

（註：如要寫給空運公司，只要將Vessel改成Carrier，Voyage No.改成Flight No.，然後略加修改即可。）

RE: Notice of Claim -- Our Reference: _____

　　Vessel: _____ Voyage No.: _____

　　B/L No.: _____ B/L Date: _____ From/to: _____

　　_____貨物的品名、數量（Details of shipment）_____

　　Claimed Amount: US _____

Dear Sirs,

Please refer to our notice of claim Ref. No. _____(dated)_____.

We are enclosing herewith the following related copies of documents

for your reference:

1) B/L Copy

2) Commercial Invoice

3) Packing List

4) Survey Report

5) Pictures

You are kindly requested to reimburse us for the loss as mentioned

above soon.

Yours faithfully,

_____

CC: Consignee (Buyer)

## 附件 2-11　公證報告

公證有限公司
SURVEYORS & ADJUSTERS CO., LTD.

O. 86, HUAI NING STREET,
EI. (10037) TAIWAN
(02)371-0003, 311-6889
(02)381-3362

SURVEY REPORT

NO. NSCE-94-355
DATE Nov. 28, 19
PAGE 2

RE : OUR SURVEY ON AUTOMATIC PRESS

Gentlemen,

THIS IS TO CERTIFY THAT we, upon the assignation, did attend Yang Ming Container Terminal at Keelung on Nov. 25, 1995 to conduct a survey on the following cargo. A report of our inspection is hereby submitted as below :

COMMODITY :　Goods of Italian Origin and make as per seller's proforma invoice dated May 20, 1994

1. Ptl. automatic press for the cold-cut of the rectangular pieces for fronts and temples

2. Animatic-HF, automatic shooting machine for temples

3. ASCOP/11, automatic copying milling machine for temples.

SHIPPER :　DA RIN & PINAZZA s.r.l.

CONSIGNEE :　YI LIHE SPECTACLES CO., LTD.

CARRIER :　By M/V "MED TOKYO" from Genova to Keelung on Nov. 13, 1994.

.............. to be continued ..............

## 附件 2-12　貨物短溢卸報告

## 貨物破損報告

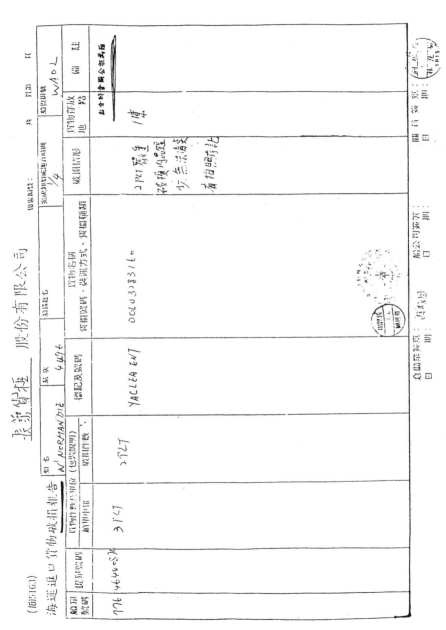

## Unit 2-8

# 使用海空聯運（Sea-Air）的時機及路線選擇

### 一 使用海空聯運的時機（大都針對臺灣至歐洲的貨物）

臺灣的對外貿易，出口貨物以前絕大部分是以海運運送為主，因為當時的外銷貨物幾乎都是傳統工業的產品；如罐頭、紡織品、鞋子、五金手工具……等，使用到空運的機會不多，除了小量的新樣品、參展物品及因生產延誤無法如期裝船交貨的少數情況之外。然而近20年來，由於受到外在因素的影響，尤其是中國大陸經濟的興起，臺灣的產業結構起了很大的變化，傳統勞力密集的工業逐漸式微，取而代之的是附加價值高的產品；如改良型的自行車、機器設備，電腦及高科技產品，此類貨物價值高、體積小、重量輕，空運費所占銷售成本不多，再加上航空公司普遍使用大型的747飛機，艙位充足、運費也因競爭關係趨於「付得起」的合理價位，因此近年來不論進口或出口，使用空運的機會大為增加，但是在海運與空運的夾縫中，還是有貨物選擇海空聯運的運送方式，主要的原因是此類貨物的性質屬於「不急不徐」型，走空運嫌太貴，走海運又嫌太慢，只好折衷使用海空聯運。

## 二　海空聯運的作業前段是使用海運運送，後段則是安排空運

在臺灣，貨主結關前要把貨物送至海空聯運業者指定公司的貨櫃場，報關手續與一般海運出口貨物相同，也一樣要付裝櫃費，等貨裝船之後（On Board）貨主從海空聯運業者拿到的提單是聯運提單（如附件2-13），其性質類似空運提單，貨主憑正本Original 3 for Shipper聯押匯，所不同的是有的業者在提單中段地方「Routing Information」這一欄加上批註 "This is a sea-air shipment transiting via vessel: _____ on board date: _____ for onward carriage to final destination by air."

路線的安排主要有：

1. 臺灣（基隆或高雄）

$$\underset{5\sim6天}{\overline{\text{海運}}}　新加坡　\underset{2\sim3天}{\overline{\text{空運}}}　歐洲$$

全程從On Board起算，共計9～11天，包含至少1天的時間在新加坡轉運接機作業。

2. 臺灣（基隆或高雄）

$$\underset{14\sim15天}{\overline{\text{海運}}}　杜拜　\underset{2\sim3天}{\overline{\text{空運}}}　歐洲$$

共計16～18天，包含至少1天的時間在杜拜轉運接機。

以前中東爆發兩伊戰爭及伊拉克入侵科威特造成中東局勢緊張時，海空聯運業者曾一度使用加拿大的溫哥華作為後段轉運的地點，後來中東局勢恢復和緩，經由溫哥華這條途徑就很少業者

去使用了，原因是到溫哥華的船隻班次少，到歐洲的空運航次也不多，加上轉運作業沒有杜拜方便之故。

海空聯運業者會選擇新加坡或杜拜作後段空運的轉運點，最主要的是此二城市都是東南亞海運前往歐洲必經之地，不但船期密集、空運班次多，海運銜接空運的作業也方便。

## 三》有關運費方面

海空聯運報價與海運及空運皆有不同處，海運一般以體積，即每一CBM多少錢來計算，運費以美金作為貨幣的單位，不足一個CBM，以1CBM作為Minimum Charge（最低運費）。空運則是以重量每一公斤來計算運費（取重量與體積相比，較大者計價），以臺幣為單位。海空聯運則是以公斤計算而且是以美金為單位，一般來說，經由杜拜運費大約US2.5／KG，經由新加坡約為US3.6／KG，當然這還要看貨量的大小及當時是否空運的淡旺季而有所不同。

另外，Minimum 的貨運量隨著路線的不同及運送業者的政策亦有所不同；例如：有些業者規定，貨物在新加坡轉運至少要300KG。貨主在給Buyer報價前，最好先問業者Minimum的貨運量，評估之後再告訴Buyer決定走哪一路線。

至於貨物如發生運送毀損，簽發提單的海空聯運業者將負起賠償的責任，不論貨損是發生在海運階段或空運階段。

附件 2-13 　海空聯運提單附樣

# INTERNATIONAL CARGO WAY BILL
Air Consignment note　　　　　　　　　Not Negotiable

| | |
|---|---|
| Shipper's Name and Address | HOUSE AIR WAY BILL (NUMBER) **TPE- 511174** |
| | Issued by 台灣樓瑞德股份有限公司 **JackyMaeder** (Taiwan) Ltd. 台北市八德 4 段 778 第 2 機 Registered Consolidator of IATA (Code 34-3 2664) |
| Consignee's Name and Address | Copies 1,2 and 3 of this Air Waybill are originals and have the same validity. |
| | Account Number **M0107/002/801**　MAWB No. |
| | IMPORANT NOTICE It is agreed that the goods described herein are accepted in good order and condition (except as noted) for the carriage SUBJECT TO THE CONDITIONS OF CONTRACT ON THE REVERSE HEREOF. THE SHIPPER'S ATTENTION IS DRAWN TO THE NOTICE CONCERNING CARRIER'S LIMITATION OF LIABILITY. |
| Also Notify | If the carriage, which is the subject of this waybill involves an ultimate destination or stop in a country other than the country of departure the Warsaw Convention (in its amended or unamended form) may be applicable and that Convention governs and in most cases limits the liability of carriers in respect of loss of or damage to cargo. |
| | SEE CONDITIONS ON REVERSE HEREOF. |
| | Accounting Information |

| Airport of Departure (Addr. of first Carrier) and Requested Routing **KAOHSIUNG** | | | | | | | | | Declared Value for Carriage | Declared Value for Customs |
|---|---|---|---|---|---|---|---|---|---|---|
| to **DXB** | By first Carrier **BY SEA "VILLE DE LIBRA V-005-1"** | to | by **BY AIR** | to **TO ZURICH** | by | C USD | | | **NVD** | **NCV** |

| Airport of Destination **ZURICH** | Flight Date | Flight Date | Amount of Insurance **NIL** | INSURANCE - If shipper requests insurance in accordance with conditions on reverse hereof, indicate amount to be insured in figures in box marked amount of insurance. |
|---|---|---|---|---|

Handling Information

| No. of Pieces RCP | Gross Weight | | Rate Class Commodity Item No. | Chargeable Weight | Rate / Charge | Total | Nature and Quantity of Goods (incl. Dimensions or Volume) |
|---|---|---|---|---|---|---|---|
| 2 PALLETS (13 CTNS) 121KGS | 121KGS | | | 121KGS | | | SWITCHING POWER SUPPLIES |
| MARKS: PEWATRON ZURICH P/NO.1-2 MADE IN TAIWAN R.O.C. | | | | | SEA-AIR T/SHIP VIA DXB | | FREIGHT COLLECT |

| Prepaid | Weight Charge | Collect | Other Charges | |
|---|---|---|---|---|
| | Valuation Charge | | Shipper certifies that the particulars on the face hereof are correct and that insofar as any part of the consignment contains dangerous goods, such part is properly described by name and is in proper condition for carriage by air according to the International Air Transport Association's dangerous goods regulations. | |
| | Tax | | | |
| | Total Other Charges Due Agent | | The consignor (shipper) certifies that the particulars on the face hereof and conditions on the reverse hereof, accepts that carrier's liability is including are conditions on the reverse hereof, accepts that carrier's liability is hereof. | |
| | Total Other Charges Due Carrier | | **JACKY MAEDER (TAIWAN) LTD.** | |
| | | | Signature of Shipper or his Agent JACKY MAEDER (TAIWAN) LTD. | |
| Total Prepaid | Total Collect | | | |
| Current Conversion Rates | Cc charges in Dest. Currency | | **JULY 25, 1998　　TAIPEI** | |
| | | | Executed on　(Date)　at　(Place)　Signature of Issuing Carrier or its Agent | |
| For Carriers Use only in Destination | Charges at Destination | Total collect Charges | **TPE- 511174**　　(1887. 01. 9008) | |

3　ORIGINAL · FOR SHIPPER

## Unit 2-9
# 信用狀與信用狀統一慣例／國貿條規的關係

## 一 何謂L/C，UCP600

首先概略地說，UCP（信用狀統一慣例）是由國際商會所制定，是國際貿易信用狀交易的重要規範，藉由該慣例的施行，信用狀各關係人之間的權利與義務始有較明確的界分，而L/C（信用狀）係進口商請求當地銀行開發的一種有條件的保證文書，授權出口商所在地的另一銀行通知出口商，在出口商提示符合信用狀條款的押匯單據時，為之付款、承兌或讓購。

## 二 兩者之間的關係

在國際貿易上，信用狀是一種不可或缺的信用工具，長久以來，國際貿易得以順利進行，大都仰賴國際商會所制定的信用狀統一慣例，藉由該慣例之施行，信用狀各關係人之間的權利與義務才有較明確的界分，為因應客觀環境演變與實務之需要，其內容屢經修訂，最新一次的修訂在2006年完成，於2007年7月起實施，這份版本稱為UCP600，距離上一次修訂1993年 （UCP500）相隔14年，國際商會大約每隔10年會重行檢討該慣例之條款，是否合乎貿易實務之需要。

　　由於信用狀統一慣例並非法律，其制訂或修訂機關「國際商會」，僅為一民間機構，不具強制性，其基本架構係依當事人（L/C的申請人、開狀銀行、受益人、押匯銀行）的意思決定是否採用，共同遵守L/C有關條款的規定，因此開狀銀行於開立L/C時，會在信用狀下方表示「The credit is subject to UCP600」（本L/C係依據UCP600而開立），以增強它的適用性，一旦有爭議時，就可以作為國際間處理信用狀業務的統一規則及依據。

## 三 何謂Incoterms（國貿條規）

　　國貿條規也是由國際商會所制定，針對國際貿易常用的11種交貨條件加以解釋，規定買賣雙方應分擔什麼費用及準備什麼文件，以及危險（Risk）何時由賣方轉移至買方。

〔註：此處所謂的「危險」，係指買賣的標的物所發生的毀損（Damage）或滅失（Loss）。〕

　　國際貿易因涉及不同的國家，法令解釋不一，為避免買賣方對交易條件產生釋義上的爭執，買賣合約書上或信用狀上通常會在交易條件後面加註「As per Incoterms」意謂「根據國貿條規」，以避免公說公有理、婆說婆有理，沒有仲裁的標準。

## 四 〉 2020年版國貿條規規則（Incoterms 2020）架構

### （一）2020 年版國貿條規規則（Incoterms 2020 Rules）

1. 任何或多種運送方式的規則（Terms for any mode or modes of transport）

| 英文名稱 | 中文名稱 |
|---|---|
| EXW<br>Ex Works (Insert named place of delivery) | 工廠交貨條件規則（加填指定交貨地） |
| FCA<br>Free Carrier (Insert named place of delivery) | 貨交運送人條件規則（加填指定交貨地） |
| CPT<br>Carriage paid to (Insert named place of destination) | 運費付訖條件規則（加填指定目的地） |
| CIP<br>Carriage and insurance paid to (Insert named place of destination) | 運保費付訖條件規則（加填指定目的地） |
| DPU<br>Delivered at place unload (Insert named place of destination) | 目的地卸載交貨規則（加填指定目的地） |
| DAP<br>Delivered at place (Insert named place of destination) | 目的地交貨條件規則（加填指定目的地） |
| DDP<br>Delivered duty paid (Insert named place of destination) | 稅訖交貨條件規則（加填指定目的地） |

2. 海運及內陸水路運送的規則（Rules for sea and inland water way transport）

| 英文名稱 | 中文名稱 |
|---|---|
| FAS<br>Free alongside ship<br>(Insert named port of shipment) | 船邊交貨條件（加填指定裝船港） |
| FOB<br>Free on board<br>(Insert named port of shipment) | 船上交貨條件規則（加填指定裝船港） |
| CFR<br>Cost and freight<br>(Insert named port of shipment) | 運費在內條件規則（加填指定裝船港） |
| CIF<br>Cost, insurance and freight<br>(Insert named port of shipment) | 運保費在內條件規則（加填指定目的港） |

（二）賣方風險及主要運費圖示

**Seller's risk and main carriage（賣方風險及主要運費）**

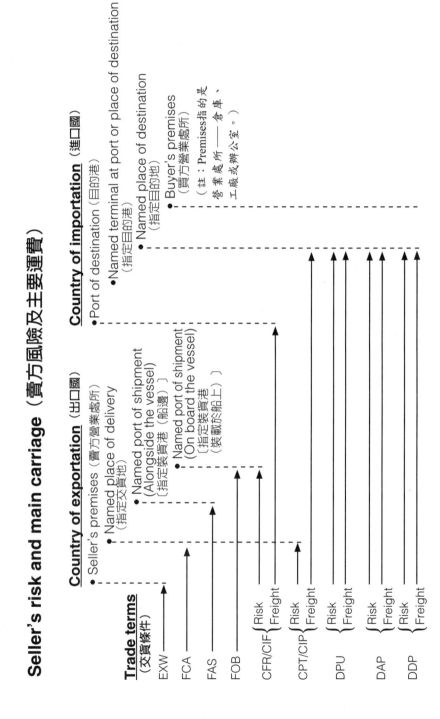

〔說明〕

1. Main difference between CFR and CPT：

Under CFR rules, the risk of loss or damage to the goods passes when the goods are on board the vessel. Whereas, under CPT rules, the risk passes when the seller delivers the goods to the carrier or another person nominated by the seller.

| CFR及CPT的主要差別 | 風險：CFR出貨人將貨物裝載於船舶上，風險即移轉給買方，但CPT只要將貨物交付運送人時，即行移轉。 |
| --- | --- |
| | 運費：CFR出貨人付至指定目的港，CPT付至指定目的地。 |

2. Main difference between CPT and DAP：

Under CPT rules, the seller fulfills its obligation to deliver when it hands the goods over to the carrier.

| CPT及DAP的主要差別 | 風險：CPT條件下，貨物在出口地交給指定運送人即行移轉，但DAP則要到指定目的地。 |
| --- | --- |
| | 運費：CPT付到指定目的地，DAP同樣到指定目的地。 |

3. Main difference between DAP and DDP：

Under DDP rules, the seller bears all risks and costs of import clearance.

DAP及DDP的主要差別在於：DDP條件下，出貨人要承擔輸入報關手續及相關的費用（包括關稅、稅捐等）。

4. DPU及DAP的主要差別：

DPU規則下，賣方要承擔運費及風險，將貨物運送至目的地，並將貨物卸載交付給買方。

DAP則是賣方僅需承運費及風險，將貨物運送至目的地交付買方即可。

5. Buyer's Premises（買方營業處所的交貨條件）：

這是由買賣雙方自行約定的交貨方式，賣方要將貨物運送至買方的營業處所，也就是我們慣稱的To door（到戶）的運送模式，國貿條規沒有此交貨條件規則。

## （三）交貨要點及主要運費分攤

Incoterms 2020（國貿條規 2020）

Cost distribution between seller & buyer（賣方及買方費用分攤）

S = Seller pays, B = Buyer pays（S＝賣方付，B＝買方付）

| | EXW | FCA | FAS | FOB | CFR | CPT | DPU | DAP | DDP |
|---|---|---|---|---|---|---|---|---|---|
| 1. Loading at seller's premises（在賣方營業場所裝貨） | B | S | S | S | S | S | S | S | S |
| 2. Domestic precarriage/local cartage (after deliver to carrier)〔當地貨車運費（貨物交給運送業者之後）〕 | B | B | S | S | S | S | S | S | S |
| 3. Contract of carriage and dispatch（運送契約及發運） | B | B | B | B | S | S | S | S | S |
| 4. Trade documentation in country of exportation（出口國家的貿易文件） | B | S | S | S | S | S | S | S | S |
| 5. Customs clearance in country of exportation（出口國家的報關） | B | S | S | S | S | S | S | S | S |

| | EXW | FCA | FAS | FOB | CFR | CPT | DPU | DAP | DDP |
|---|---|---|---|---|---|---|---|---|---|
| 6. Export charges<br>（出口費用） | B | S | S | S | S | S | S | S | S |
| 7. Terminal handling charge at port of loading<br>（裝貨港的裝卸費用） | B | B | B | S | S | S | S | S | S |
| 8. Loading at carrier's terminal<br>（船隻在碼頭的裝貨費用） | B | B | B | S | S | S | S | S | S |
| 9. Transportation equipments and accessories<br>（運輸器具及附件） | B | B | B | S | S | S | S | S | S |
| 10. Transport (cargo) insurance<br>（貨物運輸保險） | — | — | — | — | — | — | — | — | — |
| 11. International main carriage<br>（國際運輸費用） | B | B | B | B | S | S | S | S | S |
| 12. Unloading at terminal<br>（碼頭卸貨） | B | B | B | B | B | S | S | S | S |
| 13. Terminal handling charge at port of discharge<br>（卸貨港的裝卸費用） | B | B | B | B | B | S | S | S | S |
| 14. Trade documentation in country of transit/importation<br>（進口國貿易文件費） | B | B | B | B | B | B | B | B | S |
| 15. Customs clearance in country of importation<br>（進口國報關費） | B | B | B | B | B | B | B | B | S |
| 16. Import charge<br>（進口費用） | B | B | B | B | B | B | B | B | S |

## 附件 2-14　信用狀上加註依據國貿條規

```
TELEX: 11310 FIRSTBK          第一商業銀行
P.O.BOX 395 TAIPEI           FIRST COMMERCIAL BANK
SWIFT  FCBKTWTP                   HEAD OFFICE
信用狀查詢專線: (02)23481726    TAIPEI, TAIWAN, R.O.C.
１００台北市重慶南路一段３０號
```

Beneficiary                              091   DATE: JULY 10 200

To ▓▓▓▓▓▓▓▓▓ CO. LTD
   P.O.BOX 5842▓
   ▓▓▓▓▓▓▓ JEN AI ROAD, SEC 4          Our advice No.
   TAIPEI, TAIWAN

*** CONTINUED ***                OSN: 987898        PAGE: 2
     AT USD ▓▓▓▓/SET

CIF SALZBURG (AS PER INCOTERMS)
46A(DOCUMENTS REQUIRED):
   1) COMMERCIAL INVOICE, 3-FOLD, ALL DULY SIGNED
   2) FULL SET CLEAN ON BOARD COMBINED TRANSPORT BILLS OF
      LADING
      MADE OUT TO ORDER, BLANK ENDORSED,
      MARKED 'FREIGHT PREPAID',
      NOTIFY:
      ▓▓▓▓▓▓▓▓▓▓▓, A-5033 SALZBURG
       PHONE: 0662 641705, FAX: 451641
      AND APPLICANT
   3. PACKING LIST, 3-FOLD
      SHOWING MARKING AND CONTENTS OF THE CARTONS, CONTAINER
      AND ACCORDING CONTAINER NUMBER
   4  INSPECTION CERTIFICATE OF LOBECK CONCEPT AG
   5  GS/TUEV CERTIFICATE
      SHOWING MAX. 80 KG
   6. CERTIFICATE OF PEOPLE'S REPUBLIC OF CHINA ORIGIN
      AS PER GSP FORM A,
      ISSUED AND MANUALLY SIGNED BY AN AUTHORITY,
      ALSO MANUALLY SIGNED BY EXPORTER BEARING A REFERENCE
      NUMBER AND SHOWING EXPORTED TO AUSTRIA
      IN CASE OF SHIPMENT FROM HONG KONG EVIDENCING THE
      FOLLOWING IN COLUMN 4:
      'THIS IS TO CERTIFY THAT THE GOODS STATED IN THIS
      CERTIFICATE HAD NOT BEEN SUBJECTED TO ANY PROCESSING
      DURING THEIR STAY/TRANSSHIPMENT IN HONG KONG'
      DATED, STAMPED AND SIGNED BY CHINA INSPECTION COMPANY
      LTD.
   7. INSURANCE CERTIFICATE OR POLICY FOR THE INVOICE VALUE
      PLUS 10 PERCENT, ENDORSED IN BLANK, COVERING
      ICC (A) WAR RISKS AS PER IWC (CARGO) INST. STRIKE CLAUSES
      CARGO, FROM SELLER'S WAREHOUSE TO BUYER'S WAREHOUSE
      CLAIMS PAYABLE IN AUSTRIA, NAMING A CLAIM SETTLING AGENT
      IN AUSTRIA.
   8. CERTIFICATE WITH ORIGINAL/COPY OF COURIER RECEIPT
      CERTIFYING THAT PHOTOCOPIES OF THE FOLLOWING DOCUMENTS
      HAVE BEEN SENT TO APPLICANT BY COURIER SERVICE: INVOICE,
      PACKING LIST, B/L, GSP FORM A AND INSURANCE CERTIFICATE
47A(ADDITIONAL CONDITIONS):
   + UPON RECEIPT OF DOCUMENTS STRICTLY COMPLYING WITH CREDIT TERMS

# Unit 2-10

# 貿易的交貨條件與運輸成本及危險（Risk）的負擔歸屬

　　貿易上所使用的交貨條件，大部分進出口商幾乎耳熟能詳，坊間也有很多書籍介紹這方面的問題，我們在此不必就其意思重複贅述，但作者在多次「海空運實務講習班」講課時，發現有些學員對下列幾個問題容易混淆不清，在此提出來供讀者參考：

〔註：此處所謂的「危險」係指買賣標的物的毀損（Damage）或滅失（Loss）。〕

1. FOB的交貨條件：不只是Shipper要負責將貨送至港口船邊，而且要到貨物越過船舷欄杆為止，這一段的運費及風險皆要Shipper來承擔。但只要貨物越過船舷欄杆，其後的風險隨之移轉給Buyer，縱使貨物不小心從吊桿上掉落船上摔壞了，船公司照樣要發Clean on board的清潔提單給Shipper，因為Shipper已經履行了FOB交貨條件所規定的義務。有關的理賠事宜，Buyer應該找船公司索賠，而不是找Shipper。

2. CFR（C&F）或CIF的交貨條件：是出口商要支付運費至卸貨港，但Shipper的風險只負責到裝貨港的船上為止，而不是到卸貨港。過去發生的案例是在C&F的條件下，出口商依約把貨裝船了，同時也拿到B/L去銀行押匯，然而船隻卻在船行途中意外撞船導致貨物毀損，Buyer得悉消息，要求出口商賠償同等貨物，遭到出口商拒絕後，向法院提起法律訴訟，要求出口商賠償，最後法院判定Buyer敗訴，理由是根據國際商會出版的

國貿條規（Incoterms）；在C&F的交貨條件下，Shipper已履行交貨的義務，亦即貨物已裝至船上（Shipped on board），其後的風險已轉移至Buyer，因此不須負賠償責任。

有些人會將CFR（C&F、CIF）的危險負擔混淆，可能是認為CFR條件下，出口商要付運費到卸貨港，風險也要承擔到卸貨港之故。貿易條件中的DEQ（Delivered Ex Quay「進口地碼頭交貨條件」）即屬此種。

3. 大家都知道FOB的交貨條件下，海運費須由Buyer負擔，但如果Buyer不提貨又拒絕支付運費時，卻有很多人不知道運送人是可以回過頭來向Shipper索討運費。

進口商大多委由出口商代為安排裝運事宜，出口商成為運送契約上簽約的當事人，依照常理簽約的當事人（出口商）對運送人完成交付的任務後，就有支付運費的義務；惟配合國際貿易的價格條件FOB；由進口商負擔運費之需要，出口商與船公司雙方約定，貨物送抵目的地後，要求收貨人（Consignee）給付運費，此種約定即屬由第三人給付之契約。民法第268條：契約當事人之一方，約定由第三人對於他方為給付者，於第三人不為給付時應負損害賠償責任（在進口實務上，第三人係指進口商、B/L指定的受貨人或提單持有人）。據此，當出口商與運送人簽訂以受貨人為付款條件之第三人付款的運送契約時，若受貨人拒不履行運送契約時，依民法第268條之規定，運費當然要由簽約之當事人（出口商）負擔。

4. 在臺灣，貿易商與工廠之間常以FOR作為交貨件，一種是FOR「買方倉庫」，即賣方要負責把貨交到買方指定的倉庫，另一種是FOR「貨櫃場」，即賣方要把貨交到買方指定的貨櫃場

進倉，之後的費用概由買方負責，比如報關費、裝櫃費等。但這個在臺灣常用的FOR並不是國貿條規上的FOR（Free on rail 在火車站的交貨條件），因為在歐美等地，買賣雙方常以火車站作為交貨的地點，在臺灣由於係屬海島，四周環海無法藉由鐵、公路從事國際貿易的直接運送。因此，貿易商與工廠如果要使用FOR作為交易的條件時，在合約上一定要載明交貨地點及費用的歸屬，以免萬一將來引起糾紛時，沒有任何規則可以遵循。（不像其他的交易條件FOB、CFR、CIF……等，可以依據「國貿條規」來界定雙方的權利及義務。）

5. 空運貨物在還沒有使用FCA交貨條件之前，買賣雙方仿照海運貨物，也使用FOB，但FOB用於空運時，不應按字面解釋為像海運的「船上交貨價」，而應解釋為以該名詞所跟隨之機場名稱，表明賣方責任終了的地點，亦即賣方不必把貨物交到運送工具上，而是交到飛機場航空公司或是其代理人的收貨地點接管，其後風險責任就移轉給買方，所以實務上，當空運貨物進倉報關完成，空運公司便簽發提單給貨主，而不是等到貨上了飛機才發。至於提單上表明的班機、航次只是預定供參考，並不一定是真正載運貨物的班機航次。

Unit **2-11**

# 貨物運輸保險的基本概念

　　由於貨物的性質不同，貨主的觀念及想法不一，對於要不要保險及保何種險，當然會不一樣，貨主除了信用狀上買方規定的保險外，也要評估自己所要擔負的風險，貨主應針對下列幾點加以考慮：

1. 貨物的價值：價值高，萬一運送途中發生貨損，貨主能否自己承擔得起這高額的損失。

2. 貨物的性質：這關係到要保何種險，例如：黃豆、衣服、鞋子等貨物，當在陸路運輸發生翻車或碰撞事故時，貨物毀損的程度一定比電腦、陶瓷玻璃製品來得輕微，而且可以再復原使用，因此這種性質的貨物就不一定要保陸上運輸險。

3. 貨物經過的國家或區域：當地治安狀況如果時常發生偷竊、打劫，貨物要輸往這種國家或地區，最好還是保險。

4. 交貨的條件：傳統的交貨條件FOB、CFR、CIF後面接的，不是裝載港就是卸貨港；例如：CIF Keelung是指貨價，包括成本、運費及保險費，付至卸貨港基隆的交貨條件，這裡的保險只保到卸貨港的倉棧，如果這批貨是要到新竹，而貨主沒有投保基隆至新竹這一段，萬一發生事故，貨主豈不功虧一簣。像這個例子，如果貨主在L/C上CIF Keelung後面加上Insurance cover to buyer's warehouse，就安心多了。

## （一）保險的種類

1. 基本險，分為三種（附件2-15）：

(1) ICC(A)條款：Institute cargo clauses(A)協會貨物保險A條款。

(2) ICC(B)條款：Institute cargo clauses(B)協會貨物保險B條款。

(3) ICC(C)條款：Institute cargo clauses(C)協會貨物保險C條款。

以上承保範圍，請見次頁附表。

2. 附加險：

(1) 兵險（War Risk）。

(2) 罷工、暴動及內亂險；英文簡稱SRCC（Strikes、Riots & Civil commotion）。

(3) 偷竊、剽竊及貨未送達；英文簡稱TPND（Theft、Pilferage、Non-delivery）。偷竊與剽竊不同的地方，例如：整箱貨被偷走，這是偷竊；剽竊只是竊取箱中的數件貨品，如果說偷竊是小偷，那剽竊則是小小偷。

## （二）基本險承保範圍附表

（○代表承保，×代表不保）

| 保險標的物（貨物）因下列原因所致毀損、滅失或費用 | A | B | C |
|---|:---:|:---:|:---:|
| 火災或爆炸 | ○ | ○ | ○ |
| 船舶或駁船的擱淺、觸礁、沉沒或傾覆 | ○ | ○ | ○ |
| 船上運輸工具的傾覆或出軌 | ○ | ○ | ○ |
| 船舶或駁船或運輸工具與除水以外的外在任何物體之碰撞或觸撞 | ○ | ○ | ○ |
| 在避難港之卸貨 | ○ | ○ | ○ |
| 共同海損的犧牲、施救費用及防止費用 | ○ | ○ | ○ |
| 投棄 | ○ | ○ | ○ |
| 地震、火山爆發或雷閃 | ○ | ○ | × |
| 波浪捲落 | ○ | ○ | × |
| 海水、湖水或河水之侵入船舶、駁船、封閉式運輸工具、貨櫃、貨箱或儲貨處所 | ○ | ○ | × |
| 任何一件貨物於裝卸船舶或駁船時落海或掉落之整件滅失 | ○ | ○ | × |
| 惡劣氣候所引起水漬 | ○ | ○ | × |
| 惡意行為或惡意破壞所致者 | ○ | × | × |
| 偷竊、短少、未送達、破損、彎曲、凹陷、刮傷、汙染 | ○ | × | × |
| 海上劫掠 | ○ | × | × |
| 任何人員的不法行為所致保險標的物之全部或部分蓄意性之損害或費用 | ○ | × | × |

附件 2-15 　保險公司保單

第一產物保險股份有限公司
THE FIRST INSURANCE CO.,LTD.
HEAD OFFICE: 54, Chung Hsiao E Rd., Sec. 1, Taipei, Taiwan, Republic of China
Cable: "INSURANCE" TAIPEI　Tel.23913271 (30 Lines)．P O Box 1835, TAIPEI
Fax: (02)23921256 23943640　伊戶內洽詢業務課 : (02)23940510
The Schedule

POLICY NO. 1000M0103910

MARINE CARGO POLICY

Claim, if any, payable in USD currency at BELGIUM

ASSURED　AKING TRADING CO., LTD.

P o6/o6

CLAIM AGENT :
N.V. BEECKMAN DE VOS
TEL: (3)231.49.46
FAX: (3)231.55.99
ANTWERP
BELGIUM

Invoice No.　AK-7076/2000

Amount Insured　(USD29,915.16) US DOLLARS TWENTY NINE
THOUSAND NINE HUNDRED FIFTEEN AND CENTS
SIXTEEN ONLY.

Ship or Vessel　MING SOUTH V-A004W
Sailing on or about JAN. 26, 2000

From　KAOHSIUNG TAIWAN TO ANTWERP PORT

Any claim documents should be presented through our appointed agent.

SUBJECT-MATTER INSURED
K/D WOODEN COMPUTER CHAIR
SIZE 51X44X78 CMH
NATURAL COLOR
NATURAL HERCULON FABRIC/1PC/CTN
FREE ON BOARD:
PACKS SCREWS 20PCS
PACKS CASTORS 20PCS
CUSHION SEAT 10PCS
CUSHION KNEE 10PCS
LEG CHAIR 10PCS

TOTAL: 1136 PCS　　PACKED IN 1071 CTNS

Conditions
Subject to the following clauses as per back hereof
Covering Marine Risks
Institute Radioactive Contamination Exclusion Clause
Institute Replacement Clause (applying to machinery)

INSTITUTE CARGO CLAUSES (ALL RISKS)
INSTITUTE WAR CLAUSES (CARGO)
INSTITUTE STRIKES RIOTS AND CIVIL COMMOTIONS CLAUSES
INSTITUTE CARGO CLAUSES (A)
SUBJECT TO COMPUTER MILLENNIUM CLAUSE (CARGO)
-WITH NAMED PERIL EXTENSION AS PER BACK HEREOF.
IRRESPECTIVE OF PERCENTAGE
COVERING FROM WAREHOUSE TO FINAL DESTINATION MEULBEKE

Marks and Numbers as per Invoice No. specified above.　　Valued at the same as Amount insured.

Place and Date Signed in TAIPEI　JAN. 25, 2000　IN DUPLICATE

The Assured is requested to read this policy and if it incorrect return it immediately for alteration

CARGO POLICY

ORIGINAL

For THE FIRST INSURANCE CO., LTD.

Not valid unless countersigned by..................................................
MARINE UNDERWRITING DEPT.

A

W-01-101

Chon Aun Lee
Chairman

## Unit 2-12

# 貨櫃場的作業流程及裝櫃應注意的事項

## 一〉 貨櫃進出流程（見次頁附圖）

　　船公司把進口重櫃（裡面裝有進口貨物，不論CY/CY或CFS/CFS的櫃子）及空櫃運抵港口後，會馬上用拖車運往貨櫃場以便貨主報關提貨；如果是空櫃則直接放到貨櫃場的CY空櫃區待用，CY/CY的進口重櫃則放到CY的重櫃區，由貨主在報關放行後領走，CY/CFS或CFS/CFS的重櫃則需到CFS的進口倉拆櫃，以便貨主用卡車把貨領走，拆完貨後的空櫃則放到CY空櫃區待用，但如果櫃子有破損、凹陷則進維修區修理，如櫃子不乾淨則須清洗。不管進口重櫃或空櫃進入貨櫃場時，一定要經過貨櫃場人員檢查看看櫃子是否有破損、凹陷等瑕疵，並且要船方的拖車司機簽署EIR（貨櫃交接單或稱檢查單），作釐清船方與貨櫃場對此櫃子的責任依據。

　　另外，出口商要出CY/CY貨時，會叫拖車到空櫃區提領空櫃回工廠裝貨，當此空櫃要離開貨櫃場時，大門的管制中心也會要求拖車司機檢查櫃子並簽署EIR，註明櫃子是否有瑕疵，如果發現有問題，可以馬上退換，否則櫃子一離開貨櫃場，就要由貨主這方負責了。

　　裝完貨的出口重櫃在結關日前，須回到貨櫃場的CY重櫃區準備報關出口。至於CFS貨，貨主會用卡車載送至CFS的出口

倉，當這些出口貨物通關放行後，由船公司負責把櫃子拖往港口裝船。

## 貨櫃進出場流程圖

1. 進口重櫃或空櫃：（附件2-16-1）

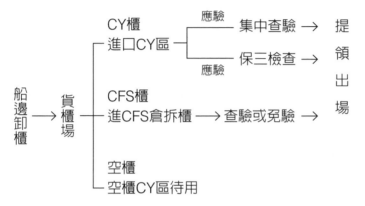

（註：為安全理由，保三警察對免驗的進口重櫃實施隨機落地追蹤，貨櫃抵達貨主倉庫時加以檢查，這與海關關務的查驗有所區別。）

2. 出口重櫃或併櫃貨：（附件2-16-2）

## ■二 》貨櫃場示意圖（附件2-17）

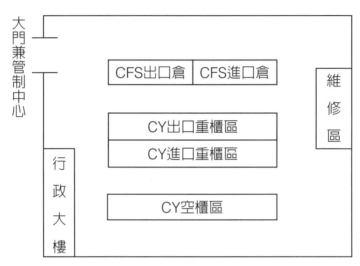

　　臺灣的貨櫃場大都屬於保稅倉棧，有海關人員駐守或由海關核可自主管理，而且四周有圍牆，只留大門作為管制貨物、車輛及人員進出的管制中心。

## ■三 》貨物短少、破損、漏／錯裝原因探討

1. 貨櫃場收貨時，清點不確實。
2. 小票貨交由託運行接駁轉送，搬運次數多造成短少、破損。
3. 儲位弄錯，貨倒／儲位變更後未歸位，找不到貨，被錯裝。
4. 驗貨、取樣及裝櫃時破損或被偷竊。
5. 區別貨物的Label遺失，找不到貨，裝完櫃後未清倉。
6. 包裝不固或無內包裝被壓壞，或被堆高機撞倒受損。
7. 南北併櫃，在運輸途中貨物翻落到貨櫃的地板上受損，以及在第二貨櫃場重新翻櫃／裝櫃時，造成破損。
8. 在目的地拆櫃、分貨時，弄錯及破損。

## 四 》 貨主裝櫃應注意的事項

1. 裝櫃前先預估貨物的材數及重量,以便決定裝櫃的方式;譬如:1×20'是否裝得下,會不會Overflow(溢裝),是否要用40'的普通櫃還是高櫃。至於重量問題,由於美國對超重櫃「捉」得緊(公路有限重35噸的規定,含拖車、櫃子及貨物重量),超重被查獲,船公司不但要受罰而且會造成極大困擾,因此船公司在臺灣對出口重櫃在進貨櫃場時,只要過磅超重,船公司就會拒收。(一般20'貨限重18噸,40'貨限重21噸,視地區及船公司不同,要求寬緊有別,出貨前,最好先徵得船公司同意,以免造成不便)。

2. 紙箱的選用:扁長形的紙箱比較好塞進貨櫃中的空隙,正方形箱子在空間有限的情況下,不容易塞,且由於重心關係,正方形箱子在貨櫃運輸途中震動時,容易由櫃子上向下掉落造成毀損。

3. 裝櫃時,宜把重量分散,避免集中在櫃子的一隅,同時把箱子平均分散在櫃子的空間上,避免櫃子前面裝得滿滿的,而後段卻留下大片空間,這樣櫃子在運送時,由於震動的關係,容易造成上面的箱子掉落地板上,造成毀損。

4. 假如裝櫃時有Overflow,此溢裝部分的貨,最好留待下次出,或者同時以1個CY加上CFS出去,不要把紙箱拆掉,硬把貨塞進櫃子裡,這樣作,容易造成貨物失竊及毀損,尤其當此櫃子是要在卸貨港拆櫃後,用卡車轉運到他處時。

5. 裝木箱的貨物時,最好要固定或用保麗龍、泡棉填塞貨櫃空隙,以免櫃子搖晃時碰撞毀損或損壞到旁邊其他用紙箱裝的貨物。

6. 紙箱要疊在櫃子上端時,請裝櫃工人用梯子,不要踩箱子當墊腳,這樣會把紙箱踩壞或踩髒。

7. 櫃子裝完貨,馬上加封條,以免運送到貨櫃場途中失竊。

## 附件 2-16-1 進口倉儲及查驗作業流程

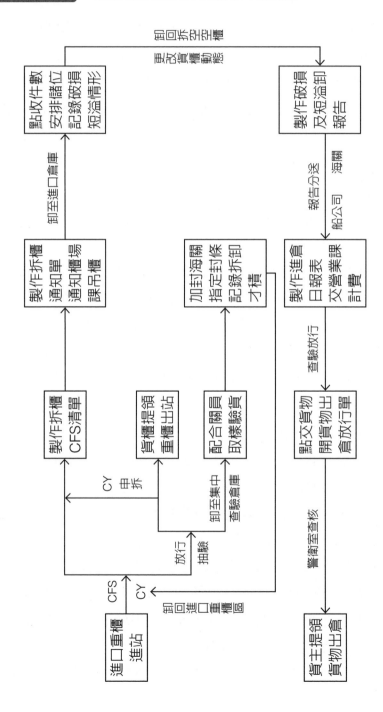

## 附件 2-16-2　出口倉儲及作業流程

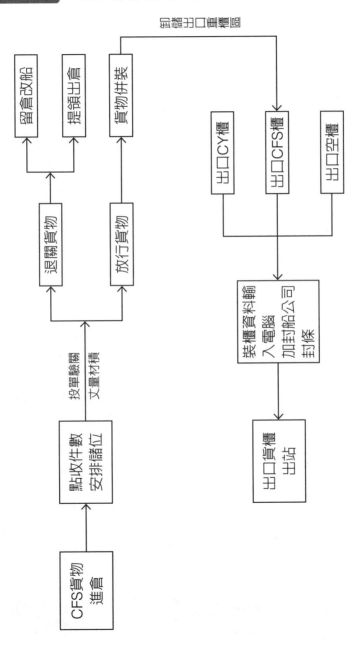

## 附件 2-17 南崁長榮貨櫃場

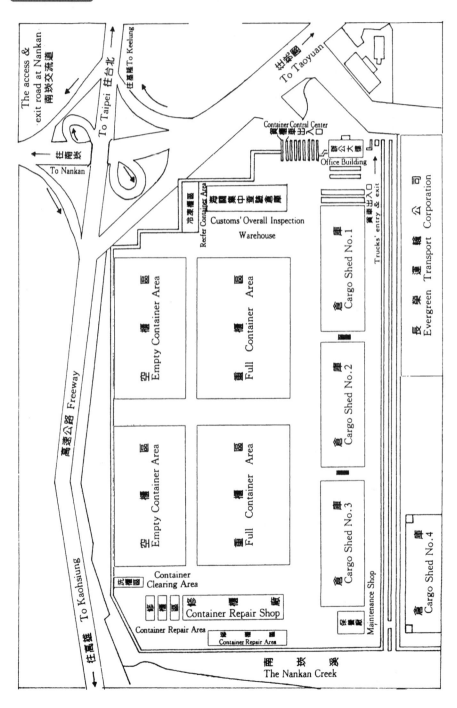

# Unit 2-13

# 海運進口貨物流程及應注意的事項

## 一 進口流程圖及說明

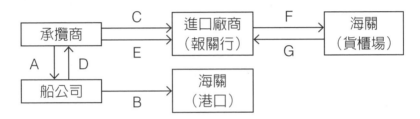

A：攬貨公司須於船到前至少2天，提供船公司該航次之詳細眞正收貨人、正確之品名及內容。

B：船公司須於船到港前48小時內，向海關申報進口艙單（歐美線通常持預報艙單方式，於船到72小時前爲之）。

C：進口商須於收到Arrival Notice（到貨通知單）後，盡速確認。

D：船公司於攬貨公司繳交已背書之正本提單及運費後，發放D/O（小提單）。（正本B/L未到，可以申請銀行擔保提貨。）

E：攬貨公司於進口廠商（或報關行）繳交正本提單及運費後，發放D/O。（D/O有誤時，貨主除了請船公司更正外，也要請船公司發艙單更正單Correction Memo，以便向海關更正艙單。）

F：報關行持D/O及相關文件向貨櫃場所屬之海關投單。

G：於完成報關作業程序，並經海關同意放行後，安排卡車提貨

## 二〉 如何控管提單以達成順利報關提貨

1. 收到船公司／攬貨公司的到貨通知書（Arrival Notice），如附件2-18-1，一定要Check船名、B/L No.、嘜頭、件數、品名是否符合報關、押匯文件，因為A/N不只是通知到貨的時間而已，貨主還可以藉此先看看內容是否有誤。

2. 進口商要確認出貨人（Shipper）的文件是否正確及準時寄達，以免影響報關提貨，如果正本提單未到，可以先向Shipper要B/L Copy，以便與A/N比對。

3. 配合船公司／攬貨公司的A/N，向國外取得文件並確認文件是否符合海關規定；例如：B/L上的地址打P.O. Box是不被海關接受的。另外，件數單位如果是使用Skid、Pallet、Bundle等包裝式樣，應註明所裝件數，否則將被海關罰款。

4. 小提單（Delivery Order）發下後，貨主在投單報關前，要再確認是否有打錯的地方，尤其先前請船公司修改的部分，因為投單後如被海關發現實到貨物與D/O上的記載不符時，將被海關罰款而且影響通關時間。

　　進口商在換單時，要特別留意B/L上是否Shipper有背書，如果沒有的話，船公司是不會發D/O的，因為買賣方的貿易程序不符，船公司如果不查而發下D/O，將來產生買賣糾紛時，Shipper是可以憑此告船公司背信（違背執行業務應注意而未注意）。

## 三〉 B/L未到而急需領小提單辦理報關及如何避免延滯費之產生

1. 使用副本提單提貨；但貨主須提供開狀銀行的擔保提貨書（附件2-19），船公司／承攬公司才願意發放小提單。

2. 使用電報（電傳）放貨；T/T付款的條件下，避免貨物先到而正本提單未到，產生倉租費／貨櫃延滯費，請Shipper向船公司申請電放。

3. 亦可使用快速提單，如Express Cargo B/L（附件2-18-2）或Sea Waybill；用電傳即可提貨，避免寄送正本B/L的延誤。

## 四》三角貿易進口文件操作

　　臺灣的進口商如何避免國外的供應商與買主（User）互相認識；例如：臺北的甲公司向德國漢堡的A公司下單訂貨，再賣給香港的乙買主，出貨時則直接從漢堡裝運至香港，這樣就構成很典型的三角貿易型態，如下圖所示：

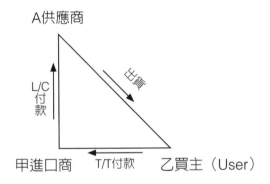

　　甲開L/C給A，A出貨後將單據經由銀行押匯轉給甲，此時這一程提單上的記載如下：（附件2-20-1）

　　SHPR：A公司

　　CNEE：To order

　　Notify：甲公司

　　甲拿到此一程B/L，為了避免讓香港的買主知道SHPR的名稱，向發一程B/L的海運承攬公司在臺灣的Agent，要求換二程B/L如下圖示，內容改為：（如附件2-20-2）

SHPR：甲公司
CNEE：乙買主
Notify：乙買主

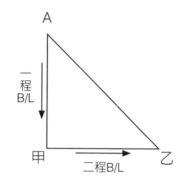

〔註：因為甲、乙之間使用T/T付款，二程B/L上的CNEE可直接Show買主名字，如果是L/C Payment的話，則CNEE要打「To order of開狀銀行」。實務上，臺灣與香港的交易，因距離近，很少使用L/C，大都採用T/T付款，也因此往往使用電放方式讓CNEE提貨（附件2-21），如此一來，三角貿易中的文件，A供應商只有跟甲進口商有接觸，根本沒機會與乙買主接觸。〕

## 附件 2-18-1　到貨通知書

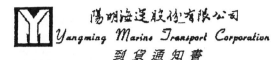

陽明海運股份有限公司
Yangming Marine Transport Corporation
到貨通知書

1. 請即核對 件數, 品名, 重量 等重要內容, 如經發現有錯誤或要求其他更改事
   宜時, 請於船到前三個工作天, 以書面提出申請, (傳真機號碼：02-5797735),
   否則逾限遭受海關罰款 (約NT$4,500 - NT$12,000) 時, 本公司恕難負責.
2. 進口貨物件數包裝式樣係PALLET, SKID, BUNDLE, PACKAGE 者, 必須報明其內裝件數,
   請於船到前與本公司聯絡, 否則將延誤通關作業並招致罰款處分, 請特別注意.
3. 有關棧租, 延滯費, 留滯費計收標準請洽 (02) 4292329轉223/224
4. 如有查詢事項, 請撥 (02) 5779929

```
| WAY BILL |
```

提單號碼： N710214156　　　　　　ATTN： MAY YANG

船名航次： MING SOUTH/26E
預定抵達日： 99/08/31 KAOHSIUNG,TAIWAN　預抵卸存地： 99/09/05
中國貨櫃(五堵)

Consignee:　　　　　　　　　　　　Notify Party(1):

▆H FLOOR. ▆▆. NANKING EAST ROAD
SECTION ▆
TAIPEI - TAIWAN R.O.C.
AS AGENT OF ▆▆▆▆▆

Shipper :
UNIT 3, REVIE_ROAD IND ESTATE
ELLAND ROAD
LEEDS, YORKSHIRE LS11 8JG

Place of receipt: FELIXSTOWE
Port of Loading : FELIXSTOWE　　　Mainifest Tendered on: 99/08/31

Place of receipt: FELIXSTOWE
Port of Discharge: KAOHSIUNG,TAIWAN　Customs Reg No.　： 88W757
貨櫃卸存地：　中國貨櫃(五堵)　　　On Board Date　： 99/08/07

| Marks & Numbers | Package | Contents | Weight & CUBE |
|---|---|---|---|
| | 30CAS | X 20' CONTAINER SAID TO CONTAIN:- | 17770Kgs 15.730CBM |
| MIN SHENG PAO UDN-99-002 VIA KEELUNG EX7413 | | 30 CASES PRINTING PLATES | |
| (!!!)TRIU3930934 | 20DC 1/2200　30CAS　17770kgs | | |

COLLECT AMOUNT FREIGHT
```
C USD     0.00
C TWD  6,000.00
```

EXCHANGE RATE:
```
USD    32.3250
```

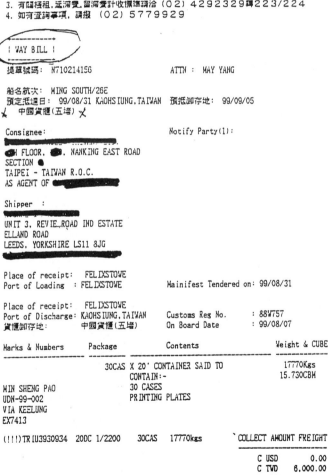

## 附件 2-18-2　海運快速提單

| Shipper | | | | |
| --- | --- | --- | --- | --- |
| COMMUNICATION INC.<br><br>REF:HL 4674 | | | | |

**Blue Anchor** *Line*
Express Cargo Bill (not to order)
For Combined Transport and Port to Port Shipment

| Consignee |
| --- |
| CANADA INC. |

| Notify Party | Delivery Agent |
| --- | --- |
| SAME AS CONSIGNEE | KUEHNE & NAGEL INTERNATIONAL LTD<br>221-B MCINTYRE DRIVE<br>KITCHENER , ONTARIO N2R 1G1<br>CANADA |

| Combined Transport - Place of Receipt* | Pre-carriage by | Port of Loading | |
| --- | --- | --- | --- |
| KEELUNG, TAIWAN | MOTOR | KAOHSIUNG | ECB-No. |
| Vessel | Voyage No. | Port of Transhipment | 4410-4292- |
| JERVIS BAY | 41E38 | | |
| Port of Discharge | Combined Transport - Place of Delivery* | Movement | Freight Payable at |
| VANCOUVER | TORONTO, CANADA | CFS/CFS | DESTINATION |

| Marks and Numbers | Number of Packages | Description of Goods | Gross Weight kos | Measurement |
| --- | --- | --- | --- | --- |
| TTX<br>(IN DIA)<br>C/NO.:1-241<br>MADE IN TAIWAN<br>R.O.C. | 241 PACKAGE(S) = 239 CTNS + 2 POLYBAGS | COMPUTER PARTS<br>ORDER#:PI-910915 | 3503.0 | 31.430 |
| TOTAL | 241 | | 3503.0 | 31.430 |
| | | FREIGHT COLLECT | | |

LOADED IN CONT. : HLXU4781168

SPECIMEN

EXPRESS CARGO BILL / NOT NEGOTIABLE

Above particulars as declared by shipper.
\* If the Combined Transport Boxes are filled out, shipment bill will be treated as Through combined Transport.

| OCEAN FREIGHT AND CHARGES<br>Rates, Weight and/or Measurements subject to correction | Prepaid | Collect |
| --- | --- | --- |

NOTICE: The Laws and/or International Conventions applicable to Port to Port Shipment are limiting by virtue and/or by incorporation into this Express Cargo Bill the Carrier's liability to certain amounts per package or cusomary freight unit (for Carriage to and from ports in the United States to a maximum of US$500,- per package or customary freight unit as per U.S. Carriage of Goods by Sea Act, 1936) unless the Merchant declares a higher cargo value below and pays the Carrier's ad valorem freight rate (see also clauses 51A, 5 II 4 and 9 2, on the reverse side hereof).

Declared Cargo Value　NO VALUE DECLARED
If Merchant enteres a value, Carrier's per package limitation of liability shall not apply and the ad valorem rate will be charged.

"Received by the Blue Anchor Line ("the Carrier") from the shipper in apparent good order and condition (unless otherwise noted herein) the total number or quality of containers or other packages or units indicated above, stated by the shipper to comprise the Goods specified above, for carriage subject to all the terms hereof (INCLUDING THE TERMS ON PAGE 1 HEREOF AND TERMS OF THE LINE'S APPLICABLE TARIFF) from the place of receipt or the port of loading, whichever is applicable to the port of discharge or the place of delivery, whichever is applicable. In accepting this Express Cargo Bill the Merchant expressly accepts and agrees to all its terms, conditions and exceptions whether printed, stamped or written, or otherwise incorporated, not withstanding the non-signing of this Express Cargo Bill by the Merchant.

| Total amount due | |
| --- | --- |

Place and date of issue: TAIPEI　24/09/2002

SHIPPED ON BOARD　JERVIS BAY

SHIPPED FROM KAOHSIUNG
DATE:　24/09/2002

For and on behalf of the Carrier

**Blue Anchor** *Line*

KUEHNE & NAGEL LTD.

# 附件 2-19　擔保提貨申請書

## 山水國際通運股份有限公司
### *Amphibian* PROJECT INTERNATIONAL CO., LTD.
10F, NO. 482, SEC. 5, CHUNG HSIAO EAST ROAD, TAIPEI, TAIWAN R.O.C.
TEL: 02-7595454　　　FAX: 02-75952

GUARANTY FOR DELIVERY OF CARGO
WITHOUT SURRENDER OF PROPERLY ENDORSED NEGOTIABLE BILL OF LADING

-----------------------------------------------------DATED------------------------------------

TO:-------------------------------------------------------

INN REFERENCEE TO THE FOLLOWING SHIPMENT:

BILL OF LADING NUMBER -----------------------------------DATED-----------------------

VESSEL----------------------------- -------------------------------VOYAGE--------------------

PORT OF LOADING--------------- -------------------------------PORT OF DISCH------------

CONTAINER NUMBER (S)-----------------------------------------------------------------------

DESCRIPTION OF GOODS-------------------------------------------------------------------------

_____

AS THE ORGINAL, PROPERLY ENDORSED,NEGOTIABLE BILL OF LADING FOR THE
ABOVE SHIPMENT IS UNAVAILABLE, PLEASE RELEASE SAID SHIPMENT TO:

_____

FOR THE ACCOUNT OF:

_____

IN CONSIDERATION OF YOUR RELEASING THE AFOREMENTIONED SHIPMENT TO THE ABOVE,
WE UNDERTAKE TO INDEMNIFY AND HOLD SHIPPING LINER HAMLESS WITH　RESPECT TO
ANY CLAIMS,DAMAGES,COSTS, AND EXPENSES OF ANY NATURE WHATSOEVER,INCLUDING
ATTOMEY'S FEES,IN ANY WAY ARISING OUT OF OR RELATING TO THE RELEASE OF THE SHIPMENT TO
THE ABOVE　MENTIONED PARTY(IES ) AND TO REIMBURSE YOU FOR CARGO VALUE AS
STATED ON THE COMMERCIAL INVOICE AND ANY ADDITIONAL CLAIM(S). DAMAGES, COSTS
AND EXPENSES. INCLUDING ATTOMEY'S FEE, INCURRED IN CONNECTION THEREWITH.
WE FURTHER UNDERTAKE TO DELIVER TO PORT AGENT OF SHIPPING LINER,OR ARRANGE
FOR OUR CUSTOMER TO DELIVER,UPON RECEIPT,THE ORIGINAL BILL OF LADING PROPERLY
ENDORSED,AND, UPON RECEIPT BY PORT OF AGENT OF SHIPPING LINER THIS UNDERTAKING
SHALL HAVE NO FURTHER EFFECT.

----------------------------------------　　---------------------------------------------------

　　　　CONSIGNEE　　　　　　　　SIGNATURE　　　DATE

----------------------------------------　　---------------------------------------------------

　　　　　BANK　　　　　　　　　OFFICER SIGNATURE DATE

# 銀行擔保提貨公文

★ 煩請務必寄回

臺灣銀行民權分行・　函

民國　年　8.26　月　　日

銀民匯字第　　　號

受文者：

主旨：請檢還本行擔保提貨書。

說明：一、檢送正本提單 )份。提單號碼：

0010
)152-705,033

二、前因上述提單項下貨品先於提單抵達，已由本行簽發
貨向貴公司提貨在案。

三、茲檢附相關正本提單請　查收，現特聲明本行之保證責任立
即解除，並請迅返還本行前所簽發之擔保提貨書，俾使註銷
結案。函件請寄：台北市承德路二段一六四號臺灣銀行民權
分行外匯收。

附件：提單正本 )份、

# 附件 2-20-1　海運一程提單

Shipper

████████████BH
HANS-HENNY-JAHNN-WEG 9

22085 HAMBURG

## Bill of Lading
for Combined Transport
and Port to Port Shipment

Consignee

TO ORDER

Notify Party

████████████
1F. NO. 6 LANE 11 TUNG-SHAN STREET
TAIPEI / TAIWAN (ROC)

Delivery Agent

████████████
ROOM 201-206, 2/F OFFICE TOWER,HIDC
(BERTH 4)18 CONTAINER PORT RD.SOUTH
KWAI CHUNG, NEW TERR., HONG KONG
TEL.: 00852 2379 2488

| Combined Transport · Place of Receipt* | Pre-carriage by | Port of Loading | B/L-No. |
|---|---|---|---|
| BREMERHAVEN CY | | BREMERHAVEN | 0010 |
| Vessel | Voyage No | Port of Transhipment | 4151-912.060 |
| ELBE | 556E | | |
| Port of Discharge | Combined Transport · Place of Delivery* | Movement | Freight Payable at |
| HONG KONG | HONG KONG CY | CY/CY | BREMEN |
| Marks and Numbers | Number of Packages | Description of Goods | Gross Weight kos | Measurement |

| Marks and Numbers | Number of Packages | Description of Goods | Gross Weight kos | Measurement |
|---|---|---|---|---|
| NOSU 453 734-5 | 1 40'CONT S.T.C. 23 BUNDLES (30,853 M3) EUROPEAN BEECH LUMBER, KD THICKNESS: 50 MM WIDTHS: 100 MM AND WIDER  CIF HONG KONG | | 22000,0 | 30,853 |

SHIPPER'S LOAD, STOWAGE AND COUNT
FREIGHT PREPAID

* If the Combined Transport Boxes are filled out, shipment will be treated as Through Combined Transport.

| | Prepaid | Collect |
|---|---|---|

NOTICE: The Laws and/or International Conventions applicable to Port to Port Shipments are limiting by virtue and/or by inducement from this Bill of Lading the Carrier's liability in certain amounts per package or customary freight unit for Carriage to or from ports in the United States to a maximum of US$ 500,- per package or customary freight unit as per U.S Carriage of Goods by Sea Act 1936, unless the Merchant declares a higher cargo value below and pays Ad Valorem charges thereon, as provided in Clauses 17 6, 19 and 26 2 on the reverse side hereof.

*** NO VALUE DECLARED ***

Declared Cargo Value
If Merchant enters a value, Carrier's per package limitation of liability shall not apply and the ad valorem rate will be charged.

BREMEN　　　　26.11.99

ELBE

BREMERHAVEN

## 附件 2-20-2　海運二程提單

Shipper

━━━━━━━━━━━━━━━━

**Bill of Lading**　for combined transport
and port to port shipment

Consignee

NO.30, SOUTH WALL ROAD, KOWLOON
CITY,KOWLOON HONG KONG
TEL:852-2382 7043 FAX:852-2718 3543

Notify Party

SAME AS CONSIGNEE

Delivery Agent

KUEHNE & NAGEL (HONG KONG) LTD.
24/F. EVERGO HOUSE
38 GLOUCESTER ROAD
WANCHAI-HONG KONG
TEL:823-7688

| Combined Transport - Place of Receipt* BREMERHAVEN | Pre-carriage by . | Port of Loading BREMERHAVEN | B/L-No. 4410- |
| Vessel ELBE | Voyage No. 556E | Port of Transhipment | 4401-912185-00 |
| Port of discharge HONG KONG | Combined Transport - Place of Delivery* HONG KONG | Movement CY/CY | Freight payable at ORIGIN |
| Marks and Numbers | Number of Packages | Description of Goods | Gross Weight kos | Measurement Cbm CBM |
| NOSU453 734-5 SEAL: . | 1 CNT | FREIGHT PREPAID 40 FT. CONTAINER SHIPPER'S LOAD COUNT & SEAL, SAID TO CONTAIN S.T.C. 23 BUDLES (30,853 M3) EUROPEAN BEECH LUMBER,KD THICKNESS:50 MM WIDTHS:100 MM AND WIDER | 22000 | 30.853 |
| TOTAL : | 1 | | 22000 | 30.853 |

Above particulars as declared by shipper.

* If the Pre-carriage or Onward carriage boxes are filled out, shipment will be treated as Through combined Transport.

OCEAN FREIGHT AND CHARGES
Rates/Weight and/or Measurements subject to correction

| | Prepaid | Collect |

NOTICE: The Laws and/or International Conventions applicable to Port to Port Shipments are limiting by virtue and/or by incorporation into this Bill of Lading the Carrier's liability to certain amounts per package or customary freight unit (for Carriage to or from ports in the United States to a maximum of US$ 500.- per package or customary freight unit) per the U.S. Carriage of Goods by Sea Act 1936, unless the Merchant declares a higher cargo value before shipment and pays any extra charges, in which case the limitation of liability will be the amount so declared.

**★★ NO VALUE DECLARED ★★**

Declared Cargo Value :
If Merchant enters a value, Carrier's per package limitation of liability shall not apply and the ad valorem rate will be charged.

Received for shipment in apparent good order and condition.

| Total amount due 19.12.1999 | | TAIPEI 19.12.1999 |
| ELBE | Shipped on board above vessel | |
| BREMERHAVEN 556E | | |

## 附件 2-21　換單切結書

OFFICE : 1F, NO.6, LANE 11, TUNG-SHAN STREET,
TAIPEI, TAIWAN, R. O. C.
TEL: (02)23936138 FAX: (02)23927592, 23959949
E-mail : woodcraft @ mail.woodcraft.com.tw

切　結　書
==============

本公司　　裝運　　████████████████　　公司船

```
PER S.S. :   ELBE V.556E
FROM     :   BREMERHAVEN
TO       :   HONG KONG
B/L NO.  :   0010 4151-912.060
CTNR NO. :   NOSU 4537345
```
總計貨物一櫃

茲因此貨櫃為三角貿易，本公司擬以更改提單資料並電報放貨予NOTIFY，
其更改資料如下：

B/L SHIPPER　:　████████████ P.

CONSIGNEE　　:　████████████████████
1/F., NO. 30, SOUTH WALL ROAD,
KOWLOON CITY, KOWLOON HONG KONG
TEL: 852-2382 7043　FAX: 852-2718 3543

NOTIFY　　　:　SAME AS CONSIGNEE

謹此切結，並附參份正本提單、敬請惠予處理，如有任何問題，本公司願
負全責。

　　此　　致

中華民國88年12月　日
MAILING ADDRESS : P.O BOX 59612, TAIPEI, TAIWAN, R. O. C.

## Unit 2-14

# 海運出口報關流程及應注意的事項

## ━》 EDI對貨物通關自動化及國貿的影響

### （一）通關自動化與關貿網路（Trade Van）

　　現在所謂的電腦報關並不是報關行直接與海關連線，而是各有關的業者及單位（除了報關行、進出口商、海關之外，還包括貨櫃場、貨運站、船公司、航空公司、貨運承攬業、國貿局、銀行等機構），透過「關貿網路」在運作，亦即把資料輸入T/V再經由此網路傳輸給各需要的業者及單位。

　　關貿網路係一開放性的加值網路Van （Value Added Network），開始時以貨物通關爲主，以後再逐步應用到其他方面，如貿易、運輸、金融、保險等。（附件2-22）

### （二）何謂 EDI 及貨物通關自動化

　　所謂EDI（Electronic Data Interchange）電子資料交換，就是「用共同認可的標準，在電腦和電腦應用系統之間，以電子化方式傳送業務往來資料」。

　　使用EDI的可以減少：

1. 書面作業。
2. 郵政傳遞的延遲。
3. 資料重複輸入及輸入時產生的錯誤。

4. 行政管理的費用。

　　使用EDI可帶來的好處：

1. 資訊流程更快速而正確。

2. 與商業夥伴及時而緊密的接觸。

3. 提供顧客更好的服務。

## （三）貨物通關自動化的意義及目的

　　意義：指利用電腦與通訊設備，結合所有通關單位及業者，藉由電子資料相互傳輸，取代人工遞送文書，並以電腦代替人工自動處理，加速貨物通關，邁向無紙化通關放行的目標。

　　目的：初期目的在完成貨物通關自動化，最終目的在促進國際貿易自動化，以提升國內業者在國際市場的競爭力。

## 二》 結關日前報關的準備工作

　　結關日前最好是前1、2天，貨主把出口的基本資料Invoice及Packing List傳給報關行，如需其他主管機關簽發的許可文件（例如：資策會審查的著作登錄表等），則須提前2、3天告訴報關行，以便申請辦理而免延誤報關。至於S/O貨主最好自行「抓船」，先向船公司或Forwarder訂好Space取得S/O號碼，然後再請報關行去簽S/O。

　　報關行在貨物進倉後，會依貨主提供的資料，照海關規定的格式（出口報單、Invoice等）輸入電腦關貿網路（Trade Van）進行報關手續。

## 三〉 出口報關通關流程

### （一）報關流程圖示

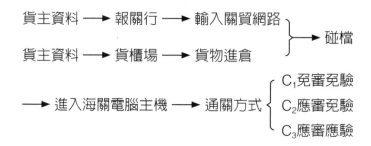

〔說明〕

1. 投單報關的資料，假如件數與實際貨物進倉的件數不符時，關貿網路的電腦無法碰檔，也就不能繼續下一個通關的動作，必須更改後，二邊件數相符，才能被電腦接受（即碰檔），繼續下一個動作，進入海關的通關作業。

2. 如果預知貨物不能在結關日及時進倉（如交通堵塞），貨主必須聯絡貨櫃場告知貨物將晚到，以便倉庫人員派員加班收貨，或隔天早上送貨，但須另外通知報關行向海關提出保留艙單（須先詢問船公司是否可行），讓貨物及報關資料能趕在隔天早上海關上班時碰檔。

3. 至於晚進倉可能產生的額外費用有二方面，一是須付貨櫃場加班費（請參考附件2-23），二是報關行的額外現場理貨費（各家收費不一）。

4. 空運與海運報關流程的異同：

   ⑴空運只要有排定班機，隨時可安排貨物進倉及通關裝機出口，不像海運須排定「結關日」。

(2) 空運有託運單（Shipper's letter of instruction，附件2-24），其性質類似海運的S/O。

(3) 船公司可以直接向貨主攬貨，貨主也可以直接向船公司訂艙，但航空公司則須透過空運公司（Air Freight Forwarder）代理訂艙及收貨事宜。

(4) 海運貨物出口，貨主須找報關行辦理報關，空運公司則兼作報關手續（因為時效關係），也因此造成少數空運公司有機可乘，如浮報重量向貨主超收運費及虛報「特別檢驗費」等情事，對此問題預防之道是：

① 找口碑好的空運公司，他們基於長期正派的經營理念及制度，員工不會「動手腳」。

② 貨主自己量的材數、重量要準確，註明在Packing List上面，並特別交代空運公司的OP人員，這樣不但可以「警告」空運公司不要動手腳，重量也會與貨運站稱的差不多（航空公司計算運費是根據貨運站的數據）。

③ 貨物數量多、重量大時，最好要求貨運站分盤稱，不要跟其他別人的併裝貨一起過磅，因為這樣不容易準確區分自己的重量到底有多少。

## （二）出口通關流程圖示

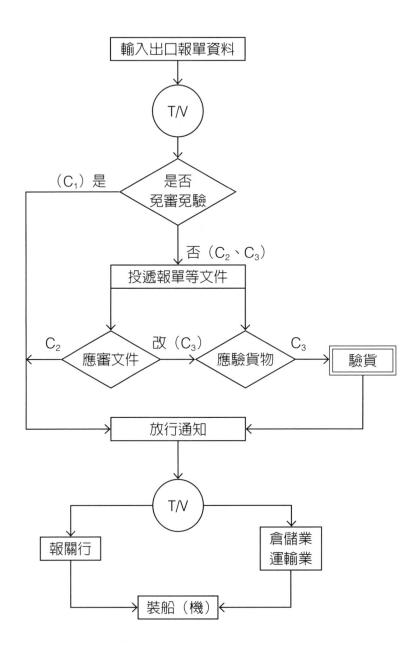

〔說明〕

1. 報單資料輸入後，經由電腦篩選此一報單爲$C_1$方式通關，則海關會把放行通知輸入T/V，知會連線的報關行及船公司以便裝船。如電腦核定此一報單爲$C_2$方式通關，則報關行需準備有關的書面檔供海關審查。如果與報單申報的內容相符，則放行；如不符，海關須再查驗貨物才放行。被電腦核定爲$C_3$之報單，不但要審查書面文件，也要查驗貨物。

2. 會被列爲$C_1$的報單，通常是一般國貨出口、無商標、不要申請沖退稅、貨主無違規記錄。被列爲$C_2$的，大部分是貨物需要有關主管機關簽發許可證明文件（例如：輸往設限地區的紡織品或需新聞局發給許可的出版物等）。至於會被列入$C_3$的報單，則是一些特定的貨物，如容易仿冒的商品、高科技產品、國際諮商會議承諾嚴加查驗之貨品、或是有重大違規的貨主的貨品。

3. 海關查驗貨物，一般均簡易爲之，不致影響出口通關，但如果發現有違規情事，例如：缺產地標示（Made in Taiwan, R.O.C.）、箱號不符、重量與貨品有明顯差異時，視情節輕重，有可能會對驗關的過程及時間有所影響，此時，報關行就須「妥善」處理，以免延誤通關。也因此在報關行的報關費用明細內，會有「額外」的支出費用，而且是沒有收據的。

## 四 〉 海關不受理報關的原因項目

（一）進口不受理報關的原因項目

1. 不能補正「A」：
  ⑴ 未能核銷艙單。

⑵ 報關行或專責人員受停業處分。

⑶ BAN邏輯檢查不符（公司統一編號不符）。

⑷ 滯欠商港服務費，經核定停止辦理報運貨物進出口手續。

⑸ 報單號碼重複。

⑹ 報關行箱號及專責報關人員編號與海關登記者不符。

⑺ 先放後稅委託之報關行與向海關預先報備之報關行不符。

⑻ 保稅工廠委託之報關行與向海關預先報備之報關行不符。

⑼ 同一提單號碼重複報關。

2. 能補正「B」：

⑴ 報單欄位資料輸入不全。

⑵ 賣方國家代碼、起運口岸國家地區代號比對不符。

⑶ 生產國別代號錯誤。

⑷ 匯率錯誤。

⑸ CIF價格加計錯誤。

⑹ 單價條件（FOB、FAS、CFR、C&I、CIF）、幣別代號、單價不符或計算錯誤。

⑺ 稅則號別與對應稅率不符。

⑻ 稅則號別對應統計單位不符。

⑼ 納稅辦法與報單類別不符。

⑽ 保稅工廠資格檢查（含監管編號、BAN及有無被停止保稅名義進口）不符。

⑾ D2、B7經檢查附有提單（即艙單）號碼。

## （二）出口不受理報關原因項目「C」：

1. 報關行或專責人員受停業處分。

2. BAN邏輯檢查不符（BAN：Business Accounting No. 公司統一編號）。

3. 進倉資料比對不符。

4. 滯欠商港服務費，經核定停止辦理報運貨物進出口手續。

5. 報單號碼重複。

6. 報關行箱號及專責報關人員編號與海關登記者不符。

7. 報單欄位資料輸入不全。

8. 匯率錯誤。

9. FOB價格加計錯誤。

10. 稅則號別對應統計單位不符。

11. 保稅工廠資格檢查（含監管編號及BAN）不符。

## 五》 報關行與海關、貨主的互動關係

1. 績優報關行可以減少海關抽驗的件數，替貨主節省時間及費用。另外，由於海關對查驗貨物有「合理的懷疑」的權力，可以少驗一點也可以多驗一點，因此實務上，報關行與海關官員的公關，也會影響查驗的過程及時間；例如：海關已排定好時間要查驗您的貨物時，報關行現場的人員因遲到，沒有及時出現，會有二種不同的結果：一是海關先驗別人的貨物，等人到時再回頭驗您的貨物（因為平時報關行現場人員與海關交情不錯）。二是海關不再回頭驗您的貨，而要報關行另外再申請排定時間查驗，此時將產生特驗費NT1,000元（如附件2-25）。像這種額外的費用，是由於報關行疏忽而產生的，貨主查明後，可以要求報關行自行負責。

目前中小型的報關行爲了節省人事費用支出,大都沒有僱用常
駐貨櫃場的現場人員,而是請「站關」的人來處理進倉驗關等
作業,按件給付「酬勞」或按月給付「薪水」。這些「站關」
的人,有的是自由業、身兼好幾家報關行的代表,有的是某家
報關行的固定職員「兼職」賺外快,平常大家合作沒有問題,
只是案件多時,一時無法兼顧的情況下,才會耽誤到事情。

貨主不論是在進倉或查驗過程中,只要多注意督促報關行工作
進度,往往可以防止延誤,但有些貨主的Shipping人員由於過
度依賴報關行,資料交給報關行後,就不聞不問了,等到出了
問題才知道,但爲時已晚,延誤已經無法避免了。

2. 報關行的報價方式及收費(附件2-26):

報關行的報價方式有二種:

⑴一是較高的「概括報關費」,例如:1×20'櫃報價
NT2,500,1×40'櫃報價NT3,000,併櫃貨200箱之內為
NT2,000,超過部分,每箱再加收NT5元。由於出口報關
被海關抽驗到的比率很低,爲了長期生意著眼,大部分報
關行對於保留艙單的Case,也不會向貨主收取額外的服務
費。

⑵另一種報價方式是根據每一工作細項收取費用,例如:驗
關車資、理貨工資、郵資……等,這種報價,表面上看起
來,每一項金額都不大,但林林總總全部加起來,也與上
述第一種報價差不多。

不論何種方式,貨主在收到報關行的請款帳單時,不妨Check
一下每筆收費項目的明細及代墊費用的收據,詢問異常工作
項目中「額外」收費的理由,以避免報關行利用機會變相「加

價」。例如：貨物被海關抽中查驗，貨櫃場所產生的吊櫃費、翻櫃費等，貨主如果對這些由報關行代墊的費用有疑問時，不妨直接向貨櫃場索取計費單（如附錄2-9）來作比對。由於目前報關作業電腦化、透明化，報關行很難自動「加價」，只有在進口報關方面碰到問題時，例如：貨櫃內有管制類而沒有申報的貨物，需要報關行出面「打點」時，報關行有可能趁機「混水摸魚」，比如實際給海關的公關費是2萬元，但向貨主聲稱要給3萬元，自己則暗賺1萬元，這種情形無法查證，一個願打一個願挨，只要貨主覺得「划算」，能解決問題就好了。

## 附件 2-22　設置關貿網路

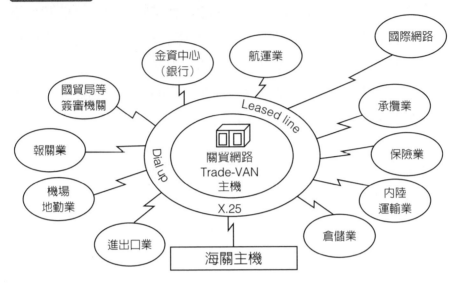

1. 「24小時作業」；具傳輸、轉接、轉換、存證等四大功能。

2. 採用聯合國電子資料交換標準（UN/EDIFACT）。

3. 公告「訊息」71種（陸續制定中）、「表格」44種。

4. 建基礎網路，在北、基、桃、中、高設通訊網路節點。

5. 目標：通關無紙化→貿易無紙化；通關自動化→業界自動化（CCS）。

## 附件 2-23　貨櫃場費率結構介紹

### （一）船公司負擔部分

1. Lift on / off charge（貨櫃吊上／下費用）：
   ⑴ Through Put（Lump Sum）Rate：
   出口重櫃包括：2重櫃＋1空櫃。
   進口重櫃：同上算法＝2重櫃＋1空櫃。
   若由船邊或其他櫃場送空櫃進場：則加收1個空櫃之Lift off charge＝2空櫃＋2重櫃。
   ⑵ By move charge：不論空重櫃，以實際發生的動作（Move）來算，此法比較實際、合理。
2. Container Storage（貨櫃場租）：依20'、40'、45'、空重櫃分別計算（亦有不分空、重櫃）。若有附帶車架則另計，一般亦有免租期（Free time）。
3. CFS Stuffing/Unstuffing Charge：併櫃貨物之裝／拆櫃費，以每1立方公尺或1公噸（1,000KGS）來Charge。
   若有固定費用則另計。
4. 貨櫃修理、清洗費用。
5. 冷凍貨櫃相關費用：插／拔電、供電、檢溫、PTI、Pre-cooling等費用。

※船公司負擔部分一般均會與貨櫃場簽定「合約費率」。

### （二）貨主負擔部分

1. CFS Storage：進／出口併櫃貨之倉租：目前出口貨有5天之Free；進口貨則無Free。
2. 集中查驗（驗關）費用：2吊2移。
   （@$548×2＋@394×2）＋翻櫃費米數（@$140×米數）。

3. CY申拆費用：2吊1移。

（@$548×2＋@$394×1）＋拆櫃費（40'＝@$140×50CBM，

20'＝@$140×25CBM）。

4. 退關提出費用：堆高機使用費＋倉租（無Free time）。

※以上費率係以向港務局核備過後公告之貨櫃協會費率計收。

## （三）逾時進倉（場）加班費

1. 出口CY重櫃：@$1,096／每櫃。

下班後及假日均可收櫃至24:00止。

2. 出口CFS貨物：@$1,443／小時（17:00～19:00）；@$1,576／

小時（19:00～02:00）。

須事先向櫃場申請，以便派員加班收貨。

空櫃之交／領：全日24hrs服務（含下班後及假日），不另收

加班費。

## （四）南北 Topping（Combine）及 CY 加裝費用

1. 吊／移櫃費：@$548×2＋@$394×2。

2. Rehandiing Fee：@ $140×＿＿CBM。

3. 裝櫃費：@$140×＿＿CBM。

## （五）其他費用

1. 貨櫃滯留費（Demurrage - Laden Cntr）。

2. 貨櫃延滯費（Detention - Empy Cntr）。

3. 貨櫃修理、清洗費（水洗或化學藥水洗）。

4. 特殊貨物之固定費用。

5. 貨物分類、貼標、掃描等費用。

6. 貨物縮膜、打墊板費用。

7. EDI傳輸費用：@$50.00／每份進口報單。

## 附件 2-24　託運單

CHINA AIRLINES

SHIPPER'S LETTER OF INSTRUCTIONS

MAWB NO : 297-2414 6076

Wer are herby requested and authorized upon receipt of the consignment described herein to prepare and sign the Air Waybill and other necessary documents on our behalf and despatch the consignment in accordance with Conditions of Contract.

I certify that the contents of this consignment are properly identified by name, insofar as any part of the consignment contain dangerous goods such is in proper condition for carriage by air according to the applicable Dangerous Goods Regulations

The shipment is prepared for carriage by air. The undersigned, on behalf of shipper hereby confirms th

1. The originator of the freight known to me, and I am satisfied that the contents are as stated and safe for carriage
2. The goods have been protected during storage and transportation used at all stages of transit has been secured.

| | |
|---|---|
| CARRIER CODE | |
| AIRPORT OF DEPARTURE | CKS |
| AIRPORT OF DESTINATION | HGH |
| SHIPPER ████ LTD. TPE | 331 |
| CONSIGNEE ████ LTD, HGH | |
| DECLARED VALUE FOR CARRIAGE N.V.D. | FOR CUSTOMS N.C.V. |
| INSURANCE-AMOUNT REQUESTED | |

| AIR FREIGHT CHARGES (Make one to apply) | ▢PREPAID ▢COLLECT (If Service Available) | OTHER CHARGES AT ORIGIN (Make one to apply) | ▢PREPAID ▢COLLECT (If Service Available) |
|---|---|---|---|
| 預定班機日期 | | 經辦人 | |
| 航空公司 同豈港倉 | | | |

| NO & KIND OF PKGS | DESCRIPTION OF GOODS | GROSS WEIGHT | FOR CUSTOM USE ONLY |
|---|---|---|---|
| | | | 查驗　　放行 |
| 9CTNS | ELEC.GOODS | 1418Kgs | |

FOR ACT'S USE ONLY

| ACTUAL GROSS WEIGHT | SPECIAL INFORMATION | DATE INPUT | FOR SPEIAL INSPECTIONS USE ONLY 特別檢查專用(檢疫,薰蒸,所交給等) |
|---|---|---|---|
| 1531 1420 | | | |

| VOLUME WEIGHT | ACCEPTED BY | CHECKED BY | WAREHOUSE CHARGE |
|---|---|---|---|

RECEIVING TIME & GROSS WEIGHT & STORAGE LOCATION

84×94×135×5=888.3
72×101×125×1=156.5
72×101×103×1=124.8
72×101×95×1=115.1
19 00/11/30 14:56　5　231 KG

84×94×116×1 = 
101×72×116×1=140.59　1420.38
18 00/11/30 14:53　4　650 KG

FOR AGENT'S USE ONLY

▢本筆貨物已全部通關放行,如有不實,願負全責。
▢本筆貨物所有部份應果來放行如下:
　HAWB NO.

託運人　簽章
承攬業　日期

331

| 附件 2-25 | 空運收費明細單 |

世貿航空貨運承攬股份有限公司
**TRANSWORLD EXPRESS CO., LTD.**

貨主：

羅小姐

文件地址：
發票地址：

帳單號碼 ： TP00010127AE

帳單日期 ： 01/24/2000

發票號碼 ： YZ70014018

主提單號碼 ： 988-12629665
副提單號碼 ： KC-104142
班 機號碼 ： CX420/23JAN

電腦代碼 ： 8901-00129
起 運 地 ： TPE
目 的 地 ： JFK

件　　數 ： 2
計費重量 ： 125.0K
計費單價 ： @TWD86.00/K

| 摘　要 | 小　計 |
|---|---:|
| 倉租 | 625.00 |
| 報關費 | 500.00 |
| △逾時倉租 | 63.00 |
| 稅前小計 | 1,188.00 |
| 營業稅 | 59.00 |
| 空運運費（不算稅） | 10,750.00 |
| 卡車費（不算稅） | 500.00 |
| 鐵驗費（不算稅） | 240.00 |
| △海關規費（加班費） | 1,300.00 |
| 合計數 | TWD14,037.00 |

## 附件 2-26　報關行收費清單

高 強 報 關 有 限 公 司

## 費 用 清 單　　No.＿＿＿＿＿

明売固庫取，有収，希照

中華民國　　年　月　　日

船　名：UNI-VALOR.　　　海關編號：6166

進出口日期：89 年 1 月 26 日

何處進口：
運往口庫：

件數 150 CTN　數量 602/

件　泊：高中 港　　碼頭
貨物退：　　貨櫃　　倉庫
輸出入許可證號碼：

| 費用項目 | 金 | 額 | 摘 | 要 | 費用項目 | 金 | 額 | 摘 | 要 |
|---|---|---|---|---|---|---|---|---|---|
| 進 口 關 稅 | | | | | 代 刻 印 章 | | | | |
| 關稅滯納費 | | | | | 郵　　　資 | 35 | — | | |
| 滯　根　費 | | | | | 驗 關 工 資 | | | | |
| 海 關 業 務 費 | | | | | 退出倉工資 | | | | |
| 海 關 監 視 費 | | | | | 裝卸車工資 | | | | |
| 海 關 押 運 費 | | | | | 開箱搬運工資 | | | | |
| 海 關 特 驗 費 | | | | | 堆 高 機 工 資 | | | | |
| 海 關 簽 證 費 | | | | | 理 貨 工 資 | 1000 | — | | |
| 退出口證明書 | | | | | 翻 倉 工 資 | | | | |
| 輸 船 運 費 | | | | | 代 領 L／C | | | | |
| CY CFS 裝拆櫃費 | | | | | 報 關 建 輸 費 | 210 | — | | |
| 產 地 證 明 書 | 280 | | | | 特 別 照 料 費 | | | | |
| 公 會 簽 證 費 | | | | | 代 辦 費 | | | | |
| 大使館簽證費 | | | | | 根 驗 手 續 費 | | | | |
| 簽證押匯費 | 800 | — | | | 車　　　力 | | | | |
| CBC 修改註銷 | | | | | 商 港 建 投 費 | | | | |
| 影　印　費 | | | | | 集 中 查 驗 | | | | |
| 服 務 車 費 | 200 | — | | | 逾時交櫃、退書 | | | | |
| 拖卡車運費 | | | | | 保 險 費 | | | | |
| 商品檢驗費 | | | | | 報 關 手 續 費 | 525 | — | | |
| 民營倉儲費 | | | | | 合　　計 | 2970 | — | | |
| 三輪車搬運費 | | | | | 預 收 款 | | | | |
| RSD 櫃租 | | | | | 應收退金額 | | | | |

合計金額＿萬貳千玖百柒拾＿元＿角＿分整　附單據＿＿份

上列帳款煩請查照撥付爲禱　　台北市新生北路一段 90 號 3 樓　　25365337
T E L 25368637

# 報關行收費通知單

## 收 費 通 知 單

貨　主：　　　　業股份有限公司　　　　報關編號：Y4623　　　　列印日期：89/03/03

| 報關日期 | 89/02/□□ | 報單號碼 | AT/□C/89/□110/□2□□ | 許可証號 | 長榮貨櫃股份有限公司（代□ |
|---|---|---|---|---|---|
| 退出口日期 | | 提單號碼 | 57116010 | 存放處所 | 20' X 4 |
| 船　名 | OOCL AUPLAUSE V.096U | | | 貨櫃數量 | 件數 4 CTR |

| 稅 費 名 稱 | 稅費金額 | 摘要 | 稅 費 名 稱 | 稅費金額 | 摘要 |
|---|---|---|---|---|---|
| 一、關 稅 局 | | | 六、檢 驗 費 | | |
| (1)關稅／商港建設費 | 223 | | (1)檢 驗 費 | | |
| (2)押 款／罰 款 | | | 七、檢 疫 所 | | |
| (3)滯 報／滯 納 費 | | | (1)檢 疫 手 續 費 | | |
| (4)記 帳 業 務 費 | | | 八、其 他 代 墊 項 目 | | |
| (5)海 關 規 費 | | | (1)保 險 費 | | |
| (6)退出口文件簽証費 | | | (2)公 證 費 | | |
| 二、國 貿 局 | | | (3)公 會 簽 審 費 | | |
| (1)簽 証 手 續 費 | | | (4)領 事 簽 証 費 | | |
| 三、港 務 局 | | | (5)銀 行 簽 証 修 改 費 | | |
| (1)裝 卸 費 及 倉 租 | | | (6)驗 關 工 資 | | |
| (2)車 機 租 用 費 | | | (7)服 務 車 資 | 500 | |
| 四、貨 櫃 集 散 站 | | | (8)檢 驗 車 資 | | |
| (1)裝 卸 費 及 倉 租 | 53 | | (9)檢 疫 車 資 | | |
| (2)車 機 租 用 費 | | | (10)押 運 車 資 | | |
| (3)集 中 查 驗 費 用 | | | (11)文 件 寄 送 費 | | |
| (4)場 地 費 | | | (12)搬 運 工 資 | | |
| (5)拆 櫃 費 | | | 九、報 關 公 司 行 號 | | |
| 五、運 輸 公 司 | | | (1)報 單 鍵 輸 費 | 630 | |
| (1)輪 船 運 費 | 19,591 | | (2)文 件 繕 製 費 | | |
| (2)貨 櫃 CFS費 | | | (3)通 關 服 務 費 | | |
| (3)貨櫃延遲／滯留費 | | | (4)理 貨 服 務 費 | 2,520 | |
| (4)貨 櫃 吊 櫃 費 | | | (5)簽 押 服 務 費 | | |
| (5)航 空 運 費 | | | (6)報 驗 服 務 費 | | |
| (6)空 運 處 理 費 | | | (7)影 印 費 | | |
| (7)空 運 倉 租 | | | (8)其 他 服 務 費 | | |
| (8)拖 卡 車 運 費 | | | | | |
| (9)拆 櫃 費 | | | 合 計 金 額 | 23,517 | |
| (10)提 單 製 作 費 | | | 預 收 金 額 | | |
| | | | 應 收（退）金 額 | 23,517 | |

合計新台幣：　　　□　□　拾　萬　　　仟　伍　佰　壹　拾　柒　元整

# 出口貨物代收費用繳納證

1　此聯交繳款人收執

營利事業統一編號：22504363
貨物輸出人：UNITOP ELECTRONICS CO., LTD.　　　查驗　N

| 基隆關稅局 | 出口報單號碼/繳納證編號 AL/BE/89/X132/1463 | 收單日期 89/01/28 | 報關人箱號 204 |
|---|---|---|---|
| 核發機關 | 收款銀行戳記 | 離岸價格(新台幣：元) $188,496 | |

| 項　目 | 金額(新台幣：元) |
|---|---|
| 商港建設費 | $565 |
| 推廣貿易服務費 | $0 |
| 合　計 | $565 |

簽發日期 89/02/03　檢查碼 3403　銀行編號

其他事項　請於本證簽發之日起十四日內繳納，謝謝合作。（請詳閱背面注意事項）

銀行認證欄

00569

# 出口貨物代收費用繳納證

2　此聯由收款銀行存查

營利事業統一編號：22504363
貨物輸出人：UNITOP ELECTRONICS CO., LTD.　　　查驗　N

| 基隆關稅局 | 出口報單號碼/繳納證編號 AL/BE/89/X132/1463 | 收單日期 89/01/28 | 報關人箱號 204 |
|---|---|---|---|
| 核發機關 | 收款銀行戳記 | 離岸價格(新台幣：元) $188,496 | |

| 項　目 | 金額(新台幣：元) |
|---|---|
| 商港建設費 | $565 |
| 推廣貿易服務費 | $0 |
| 合　計 | $565 |

簽發日期 89/02/03　檢查碼 3403　銀行編號

其他事項

銀行認證欄

## Unit 2-15

# 進出口貨物通關作業

## 一 》出口貨物通關作業

### （一）報關（收單）

1. 出口報單共19種，須依出口貨物性質之不同，選填申報。

2. 輸出人得向T/V申請使用「防止冒用優良廠商報關查對系統」，以防止自己名義被他人利用從事走私行為。

3. 報關應檢附之文件：（請參閱附件2-27）

　(1) 貨物出口報單。

　(2) 裝貨單或運單（S/O）。

　(3) 裝箱單（P/L）。

　(4) 貨物進倉證明。

　(5) 輸出許可證。

　(6) 檢驗合格證。

　(7) 其他有關文件。

　　① 申請沖退原料進口稅者，應加附外銷品使用原料及其供應商資料清表。

　　② 同一報單如有數種不同貨品，應每種分別列報，但免許可證之貨品與應辦許可證之貨品，得以同一份報單申報。

③ 每份出口報單，不得將數張裝貨單／託運單合併申報。

④ 空運併裝出口貨物得以數份出口報單共附同一運單。

⑤ 通關自動化後，除電腦當機外，均免附裝貨單／託運單及貨物進倉證明。

⑥ 為便於電腦核銷，不得將數張輸出單證合併一份報單申請。

4. 報關時限：出口報單應於運輸工具結關或開駛前之規定時限內遞入海關。

⑴ 連線報單：均得以24小時隨時傳輸。

⑵ 未連線報單：應在「各地海關公告之上、下午辦公時間」內向海關投遞報單。

⑶ 已放行完畢辦理退關轉船之報單，由於貨物已進倉，如未移倉，經准予免驗者，由各通關單位視實際狀況，放寬收單時限。

⑷ 船舶已結關或船公司申請於結關日前發出「出口報單放行清表」訊息者，由電腦列為邏輯檢查項目，不再收單。

⑸ 臺北關稅局空運出口貨物收單時限：

08:30〜12:30，13:00〜17:00

上午收單、下午放行，下午收單至遲次一工作日放行（但週六下午收單加班至15:30，徵收規費）。

5. 通關方式：報關人傳輸報單訊息與倉儲業傳輸之貨物進倉訊息比對相符後，海關電腦之專家系統即予以核定通關方式。

$C_1$：免審免驗──由電腦自動放行，書面報單及其他有關文件正本自放行之日起，依報單號碼，逐案列管2年。

$C_2$：應審免驗──報關人應於翌日辦公時間內補送由電腦列印

之書面報單及其他有關簽審文件，送海關審核。

$C_3$：應審應驗──同上規定，而且要查驗貨物。

6. 復運出口通關作業：

(1) 外貨復運出口。

(2) 外銷品退回整修後，運出口：應申請查驗，並調復運進口報單核銷，俾便辦理退押或解除保證責任。

(3) 保稅工廠進口原料復運出口：應檢附原進口資料向海關申請查驗，於放行後並作出口報單副本送監管海關查核。

(4) 三角貿易轉口貨物退運出口：報關時，應進出口報單同時申報，於查驗無訛，進口先簽放後，再送出口放行，貨物並應由稽查單位押運或監視裝櫃（船、機）出口。

7. 其他特殊通關作業：

(1) 外貨復運出口：自國外輸入貨物，依關稅法規定復運出口須申請退稅或免納進口關稅者，除因特殊情形經申請核准者外，應由原進口口岸出口，其復運出口報單並應填明原進口報單號碼，以供海關查核。

(2) 運往國外修理、裝配之機械器具或加工貨品：於出口時應申請查驗，俾復運進口時便於核對，作為課徵關稅之依據。

## （二）分類估價

1. 離岸價格：以輸出許可證所列之離岸價格折算申報，免除輸出許可證者，以輸出口岸之實際價值申報（須檢附發票或其他價值證明文件）。

2. 稅則號別：準用海關進口稅則分類之規定。出口貨物不課徵關稅，但海關仍代徵「商港服務費」，算法詳見附錄2-11及「貿

易推廣服務費」，依FOB貨價的萬分之4.15徵收，不滿100元免收。

## （三）查驗方式

1. 免驗：又分法定免驗及核定免驗（詳閱下頁的註解）。
2. 查驗：
   ⑴ 抽驗報單：出口報單除免驗及規定應驗之報單外，均可參加抽驗。
   ⑵ 抽驗辦法：經完成收單程序之報單，即由電腦專家系統核定$C_1$、$C_2$、$C_3$種通關方式。

   $C_1$、$C_2$：屬抽中免驗；$C_3$：由電腦篩選應驗或抽中查驗。
   ⑶ 抽驗件數：以抽驗為原則，但必要時得全部開驗。
   ① 簡易查驗：就櫃（貨）抽驗一件核對相符即可，不作逐箱核對。
   ② 一般查驗：開驗箱數以5～10%為原則，但得視實際情況降低或提高開箱數。
   ③ 詳細查驗：對有詳細查驗必要或有具體密報者，以開驗50%以上為原則。
   ④ 查驗時間：出口貨物應於全部到齊後，海關方得開始查驗（於辦公時間內）。如申請於辦公時間外查驗，則徵收特別驗貨費，每一報單1,000元。
   ⑤ 報備規定：省略。
   ⑥ 取樣：以鑑定技術上認為必要的數量為限。
   ⑦ 違法情形：仿冒商標之處理（以光碟、CPU、手錶等較多）、贓車（名貴轎車及機車）偷運出口。

(4)放行：

貨物：通關自動化後，海關已不再放行裝貨單或託運單，倉儲業者憑海關之電腦放行訊息辦理貨物裝櫃、裝船（機）。

註1：進出口貨物免驗之相關規定

1. 進口貨物之免驗規定：

(1) 法定免驗：

① 總統、副總統應用之物品。

② 駐我國使領館外交官、領事官及其他享有外交或免稅特權待遇之機構與人員之公用或自用物品，經核准免稅放行者。

③ 其他經專案核准免驗物資。

(2) 核定免驗（得予免驗）：

① 凡包裝相同、重量劃一或散裝進口之大宗物資，經審核其提貨單、發票、輸入許可證等證件，認無異狀者。

② 笨重之機器及器材，其裝箱單列明之貨名、數量等經憑證件審核認無異狀者。

③ 軍政機關進口之器材物品。

④ 公營事業機構購運之進口器材。

⑤ 國內公私立著名大學購運進口之器材。

⑥ 私人餽贈之進口物品、郵包，數量零星者。

⑦ 靈柩或骨灰。

⑧ 信譽良好廠商（績優廠商）進口貨物。

以上貨物是否准予免驗，由海關權責人員核定。

2. 出口貨物免驗之規定：

(1) 法定免驗：

　　① 總統、副總統寄往國外物品。

　　② 駐在中華民國之各使領館外交官、領事官暨及其他享受
　　　 外交待遇之機關與人員寄往國外物品，經主管機關證明
　　　 者。

　　③ 軍援及經援物資因故復運出口者。

　　④ 其他專案核准免驗物資。

　　以上輸出物資，由電腦核列為$C_2$案件。

(2) 核定免驗（得予免驗）：

　　① 鮮果及蔬菜。

　　② 動物、植物苗及樹木。

　　③ 米、糖、化學肥料、煤、炭、木材、水泥、石灰、木漿
　　　 等包裝相同、重量劃一或散裝出口之大宗物資。

　　④ 軍政機關及公營事業輸出物品。

　　⑤ 不申請沖退稅之國貨，經報關人在報單上簽章證明者。

　　⑥ 危險品。

　　⑦ 靈柩或骨灰。

　　⑧ 信譽良好廠商之出口貨物。

　　以上貨品是否准予免驗，由海關權責人員核定。

註2：海關通關部分

1. Q：何種貨物／情況可能遭致特別處置？例如：取樣或開箱
　　　（櫃）查驗，發生此情況如何與海關查詢及溝通？

　 A：(1) 在報關前由機動隊自行檢視之貨櫃，因無報關行配合查
　　　　　 驗，其取樣、開驗甚至扣押，均須透過駐庫海關，由貨
　　　　　 櫃場配合查驗。

　　　　(2) 報關行投單後超過10日不申請派驗，或海關通知後仍不

撿單驗關，即由海關會同貨櫃場人員逕行開驗，貨主提領貨物時，須繳交所產生之相關費用。

2. Q：貨主應如何配合／注意以避免通關延誤或額外費用支出？

　A：(1) 若是$C_2$報單，貨主須注意產品型錄、產地證明、輸入許可證、檢驗（疫）合格證等文件是否齊備，以免遺漏而造成延遲提貨而多付Demurrage或倉租。

　　(2) 若是$C_3$報單，除須注意以上文件是否齊備外，還須注意貨櫃動態，避免貨櫃未進站前即撿單申請查驗，造成海關須兩次派驗，而有特別驗貨費之產生，造成不必要之浪費。

## 二　進口貨物通關作業

### （一）報關

1. 進口貨物報關期限：

　(1) 關稅法第5條：「進口貨物之申報自裝載貨物之運輸工具進口日起15日內，納稅義務人向海關申報；納稅義務人並得在貨物進口前，預先申報。」

　(2) 空運進口貨物之進口人可在航機抵達前預先連線報關，經海關電腦放行者，該批貨物免進倉上架，即可在拆盤提貨區提貨，享受快速通關之便利。

2. 逾期未報關貨物之處理：

　關稅法第48條：「進口貨物不依規定期限報關者，自報關期限屆滿之翌日起，按日加徵滯報費6元。前項滯報費徵滿30日仍不報關者，由海關將其貨物變賣。所得價款扣除應納關稅及必要費用外，如有餘款，由海關暫代保管；納稅義務人得於5年

內申請發還，逾期繳歸國庫。」

3. 運輸工具進口日：

⑴船運進口者：指船隻抵達本國口岸，向海關報到遞送進口艙單之日。

⑵指航空飛機抵達本國機場，關員登機收取進口艙單之日。

⑶轉運進口貨物報關期限之起算日，以原貨轉運至其目的地向海關遞送轉運申請書之日為準。

4. 報關文件（附件2-28）：

⑴貨物進口報單。

⑵提貨單（D/O）。

⑶發票（Invoice）。

⑷裝箱單（Packing List）。

⑸輸入許可證（I/P）。

⑹產地證明書。

⑺型錄、說明書、仿單或圖樣。

⑻海關受其他機關委託查驗放行時所憑之有關證件。

⑼其他經海關指定檢送之證件。

5. 通關方式：進口貨物報關資料，經電腦邏輯檢查通過者，由專家系統核定下列通關方式。

$C_1$：免審免驗——若屬免驗，報關即放行，3日內須補遞書面報單，目前以$C_1$方式通關者，已達70～80%。

$C_2$：應審免驗——應先遞送報單（收單），另加估價作業，無問題即放行，若估價員認為有疑慮，就打為$C_3$查驗（約占$C_2$中之10%）。

$C_3$：應審應驗——先驗後審，驗畢即交給估價員估價。

通關自動化實施以來，目前報單連線比率已達99%以上，以$C_1$方式通關者，僅15分鐘即可放行。

## （二）分類估價

1. 稅則分類：

　⑴從價徵收。

　⑵從量徵收。

2. 估價：

　⑴估價方式：

　　① 先放後核。

　　② 先核後放：估價員往往以較高之稅率估價，比較無責任。

　⑵完稅價格之核定順序及有關規定：

　　① 核定價順序：

　　　A. 從課徵之進口貨物，以其交易價格作為計算完稅價格之根據。

　　　B. 按該貨物出口時或出口日前、後30日內銷售至中華民國之同樣貨物之交易價格核定之。

　　　C. 按該貨物出口時或前、後30日內銷售至中華民國之類似貨物之交易價格核定之。

　　　D. 按國內銷售價格核定之。

　　　E. 按進口貨物之計算價格核定之。計算價格係指生產該進口貨物之成本及費用、正常利潤及運至輸入口岸之運費、裝卸費、搬運費及保險費。

　　② 交易價格：進口貨物由輸出國銷售至中華民國實付或應付之價格。

③ 進口貨物之交易價格有四種情事不得作為計算完稅價格
之依據。

異議：進口商對被核定之稅則號別、完稅價格或應補繳稅
款或特別關稅者，應於14日內以書面提出異議請求復查。

3. 匯率之計算：

⑴ 從價課稅之進口貨物，其外幣價格之折算，以當時外匯管
理機關公告或認可之外國貨幣價格為準。

⑵ 進口貨物之完稅價格依法換算為新臺幣，其匯率之適用以
報關日前一旬中間日（5、15或25日）為準。

## （三）查驗

1. 申請查驗時限：進口貨物應自報關日起10日內，申請海關查
驗。逾期海關得會同倉庫管理人逕行查驗；其搬移、拆包或開
箱暨恢復原狀等事項及所需費用，統由納稅義務人負擔，進口
貨物得視事實需要得以免驗。

2. 查驗方式：

⑴ 以抽驗為原則：必要時得全部開驗。

⑵ ① 簡易查驗：約占28%，以驗一件為原則，並針對所驗
（所見）該件貨物之現狀及事實作判斷、認定。

② 一般查驗：約占70%，開箱30件以內作查驗（由電腦指
定櫃號、貨物位置）。

③ 詳細查驗：約占2%，須開驗該貨物之50%以上（全來自
中國大陸、泰國或經密報有走私之嫌，貨品以農產品、
低價品、廢五金或N級廠商之進口物品為查驗重點）。
後送行李貨櫃須100%拆出查驗。

3. 取樣規定：以在鑑定技術上認為必要之數量為限。

4. 報備規定：進口貨物若有溢裝或與原申報不符，或夾雜其他物品，經收貨人或報關人依規定以書面並檢附國外發貨人證明文件向海關驗貨單位主管報備者，視同補報，免受海關緝私條例之處罰。

## （四）徵稅

1. 課徵方式：
   (1) 從量稅：單位完稅額×數量。
   (2) 從價稅：完稅價格×稅率（適用於一般進口貨）。
   (3) 複合稅：在同一稅號內，同時並列從價稅率及從量單位完稅稅額，擇其稅額較高者為準。

2. 其他由海關代徵之各種稅費及核計方式：
   (1) 商港服務費：詳見附錄2-11。
   (2) 貨物稅：（完稅價格＋關稅＋商建費）×貨物稅稅率。
   (3) 公賣利益：①洋酒。②洋菸。
   (4) 營業稅：（完稅價格＋關稅＋商服費＋貨物稅）×5%。
   (5) 推廣貿易服務費：完稅價格×0.0415%。

3. 徵收期限：關稅、滯納金或罰鍰，自確定之日起5年內，未經徵收者，不再徵收，但於5年期間屆滿前已移送法院強制執行未結案者，不在其限。

4. 繳稅期限：自海關填發稅款繳納證之日起14日內。

5. (1) 逾期未繳稅貨物之處理：自繳稅期限屆滿之翌日起，照欠繳稅額按日加徵滯納金萬分之五。
   (2) 貨物稅及營業稅滯納金：自繳稅期限屆滿之翌日起，每逾2日按滯納金加徵百分之一，逾30日仍未繳納者，移送法院強制執行。

6. 繳納方式：
　⑴應徵關稅進口貨物，應於繳納關稅後予以放行，但關稅法
　　另有規定或經海關核准已提供擔保者，應先予放行。
　⑵先稅後放：取得稅款繳納證或國庫存款書後至臺銀駐海關
　　收稅處繳現，或至銀行繳現，或至連線銀行臨櫃線上扣
　　繳，或以EDI線上扣繳後，貨物即予放行。
　⑶先放後稅：納稅義務人或報關業者向海關提供保證金給予
　　保證額度，其應繳稅額或保證金暫由該額度中扣除後，貨
　　物先予放行，俟納稅義務人繳現後，恢復其額度。

7. 關稅之減免：
　⑴關稅法第26條規定之免稅物品。
　⑵進口貨物發生短裝、短卸、損壞、變質、腐壞或退運出口
　　者，免徵其關稅。
　⑶進口貨物因損壞或規格、品質與原訂合約不符，由國外廠
　　賠償或調換者，該項賠償或調換進口之貨物，免徵關稅。
　⑷關稅法第30條規定進口之貨樣、展覽物品、工具、容器
　　等，於進口後6個月內復運出口者，免徵關稅。
　⑸關稅法第30條之1規定之物品於出口後1年內復運進口，免
　　徵關稅。
　⑹運往國外修理、裝配或加工之貨物復運進口者，從低以其
　　修理費、裝配費或加工增加之價值作為完稅價格。
　⑺整套機器設備拆散分裝分批報運進口，經海關核准者仍按
　　整套機器設備之稅則號別從低徵稅。

（五）放行

1. 不得進口貨物之處理：偽幣（鈔）、賭具、外國發行之彩券

（票）、傷風化之書刊畫片、侵害商標權、智慧財產權、著作權、不得輸入之中國大陸物品、禁止或管制輸入等以上物品不准進口。

以上不得進口之貨物，納稅義務人應在限期內辦理退運；如納稅義務人以書面聲明放棄或不在海關規定限期內辦理退運，海關得將其貨物變賣，所得價款於扣除應納關稅及必要費用後，如有餘額應繳歸國庫，如無法變賣而須銷毀時，由納稅義務人限期在海關監視下自行銷毀；逾期未銷毀，由海關逕行銷毀，其有關費用由繳稅義務人負擔，限期繳付海關。

2. 海關對於報備的規定：

(1)申報制度：「申報」是納稅義務人應盡的義務（關§5、§6），海關於接到申報文件（報單）時，始予辦理通關手續。而申報最重要的是要「誠實申報」（Honest Declaration），否則將會受到處罰（緝§37）。海關要判定是否「誠實」，有否「虛報」（False Declaration），以「傳輸之報單訊息」（連線者）或書面報單內容（未連線者）為準。

(2)及時報備可免受處罰：報關後，如發現進口貨物與原申報不符，或夾雜其他物品時，收貨人或報關人可用書面提出補充或更正，習稱為「報備」。報備一經海關核准，則報備內容與報單申報內容，具有同等效力。如經查驗結果，實到貨物與報備相符，可免受處罰。

(3)報備應具備之條件：

① 形式：以「書面」為限：並檢附國外發貨人證明文件。

② 受理者：海關驗貨單位主管或其上級主管。

## 進口通關流程圖示

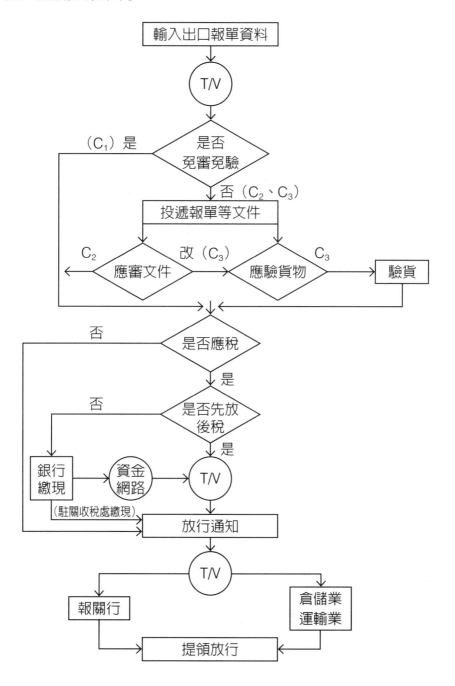

③時間：

　　A.參加抽驗報單，應於抽中查驗前為主。

　　B.參加抽驗經抽中免驗、申請免驗或其他原經核定為免驗之報單，應於海關簽擬變更為查驗前為之。

　　C.其他依規定應予查驗之報單，應於海關驗貨單位第一次派驗前為之。

(4)有下述況之一者，其報備無效：

①海關已發覺不符。

②海關已接獲走私密告。

③報備內容（貨名、規格、產地、數量、重量等）及理由未臻具體或實際到貨不符。

④報備不合規定程序者。

## 三 如何加速貨物通關及海關對加速貨物通關所採之制度

### （一）如何加速貨物通關

1. 進口貨物應課徵關稅及其他稅費，其通關作業流程較為複雜，欲加速通關，請注意下列各點：

(1)及早誠實報關。

(2)$C_3$案件貨主或報關行要及早申請查驗。

(3)有輸入規定之案件，及早申請簽審核准文件。

(4)收到稅單及早繳稅。

(5)非規定必驗案件，不要自行申請查驗。

(6)收到補辦通知，盡速配合辦理。

(7)已放行貨物，及早向貨棧提領。

(8) 如不知進口貨物之稅則，須先申請核列。

(9) 可依關稅法申請繳納保證金先驗放後稅。

(10) 即時繳清積欠海關之稅費。

2. 欲加速出口貨物通關，請注意下列各點：

(1) 及早誠實報關及進倉。

(2) 有輸出規定之案件及早申請簽審核准文件。

(3) 非規定必驗案件，不要自行申請查驗。

(4) 收到補辦通知盡速配合辦理。

(5) 即時繳清積欠海關之稅費。

## （二）加速貨物通關之制度

　　海關對加速貨物通關採取之措施不勝枚舉，茲列舉下列四種主要制度供參考。

1. 空運進口貨物預先清關：

　　經臺北關稅局核准實施預先清關之航空公司所裝載之空運貨物，可於裝載貨物之飛機起飛、航空公司傳送進口艙單後，向海關報關，配合使用先放後稅、彙總清關制度或即時繳納稅費，如屬$C_1$案件，貨物可於飛機抵達桃園國際機場前，完成通關放行手續，貨物運抵機場可不必進倉，立即提貨。詳細作業規定，請上網以「預先清關」全文檢索搜尋即可。

2. 先放後稅：

　　進口貨物應繳之關稅及保證金，得經海關核准以提供擔保，替代現金、保證金之繳納而先行驗放，擔保額度可由貨主或報關行自行依繳納稅款多寡決定，於額度內循環使用。詳細規定請上網參閱「進口貨物先放後稅實施辦法」。

3. 彙總清關：

經核准參與總清關之進出口廠商得享下列優惠：

⑴降低進出口貨物抽驗比率，加速通關時間且節省查驗費用。

⑵海關於每月初彙總核發前一月應繳納之進出口稅費繳納證，廠商不必逐筆繳納，簡化繳納手續且延後繳納稅費，降低營運成本。詳細申辦手續，請上網參閱「進出口貨物彙總清關作業要點」。

4. 稅則預先歸列：

進口人或其代理人可在貨物進口前，依規定格式填具申請書（可自關稅總局網站下載），檢附樣品、原廠型錄等資料，向各地區關稅局進口組（課）申請預先歸列稅則號別。

（註：海關指出，由於進出口報單CCC號列正確與否，會影響貨品分類或價格核估，不肖廠商進口貨品A的貨物卻填報B貨物的號列，就會產生漏稅或逃避管制情事。有些廠商被海關查獲，採取補正簽審文件或繳回已放行貨物，並繳清漏稅及罰鍰等補救作業，但海關每日簽審的進出口報單合計上千件，不可能每件都詳細過濾，不肖廠商容易闖關。海關表示只要貨物名稱申報無誤，很難認定業者有故意填報不實行為，海關只能針對未按件記載申報；包括規格、成分、廠牌、產地等，以致影響貨品分類或價格之重大案件，處以停止其報單7天以上至1個月以下期間參與抽驗或免驗。）

## 附件 2-27　個案委任書

茲委任　　　　　　　　報關行向　　　貴局辦理第　　　　　　號進、出口報單或轉運申請書所載貨物通關過程中依規定應為之各項手續，受任人對之均有為一切行為之權，並包括：簽認查驗結果、繳納稅費、提領進口貨物、捨棄、認諾、收受有關本批貨物之　　貴局一切通知與稅費繳納證等文件、領取本批貨物之貨樣，以及辦理出口貨物之退關、退關轉船、提領出倉等之特別委任權。


　　　　　此　　致

財政部　　　　　關稅局

　　　　委　任　人：　　　　　　　　　　　　　　簽章

　　　　委任人統一編號：
　　　　（船公司請填代號）

　　　　地　　　址：

　　　　負責人姓名：　　　　　　　　　　　　　　簽章

　　　　地　　　址：

　　　　─────────────────────

　　　　受　任　人：　　　　　　　　　　　　　　簽章

　　　　地　　　址：

　　　　箱　　　號：

　　　　負責人姓名：　　　　　　　　　　　　　　簽章

　　　　地　　　址：


中　華　民　國　　　　　　年　　　　　月　　　　　日

# 長期委任書

| 核准日期 | |
|---|---|
| 核准案號 | |

　茲委任　　報關行自　　年　　月　　日迄　　年　　月　　日止，爲本公司進口、出口、轉運（口）貨物向　貴局辦理通關過程中依規定應爲之各項手續，受任人對之均有爲一切行爲之權，並包括：簽認查驗結果、繳納稅費、提領進口貨物、捨棄、認諾、收受有關報關貨物之　貴局一切通知與稅費繳納證等文件、領取報關貨物貨樣，以及辦理出口貨物之退關、退關轉船、提領出倉等之特別委任權。委任人如嗣後擬對受任人之權限加以限制、撤回或予解除委任時，應先以書面通知　貴局，經　貴局同意後始發生效力，否則不得以其事項對抗　貴局。


此　　　　　致

財政部　　　關稅局
　委　任　人：　　　　　　　　　　　　　　　　　簽章
　委任人統一編號：
　（船公司請填代號）
　海關監督編號：
　地　　　址：
　負責人姓名：　　　　　　　　　　　　　　　　簽章
　地　　　址：
_____
　受　任　人：　　　　　　　　　　　　　　　　　簽章
　地　　　址：
　箱　　　號：
　負責人姓名：　　　　　　　　　　　　　　　　簽章
　地　　　址：

中　華　民　國　　　　　年　　　　　月　　　　　日

# 裝貨單

| Shipper |
| --- |
| A.D. MACHINERY CO., LTD. |

實立中文名稱：
FAX.NO.：
作業帳項註記：(若與SHPR相同則不必重列)

統一編號：

| Consignee |
| --- |
| TO ORDER |

FAX.NO.：

| Notify Party |
| --- |
| ZHANG KIG IMPORT AND EXPORT CO., LTD.<br><br>SHANGHAI NO.000 TANSHAN ROAD, SHANGHAI<br>5C0000 CHINA, TEL:86-21-35419888 |

FAX.NO.：

| Ocean Vessel "STAR RIVER V-0293N" | Voy.No. |
| --- | --- |

| Place of Receipt | Port of Loading<br>KEELUNG, TAIWAN |
| --- | --- |

| Port of Discharge<br>SHANGHAI CHINA | Place of Delivery | Final destination(for the Merchant reference) | BOOKING NO. |
| --- | --- | --- | --- |

**WAN HAI LINES LTD.**

(CONTAINER SERVICE)

## SHIPPING ORDER

COPY
FOR BOOKING OFFICE

Please receive for shipment the undermentioned Goods in apparent good order and condition, unless noted below, and sign the accompanying Dock Receipt for same.

| Marks & Numbers | Quantity | Description of Packages & Goods | G/N. Weight | Measurement |
| --- | --- | --- | --- | --- |
| 99IMZ-010<br>SHANGHAI CHINA<br>C/NO.1-117 | 117 CTNS<br>vvvvvvvv | 品名須詳實註明，如僅籠打 General Merchandise 恕難法受理。<br><br>AC SERVO MOTOR<br>L/C NO.H-28-R-65530<br>CONTRACT NO.:99IMZ-010<br>"FREIGHT PREPAID"<br><br>SAY TOTAL ONE HUNDRED SEVENTEEN (117) CTNS ONLY | 2,816.07 KGS<br>vvvvvvvvvvvvv | 250 |

□整櫃請詳註明。
□櫃號須知，送關時須必在明材積。
□另 尺寸註明須填 3 つかも 各可收。
待來 SIZE 貨物請先吉知本公司。

櫃型/櫃數：

□ 普通櫃 ：____ × 20' /____ × 40'

□ 冷凍櫃 ：____ × 20' /____ × 40'

□ HQ ：____ × 40'

□ SOC ：____ × 20' ____ × 40'

□ 其他特殊櫃 ：____
SERVICE REQUIRED
須須註明運送方式

1. □ FCL/FCL 整櫃貨/整櫃貨
2. □ FCL/LCL 整櫃貨/併櫃貨
3. □ LCL/FCL 併櫃貨/整櫃貨
4. □ LCL/LCL 併櫃貨/併櫃貨

Place of receiving B(s) L
領提單處
□ 台北 □ 台中 □ 高雄

萬海航運股份有限公司

□PREPAID 預付　□COLLECT 到付

請注意　化學品之併裝貨一概不收，
不論具危險性或非危險性。

Particulars Furnished By Shipper of Goods

| Item No. | Rate | . Remark |
| --- | --- | --- |
| | | |

Checker

語音代碼：□□□□□ ✱

| NAME OF CUSTOMS BROKER | S/O NO. 0001 |
| --- | --- |
| 報關行 ： | |
| 電 話 ： | B/L NO. |
| FAX NO. | |

＊S/O之內容如有變更請逕洽出，在裝關日前量須先洽場至送請地期期。

基隆請關：萬海台北總公司　FAX NO. (02)5216060,5216024
台中請關：興泰代行　FAX NO. (04)6562071,6562069

# 商業發票

# INVOICE

| BUYER'S NAME & ADDRESS: | INVOICE DATE: | JUN. 22 1999 |
|---|---|---|
| ▓▓▓▓▓ (H.K.) LTD. | INVOICE NUMBER: | 88060087 |
| ▓▓▓▓, ▓▓▓, NEW TREND CENTRE, 504 PRINCE EDWARD ROAD EAST, KOWLOON  HONG KONG | L/C NO.  H-28-R-65530 | |
| | CONTRACT NO. | THE CHINA STATE BANK LTD., HONG KONG BRANCH |
| | MARKS & NOS: | |
| PORT OF DEPARTURE & DESTINATION: PER S.S. "STAR RIVER V-0293N" FROM: KEELUNG, TAIWAN TO:  SHANGHAI CHINA | AS BELOW | |

| TERMS OF DELIVERY & PAYMENT: C.I.F.SHANGHAI, CHINA | TOTAL PACKAGES: |
|---|---|
| F:　　USD800.00<br>I:　　USD200.00 | 117 CTNS<br>vvvvvvvv |

| ITEM / DESCRIPTION OF GOODS & SPECIFICATION / BRAND | C. C. C. CODE | QUANTITY /UNIT | UNIT PRICE | AMOUNT |
|---|---|---|---|---|
| | | | CIF | |
| 1  AC SERVO MOTOR: 3 PHASE 220V 60HZ HVP-58N-3-50-1 WITH 550W 3000 RPM W/OPERATION BOX C-10, WITH SYNCHRONIZE. | | 100 SETS | @ USD43.00 | USD4,300.00 |
| BRAND: "HO HSING" 2  WITH ROOT LIFTER PF-96 BRAND:       " | 8501.51.90.00-7<br>8452.90.00.00-8 | 100 SETS | @ USD6.00 | USD600.00 |
| | | 200 SETS<br>vvvvvvvv | | USD40,100.00<br>vvvvvvvvvvvv |

SAY TOTAL U.S. DOLLARS FORTY THOUSAND ONE HUNDRED ONLY.
99IMZ-010
SHANGHAI CHINA
C/NO.1-117

# 裝箱單

## PACKING / WEIGHT LIST

No. 88060087                                           Date:    JUN. 22 199

**PACKING LIST** of     AC SERVO MOTOR                 Marks & Nos:

For account and risk of Messrs. ▉▉▉▉▉ (H.K.) LTD.      99INZ-010
                                                       SHANGHAI CHINA
  RM 0-G, 24/F, NEW TREND CENTRE, 504 PRINCE EDWARD ROAD EAST, KOWLOON   C/NO.1-117
  HONG KONG

Shipped by    ▉▉. MACHINERY CO., LTD.

Per S. S.    "STAR RIVER V-0293N"

sailing on or about     JUN. 23 1999

From    KEELUNG, TAIWAN    to    SHANGHAI CHINA

| Packing No. | Description | Quantity | Net Weight | Gross Weight | Measurement |
|---|---|---|---|---|---|
| 1-100 | AC SERVO MOTOR: 3 PHASE 220V 60HZ HVP-58N-3-50-1 WITH 550W 3000 RPM W/OPERATION BOX C-10, WITH SYNCHRONIZE. | @  1 SETS 100 SETS | @ 21.00 KGS 2,100.00 KGS | @ ▉▉.00 KGS 2,300.00 KGS | |
| 101-116 | WITH ROOT LIFTER PF-96 | @  6 SETS 96 SETS | @ 29.00 KGS 464.00 KGS | @ ▉▉.00 KGS 496.00 KGS | |
| 117 | '' | 4 SETS | 19.33 KGS | ▉▉.00 KGS | |
| TOTAL: 117 CTNS vvvvvvvv | | 200 SETS vvvvvvvv | 2,583.33 KGS vvvvvvvvvv | 2,816.00 KGS vvvvvvvvvv | |

  SAY TOTAL ONE HUNDRED SEVENTEEN (117) CTNS ONLY.

  BY STANDARD EXPORT CARTON PACKING.
  CONTRACT NO.99INZ-010    L/C NO.H-28-R-65530

## 出口報單

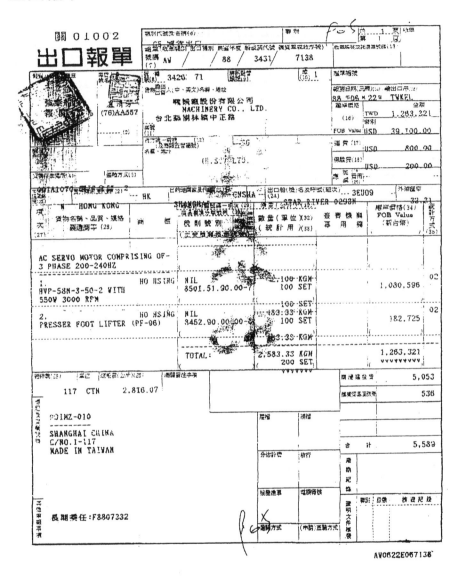

## 附件 2-28　進口報單

進口報單

| 關 01001 進口報單 | 編別代號及名稱(7) G1 外貨進口 | | | 聯別 | 共 2 頁 收單 第 1 頁 |
|---|---|---|---|---|---|
| | 報單(收單關別) 轉自關別 民國年度 船或關代號 結關收單序號 號碼 AW / 91 / 0948 / 0068 (8) | | | 處單號碼 | |

| 報關人名稱、簽章 | 專責人員 姓名、簽章 | 統一編 97387660 (9) | 海關通關 (10) | 處 1 (11) | 進口日期(民國)(16) 91年03月03日 | 申報日期(民國)(17) 91年03月06日 |
|---|---|---|---|---|---|---|
| 強泰船務 報關行 | 虞清芳 (76)AA557 | 納稅義務人(中、英文)名稱、地址 延廣有限公司 YENN KWANG CO., LTD. 桃園縣平鎮市合作街27巷1號1樓 TEL: 03-428-0880 [關敏玲] | | | 匯率(價格)(18) 稅別 金額 FOB Value USD 6,935.00 | |
| .085 (1) (2) | | 索號 (12) 特 (13) N | | | 運費 (19) USD 300.00 | |
| 標單號碼(3) 0352401343 / | | 賣方國別代碼、統一 TH JPILCY 編號、海關監管編號 名稱 柳 INTERNATIONAL CO LTD | | | 保險費 (20) USD 32.56 加 費用 (21) NIL 減 費用 (22) NIL | |
| 貨物存放處所(4) 001A1070 環球貨櫃 2 | 運輸方式(5) THZZZ | | | | 起岸價格(23) USD 7,267.56 | |
| 起運口岸及代碼(6) LAEM CHABANG | | 進口船(機)名及呼號(班次)(15) WAN HAI 222 N092 | | S8SJ | CIF Value TWD 255,382 | |
| | | | | | 輸出口日期(民國)(21) 外幣匯率 91年02月24日 35.14 | |

| 項 次(1) | 貨物名稱、牌名、規格等(28) | 生產國別(29) | 輸入許可證號碼-項次(30) 商品標準分類號列(31) 稅則號別 統計號別 檢查號碼 (主管機關指定代碼) | 輸出入 規定 檢查 負記 | 條件-報價 淨重(公斤)(32) 數量(單位)(34) (完稅用)(35) | 完稅價格(36) | 價格 數量(36) | 進口 稅率 (37) 從價 從量 (37) | 稅 則 附 註 |
|---|---|---|---|---|---|---|---|---|---|
| 1. | THAILAND TH MAMA BRAND INSTANT NOODLES TOM YUM SHRIMP FLAVOUR (180X60 G) | | NIL 1902.30.10.00-9 8.5 H11 | | FOB USD 3,240KGM 300CTN ( ) | | 93,905 | 22% 31 | |
| 2. | THAILAND TH MAMA BRAND INSTANT NOODLES (180X60 G) | | NIL 1902.30.10.00-9 8.5 H11 | | FOB USD 1,080KGM 100CTN ( ) | | 31,301 | 22% 31 | |
| 3. | THAILAND TH MAMA BRAND INSTANT NOODLES NAM TOK FLAVOUR (180X60 G) | | NIL 1902.30.10.00-9 8.5 H11 | | FOB USD 1,080KGM 100CTN ( ) | | 31,301 | 22% 31 | |
| 4. | THAILAND TH MAMA BRAND INSTANT NOODLES TOM YUM FLAVOUR (180X60 G) | | NIL 1902.30.10.00-9 8.5 H11 | | FOB USD 1,080KGM 100CTN ( ) | | 31,301 | 22% 31 | |

| 總件數(25) 進位 總毛重(公斤)(26) 800 CTN 10,720.00 | 標誌及貨櫃號碼 | | | 進口稅 | 55,742 |
|---|---|---|---|---|---|
| YKC KEELUNG WHLU5055964 4500 FCL/FCL | | 收單建檔補檔 核發稅費 | 關港建設費 推廣貿易 服務費 營業稅 | 105 15,558 | |
| | | 分估計稅類檔 稅款登錄 | | | |
| | | 分估複核 放行 | 稅費合計 | 71,403 | |
| 基件月 23.5KG | | | 營業稅基 | 311,124 | |
| 長期委任:91/1/1-91/12/31 | | 通關方式 (申請)審驗方式 | 滯納金 | | |

I910306E06

# 報驗費明細通知單

編　　號：JK806966　通知日期：88/12/15

統一編號：84209334　進口商：■■■有限公司

地　　址：桃園縣平鎮市合作街■■■1樓

海關掛號：／　／　碼　頭：長春　船名：WAN HAI 223
速食麵

件　　數：9批　貨　名：WAI WAI BRAND INSTANT NOODLE SOUR SOUP FLAVOUR

商　　標：AE　887137 00760001

| 代付檢驗費 | 619.00 | 消毒手續費 | |
|---|---|---|---|
| 代付旅費 | 500.00 | 營業稅 | 135.00 |
| 代付加班費 | | 樣品送檢運費 | |
| 代付購買合格標籤成本 | | | |
| 報驗手續費 | 1,300.00 | | |
| 開箱工資 | 300.00 | | |
| 代付車馬費 | 300.00 | | |
| 吊　櫃 | | | |
| 移動工資 | 1,100.00 | | |
| 代付管理費 | | | |
| 代付搬運費 | | | |
| 代付消毒費 | | | |
| 代付(更改)工本費 | 90.00 | | |
| 代付款 | | | |
| 合　計 | 4,344.00 | | |

共計新台幣：　肆仟參佰肆拾肆元

# 電子統一發票

長春貨櫃儲運股份有限公司　88.

**Express Container Terminal Corp.**

電子計算機統一發票

中華民國　年　月　日

| 買受人註記欄 | | |
|---|---|---|
| 區　分 | 進貨及費用 | 固定資產 |
| 得扣抵 | | |
| 不得扣抵 | | |

買受人：　　　　　　　　　　　　　　發票號碼：
統一編號：　　　　　　　　　　　　　檢查號碼：
地　址：

第二聯：扣抵聯　（買受人為非營業人者本聯作廢）

| 品　　名 | 數量 | 單價 | 金額 | 備　註 |
|---|---|---|---|---|
| EDI費用 | 1 | 50 | 50 | |
| 吊櫃費 | 2 | 548 | 1,096 | |
| 集中查驗費 | 1 | 1,884 | 1,884 | |
| 集中查驗拆櫃費 | 1 | 5,000 | 5,000 | |

| 銷　售　額　合　計 | | | | 8,030 | 統一發票專用章 |
|---|---|---|---|---|---|
| 營業稅 | 應稅 | 零稅率 | 免稅 | 402 | |
| 總　　　計 | | | | 8,432 | |

總計新台幣（中文大寫）：　千　百　拾　萬　8仟　4佰　3拾　2元整

註：1.本發票係基隆市稅捐處84年12月26日84基稅七分一字第13353號函核准使用
　　2.本發票凡經塗改即屬無效

※更正發票請於收到發票後五日內辦理，逾期恕不受理。

長春貨櫃儲運股份有限公司
統一發票專用章
統一編號
00655979
負責人：陳清治
TEL:24515253
基隆市七堵區明德三路96號

## 標準局收據

0035894

統一編號：84209334
繳款人：YAN FA SHIEN CO.,LTD.

經濟部標準檢驗局基隆分局

自行收納款項統一收據

中華民國 88 年 12 月 07 日 檢台 (88) 基字第 062395 號

第一聯 收據：交繳款人收執

| 收入科目及代號 | 報驗申請書字號 | 報驗品名 | 費率 | 結匯總價（新台幣） | 金　額 | 備註 |
|---|---|---|---|---|---|---|
| 2110 農產及加工品檢驗收入 | 20208126971 | KOKA BRAND BEAN | | 24,330 | 36.00 | |
| 3110 標識收入 | | ND TOM YUM | | | 500.00 | |
| 合計： | | | | | 536.00 | |

金額（大寫）合計：新台幣 零拾零萬零仟伍佰參拾陸元零角零分正

機關長官　主辦會計　主辦出納　主辦經手人

88.08.60 稿

## 標準局優惠產證收據

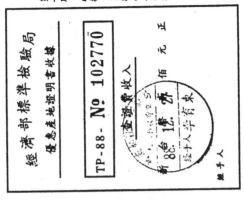

證　明　單

玆因大使館不予開立收據給 貴公司，故由本行代墊大使館領事簽證費新台幣 萬 仟 佰 拾 元正及代辦費用參佰元整。此致

股份有限公司
有限公司

簽章：豐懋行
地址：台北市中山北路二段二七巷一七號三〇八室
電話：5628863・5811462

中華民國　　　年　　　月　　　日

## 海關進出口貨物稅費繳納證 兼匯款申請書

關5110

**AE**

| | | | |
|---|---|---|---|
| | | 繳款截止日期 | 88/12/29 |
| | | 稅單號碼 | AEI11187129078 |
| | | 統一編號 | 84209334 |

| 納稅義務人 或貨物輸出(出售)人 | SHIEN CO., LTD. | | | | 稅費項目 | 金額(新台幣:元) |
|---|---|---|---|---|---|---|
| 進出口別(I/E) I | 貨物進口日期 88/12/07 | 出口收單日期 | 船(機)名及呼號(班次) S6SH | | 進口稅 | $78,573 |
| 報關行箱號 085 | 提裝貨單號碼 LCKEC010 2J | | 報單號碼 AE/ /88/7137/0076 | | 商港建設費 | $827 |
| 應否查驗 Y | 出口貨物離岸價格(新台幣:元) | | 貨名 19023000109 | | 推廣貿易服務費 | $117 |
| 件數 743CTN | 列印者代號 2476 | | 核發機關 | | | |
| | 1.扣繳未成 2.申請繳現 | 填發日期 88/12/15 | | | | |
| 2 | 3.先放後稅擔保額度不足 4.申請EDI線上扣繳 | 填發關員 2476 | | | 稅費合計 | $79,517 |
| | | | | | 營業稅稅基 | $355,215 |

利用通匯辦理繳款者請填列:
解款行:關貿網路 戶名:基隆關稅局經收稅款戶 地址:基隆市六堵工業區工建北路26號基隆關稅局六堵分局
代 號:9950016 帳號:00000000000114 電話:(02) 24518111

收款銀行戳記

銀行代號

## 萬海航運公司收據

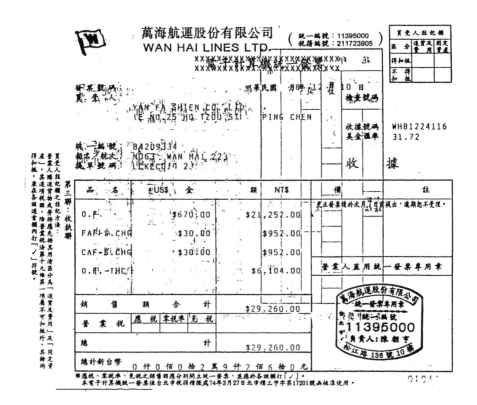

# 船務報關行
## 收費通知單

帳單編號：188120064E06

| 隆昇 | | 台鑒 | | 日 期：88 年 12 月 23 日 |

| 進 出 口 商 | | | | |
|---|---|---|---|---|
| B/L S/O NO. | LCKECO10 21 | 貨 | WAI WAI BRAND INSTANT NOODLE | |
| 報 關 日 期 | 88/12/06 | 名 | SOUR SOUP FLAVOUR (180X60G) | |
| 船 名 | WAN HAI 223 | | | |
| 進 出 口 岸 | LAEM CHABANG | | | |
| 倉 位 | 長春貨櫃貨運股份有限公司 | 備 | CFS : | 0.000 |
| 報 單 號 碼 | AE/ /88/7137/0076 | | 20'CY : | 0 |
| 件 數 | 743 CTN | 註 | 40'CY : | 1 |
| 重 量 | 9364.20 KGM | | | |

| 費 用 名 稱 | 摘 要 | 金 額 | 費 用 名 稱 | 摘 要 | 金 額 |
|---|---|---|---|---|---|
| 關 稅 | | 79,517 | 檢／報驗費等 | | 1,344 |
| 貨 物 稅 | | | 進出倉工資 | | 5,000 |
| 商港建設費 | | | 夜間加班費 | | |
| 關稅滯報費 | | | R.S.D.及櫃租 | | |
| 封 條 費 | | | 倉租重件加成 | | |
| 海關監視費 | | | 托卡車運費 | | |
| 海關押運費 | | | 扞樣／翻倉工資 | | |
| 海關特驗費 | | | 拆（裝）櫃費 | | |
| 進出口證明書費 | | | 堆高機費用 | | |
| 進出口副報單費 | | | 影印（刻印）雜費 | | |
| 輪船吊櫃費 | | | 貨櫃場鏟輪費 | | |
| 手 續 費 | | 315 | 集中查驗吊櫃費 | | 8,432 |
| 船公司運費 | | 29,260 | 保留櫃費用 | | |
| 簽證押匯費 | | | 船邊工資 | | |
| 過磅／快遞費 | | | 送文件車資 | | |
| 理 單 工 資 | | 450 | 貨櫃延滯費 | | |
| 加 裝 費 | | | 報關手續費 | | 1,000 |
| 理 貨 工 資 | | 400 | 營 業 稅 | | |
| 押 運 車 資 | | | 海關鏟輪費 | | 200 |
| 服 務 車 資 | | | 暫 押 款 | | |
| 一、本通知單只供核對數目之用，統一發票及收據另開。 | | | 合 計 | | 128,918 |
| 二、附送各項單據折償收，嗣後如發生遺失等情事，敝公 | | | 預 收 款 | | 124,093 |
| 　　司概不負責。 | | | 應收（退）金額 | | 4,825 |

合計：新台幣　　　佰　　拾　　萬　肆仟　捌　佰　貳　拾伍　　元整

# Unit 2-16

# 附錄

## 附錄 2-1 國際商品統一分類制度（H. S.）解釋準則

國際商品統一分類制度貨品之分類，應依下列原則辦理：

準則一

類、章及分章之標題，僅爲便於查考而設；其分類之核定，應依照各節所列之名稱及有關類或章註爲之，此等節或註內未另行規定者，依照後列各準則規定辦理。

準則二

（甲）某節中所列任何一種貨品，應包括該項貨品之不完整或未完成者在內，惟此類不完整或未完成之貨品，進口時需已具有完整或完成貨品之主要特性。該節亦應包括該完成之貨品（或由於本準則而被列爲完整或完成者），而於進口時未組合或經拆散者。

（乙）某節中所列之任何材料或物質，應包括是項材料或物質與其他材料或物質之混合物或合成物在內。其所稱以某種材料或物質構成之貨品，則應包括由全部或部分是項材料或物質構成者在內。凡貨品由超過一種以上之材料或物質構成者，其分類應依照準則三各款原則辦理。

## 準則三

　　貨品因適用準則二（乙）或因其他原因而表面上可歸列於兩個以上之節時，其分類應依照下列規定辦理：

　　（甲）節所列之具有特殊性者較僅具一般性者為優先適用。當有兩個以上之節，而每節僅列有混合物或組成品所含材料或物質之一部分，或各僅列有供組合成套出售貨物所含零件之一部分，則前述之各節對該等貨品可認為係具有同等之特殊性，縱使其中之一節較他節所載者，更為完備或精確。

　　（乙）由不同材料或零件組成之混合物、組成物及供組合成套出售之貨物，其不能依準則三（甲）歸類者，在本準則可適用之範圍內，應按照實質上構該項貨品主要特徵所用之材料或成分分類。

　　（丙）當貨品不能依準則三（甲）或三（乙）分類時，應歸入可予考慮之節次中，擇其位列最後出現之節為準。

## 準則四

　　貨品未能依前述準則列入任何節者，應適用其性質類似之貨品所屬之節。

## 準則五

　　除前述各準則外，下列規定應適用於各所規範之物品。

　　（甲）照相機盒、樂器盒、槍盒、製圖工具盒、項鍊盒及類似容器，具特殊形狀或適於容納特定或成套之物品，適於長期使用與所裝物品同時進口者，如其於正常情況下係與所裝物品同時出售，則應與該物品歸列同一節下。惟此規定不適用於其本身已構成整件貨品主要特質之容器。

　　（乙）基於準則五（甲）之規定，包裝材料與包裝容器與所包裝之物品同時進口者，如其於正常情況下係用以包裝該物品，則應與所包裝之物品歸列同一節下。惟此項規定不適用於顯然可重複使用之包裝材料或包裝容器。

## 準則六

　　基於合法之目的，某一節之目下物品之分類，應依照該目及相關目註規定，惟該等規定之適用僅止於相同層次目之比較。為本準則之適用，除非另有規定，相關類及章之註釋亦可引用。

## 附錄 2-2 　海關提取樣品準則

（一）條件限制

1. 為鑑定進口貨物之品質、等級，供稅則分類。（Tarff Classification）或估價（Valuation）之參考。

2. 以在鑑定技術上認為必要之數量為限（通常以足夠供三次化驗之用）。

3. 供上述以外之用途者，如送鑑定是否為中國大陸地區物品；送國貿局查告所屬之CCC號列，以判定與原核准進口者是否相符。

（二）海關應開具貨樣收據（零星貨樣可免開具）。

（三）海關自取樣之日起保留二個月，期滿發還。如為生鮮之動植物產品、海產品或其他易腐物品或因貨主急需使用而請求提前發還者，海關得視情形，縮短保留期限，並逐案通知報關人限期領回。

（四）屆滿保留期限之貨樣，海關定期公告，限期（一個月）領回，逾期由海關處理（銷毀或拍賣）。

（五）未結案件，應作專案保管；非經解除，其樣品不得領回，海關亦不得處理。

1. 分為定期保管與不定期保管兩種。

2. 應通知報關行。

（六）進出口貨物有下列情形一者，得免取樣：（查則§52）

1. 附有型錄、圖樣、說明書或仿單者，如機器、科學儀器、化學產品以及西藥等，可憑上述文件辦理分類估價而無疑義者。

2. 世界名廠產品，進口時經驗明確未經改裝，並有原廠之簽封及商標標明名稱與所報相符者。

3. 通常習見或同一公司經常進出口之貨品，可憑以往紀錄辦理分類及估價者。

4. 單件貨物、體積大，或重量甚大、不易移動者。

5. 出口貨物經驗明與所報名稱、規格等相符者。

（七）海關因化驗、鑑定而破壞之樣品，免徵關稅。

## 附錄 2-3　海關對進口貨物生產國別之認定依據

（一）依關稅法第11條之1規定：海關對進口貨物原產地之認
　　　定，應依原產地認定標準辦理，必要時得請納稅義務人提
　　　供產地證明文件。

（二）「進口貨品原產地認定標準」（台財關第831661798號
令）。

1. 進口貨品原產地認定基準，除其他法令另有規定者外，依本標
　　準之規定辦理。

2. 進口貨品以下列國家或地區為其原產地：

　　⑴進行「完全生產」貨品之國家或地區。

　　⑵貨品之加工、製造或原材料涉及二個或二個以上國家或地
　　　區者，以使該項貨品產生「最終實質轉型」之國家或地
　　　區。

3. 前條第⑴款所稱「完全生產貨品」如下：

　　⑴自一國或地區內挖掘出之礦產品。

　　⑵在一國或地區內收割或採集之植物產品。

　　⑶在一國或地區內出生及養殖之活動物。

　　⑷自一國或地區內活動物取得之產品。

　　⑸在一國或地區內狩獵或漁撈取得之產品。

　　⑹由在一國或地區註冊登記之船舶自海洋所獲取之漁獵物及
　　　其他產品或以其為材料產製之產品。

　　⑺自一國或地區之領海外具有開採權之海洋土壤或下層土挖
　　　掘出之產品。

　　⑻在一國或地區內所收集且僅適用原料回收之使用過之物品
　　　或製造過程中所產生贓餘物、廢料。

⑼ 在一國或地區內取材自第⑴款至第⑻款生產之物品。

4. 進口貨品除特定貨品原產地認定基準由經濟部及財政部視貨品特性另行訂定公告外，其「實質轉型」指下列情形：

⑴ 原材料經加工或製造後所產生之貨品與原材料歸屬之「海關進口稅則前六位碼號列相異」者。

⑵ 貨品之加工或製造雖未造成前款稅則號列改變，但「已完成重要製程」或「附加價值率」（VAR）超過百分三十五以上者。

5. 前項第⑵款「附加價值率」之計算公式如下：

$$VAR＝（A－B）÷A$$

〔註：「A」為貨品出口價值（F.O.B.），「B」為直、間接進口原材料及零件價格（C.I.F）。〕

6. 僅從事下列之作業者，「不得認定為實質轉型」作業：

⑴ 運送或儲存期間所必要之保存作業。

⑵ 貨品為上市或裝運所為之分類、分級、分裝與包裝等作業。

⑶ 貨品之組合或混合作業，未使組合後或混合後之貨品與被組合或混合貨品之特性造成重大差異。

⑷ 簡單之裝配作業。

⑸ 簡單之稀釋作業未改變其性者。

7. 進口貨品原產地由進口地關稅局認定，認定有疑義時，由進口地關稅局報請財政部關稅總局會同有關機關及學者專家會商。

8. 利用中國大陸地區原材料至第三地加工為成品後報運輸入我國，其原產地之認定，應依「進口貨品原產地認定標準」辦理。（台財關第841028600號函）

（三）依（74）台普徵字第2632號函規定：

1. 「貨品本身」或「外包裝」標明者，則逕依標示認定之。

2. 整體機器有使用別國生產之零配件者，以該機器之「裝配國」為生產國。

3. 進口貨品未標明產地者，以「輸出口岸」或就有關文件查明認定之。認定不易者，得請納稅義務人提供產地證明書。

4. 進口貨物包裝上若發現有中國大陸產製標誌，應依第十七項所述方式處理。

5. 廠商進口紙盒、紙標籤、型錄、塑膠帶、金屬製名牌等，其上印有國外製造國別（包括「國外製造廠商」）字樣之案件，如持有國外授權文件者，即可由海關放行後副知國貿局。〔貿（76）一發字第31613號函；台財關第761062352號函〕

## 附錄 2-4 經濟部對進口貨物產地標示處理規定

依據「進口貨品產地標示不實案件處理原則」規定〔貿(82)一發字第06709號公告〕：廠商進口貨品，不得有產地標示不實情事，進口「貨品本身」或其「內外包裝」上如標示不實製造產地，或標示其他文字、圖案，有使人誤認其產地之虞者，依下列處理原則辦理（如國內法另有有關標示之規定者，仍應遵照國內法規定辦理）：

進口外國貨品（含出口原料委外加工復運進口貨品；但空包裝容器或吊牌、標籤等標示物除外）：標示不實製造產地（如 Made in Taiwan，R.O.C.，國內廠商製造或有製造字樣之類似文字，或原產地以外國家或地區製造之字樣）或標示其他文字（如 Taiwan、Taipei，國內廠商名址或原產地以外國名、地名、廠商名址等）、圖案，有使人誤認其產地之虞者，不准通關放行，「應予退運」，並由國貿局議處。

## 附錄 2-5　進口廠商分類標準及處理程序

### （一）分類標準

1. 進口廠商有下列情形之一者，列爲B類廠商：

   (1) 與國外賣方（或供應商）間具有特殊關係者。

   (2) 與國內買受者間具有特殊關係者。

2. 進出口廠商如有下列情形一者，列爲C類廠商（總局84/04/17 台總局徵字第84101652函）。

   (1) 因違反海關緝私條例規定，受貨物沒入或罰鍰處分確定者，其沒入貨物之進口完稅價格或出口離岸價格與罰鍰單計或合計超過新臺幣五萬元，且該單計或合計金額逾整份報單之完稅價格或離岸價格百分之十者，其列爲C類廠商之期間如左：

   ① 沒入貨物完稅價格或離岸價格與罰鍰單計或合計超過新臺幣五十萬元者，期間爲一年。但信譽良好廠商，核其情節非企圖逃漏稅款或逃避管制且爲初犯者，不在此限。

   ② 沒入貨物之完稅價格或離岸價格與罰鍰單計或合計爲新臺幣五十萬元以下者，期間爲半年。信譽良好廠商及經濟核定爲大貿易商者，不在此限。

   (2) 欠繳進口稅款，經移送法院強制執行者。

   (3) 稅捐稽徵機關通報擅自歇業或他遷不明者。

   (4) 情治機關通報爲不良廠商者，期間爲一年。但經查明其列爲不良廠商之原因並不確實或業已不存在者，不在此限。

   (5) 按申報地址查無該廠商或他遷不明者。

⑹虛報貨名或提供不實產地證明文件違反有關法令規章者，期間四個月。惟同時涉及前述列為C類廠第1項規定者，應改按該項規定辦理。

⑺欠繳貨價或其他無法依海關執行追繳欠稅及罰鍰注意事項規定執行追繳款之款項，於確定後經催繳仍未繳納或未繳清者。

3. 進口廠商設立未滿一年，或經設立取得進出口實績滿一年後，其任何前一年進出口實績總額從未達二十萬美元者，列為N類廠商。（高危險群廠商）

4. 其餘廠商為A類廠商（共分$A_1$、$A_2$、$A_3$、$A_4$、$A_5$五級）。

## （二）B類、C類廠商進口案件之處理

1. 因違反海關緝私條例規定而列為C類廠商者，各關稅局應於處分確定時即時通報驗估處；欠繳關稅，經移送法院強制執行者，各關稅局應於移送法院強制執行之同時，將移送書副本抄驗估處；欠稅廠商經查確無財產可供強制執行者，各關稅局應即時通報驗估處；違反海關緝私條例規定又欠繳關稅經移送法院強制執行者，應併案將降列原因分別列明通知該處辦理；擅自歇業或他遷不明、註（撤）銷登記、歇（停）業、解散、虛設行號之廠商，由稅捐機關、經濟部國際貿易局或其他政府機關通報該處辦理。

2. 列為B類或C類進口廠商應由驗估處分別建檔，供各關稅局查詢。

## 附錄 2-6　各式40呎貨櫃的規格、尺寸、重量

# ___Specifications of Containers___

### 40' Steel Dry Cargo Container 四十呎鋼製乾貨貨櫃
● Used for all kinds of general cargo.

| Exterior | | | Interior | | | Weight | | | Door Opening | |
|---|---|---|---|---|---|---|---|---|---|---|
| Length | Width | Height | Length | Width | Height | MGW | TARE | NET | WIDTH | HEIGHT |
| 40'0" | 8'0" | 8'6" | 39'5¾" | 7'8⅝" | 7'9⅞" | 67,200lb | 8,690lb | 58,510lb | 7'—8⅛" | 7'—5" |
| 12.19m | 2.44m | 2.59m | 12.03m | 2.35m | 2.38m | 30,480kg | 3,940kg | 26,540kg | 2.340m | 2.261m |

### 40' Full Height Open Top Container 四十呎全高開頂貨櫃
● Suitable for sensitive cargos which require top loading, such as sheet glass, timber, and machinery.

| Exterior | | | Interior | | | Weight | | | Door Opening | |
|---|---|---|---|---|---|---|---|---|---|---|
| Length | Width | Height | Length | Width | H eight | MGW | TARE | NET | WIDTH | HEIGHT |
| 40'0" | 8'0" | 8'8" | 39'5¾" | 7'8½" | 7'8⅛" | 67,200lb | 9,040lb | 58,160lb | 7'—8⅛" | 7'—5" |
| 12.19m | 2.44m | 2.59m | 12.03m | 2.35m | 2.33m | 30,480kg | 4,100kg | 26,380kg | 2.340m | 2.260m |

### 40' Half Height Open Top Container 四十呎半高開頂貨櫃
● Used for dense cargoes such as ingots, metal waste, steel rods, copper bar, marble, stone and heavy drums.

| Exterior | | | Interior | | | Weight | | | Door Opening | |
|---|---|---|---|---|---|---|---|---|---|---|
| Length | Width | Height | Length | Width | Height | MGW | TARE | NET | WIDTH | HEIGHT |
| 40'0" | 8'0" | 4'3" | 39'5¼" | 7'8" | 3'1½" | 67,200lb | 9,072lb | 58,128lb | 7'—6" | 2'—11⅛" |
| 12.19m | 2.43m | 1.29m | 12.02m | 2.33m | 0.94m | 30,480kg | 4,118kg | 26,362kg | 2.286m | 0.899m |

### 40' Aluminum Dry Cargo Container 四十呎鋁製乾貨貨櫃
● Used for all kinds of general cargo.

| Exterior | | | Interior | | | Weight | | | Door Opening | |
|---|---|---|---|---|---|---|---|---|---|---|
| Length | Width | Height | Length | Width | Height | MGW | TARE | NET | WIDTH | HEIGHT |
| 40'0" | 8'0" | 8'6" | 39'6²⁄₆" | 7'8½" | 7'10" | 67,200lb | 6,425lb | 60,755lb | 7'—6⅛" | 7'—6⅛" |
| 12.19m | 2.43m | 2.59m | 12.06m | 2.35m | 2.38m | 30,480kg | 2,914kg | 27,568kg | 2.290m | 2.290m |

### 40' Universal Collapsible Flat Rack Container 四十呎床式、平台兩用貨櫃
● For the carriage of oversized, awkward and heavy cargos.

| Exterior | | | Interior | | | Weight | | | |
|---|---|---|---|---|---|---|---|---|---|
| Length | Width | Height | Length | Width | Height | MGW | TARE | NET | |
| 40'0" | 8'0" | 8'6" | 38'5⅛" | 7'1⅝" | 6'6⅛" | 99,212lb | 10,042lb | 89,170lb | (Not Applicable) |
| 12.19m | 2.44m | 2.59m | 11.71m | 2.18m | 1.98m | 45,000kg | 4,555kg | 40,445kg | |

### 40' Platform Container 四十呎平台式貨櫃
● For carrying machinery, other oversized, awkward and heavy cargoes.

| Exterior | | | Interior | | | Weight | | | |
|---|---|---|---|---|---|---|---|---|---|
| Length | Width | Height | Length | Width | Height | MGW | TARE | NET | |
| 40'0" | 8'0" | 1'10" | — | — | — | 67,200lb | 10,340lb | 56,860lb | (Not Applicable) |
| 12.19m | 2.43m | 0.55m | — | — | — | 30,480kg | 4,690kg | 25,790kg | |

### 40' Hi-Cube Steel Dry Cargo Container 四十呎超高鋼製乾貨貨櫃
● Used for all kinds of general cargo.

| Exterior | | | Interior | | | Weight | | | Door Opening | |
|---|---|---|---|---|---|---|---|---|---|---|
| Length | Width | Height | Length | Width | Height | MGW | TARE | NET | WIDTH | HEIGHT |
| 40'0" | 8'0" | 9'6" | 39'5⁷⁄₁₂" | 7'8¹²⁄₃₂" | 8'9¹³⁄₁₆" | 67,200lb | 9,172lb | 58,028lb | 7'—8¼" | 8'—5¾" |
| 12.19m | 2.44m | 2.90m | 12.03m | 2.35m | 2.69m | 30,480kg | 4,160kg | 26,320kg | 2.343m | 2.585m |

# 各式20呎貨櫃的規格、尺寸、重量

## 40' Hi-Cube Hanger Container 四十呎超高成衣櫃

● Used for all kinds of garment.

| | Exterior | | | Interior | | | Weight | | | Door Opening | |
|---|---|---|---|---|---|---|---|---|---|---|---|
| | Length | Width | Height | Length | Width | Height | MGW | TARE | NET | WIDTH | HEIGHT |
| | 40'0" | 8'0" | 9'6" | 39'5⅝" | 7'8½" | 8'9⁵⁄₁₆" | 67,200lb | 10,406lb | 56,794lb | 7'—8¼" | 8'—5¾" |
| | 12.19m | 2.44m | 2.90m | 12.03m | 2.35m | 2.69m | 30,480kg | 4,720kg | 25,760kg | 2.343m | 2.585m |

## 20' Steel Dry Cargo Container 二十呎鋼製乾貨貨櫃

● Used for all kinds of general cargo.

| | Exterior | | | Interior | | | Weight | | | Door Opening | |
|---|---|---|---|---|---|---|---|---|---|---|---|
| | Length | Width | Height | Length | Width | Height | MGW | TARE | NET | WIDTH | HEIGHT |
| | 19'10½" | 8'0" | 8'6" | 19'4¼" | 7'8½" | 7'9⅛" | 52,910lb | 5,120lb | 47,790lb | 7'—8" | 7'—5½" |
| | 6.06m | 2.44m | 2.59m | 5.90m | 2.35m | 2.39m | 24,000kg | 2,320kg | 21,680kg | 2.337m | 2.273m |

## 20' Full Height Open Top Container 二十呎全高開頂貨櫃

● Suitable for sensitive cargoes which require top loading, such as sheet glass, timber and machinery.

| | Exterior | | | Interior | | | Weight | | | Door Opening | |
|---|---|---|---|---|---|---|---|---|---|---|---|
| | Length | Width | Height | Length | Width | Height | MGW | TARE | NET | WIDTH | HEIGHT |
| | 19'10½" | 8'0" | 8'6" | 19'4¼" | 7'8½" | 7'8⅛" | 44,800lb | 4,850lb | 39,950lb | 7'—7¼" | 7'—5⅛" |
| | 6.05m | 2.43m | 2.59m | 5.90m | 2.35m | 2.34m | 20,320kg | 2,200kg | 18,120kg | 2.330m | 2.263m |

## 20' Half Height Open Top Container 二十呎半高開頂貨櫃

● Used for dense cargoes such as ingots, metal waste, steel rods, copper bar, marble, stone and heavy drums.

| | Exterior | | | Interior | | | Weight | | | Door Opening | |
|---|---|---|---|---|---|---|---|---|---|---|---|
| | Length | Width | Height | Length | Width | Height | MGW | TARE | NET | WIDTH | HEIGHT |
| | 19'10½" | 8'0" | 4'3" | 19'4" | 7'8" | 3'1½" | 44,800lb | 4,190lb | 40,610lb | 7'—6" | 2'—11⅛" |
| | 6.05m | 2.43m | 1.29m | 5.89m | 2.33m | 0.94m | 20,320kg | 1,900kg | 18,420kg | 2.286m | 0.899m |

## 20' Flat Bed with Collapsible End Container 二十呎摺疊床式貨櫃

● For the carriage of oversized, awkward and heavy cargoes.

| | Exterior | | | Interior | | | Weight | | | |
|---|---|---|---|---|---|---|---|---|---|---|
| | Length | Width | Height | Length | Width | Height | MGW | TARE | NET | |
| | 19'10½" | 8'0" | 8'6" | 19'4½" | 7'1⅛" | 7'8" | 44,800lb | 6,516lb | 38,284lb | (Not Applicable) |
| | 6.05m | 2.43m | 2.59m | 5.90m | 2.18m | 2.32m | 20,320kg | 2,956kg | 17,364kg | |

## 20' Stakbed Container 二十呎床式、平台兩用貨櫃

● For a. With end frames raised, a Stakbed unit is converted into a flatrack container, capable of loading machinery, steel pipes, electric wires, marble and vehicles.
  b. With end frames lowered, a Stakbed container becomes a platform container for loading cargoes such as bulky machinery and factory equipment, which are too high or wide for normal loading.

| | Exterior | | | Interior | | | Weight | | | |
|---|---|---|---|---|---|---|---|---|---|---|
| | Length | Width | Height | Length | Width | Height | MGW | TARE | NET | |
| | 19'10½" | 8'0" | 8'6" | 19'4¹⁵⁄₁₆" | 7'2⁹⁄₁₆" | 6'10¹⁄₁₆" | 44,800lb | 6,007lb | 38,793lb | (Not Applicable) |
| | 6.05m | 2.43m | 2.59m | 5.91m | 2.19m | 2.08m | 20,320kg | 2,725kg | 17,595kg | |

⁜ The above listed are the dimensions in general. The specification for containers of same type varys a little bit beacuse they are built by different manufacturers. Please contact our offices or agents for finding exact sizes.

## 附錄 2-7-1　臺灣內陸櫃場介紹

### （一）內陸櫃場設立之緣起

　　早在50年前，基隆港腹地狹小，岸邊之貨櫃碼頭無法容納日益增加之進出口貨櫃量，政府遂陸續開放由基隆往南直到新竹間內陸貨櫃場之設立，以抒解港口內之作業壓力；所以說內陸櫃場是港口貨櫃碼頭之延伸，同時也是為船公司服務，所以亦即是船公司之下游行業。

### （二）內陸櫃場之全盛期

　　1965至1975年正值臺灣出口貿易全盛時期，碰到船公司大結關日，所有貨櫃場外之拖車、卡車大排長龍，在所謂的一年兩度趕Quota貨時（6月底及12月底）更是綿延數公里，有的甚至排到高速公路上，而貨櫃場更是漏夜加班收貨、裝櫃，倉庫收不下貨時，就暫時放在雨庇下。

### （三）內陸櫃場之漸趨沒落

1. 然而風水輪流轉，在「臺商」陸續外移中國大陸及東南亞，臺灣外銷出口持續萎縮後（1992年進出口貿易更是呈現負成長），曾幾何時，上述榮景已不復見，回顧過去令人不勝噓唏！
2. 在歐美航線各大船公司陸續在高雄港長期租用「專用碼頭」改靠高雄一港後，基隆港貨櫃碼頭之生意就顯得格外清淡，只有少數近洋航線小船靠泊，造成基隆港之營運每況愈下，與昔日相比有天壤之別。

### （四）內陸櫃場圖存應變之道

1. 將海關聯鎖倉庫改為「保稅倉庫」進儲洋菸酒等高價品。

2. 改爲一般倉庫，作爲「物流、發貨中心」。

3. 將倉庫出租。

4. 結束營業，將整個櫃場申請變更地目，改建爲住宅區（如昔之世界貨櫃場）、大型購物中心或大型休閒中心。

## （五）臺灣內陸櫃場之分布〔以下共 19 家（23 站）〕

1. 北部：尚志、中央、中華、台陽、長春、環球、東亞、長榮（汐止場）、中國、新隆（南港場）、長榮（桃園場）、貿聯、怡聯、新隆（楊梅場）、東海（東亞楊梅場）、大三鴻。

2. 中部：長榮（臺中場）

3. 南部：友聯、高鳳、亞太、臺灣。

## （六）內陸櫃場之服務對象（附錄 2-7-2）

1. 船公司。

2. 貨物承攬業（Freight Forwarder）。

3. 進出口商。

4. 報關行。

5. 海關。

6. 拖運業。

## （七）內陸櫃場之服務項目

1. 貨櫃進出控管及吊卸作業（CY）。

2. 出口倉儲及查驗作業（CFS）。

3. 進口倉儲及查驗作業（CFS）：含保稅倉庫作業。

4. 貨櫃修洗翻新作業。

5. 物流中心倉儲作業。

## 附錄 2-7-2　服務對象與服務項目 （Parties & Items Served）

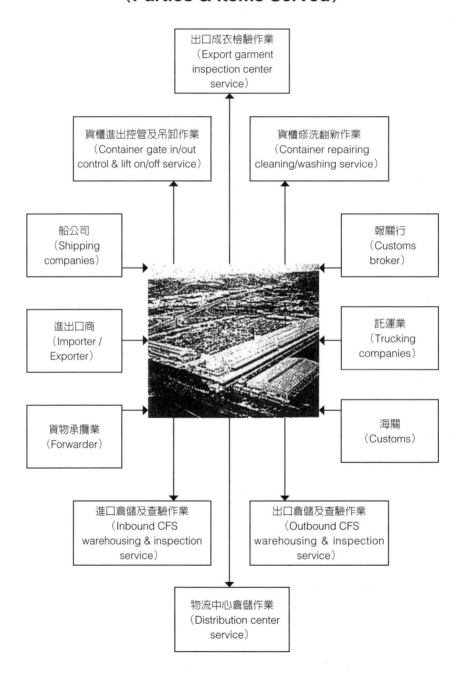

出口成衣檢驗作業
（Export garment
inspection center
service）

貨櫃進出控管及吊卸作業
（Container gate in/out
control & lift on/off service）

貨櫃修洗翻新作業
（Container repairing
cleaning/washing service）

船公司
（Shipping
companies）

報關行
（Customs
broker）

進出口商
（Importer /
Exporter）

託運業
（Trucking
companies）

貨物承攬業
（Forwarder）

海關
（Customs）

進口倉儲及查驗作業
（Inbound CFS
warehousing & inspection
service）

出口倉儲及查驗作業
（Outbound CFS
warehousing & inspection
service）

物流中心倉儲作業
（Distribution center
service）

## 附錄 2-8　貨櫃場專用術語解釋

1. EIR：Equipment Interchange Receipt（貨櫃交接驗收單）。
   是貨櫃集散站（場）與貨主、船公司間對貨櫃櫃況責任歸屬、
   劃分之有力單據，上面記載有貨櫃之：日期、櫃號、Size、空
   ／重櫃、進／出口船名航次、裝／卸港口或貨櫃場、櫃況、拖
   車司機簽名、集散站（場）管制室人員簽名……等。

2. EDI：Electronic Data Interchange（電子資訊交換）。
   即透過電腦連線達到資訊、文書互相交換，資源共享之目的。
   在海關大力推動「海運貨物通關自動化」下，目前所有內陸櫃
   場均透過「關貿網路公司」與海關（正式之名稱為關稅局）、
   船公司、報關行等電腦連線作業，已達到快速通關、作業無紙
   化和效率提升等之目標。

3. Lift On ／ Lift Off（貨櫃吊上／吊下）。
   Lift On：吊上──把空／重櫃吊上拖車板架。
   Lift Off：吊下、卸下──把空重櫃從拖車板架卸到地上。
   貨櫃場憑Lift On ／ Off動作數之多寡向船公司收取費用，該費
   用為貨櫃場之主要收入來源之一，一般均按所訂定之合約費率
   核收。

4. CLL：Container Loading List（裝櫃明細清單）。
   出口CFS貨物在裝完櫃後，貨櫃場均會製造一套裝櫃明細清單
   給船公司及裝貨港碼頭，憑以裝船及製造B/L（提單）。
   CLL上面記載之資料如下：船名、航次、貨櫃號碼、貨櫃
   Size、裝貨港（Loading Port）、卸貨港（Discharge Port）、最
   後目的地（Place of Delivery）、件數、材積數、貨物／櫃重
   量、Service Type（CY或CFS）、封條號碼……等。

5. Demurrage（貨櫃滯留費）。

⑴進口重櫃：滯留在貨櫃場內不提領，船公司向進口廠商所收取之費用，一般都有免租期（Free Time）。

⑵出口重櫃：出口CY重櫃在交進貨櫃場後，因故未能出口滯留在櫃場內，船公司向出口廠商所收取之費用，一般亦有免租期。

6. Detention（貨櫃延滯費）。

⑴進口廠商在提領進口CY重櫃回工廠拆櫃後，遲遲未在免租期（FreeTime）內將空櫃交回貨櫃場時，船公司向進口商所收取之費用。

⑵出口廠商提領空櫃至工廠裝貨，因故無法於免租期內將重櫃或空櫃（如不出貨時）交回貨櫃場時，船公司向出口廠商所收取之費用。

7. Trade Van（貿易加值網路）。

Van：Value Added Network（加值網路）之縮寫。

Trade Van又稱「關貿網路」，其前身為「海關通關自動化小組」，屬民營機構；目前與其連線者有船公司、港務局、貨櫃場、報關行、銀行、海關……等，但貨主尚未連線。

8. THC：Terminal Handling Charge。

即貨櫃場吊櫃（作業）費，一般在提單（B/L）上是以下列方式表示：

⑴FCL/Receiving Charge（FCL/RC）：在收貨地（港）所發生而向出口廠商（貨主）收取。

⑵FCL/Destination Deliver Charge（FCL/DDC）。

⑶或FCL/Deliver Charge（FCL/DC）。

在卸貨港（目的地）所發生而向進口廠商（Consignee）收取。

9.  BAF：Bunker Adjust Factor（燃料附加費）。

10.  CAF：Currency Adjust Factor（美金貶值附加費）。

11.  KDC：Keelung Delink Charge。

在北部內陸貨櫃場結關後由船公司安排拖到高雄裝船出口CY櫃，船公司向Shipper收取每櫃US300之KDC（視情況調整金額）。

12.  Arbitrary Charge（TCG/KSG）。

在臺中碼頭及內陸櫃場結關後由船公司安排拖到高雄裝船出口CY櫃，船公司向Shipper收取每櫃US200之A.C.（視情況調整金額）。

## 附錄 2-9 貨櫃場計費單

EVERGREEN CONTAINER TERMINAL CORPORATION

### 計 費 單

桃園場 ☑
沙止場 ☐
台中場 ☐

| 船 名 | RIGT | 收款項目 | CYOI | 編 號 | 20586 |
| 航 次 | 0777RE-041 | 結單號碼 | | 日 期 | 1999/12/20 09:56 |
| 提單號碼 | EISU530900191868 | 退倉日期 | | 倉庫儲位 | |

| 件數 | | 櫃數 40'/20' | 0/ 0 | 重量 | | 公斤 | 材積 | | 3.000 CBM |
| 重件 | | 噸以上 | 件共 | R/T | | | 備 | 註 |

嘜 頭                     EMCU3003952

| 出倉期限 | | | 存倉天數 | | 貨主 | 宏可引 | 報關行 | 大通 |

| 費 別 | 天數小計 | 數量 | 單價 | 小 計 | 收費櫃號 | 櫃別 | DM天數 | | | 提櫃日 | 文櫃日 | DT天數 | | |
|---|---|---|---|---|---|---|---|---|---|---|---|---|---|---|
| | | | | | | | 1期 | 2期 | 3期 | | | 1期 | 2期 | 3期 |
| LOLO | | 2 | 548 | 1,096 | | | | | | | | | | |
| MOVE | | 2 | 394 | 788 | | | | | | | | | | |
| SHFT | | 3 | 140 | 420 | | | | | | | | | | |
| STUF | | 3 | 140 | 420 | | | | | | | | | | |
| EDIY | | 1 | 50 | 50 | | | | | | | | | | |

| 合 計 | 2,774 | 總 | | 2,913 元正 | 免費期:(DM)場內 |
| 營業稅 | 139 | 計 | | | (DT)場外 |

簽
收

上記(押款加數結清)無誤
貨物包裝完整加數提清
(簽結人)
提貨人:_____
報關行
車行車號:_____      日期:_____

覆
核

計
費

收款項目

| MORG 提櫃押款 | CYAS CY申拆 |
| CYOI 集中查驗 | OTHR 其他 |
| ACAD 預收款 | EDI 傳輸費 |
| CFS 倉庫提貨 | |
| CFSX 補收倉租 | |

| LOLO 吊櫃費 | RUB 生膠加底 |
| MOVE 移櫃費 | WET 過磅 |
| SHFT 翻倉費 | INSP 披查費 |
| STUF 裝卸費 | SHRG 固定費 |
| STGW 倉租 | PACK 打裝包 |
| OVER 重件加成 | PALT 堆疊 |
| 8FT 超長加成 | FORK 堆高機車 |
| LSN 救援加成 | TRUK 裝卸車 |
| POWR 供電費 | REPR 修櫃費 |

| SEAL 封條費 | CLEN 洗櫃費 |
| EDIY CY傳輸費 | DGPR 危檢操作 |
| EDIF CFS傳輸費 | PLUG 插拔電費 |
| PTI 機電抽查 | |

DM 貨櫃延滯費
DT 貨櫃使用費  (費用=天數小計×單價)
例:DM12即DM第1期全部20呎櫃之費用
DT24即DT第2期全部40呎櫃之費用

## 附錄 2-10  各船公司高雄港結關碼頭

第一貨櫃中心（#40～#43）  屬中島支關

    #40～41  無Gantry crane只能靠泊自備吊桿貨櫃船

    #42～43  公用碼頭


第二貨櫃中心 （#63～#66）  屬前鎮支關

    #63～64  萬海 （Wan Hai）

    #65～66  OOCL


第三貨櫃中心（#68～#70）  屬前鎮支關

    #68～69  APL/NOL

    #70  YML


第四貨櫃中心（#115～#121）  屬中興支關

    #115～117  Evergreen

    #118～119  Maersk/Sealand

    #120  OOCL

    #121  NYK


第五貨櫃中心（#75～#81）  屬前鎮支關

    #75  Hyundai

    #76～77  Maersk

    #78  Hanjin

    #79～81  Evergreen

## 附錄 2-11　商港服務費收取保管及運用辦法

第六條　國際航線貨物商港服務費，其收費項目分為散雜貨、整櫃貨、併櫃貨三項。

散雜貨、整櫃貨均依附表之規定，收取其貨物商港服務費。

併櫃貨貨物港服務費，依該貨櫃內不同貨物之計費噸數量，以每噸新臺幣八十元分別計收。但每一筆報單應繳金額不足新臺幣一百元者，不予計收。

第十五條　本辦法自中華民九十一年一月一日施行。

### 散雜貨、整櫃貨之貨物商港服務費收費等級費率表

單位：新臺幣元

| 項次 | 貨品名稱 | 費率等級 | 散雜貨每計費噸費率 | 整櫃貨 20呎以下 | 整櫃貨 20呎以上 |
|---|---|---|---|---|---|
| 1 | 米、麥、麥片、麵粉、麩皮、米糠、豆、豆粉、玉米、澱粉、豆餅、花生、花生餅、菜籽、棉籽、茶餅、飼料、漁粉、瓜子、胡桃、芝麻、糖、鹽、工業鹽、廢料及廢品柴薪、木片、空油桶、廢膠及其製成品、硫磺、石墨、磚、瓦、土製品、石製品、石棉及其製品、焦炭柏油紙漿 | 1 | 7 | 274 | 547 |
| 2 | 廢料及廢品（屬棉、麻、毛、絲、皮、人造纖維）、棉及其製品、麻及其製品、毛髮及其製品、豬鬃及其製品、草及其製品、廢金屬及廢品、鋼鐵及其製品、化學肥料、柏油紙及其製品、蔬菜、鮮果 | 2 | 13 | 547 | 1,094 |
| 3 | 不屬第1、2等級貨類者，皆列為第3等級 | 3 | 19 | 684 | 1,368 |

PART 3

# 三角貿易

　　作者因工作關係，經常往來兩岸三地，對中國大陸的貨物進出口運送及報關作業，本來就有相當的瞭解，又獲上海一級貨代海程邦達國際貨運代理公司總經理周菁女士全力支持，把她20年來在中國大陸工作的經驗及蒐集的資料，合力編著成一篇有關中國大陸進出口貨物運送及報關實務方面，最完整、最專業的文章，堪稱「中國大陸船務工作完全通」。藉由此文，讀者將能在很短的時間內學到專業的知識及訣竅，進而在處理工作上更順手、更有效率，這也是作者下筆的心願及期望。

　　實務的工具書不容易寫，尤其是有關中國大陸方面，因為政策及法令隨時空變化，時有更動，不過讀者還是可以得到一般全盤的了解。本書所引述的文件及數據僅供參考及方便作者舉例說明，實務上基於市場供需情形及淡旺季報價，價格是沒有固定的，每家運送業者及報關行會針對個別廠商作不同的報價。

　　作者雖然使盡全力將30年來的工作經驗及專業知識毫不保留地公開，希望此書能對讀者有所助益。但因內容涵蓋面很廣，包括海空貨運進出口、報關及三角貿易涉及的單據等，疏漏之處恐難避免，祈請同業先進及讀者朋友不吝指正，俾便日後再版時的修正參考。

（註：由於2020年爆發新冠肺炎以來，世界主要港口都有塞港情況，導致運費大漲。本書中的數據僅為方便作者說明而已，請讀者知悉。）

# Unit 3-1
# 中國大陸進出口相關的專有名詞及術語解釋

本書內容涉及企業在中國大陸設立工廠之後，很多相關的活動；從引進機器設備、辦理合同登記備案、原物料進口、製成品出口、合同核銷、直到退稅單據核退下來。這些流程中（如下圖示），有許多專有名詞對臺商來講並不熟悉，讀者如能先瞭解這些名詞的意思，對閱讀本書將會事半功倍。

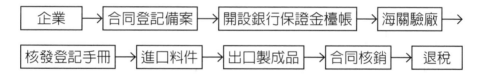

企業 → 合同登記備案 → 開設銀行保證金檯帳 → 海關驗廠 →
核發登記手冊 → 進口料件 → 出口製成品 → 合同核銷 → 退稅

## 一　加工貿易

在中國大陸設立的加工企業（包括外貿公司、外商投資企業、國有企業、集體或民營企業等），從國外保稅進口料件，加工裝配後將製成品運送出口，這種經營方式稱為加工貿易。主要包括來料加工、來件裝配及進料加工，這跟「一般貿易」的方式是不同的，一般貿易進出口的商品是要繳交關稅、進口增值稅等稅款。

（註：臺商在中國大陸設廠，百分之九十以上都是從事加工貿易。）

## 二 ▶ 三來一補

　　「三來一補」是指來料加工、來件裝配、來樣生產及中小型補償貿易四種加工貿易形式的總稱，說明如下：

### （一）來料加工、來件裝配

　　這種加工貿易業務是一種國際間的勞務合作，它是由外商（包括外商、港、臺、僑商等統稱外商）提供全部或部分原材料、輔助材料、包裝物、生產設備或原配件、零配件、裝配線等，由中國大陸企業按照合同（協議）要求的質量、規格、款式和商標進行加工、裝配，製成品按合同約定運交客戶，中國大陸企業只收取加工費。

### （二）來樣生產

　　是指外商提供產品樣板、款式、花色、規格等，由中國大陸企業根據對方要求，用自己的原材料生產產品供應給外商，中國大陸企業按合同規定的價格收取價款。

### （三）補償貿易

　　這是一種以信貸為基礎，以產品補償形式為特徵的貿易形式，這種形式的主要內容是；外商向中國大陸企業提供設備、物資、技術、勞務、專利，項目實現或投產後的經營權和所有權歸中國大陸，中國大陸以有關項目的產品、勞動來抵償外商的貸款和利息。

　　中小型補償貿易，主要是指國家重點的大型補償貿易項目以外的一般輕紡產品、機電產品、地方中小型礦產品和某些實副產品，由外商提供技術、設備和必要的材料，由中國大陸企業進行

生產，然後用生產的產品償還。

　　按規定，中小型補償貿易，原則上應是生產什麼產品，就償還什麼產品，不能隨意以其他產品替代。

## 三〉 進料加工

　　有以下二種形式：

### （一）進料加工對口合同

　　是指買賣雙方分別簽訂進（出）口對口合同，料件進口時，中國大陸企業先付料件款，加工成品出口時，再向國外對方收取出口成品款的交易形式。企業辦理海關合同備案時，其生產的成品、數量及銷售流向已確定，因買賣雙方事先已談好。

（註：外商的母公司與在中國大陸的子公司，大都從事進料對口合同以利節稅及把外匯保留在境外。）

### （二）進料加工非對口合同

　　亦稱「備料加工」，是指中國大陸外貿經營企業動用外匯購買進口料件，加工做成製品後再返銷出口的交易方式。在辦理海關合同備案時，其生產的成品、數量及銷售流向均未確定，因國外買主尚未確定。

## 四〉 協議書（請參閱Unit 3-22附錄3-1）

　　所謂協議書是指中國大陸的外貿公司、工貿（集團）公司、國有企業、外商投資企業和經批准從事來料加工的集體或私營企業，以上任何一方與外國商人（包括香港、臺灣、華僑等統稱外商）簽訂的正式協議書，又稱合同；臺灣則稱合約。

主要的協議內容有：加工項目、投資金額、計畫年加工量、協議期限、結算方式、投資方式等（此處所稱的合同，請勿與貨物進出口時，向海關備案的「合同」混淆）。

批文是指上述協議書經過主管機關的審核，發給企業的批准文件，簡稱批文，又稱為協議備案證明書（請參閱附錄3-12-6）。

## 五〉合同登記備案

經營加工貿易的企業，不論是從事來料加工或進料加工，在進口料件前，一定要把跟國外商人所簽訂的來料加工裝配合同或進料加工的貿易合同（Sales Contract及Purchase Contract），向企業所在地的外經貿主管部門報批，批准之後再到主管海關辦理備案手續，此謂合同登記備案。

## 六〉合同

全名為「企業加工合同備案表」。這可說是企業（工廠）的生產計畫書，根據與國外客戶簽訂的來料加工裝配合同或進料加工的貿易合同，匯總起來預估在某一期間（如半年或1年）將生產的產品、成品數量及金額，以及要達到此生產數量必須購買的原料或配件的數量及金額。

（註：有些大企業生產的產品項目或性質差異大，一張貿易合同的數量及金額大的話，也可以單張合同備案。）

這些貿易合同要先呈給當地政府主管外商企業的「對外經濟貿易局或委員會」審批，一般來說，1、2天就可批下來，然後再拿到主管的海關，依海關要求的格式把合同的基本情況打列上去，即為「企業加工合同備案表」（如附件3-1），簡稱合同。

　　以上這個過程叫作合同登記備案，由於主管海關是實際控管合同的機關，因此企業在首次申請合同備案時或海關認為有必要時，會到工廠去查看生產設備、倉庫、工商營業執照中的資本額、經營範圍等，以評估企業的生產能力是否能執行備案的合同。

　　一般合同的有效期限，依企業備案的合同出口數量大小有所不同，有1年的也有半年的，如附件3-1的合同期限為1年（錄入日期2001年7月2日，這也是申請日期，有效期限到2002年6月30日止）。

## 七〉登記手冊

　　登記手冊是指外貿公司、工貿公司和生產單位在進行來料加工或進料加工前，要將對外簽訂的正式貿易合同副本，審批機關所發的合同備案批准文件，送交所在地海關，由主管海關核發「對外商投資企業履行產品出口合同所需進口料件加工復出口登記手冊」或「加工裝配和中小型補償貿易進出口貨物登記手冊」，簡稱「登記手冊」（如附件3-2-1），2008年起通稱「加工貿易登記手冊」。

　　沒有辦理登記手冊的單位，其進出口貨物海關不予放行。廠商要在登記手冊上填寫合同基本情況，而且每次有貨物要進、出口時，須分別填寫「進口料件登記表」或「出口成品登記表」以供海關審查。

　　由於外商投資企業進口的原物料、零配件大都是申請保稅進口的，為了防止非法流入內銷逃漏關稅、增值稅，中國大陸的海關使用此手冊來控管這些屬於海關監管的貨物，規定廠商每次進出貨物都要登記在此手冊中。

手冊裡面有「進口料件報關登記表」（如附件3-2-5）及「出口成品登記表」（如附件3-2-6）、「核銷結案登記表」（附件3-2-7），藉此海關得以掌握每批貨物進出的情況，一俟廠商執行合同完畢，海關會在「核銷結案登記表」上進行簽結；該補稅的補稅，該清查庫存的則會到工廠查驗數量。

## 八 合同核銷（核銷手冊）

加工貿易企業的「來料加工裝配合同」或「進料加工貿易合同」到期後或最後一批成品出口後1個月，經營單位應持有關單證到主管海關辦理合同核銷手續，這個動作是與當初「合同登記備案」相對應的。

（註：合同核銷有缺失，將會影響新的合同備案。）

## 九 銀行保證金檯帳

中國大陸海關為確保加工貿易保稅的進口料件，將來全部作成製成品出口，防止加工貿易經營單位私自將此料件內銷，逃漏進口關稅及增值稅，海關要求業者到主管海關所在地指定的中國銀行，辦理開設銀行保證金檯帳手續，之後海關才核發「登記手冊」。

A類企業進口限制類或允許類料件，B類企業進口允許類料件，無須提交保證金於開設的檯帳，稱為「保證金檯帳空轉」。但B類企業如果要進口限制類料件，或C類企業要進口任何料件，均須提交保證金入帳，稱為「保證金檯帳實轉」。將來如無違規，企業在加工成品出口後，持有關文件到原開設檯帳的中國銀行辦理銷帳手續並取回保證金。

## 十〉異地口岸

指合同備案海關與貨物進出口的海關不在同一直屬海關的關區內，例如：合同備案海關在東莞，但貨物進出口在深圳的鹽田港。

## 十一〉邊境口岸

指出口貨物最後離開國境的港口（海港或空港），或進口貨物最先抵達國境的港口。

## 十二〉主管海關

指企業所在地的轄區海關，中國大陸除了在口岸有設置海關外，在內陸地區也有海關，例如：企業所在地在昆山，則昆山海關就是此企業的主管海關，合同登記備案是向主管海關辦理的。

## 十三〉直通關

這是一種結合運送及報關作業的方式，其條件是貨主（Consignee）所在地（例如：昆山），要有海關監管倉庫，同時船公司有直接運送到昆山的服務，貨主就可以在這裡清關提貨。這類似美國航線船靠西岸港口，然後船公司把貨運送到芝加哥，貨主在芝加哥報關提貨。

目前中國大陸的昆山、蘇州、無錫及吳江都有直通關的作業，由於市場上的需要，船公司會陸續增加直通關的地點。

附件3-3就是直通關貨物在蘇州清關的提貨單（D/O）。

（註：由於直通關運輸，貨主可以在主管海關清關提貨，比較方便，遇到有問題時，也比較好溝通解決。）

## 十四 〉〉 轉關運輸

有下列三種情況：

1. 進口貨物入境後，從進境海關申請運往指定海關辦理進口報關手續。

2. 出口貨物在啟運地主管海關辦理報關手續後，利用海關監管車運往出境地，由出境地海關進行二次報關手續後，驗放出口。

3. 轉廠貨物由中國大陸境內某一關區（轉出地海關），運往另一關區（轉入地海關）。如果轉出企業與轉入企業在一關區，則使用一般運輸即可，無須轉關運輸。

以上轉關運輸的貨物都是屬於海關監管的貨物，未經海關同意，不得移動、買賣、提取。

## 十五 〉〉 異地報關備案

亦稱跨關區報關，是指企業進出口的貨物不在合同登記備案的主管海關驗放進出口，而是在另一直屬海關的口岸驗放進出口。這種情形下，企業要向其主管海關辦理「異地報關備案」手續，將主管海關所開的異地備案關封送往所要進出口口岸海關，預錄企業資料及海關代碼，只有在邊境海關電腦系統中有該企業資料的前提下，才能通關。

例如：東莞的企業其出口貨物要經由深圳的鹽田港裝船出口，此企業先要向東莞的主管海關辦理報關手續，然後主管海關出具關封，隨同貨物交給鹽田港海關核放裝船。

## 十六 〉〉 關封

企業的貨物要從不同直屬的關區口岸進出口時，例如：昆山

的工廠要從上海港進出口，企業先要向主管的海關申請異地報關備案（因昆山及上海分別屬於不同海關管轄），由主管海關將企業的出口貨物報關聯繫單裝在海關的信封中，此謂關封。關封交由企業隨同貨物交給口岸的海關辦理轉關手續，由口岸海關放行才能出口。

## 十七 》 一級貨代（貨運代理）

貨代在臺灣稍為「Forwarder」，一級貨代是由國家商務部慣稱外經貿部批准的國際貨運代理企業，主要經營海空運進出口貨物的國際運輸代理及國際航空快遞業務；包括訂艙、集裝箱併箱、報關、報驗、倉儲及內陸運輸服務。

一級貨代擁有與船公司或航空公司直接簽定訂艙協議的權力，而二級貨代則無此權力。

（註：二級貨代包括外商代表處或國內貨物運送業者，借用一級貨代的發票收取運費，承攬海、空運貨物的業者。）

## 十八 》 包干費

中國大陸的一級貨代大都可以提供貨主整套的「一條龍」服務，亦即報關、倉儲、訂艙、併箱、內陸運輸等。貨代如果不是逐項分別報價而是涵蓋上述數種服務的價錢，稱為包干費。一般來講，包干費所包涵的都是內陸運輸通關過程中所產生的人民幣費用。

## 十九 》 深加工結轉

是指企業將保稅料件加工後的製成品或半成品，轉給另一加

工貿易企業進一步加工後，將產品出口，這種經營活動叫作深加工結轉又稱轉廠，其目的是在提升產品的檔次及價值。

結轉可以多層次結轉，例如：從A企業至B企業，再從B至C等，但未經加工的保稅進口料件，不可以結轉。

（註：從內資企業購進的料件或半製成品稱為內購，不叫轉廠。）

## 二十 》 分撥提單

進口的貨物如果是CFS-CFS併櫃的運送方式，收貨人要個別將提單向貨代換取分撥提單，如附件3-4，才能各自報關提貨。進口的貨物如果是CY-CY整櫃的方式，收貨人（Consignee）要將提單向船公司或船代換取提貨單（Delivery Order，簡稱D/O，如附件3-5）。

## 二十一 》 機電產品

指機械設備、電器及電子產品、運輸工具、儀器及儀表產品。由於機電產品占中國大陸進出口總額很高的比率，政府為確保產品的質量並顧及使用者的安全，會要求產品出口前需先檢驗，進口機電產品則需申領進口許可證之後，海關才准予報關放行。

## 二十二 》 海關監管手續費

它是海關對進口減稅、免稅、保稅貨物實施監督、管理所提供服務而徵收的費用，例如：進料加工和來料加工中，為裝配出口機電產品而進口的料件，按千分之一點五計徵：來料加工中

引進技術設備，以及加工塑料玩具所進口的料件，按千分之一計徵。

## 二十三 〉增值稅

是以商品或勞務中的增值額作為課稅對象的一種流轉稅，增值稅稅率，進口環節增值稅的稅率，除了關係到國計民生重要物資的稅率為13%以外，其餘皆為17%。

## 二十四 〉徵免

海關對進出口貨物進行徵稅、減稅或免稅的處理方式。

## 二十五 〉海關對加工貿易企業實施的「分類管理辦法」

何謂海關對加工貿易企業實施的「分類管理辦法」？

中國大陸海關自1999年底開始實施「海關對企業實施分類管理辦法」，其目的是針對加工貿易企業（包括外商投資企業），依照過去2年內是否有走私違規、拖欠或逃漏海關稅款、財務帳冊之健全與否、過去1年內報關單差錯率程度等事項，將企業分成A、B、C、D四類，實施不同標準的管理，其中對A類企業提供通關優惠，對B類企業實施常規管理，對C類企業保稅進口的貨物實施提交保證金，並且要實行重點查驗其進出口貨物，對D類企業則實施進出口貨物逐箱開驗，甚至取消報關資格等處罰。

海關把一般新成立的企業或1999年之前無違規記錄的企業定為B類，但在1年之中如有以上所述違規行為被海關處罰，金額超過人民幣1萬元以上的算違規紀錄一次，累積二次，企業就會被

海關降至C類，情節嚴重者則會被降至D類。B類企業如果在2年之中無違規紀錄，而且年出口金額達到美金1,000萬元則可申請升至A類。

　　企業被海關列爲B、C、D類也會影到資金積壓的問題，例如：企業進口「限制類」貨品（如鋼材、塑料、化纖、棉紡品），除了A類企業可以實施「銀行保證金檯帳空轉」外，B類須繳交進口關稅及增值稅作爲保證金，企業如被列爲C、D類，則進口任何「限制類」或「允許類」貨品皆須繳納全額保證金，這將影響企業資金周轉很大。

（註：海關如將企業的保證金轉爲實質的稅金或罰款，稱爲「銀行保證金檯帳實轉」。）

　　由於目前中國大陸海關嚴格執行分類管理辦法，其對企業的資金運用（保證金問題）及進出口通關及費用皆有一定程度的影響，因此企業對於過去經常在貨櫃裡面夾帶一些沒有申報的貨品應該停止，否則將會因小失大。例如：有些臺商在逢年過節時，會把年糕、紙錢、香燭等祭品夾帶在貨櫃中與原物料、零組件一起運到中國大陸的工廠，但如果被海關查到，可能會被罰人民幣1,000元以上，而且影響通關時間，實在得不償失。

## 二十六 》出入境檢驗檢疫

　　出入境檢驗檢疫是指國家出入境檢驗檢疫部門對出入國境的貨物及其包裝物、物品及其交通工具、運輸設備等實施監督管理的行政行爲。

## （一）管理範圍

「出入境檢驗檢疫機構實施檢驗檢疫的進出境商品目錄」及「強制性產品認證的產品目錄」的進出境貨物。

由中國大陸發證機關——國家質量監督檢驗檢疫總局及其授權口岸檢驗檢疫機構所發的證件名稱有：

1. 入境貨物通關單。
2. 出境貨物通關單（如附件3-6）。
3. 入境貨物通關單（民用商品驗證）。

## （二）審證要點

1. 對美國、日本等國家輸往中國大陸貨物的木質包裝，海關憑「入境貨物通關單」驗放。
2. 對輸往巴西、美國、加拿大等國家貨物的木質包裝，海關憑「出境貨物通關單」驗放。
3. 對來自韓國、歐盟的貨物，海關一律加驗出入境檢驗檢疫機構簽發的「入境貨物通關單」。
4. 入境貨物通關單（民用商品驗證）監管要求：

   為保證進口商品符合安全、衛生、環保要求，從2000年7月1日起，對國家實行進口質量許可制度和強制性產品認證的民用商品（簡稱進口許可制度民用商品），無論任何貿易方式進口實施入境驗證管理工作。

   入境驗證是指對進口許可制度民用商品，在通關入境時，由出入境檢驗檢疫機構核查其是否取得必需的證明文件，在入境以後抽取一定比例批次的商品進行標識核查。

## 二十七 》動植物檢疫

### （一）進口檢疫

1. 輸入動植物、動植物產品的貨主或者其代理人應當在進境前或者進境時向進境口岸出入境檢驗檢疫機構報檢。（如附件3-7-1）

2. 凡有動植物性包裝物、鋪墊材料進境時，貨主或者其代理人應當及時向出入境檢驗檢疫機構申報，檢驗檢疫機構根據具體情況對申報物實施檢疫。

3. 向出入境檢驗檢疫機構報檢時，應填寫報檢單，並提交輸出國家或者地區政府動植物檢疫機構出具的檢疫證書、產地證書和貿易合同、信用證、發票等單據。依法應當辦理檢疫審批手續的，在報檢時還應提交進境動植物許可證。（如附件3-7-2）

4. 無輸出國家或者地區政府動植物檢疫機構出具的有效檢疫證書，或者未依法辦理檢疫審批手續的，出入境檢驗檢疫機構可以根據具體情況，作退回或者銷毀處理。

5. 輸入動植物、動植物產品，經檢疫合格的，由出入境檢驗檢疫機構簽發「檢驗檢疫通關單」（如附件3-6），貨主或者其代理人，憑「檢驗檢疫通關單」辦理報關、運送手續。

### （二）出口檢疫

1. 輸出動植物、動植物產品的檢疫依據：
   ⑴ 輸入國家或者地區對中國有關動植物檢疫的規定。
   ⑵ 雙邊檢疫協定。
   ⑶ 貿易合同中訂明的檢疫要求。

2. 輸出動植物、動植物產品經啟運地出入境檢驗檢疫機構檢疫合格的，運往出境口岸時，運輸部門憑啟運地出入境檢驗檢疫機構簽發的檢疫單證運送。

# 附件 3-1 企業加工合同備案表

企业加工合同备案呈报表（预录入）

| 预录入号：C68301000173 | | 进出口岸一：台山海关 | |

| 经营单位 | 某某 电子科技有限公司 | (4407948069) | 贸易方式 | 进料对口 | 有效期限 | 2002年06月30日 止 |
| 收货单位 | 某某 电子科技有限公司 | (4407948069) | 起 抵 地 | 香港 | | |
| 收货单位编码 | 4407948069 | 企业地址 | ▇▇▇▇▇▇▇号A1、A2栋 | | | |
| 联 系 人 | | 联系电话 | 0750 5487802 | | | |
| 外商公司 | ABC公司 | 征免性质 | 进料加工 | 批 文 号 | 01-00171 | |
| 协议书号 | | 进口合同 | 01-04 | 出口合同 | 01-04 | |
| 进口总值 | 1470521.3 /USD | 出口总值 | 2870000. /USD | 监管费 | ******** | |
| 进出口岸二 | 江门海关 | 进出口岸三 | ******* | 进出口岸四 | ******* | 进出口岸五 | ******* |
| 录入员 | 5508 | 录入日期 | 20010702 | | | |
| 保税方式 | | 备 注 | | | | |

★出口成品（ 预录入号：C68301000173 ）

| 序号 | 商品编号 | 品名、规格、型号 | 数 量 | 单 位 | 单 价 | 总 价 | 征 免 |
|---|---|---|---|---|---|---|---|
| 1 | 84716010 | 影色显示器(不含显像管)/SKD-145 | 30000.000 | 套 | 29.000 | 870000 | 全免 |
| | | 4A | | | | | |
| 2 | 84716010 | 影色显示器(不含显像管)/SKD-155 | 30000.000 | 套 | 29.000 | 870000 | 全免 |
| | | 4A | | | | | |
| 3 | 84716010 | 影色显示器(不含显像管)/SKD-157 | 10000.000 | 套 | 31.000 | 310000 | 全免 |
| | | 0A | | | | | |
| 4 | 84716010 | 影色显示器(不含显像管)/SKD-177 | 10000.000 | 套 | 40.000 | 400000 | 全免 |
| | | 0A | | | | | |
| 5 | 84716010 | 影色显示器(不含显像管)/SKD-178 | 10000.000 | 套 | 42.000 | 420000 | 全免 |
| | | 6A | | | | | |

续下页　　　　　　　　第 1 页　　　　　　　　打印时间：20010703

# 合同進口料件申報表

续上页

★ 进口料件 （ 预录入号：C68301000173 ）

| 序号 | 商品编号 | 品名、规格、型号 | 数 量 | 单位 | 单 价 | 总 价 | |
|---|---|---|---|---|---|---|---|
| 1 | 39031400 | 高抗冲聚苯乙稀／HIPS | 231600.000 | 千克 | .850 | 197000 | 全免 |
| 2 | 85322300 | 陶质电容器／400V-2200PF | 270.000 | 千个 | 29.200 | 7884 | 全免 |
| 3 | 85334000 | 可变电阻／ | 930.000 | 千个 | 28.200 | 26226 | 全免 |
| 4 | 85411000 | 二极管／ | 6150.000 | 千个 | 18.000 | 110700 | 全免 |
| 5 | 85412100 | 场效晶体管／ | 280.000 | 千个 | 310.000 | 86800 | 全免 |
| 6 | 85412900 | 晶体管／ | 3870.000 | 千个 | 32.500 | 125775 | 全免 |
| 7 | 85421330 | 集成块／LA7838 | 80.000 | 千个 | 550.000 | 44000 | 全免 |
| 8 | 85421330 | 集成块／KIA324P | 80.000 | 千个 | 110.000 | 8800 | 全免 |
| 9 | 85421330 | 集成块／TLS1233N | 60.000 | 千个 | 550.000 | 33000 | 全免 |
| 10 | 85421330 | 集成块／PA002 | 60.000 | 千个 | 1230.000 | 73800 | 全免 |
| 11 | 85421330 | 集成块／LA7851 | 80.000 | 千个 | 550.000 | 44000 | 全免 |
| 12 | 85421330 | 集成块／HT24C04 | 80.000 | 千个 | 430.000 | 34400 | 全免 |
| 13 | 85421330 | 集成块／H78L05 | 60.000 | 千个 | 77.000 | 4620 | 全免 |
| 14 | 85421330 | 集成块／KA3842B | 170.000 | 千个 | 203.000 | 34510 | 全免 |
| | 85421330 | 集成块／UPC1406HA | 20.000 | 千个 | 300.000 | 6000 | 全免 |
| 16 | 85421330 | 集成块／PA001 | 20.000 | 千个 | 1230.000 | 24600 | 全免 |
| 17 | 85421330 | 集成块／LM1281N | 20.000 | 千个 | 715.000 | 14300 | 全免 |
| 18 | 85421330 | 集成块／MTV-021M6-06 | 20.000 | 千个 | 800.000 | 16000 | 全免 |
| 19 | 85421330 | 集成块／LA78040 | 10.000 | 千个 | 400.000 | 4000 | 全免 |
| 20 | 85421330 | 集成块／KB2511B | 10.000 | 千个 | 1540.000 | 15400 | 全免 |
| 21 | 85421330 | 集成块／KIA358P | 10.000 | 千个 | 90.000 | 900 | 全免 |
| 22 | 85421330 | 集成块／PA-003 | 10.000 | 千个 | 1290.000 | 12900 | 全免 |
| 23 | 85421330 | 集成块／24C08 | 10.000 | 千个 | 370.000 | 3700 | 全免 |
| 24 | 85421330 | 集成块／L7805CV | 10.000 | 千个 | 140.000 | 1400 | 全免 |

续下页 第 2 页　　　　　　　　　打印时间：20010703

# 合同出口成品申報表

续上页

★成品对应料件单损耗情况（ 预申报编号：C68301000...

| 料件序号 | 进口料件 品名 | 成品 1 单耗 | 损耗 | 成品 2 单耗 | 损耗 | 成品 3 单耗 | 损耗 | 成品 4 单耗 | 损耗 | 成品 5 单耗 | 损耗 |
|---|---|---|---|---|---|---|---|---|---|---|---|
| 26 | 集成块 | | | | | | | | | 0. | |
| 27 | 集成块 | | | | | | | | | 0.001 | |
| 28 | 编码器 | | | | | 0.001 | | 0.001 | | | |
| 29 | 继电器 | | | | | 0.001 | | 0.001 | | | |
| 30 | 继电器 | | | | | 0.001 | | 0.001 | | 0.002 | |
| 31 | 线圈 | 0.008 | | 0.008 | | 0.011 | | 0.012 | | 0.01 | |
| 32 | 塑胶电容器 | 0.008 | | 0.008 | | 0.021 | | 0.024 | | 0.025 | |
| 33 | 陶质电容器 | 0.055 | | 0.055 | | 0.075 | | 0.077 | | 0.0.. | |
| 34 | 色码电感 | 0.007 | | 0.007 | | 0.005 | | 0.005 | | 0.005 | |
| 35 | 电阻 | 0.258 | | 0.258 | | 0.324 | | 0.335 | | 0.35. | |
| 36 | 散热片 | 0.4549 | | 0.4549 | | 0.8307 | | 0.8282 | | 0.8118 | |
| 37 | 电解电容器 | 0.1004 | | 0.1004 | | 0.1008 | | 0.1008 | | 0.1006 | |
| 38 | 开关(接插件) | 0.9906 | | 0.9906 | | 0.9906 | | 0.9906 | | 0.9906 | |
| 39 | 电子连接线 | 0.3641 | | 0.3641 | | 0.3641 | | 0.3839 | | 0.3524 | |

预审签名：　　　　　　　第 5 页　　　　　　　打印时间：20010703

## 附件 3-2-1　海關登記手冊

加工裝配和中小型補償貿易進出口貨物

登　記　手　冊

申請登記單位

核　發　海　關

工　廠　編　号

手冊電腦編号

一九九　　年　　月　　日

商　　　　号
協议(合同)号　88/1033
協议(合同)期限　2003年8月4日

严禁将手册交给商
人及其代理人保管

## 附件 3-2-2　海關登記手冊內容

外商投資企業名稱 _____ （签章）

企业地址 _____

企业负责人 _____ 职务 _____

企业经办人 _____ 电话 _____


主管海关 _____ （签章）


核发日期　　　　年　　月　　日

## 附件 3-2-3　登記手冊使用須知

一、經營進口料、件加工復出口業務的外商投資企業，必須在所
　　在地或主管海關正式注冊登記後，才可準予辦理料件及成品
　　的進出口手續。

二、外商投資企業應持對外正式簽訂的合同或訂單，並將合同的
　　基本情況按規定填寫在《登記手冊》上，送交所在地海關或
　　主管海關審核，經海關批准後核發《登記手冊》。沒有辦理
　　《登記手冊》的企業進出口貨物，海關均按一般貿易的有關
　　規定辦理。

三、經營進口料、件加工復出口業務的外商投資企業，辦理進出
　　口貨物的手續、減免稅待遇以及向海關核銷的義務，均按
　　《中華人民共和國海關對外商投資企業履行產品出口合同所
　　需進口料、件管理辦法》的有關規定辦理。

四、經海關核發《登記手冊》的外商投資企業辦理貨物進出口
　　時，應填寫進出口貨物報單一式三份並嚴格按《登記手冊》
　　中的要求填寫有關內容，凡不填寫或填報不清、不詳，與合
　　同單證不符者，均由企業本身負責，海關有權不予受理。

五、合同執行完畢後，外商投資企業應於兩個月內向海關辦理核
　　銷手續，並按《登記手冊》對核銷的要求，如實填報。凡未
　　按期填報或填報不實及偽報者，由海關按有關規定處理。

六、《登記手冊》供合同登記、進出口貨物報關、核銷之用，適
　　用於全國各進出口岸，應妥善保管，不得遺失。

七、《登記手冊》由海關統一印制，收取成本費，合同執行完畢
　　核銷結案後，由主管海關收回。

附件 3-2-4

## 合同基本情况

| 经营单位 | 德市外加工装配服务公司 | 负责人 | 谷正正 | 通讯地址和电话号码 | 东莞市清溪镇正路6号 | 营业执照号 |
|---|---|---|---|---|---|---|
| 生产单位 | 清溪华记象牙制品厂 | 负责人 | 子汉荣 | 通讯地址和电话号码 | 清溪象牙南工业区 | |
| 国外厂商名称 | 港泉实业有限公司 | 负责品人 | 易焕辉 | 通讯地址和电报挂号 | 香港沙田小沥源路11号华业中心七楼1-2座 | |
| 贸易性质 | 来料加工 | 合同或协议号 | (98)103 | 批准机关及合同备案证明书号 | (98)537 | 进口岸 深圳 出口岸 深圳 |

已收取监督管理费　　‰　　元正

| 应收(¥) | 万 | 仟 | 佰 | 拾 | 元正 |
|---|---|---|---|---|---|
| 经办人 | | 复核人 | | | |

| 进出口报关单编号 | | | | | 单号 |
|---|---|---|---|---|---|
| 进 | | | | | |
| 口 | | | | | |
| 出 | | | | | |
| 口 | | | | | |

海关审核意见：

经办人 _____　　　复核人 _____

备注：1. 外商提供的料、件和设备的品名、规格、数量，以及合同的有效期限，收取工缴费，设备价款和料、件的消耗额定和合理损耗率等，都需批注清楚。　2. 对应予征税的部份，要加以批注。　3. 对于合同的补充协议部份，应加以批注。

1

附件 3-2-5

格内由海关填写，其余均由申报人填写。

## 进 口 料、件 报 关 登 记 表 (一)

| 报关日期 | 运输工具名称 运 载 单 号 | 货物名称、规格 | 单位 | 数量 | 价值 | 进口数量累计 | 报关单 海关编号 | 进口地 海关签章 |
|---|---|---|---|---|---|---|---|---|
| 5/14 | 78N188bLcSS/9305686 | 牛巴革 | m² | 841.29 | USO 11928.06 | | 33211248 | |
| 5/21 | 2003930074/4021928 | 绒面革 | m² | 80.1 | USO 126.1 | | 332110222 | |
| 5/23 | 0915-3714763/120533C | 申巴革 | m² | 568.71 | USO 741.14 | | 33217244 | |
| 7/29 | 2002424149 | 特皮革 | 千克 | 100.80 | USO 504 | | 33263322 | |
| 7/27 | 13129413484825 | 绒面革料里 | m² | 63.9 | USO 205 | | | |
| 7/31 | 13129407263/Su4396 | | | | | | 33218871 | |
| 8/5 | 2052349790/0122140 | 绝缘料里 | m² | 62.1 | USO 248.1 | | 3348971 | |
| 8/15 | 4-735441117354377 | 超纤合成里 | m² | 135.7 | USO 177.36 | | 332207170 | |
| 9/27 | 4-7354703317.5N4790 | 棉印针织里 | m | 30 | USO 120 | | | |
| | | | | | | | | |
| | | | | | | | | |
| | | | | | | | | |
| | | | | | | | | |

**附件 3-2-6**

出口成品登记表（一）

格内由海关填写，其余均由出口申报人填写。

| 出口报关日期 | 提运单号 / 收汇加工结转单位名称、手册号 | 货物名称、规格 | 单位 | 数量 | 价值 | 报关单 海关编号 | 出口地 海关签章 | 备注 |
|---|---|---|---|---|---|---|---|---|
| 5.10 | JI HE V.00035 TNWS S7762 | 未喷起石材 | 片 | 4000 | USD 66840- | 51161010404 | | |
| 5/13 | SUPA BHWA/6354 SHACB2098988 | 〃 | 〃 | 9000 | USD 150390 | 51067215- | | |
| 5/16 | 1BV 1460/021-1 TNWS17556 | 〃 | 〃 | 2000 | USD 33420 | 51072729228 | | |
| 5/20 | GUPA BHWA/384 SHACB297428 | 〃 | 〃 | 4000 | USD 66840 | 51107500 | | |
| 5/22 | KAOLIN 7006S SHWS55S008 | 〃 | 〃 | 486 | USD 8012-6 | 51122828 | | |
| 6/7 | HEUMEN/2207 TNWS71332 | 〃 | 〃 | 200 | USD 33420 | | | |
| 6/4 | SN1U0 BDOS55 HQSYWFVYY01 | 〃 | 〃 | 633 | WS) 12613.5 | 51518/6926 | | |
| 7/7 | TANBERGO SENATOR 409 WW | 〃 | 〃 | 8600 | USD | | | |
| 7/18 | SAFMARINE CUMBE SHAA0087S SW | 大理石板 | 片 | 789 | USD 158,592- | 5/22绝知此 | | |
| 8/10 | CSCL GEXNA/0177E SHAAX333259 | 〃 | 〃 | 789t | USD 138.94 | 541582313- | | |
| 9/6. | XIANG JIN/200006 SHAAX333206 | 〃 | 〃 | 7680 | WSD 121809.04 | 548582214 | | |

## 附件 3-2-7　海關核銷結案登記表

| | 合同内总进口料、件 名称、规格、数量 | 单耗 | 总耗料 | 出口或销售给免税单位 成品、名称、数量 | 内销成品 名称数量 | 剩余料、件 及成品数量 |
|---|---|---|---|---|---|---|
| 海关核定进口料、件 成品出口及内销情况 | | | | | | |

核销结案情况

补征关税：　　　　　　　　　　　　缴款书号：

补征工商统一税：　　　　　　　　　缴款书号：

核销结案通知书编号：

外商投资企业签收：

经办人：　　　年　月　日　　　结案日期：　　　年　月　日

此表由海关填写。

附件 3-3

# 苏州工业园区陆路口岸
## Suzhou Industrial Park Land Port

PD670/CP5103

## 提　货　单
### Delivery Order

Nº 100-7504

货货人： 海程邦达

下列货物已办妥手续，运费结清，准予交付收货人.

二○一三年 10 月 6 日

| 船名 SKY 116-17 | 航次 ○91B | 起运港 KFE | 目的地 |
|---|---|---|---|
| 提单号 KBESU2C20011KP | 交付条件 | 到付海运费 | 合同号 |
| 卸货地点 | 抵港日期 | 进库场日期 | 第一程运输 |
| 货　名 电子空调配件 | | 集装箱号/封封号 | |
| 集装箱数 | | | |
| 件　数 10 CTNS | | | |
| 重　量 101 KGS | | | |
| 体　积 0.64 CBM | | | |
| | | | |
| | | | |

请核对验货

凡属法定检验、检疫的进口商品，必须向有关监督机构申报.

| 收货人章 | 海关章 | | |
|---|---|---|---|
| | | | |
| | | | |
| | | | |

备注：

## 附件 3-4

上海天原國際貨運有限公司

集裝箱進口貨物分撥提單

吳淞海關 邦達80

收貨單位：

| 船名：CHAO SHAN HE | 航次 270N | | 保溫港區 | 區 積 |
| --- | --- | --- | --- | --- |

提 收 號：KELSH32928*11

標 記：G.11

件 名：10

包 裝：3641.5

體 積：1.31

貨名：

箱號：KES730

編號：QRNU2000294

到船日期：2003 年 6 月 7 日

進倉日期： 年 月 日

備 注：

注意事項：

1. 根據中華人民共和國海關之規定，海運進口貨物之收貨人必須在船舶中報進港之二十一天内向海關申報，逾期出海關滯納款金。向貨進口貨物如在三個月内不申報提取，將作无主貨處理。

2. 本分撥單收貨單位加蓋公章及經辦人簽章后作為提貨憑証。否則无效。

收貨單位簽單

制單人

上海海關進口分撥一周入一周上午九:00～16:00 請辦 動檢 手續

卫檢 商檢

上海海關進口分撥第一監督倉庫
地址：上海市寶山區錢山路258号
傳真：56112034
聯系人：阿賀'S 王文必'R
提貨前請与倉庫聯系
提貨時間：每周一至周五
上午9:00～下午16:00

## 附件 3-5

# 上海运星国际船务代理有限公司
### SHANGHAI SINO-STAR INTERNATIONAL SHIPPING AGENCY

## 进口集装箱货物提货单
### DELIVERY ORDER
### №0010284

箱钥号: ELW08

港区场站

船档号 236256

| 收货人名称 |  | 收货人开户 |  |  |
|---|---|---|---|---|
| 焗裸郑运夏际货运 ˝理有限公司,51161834望 |  | 银行与帐号 |  |  |

| 船名 | 航次 | 起运港 | 目的港 | 船舶预计到港时间 |
|---|---|---|---|---|
| NINGBO STAR 宁波之星 | 038N | TAOYUANG | SHANGHAI 提前 2006/03/24 |  |

| 提单号 | 交付条款 | 卸货地点 | 进库场日期 | 第一程运输 |
|---|---|---|---|---|
| GOSUTPE688462 | CY/CY | 外二期 |  |  |

| 标记与集装箱号 | 货 名 | 集装箱数或件数 | 重量(KGS) | 体积(M³) |
|---|---|---|---|---|
| D L (IN DIA.) R/NO. 1-284N. W. ;G. W. ;MADE IN TAIWAN<br>ZIMU2466189 / ZZZ0722595 | PE FILM1 CONTAINER = 284 ROLLS | 284 ROLL<br><br>20' ×1 | 27.0<br><br>16,125.8 |  |

请贵司在换单时务必仔细核对提货单
上提单项下的内容,如因贵司未及时
提出更改而引起的损失,我司恕不负责!

~ 船代公司重要提示:
(1) 本提货单中有关船、方内容按照提单的相关表示填例;
(2) 请当场核查本提货单内容错误之处,否则本公司不承担由此产生的 责任和损失。(Error Ann Omission Expected)
(3) 本提货单仅为向承运人或承运人变更的船公司或替承运人保管货物 订立合同的人提货的凭证,不得买卖转让。(Non-negotiable)
(4) 在本提货单下, 承运人代理、及雇佣人的一切行为, 均应被视为代 表承运人的行为, 均应享受承运人享有的免责、责任限制和其他任 何抗辩理由。(Himalaya Clause)
(5) 本提货单所列的船舶预计到港时间, 仅作为申报进境和计算滞报金、 滞箱费、延误费等起算的依据, 货主不及时换单和提货造成的损失, 责任自负。
(6) 本提货单中的中文译文仅供参考。

上海运星国际船务代理有限公司
地址: 上海市西藏中路二六八号来福士广场2703室 (童绩有效)
电话:(86-21) 63404422 传真:(86-21) 63404136

年 月 日

| 收货人章 | 海关章 |
|---|---|
| 1 | 2 |
| 检验检疫章 | |
| 3 | 4 |
| 5 | 6 |

主意事项:
本提货单需盖有船代放货章和海关放行章后方始有效。凡属法定检验、 检疫的进口商品, 必须向检验检疫机构申报。
提货人到码头公司办理提货手续时, 应出示单位证明或验办人身份证 明。提货人若非本提货单记名收货人时, 还应当出示提货单记名收货 人开具的证明, 以表明其为有权提货的人。
货物超过堆存期, 码头公司可以按《上海港口货物堆运管理条例》的有 关规定处理。在规定期间无人提取的货物, 按《海关法》和国家有关 规定处理。

**附件 3-6**

# 中华人民共和国出入境检验检疫

## 出境货物通关单

编号：310050203258340

| 1. 发货人<br><br>东台市国际贸易服务有限公司<br>*** | | 5. 标记及号码<br><br>SEE INV |
|---|---|---|
| 2. 收货人<br><br>***<br>*** | | |
| 3. 合同/信用证号<br><br>*** /**** | 4. 输往国家或地区<br><br>英国 | |
| 6. 运输工具名称及号码<br><br>船舶 *** | 7. 发货日期<br><br>*** | 8. 集装箱规格及数量<br><br>*** |

| 9. 货物名称及规格<br><br>麻花钻<br>***<br>***<br>（以下空白） | 10. H.S. 编码<br><br>82075090<br>***<br>***<br>（以下空白） | 11. 申报总值<br><br>*5040美元<br>***<br>***<br>（以下空白） | 12. 数/重量、包装数量及种类<br><br>*16800件,<br>*880千克,<br>*50纸箱<br>（以下空白） |
|---|---|---|---|

**13. 证明**

上述货物业经检验检疫，请海关予以放行。

本通关单有效期至 二〇〇三 年 月 日

签字：

日期：2003 年 06 月 09 日

检验检疫专用章
(13)

**14. 备注**

C 3910958

① 货物通关

印刷流水号：C3910958

[2-2(2000.1.1)]

## 附件 3-7-1

检验检疫联系凭条

报检编号：310400103　1328593

□商检　☑动植检　□卫检

报检人应及时与以下指定地点联系安排检验检疫检收事宜。

□吴淞局查验一科　电话：5645840

　　□华海查验点（九区）
　　□环顺查验点
　　□安中查验点

□吴淞局查验二科　实力查验点（十区）电话：56446256
　　　　　　　　　中创查验点　电话：56450776

□吴淞局检验科　（外运张华派 2960 查验点）
　　　　　电话：56442080（单商检）
　　　　　56451023（动、卫检）

☑吴淞局宝山办事处　电话：56782216

□吴淞局卫检科　电话：56819076

□浦江局　电话：53594570
□浦东局　电话：68563030
□闵行局　电话：64309494
□外高桥局　电话：58629993
□南汇局　电话：58019000
□奉贤局　电话：57180942
□崇明局　电话：59628246
□金山办　电话：57947613
□公佈水尺　电话：63230670

注：1、凡需在口岸检验检疫的，务必提前 24 小时联系。违者，我局将拒抱自提运。
　　2、未经检验检疫不得拒抱自提运。违者，我局将按照有关法律、法规予以处罚。

附件 3-7-2

 中华人民共和国进境动植物检疫许可证

许可证编号：AR00048915

| 申请单位 | 名称：上海皮革有限公司 | | | | 法人代码：310048132207476 | |
| | 地址：上海江西中路56号2楼 | | | | 邮政编码：200002 | |
| | 联系人：夏小萍 | | 电话：63295435 | | 传真：63219087 | |

| 进境检疫物 | 名称 | 品种 | 数量／重量 | 产地 | 境外生产、加工、存放单位 |
| | 生盐渍牛皮 | *** | *2 万张 | 美国 | *** |
| | 输出国家或地区：美国 | | 进境日期：2004 年7月 | | 出境日期：*** |
| | 进境口岸：上海 | | 结关地：上海 | | |
| | 目的地：上海 | 用途：加工 | | | 出境口岸：*** |
| | 运输路线及方式：海运 | | | | |
| | 进境后的生产、加工、使用、存放单位：上海新联皮革厂 | | | | |
| | 进境后的隔离检疫场所： | | | | |

| 检疫要求 | 须有产地国家/地区官方出具的正本检疫证书。入境时，请 上海 检验检疫局验证、检疫并监督加工（使用）过程中的防疫工作。 |
| | 签字盖章 |
| | 签发日期：2004/07/06 |

| 有效期限：2004年7月6日至2005年1月6日 |
| 备注： |

A 0459552　　第一联：申请单位存（凭此联向出入境检验检疫局报检）

# Unit 3-2

# 中國大陸進出口有關的文件說明

## 一　國家鼓勵發展的外資項目確認書（如附件3-8）

涉及鼓勵類或限制乙類的外商投資企業，進口自用設備及其配件，如果是符合國家產業政策，可以免徵進口關稅和進口增值稅，但進口前要先取得外經貿主管部門出具的證明「國家鼓勵發展的外資項目確認書」及相關資料向企業所在海關辦理徵免稅手續。

## 二　進出口貨物徵免稅證明（如附件3-9）

取得上述項目確認書的「鼓勵類」、「限制乙類」外商投資企業或產品出口型和先進技術型的外商投資企業，在投資總額外，以自有資金進口更新設備及配件，向所在地海關辦理徵免稅手續時，需填寫此表由海關審批，進口時報關單上的徵免稅欄就可填上「免徵稅」。

## 三　十聯單（如附件3-10）

也就是S/O（Shipping Order），一套共有十聯，貨主把出口委託書傳真或E-mail給貨代後，貨代會把資料打列在十聯單上，再依用途分送船公司、貨櫃場、倉庫、海關等單位作為訂艙、裝船、收貨的依據。

十聯單每聯格式都一樣但功能不一樣，分別用途為：

・第一聯：貨主留底。
・第二聯：船代留底。
・第三、四聯：運費通知。
・第五聯：場站收據副本（收貨單）。
・第五聯附頁：繳納出口貨物港務費申請書。
・第六聯：場站收據副本（大副聯）（紅聯）
・第七聯：場站收據（黃聯）。
・第八聯：貨代留底。
・第九、十聯：配艙回單。

　　其中第五聯場站收據副本，海關會特別注意，因為貨物有進倉，倉庫才會在此聯上簽章，海關才會准予報關，以避免假出口真退稅的詐騙情事，以前還沒規定「有貨報關」時，有不肖廠商貨物沒有進倉，只有文件先辦理報關，結果貨主就拿出口報關單等單據去辦理出口退稅。

## 四　進出口許可證（如附件3-11-2及3-11-3）

　　在中國大陸並不是所有的進出口商品都需要申請許可證，除了少數關係到國計民生、市場壟斷性強、價格敏感及安全品質影響消費者至巨的商品外，其餘大多數的商品是不用的。

　　許可證分為「進口許可證」和「出口許可證」，目前中國大陸實行出口許可證管理的商品約60種，其中由商務部發證的有18種，由商務部特派員辦事處簽證商品35種，省級發證商品12種。

　　而實施進口許可證的商品有30種，分別由不同的行政部門負責審批，包括國家計委會、外經貿部。有進出口權的公司必須先取得這些機構的批准，才可以向各地有關單位申領進口許可證。

　　貨主如想知道哪些商品需要申請許可證或檢驗檢疫，可以事先跟海關或貸代查詢，也可以向中國海關出版社購買《中國海關報關實用手冊》一書查閱。

　　外貿愈自由化的國家，愈少商品需要申請許可證，在臺灣目前除了極少數像特殊藥品有配額管制，需要申請許可證外，絕大多數貨品是不需要許可證的。

　　中國大陸加入WTO後，亦將逐步取消此非關稅障礙許可證，以達到與會員國之間自由化互惠的原則。

## 五 》進出口貨物代理報關委託書（如附件3-12）

　　類似臺灣的報關委任書。

　　在中國大陸有進出口報關權的企業有：

1. 國有的外貿公司或外商設立的貿易公司，能自理自己的進出口貨物的報關。
2. 外運、外代能代理自己承運的貨物的報關。
3. 專業的報關行可以代理貨主進行報關服務。
4. 一級貨代所屬的報關部門。

　　雖然外商投資企業聘有經由海關培訓的報關員，但他們大都從事準備報關的文件及與海關溝通的聯絡工作，一般在港口的通關手續還是委託專業的報關行去處理，這樣比較省時、省力。報關員另外還要作合同登記備案及核銷的工作，因此沒有時間去作報關的事情。

## 六 》 海運出口委託書（如附件3-13）

在中國大陸，貨主填寫的S/O稱為海運出口委託書或託單，貨主可以向貨代索取或自己製作，然後將資料填好後Fax或E-mail給貨代，就完成訂艙手續，不必差人到貨代辦公室簽S/O。

## 七 》 空運出口委託書（如附件3-14）

在臺灣稱為託運單，類似海運的S/O。貨主比較少看到的出口委託書，因為此表格大都由空運公司代為打列，訂艙後由航空公司（Airlines）在上面簽章確認，倉庫收貨時憑此委託書讓貨物進倉，理貨員會把貨物進倉的時間、件數、重量、材積記載在上面，以作為計算倉儲費及空運費的依據。貨主如對空運提單上記載的重量或數據有疑問時，可以Check倉庫的進倉記錄或要求影印一份委託書作參考。

## 八 》 出口收匯核銷單（如附件3-15）

中國大陸由於實施外匯管制，企業出口貨物不論貨款是經由「L/C、T/T、D/A或D/P」等付款方式，從國外匯進中國大陸，均需經由中國大陸的銀行兌換成人民幣，不能自由保留外匯，企業如欲保留某小部分的外匯留成，也要向有關單位申請才可以。

中國大陸政府為了要確實掌握外匯流向，規定廠商於貨物出口報關時，一定要附上出口收匯核銷單，海關才准予報關，而且在報關單上要註明核銷單的號碼。由於出口退稅除了需要報關單退稅聯（如附件3-16）外，還需要出口收匯核銷單，因此有不肖企業勾結海關官員，或偷刻海關公章蓋在出口收匯核銷單上，進

行假出口退稅的不法行為。有鑑於此，中國大陸政府於2001年開始於沿海地區先行試辦「口岸電子執法系統」，規定企業必須上網（Internet）申請，以杜絕此種弊端。

所謂「口岸電子執法系統」就是借助國家電信公共網路，使企業隨時可以上網申領出口收匯核銷單，外匯局上網核發核銷單，並在公共數據中心建立全國核銷單電子底帳數據庫，提供海關和國稅部門在出口報關和出口退稅中，聯網核查核銷單電子底帳數據，通過電子數據核對，提高監管水平，從而防範不法分子利用偽造、變造、盜用、冒用紙質核銷單進行逃匯、走私、騙稅等違法活動。

## 九 出境貨物報關單（如附件3-16）

依國家監管條件規定，需要檢驗檢疫的產品，企業必須在產品出口前申請檢驗，合格後由檢驗檢疫機構出具「出境貨物通關單」海關憑此證明准予報關。

## 十 集裝箱設備交接單（如附件3-17）

貨代向船代訂艙後，船代會在十聯單上簽章確認，並發給「集裝箱設備交接單」，貨代憑此單向堆場領取空櫃，為了要釐清堆場與貨主間對於此櫃子的責任，雙方在提領或歸還貨櫃時，要將櫃況填寫在集裝箱設備交接單上，以確認責任的歸屬。

## 十一 薰蒸／消毒證書（如附件3-18）

中國大陸出口的貨物，外包裝如果是木條箱、木箱或使用木棧板，輸往下列國家諸如美國、加拿大、澳州、歐盟等，Buyer

會要求出口商檢附「薰蒸／消毒證書」，以防蟲害危及進口國的
農林木業。

## 十二》 提貨單（如附件3-5）

運送人在收貨人交還正本提單時，發給收貨人藉以報關提貨
的憑證，為與B/L區別，提貨單被稱為小提單。

## 十三》 出入境檢驗檢疫報檢委託書（如附件3-19）

貨主因作業上的需要，無法親自處理產品出入境的報檢工
作時，可以委託貨代或報關行代為處理，但依規定要填具「出入
境檢驗檢疫報檢委託書」，有關單位才准予辦理產品檢驗檢疫事
宜。

## 附件 3-8

# 国家鼓励发展的外资项目确认书

编号：2002C051312

根据国务院 [1997] 37 号文的规定，兹确认：昆山新莱流体设备有限公司项目，符合国家产业政策。由昆山经济技术开发区管委会于2001 年 7 月以昆经开资（2001）第 395号文批复可行性研究报告。请按规定到项目主管地直属海关办理进口设备免税手续。

项目统一编号：C33212301974

项目产业政策审批条目：鼓励类第 10 类第 12 条（A1012）

项目单位：昆山▆▆▆▆设备有限公司

项目性质：外资企业

项目内容：生产各类低功率气动控制阀。

项目执行年限(起始年/截止年)：50 年（2000/2050）

项目投资总额：1303.10 万元人民币

项目用汇额：157.00 万美元

江苏省▆▆外贸易经济合作厅
2▆▆▆6 月 28 ▆

附件 **3-9**

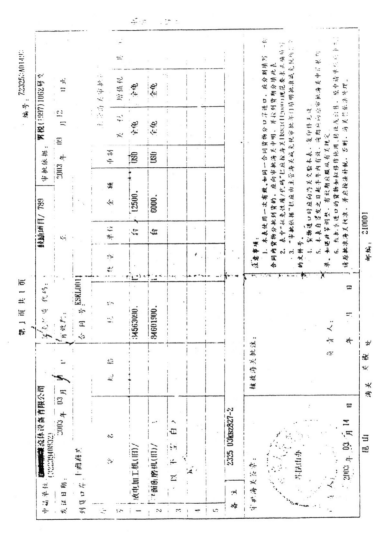

## 附件 3-10　海運裝貨單

▽

Shipper （发货人）

D/R No. （编号）

邦達

装货单

Consignee （收货人）

场站收据副本

第五联

Notify Party （通知人）

Received by the Carrier the Total number of containers or other packages or units stated below to be transported subject to the terms and conditions of the Carrier's regular form of Bill of Lading (for Combined Transport or Port to Port Shipment) which shall be deemed to be incorporated herein.

Date　（日期）:

Pre-carriage by （前程运输）　Place of Receipt （收货地点）

Ocean Vessel （船名）Voy. No.（航次）　Port of Loading （装货港）

场站章

Port of Discharge　（卸货港）　Place of Delivery　（交货地点）

Final Destination for the Merchant's Reference （目的地）

| Container No. （集装箱号） | Seal No. （封志号）<br>Marks & Nos.<br>（标记与号码） | No. of containers or p'kgs. （箱数或件数） | Kind of Packages: Description of Goods （包装种类与货名） | Gross Weight 毛重(公斤) | Measurement 呎码(立方米) |
|---|---|---|---|---|---|

Particulars Furnished by Merchants （托运人提供详细情况）

TOTAL NUMBER OF CONTAINERS OR PACKAGES (IN WORDS)<br>集装箱数或件数合计(大写)

| Container No. (箱号) | Seal No. (封志号) | Pkgs. (件数) | Container No. (箱号) | Seal No. (封志号) | Pkgs. (件数) |
|---|---|---|---|---|---|

Received　（实收）　By Terminal Clerk （场站员签字）

| FREIGHT & CHARGES | Prepaid at (预付地点) | Payable at (到付地点) | Place of Issue (签发地点) |
|---|---|---|---|
| | Total Prepaid (预付总额) | No of Original B(s)/L (正本提单份数) | BOOKING （订舱确认）<br>APPROVED BY |

| Service Type on Receiving<br>☐ - CY, ☐ - CFS, ☐ - DOOR | | Service Type on Delivery<br>☐ - CY, ☐ - CFS, ☐ - DOOR | | Reefer Temperature Required (冷藏温度 ) | | °F | °C |
|---|---|---|---|---|---|---|---|
| TYPE OF GOODS （种类） | ☐ Ordinary, （普通）<br>☐ Liquid, （液体） | ☐ Reefer, （冷藏）<br>☐ Live Animal, （活动物） | ☐ Dangerous, （危险品）<br>☐ Bulk, （散装） | ☐ Auto （裸装车辆）<br>☐ | 危险品 | Class:<br>Property:<br>IMDG Code Page<br>UN No. | |

## 附件 3-11-1

### 监管证件名称代码表

| 监管证件代码 | 监管证件名称 | 监管证件名称 | 监管证件名称 |
|---|---|---|---|
| 1 | 进口许可证 | P | 进口废物批准证书 |
| 3 | 敏感物项出口许可证 | Q | 进口药品通关单 |
| 4 | 出口许可证 | S | 进出口农药登记证明 |
| 6 | 旧机电产品禁止进口 | T | 银行调运外币现钞进出境许可证 |
| 7 | 自动进口许可证 | W | 麻醉药品进出口准许证 |
| 8 | 禁止出口商品 | X | 有毒化学品环境管理放行通知单 |
| 9 | 禁止进口商品 | Y | 原产地证明 |
| A | 入境货物通关单 | Z | 进口音像制品批准单或节目提取单 |
| B | 出境货物通关单 | a | 请审查预核签章 |
| D | 出／入境货物通关单(毛坯钻石用) | s | 适用ITA税率的商品用途认定证明 |
| E | 濒危物种出口允许证 | t | 关税配额证明 |
| F | 濒危物种进口允许证 | u | 进口许可证(加工贸易、保税) |
| I | 精神药物进(出)口准许证 | v | 自动进口许可证(加工贸易) |
| J | 金产品出口证或人总行进口批件 | x | 出口许可证(加工贸易) |
| O | 自动进口许可证(新旧机电产品) | y | 出口许可证(边境小额贸易) |

### 用途代码表

| 用途代码 | 用途名称 | 用途代码 | 用途名称 |
|---|---|---|---|
| 01 | 外贸自营内销 | 07 | 收保证金 |
| 02 | 特区内销 | 08 | 免费提供 |
| 03 | 其他内销 | 09 | 作价提供 |
| 04 | 企业自用 | 10 | 货样、广告品 |
| 05 | 加工返销 | 11 | 其他 |
| 06 | 借用 | 13 | 以产顶进 |

### 货币代码表

| 货币代码 | 货币符号 | 货币名称 | 货币代码 | 货币符号 | 货币名称 |
|---|---|---|---|---|---|
| — | HKD | 港币 | 307 | ITL | 意大利里拉 |
| | JPY | 日本元 | 312 | ESP | 西班牙比赛塔 |
| | MOP | 澳门元 | 315 | ATS | 奥地利先令 |
| | PHP | 菲律宾比索 | 318 | FIM | 芬兰马克 |
| | SGD | 新加坡元 | 326 | NOK | 挪威克朗 |
| | THB | 泰国铢 | 330 | SEK | 瑞典克朗 |
| | CNY | 人民币 | 331 | CHF | 瑞士法郎 |
| | EUR | 欧元 | 501 | CAD | 加拿大元 |
| | DKK | 丹麦克朗 | 502 | USD | 美元 |
| | GBP | 英镑 | 601 | AUD | 澳大利亚元 |
| | DEM | 德国马克 | 609 | NZD | 新西兰元 |
| | FRF | 法国法郎 | | | |

附件 **3-11-2**

# 中华人民共和国自动进口许可证
## AUTOMATIC IMPORT LICENCE OF THE PEOPLE'S REPUBLIC OF CHINA　No. 30070081

| 1. 进口商：<br>Importer<br>3200722260584<br>昆山■■■■设备有限公司 | 3. 自动进口许可证号：<br>Automatic import licence No.<br>3200-2003-WZ-03088 |
|---|---|
| 2. 进口用户：<br>Consignee<br>3200722260584<br>昆山■■■■设备有限公司 | 4. 自动进口许可证有效截止日期：<br>Automatic import licence expiry date<br>2003 年 9 月 6 日 |
| 5. 贸易方式：<br>Terms of trade<br>一般贸易 | 8. 贸易国（地区）：<br>Country/Region of trading<br>台湾 |
| 6. 外汇来源：<br>Terms of foreign exchange<br>自有外汇 | 9. 原产国（地区）：<br>Country/Region of origin<br>瑞典 |
| 7. 报关口岸：<br>Place of clearance<br>上海海关 | 10. 商品用途：<br>Use of goods<br>生产用 |

| 11. 商品名称：<br>Description of goods<br>钢铁及其他初级形状的不锈钢 | 商品编码：<br>Code of goods<br>72181000 | 设备状态：<br>Status of equipment |
|---|---|---|

| 12. 规格型号<br>Specification | 13. 单位<br>Unit | 14. 数量<br>Quantity | 15. 单价（　）<br>Unit price | 16. 总值（　）<br>Amount | 17. 总值折美元<br>Amount in USD |
|---|---|---|---|---|---|
| | 公斤 | 15000 | 1.1 | 16500 | 16500 |
| | | | | | |
| | | | | | |
| | | | | | |
| 18. 总　计<br>Total | | 15000 | | 16500 | 16500 |

| 19. 备　注：<br>Supplementary details<br>本证不得用于加工贸易手册进口核销 | 20. 发证机关签章：<br>Issuing authority's stamp |
|---|---|

附件 3-11-3

# 中华人民共和国出口许可证
## EXPORT LICENCE OF THE PEOPLE'S REPUBLIC OF CHINA  No. 4260344

| 1. 出口商:<br>Exporter | 3300740503383 | 3. 出口许可证号:<br>Export licence No. | |
|---|---|---|---|
| 浙江金鹰绸纺有限公司（第二名称：嘉兴绸纺厂 | | **04-AP-406056** | |
| 2. 发货人:<br>Consignor | 3300740503383 | 4. 出口许可证有效截止日期:<br>Export licence expiry date | |
| 浙江金鹰绸纺有限公司（第二名称：嘉兴绸纺厂 | | 2005年02月28日 | |
| 5. 贸易方式:<br>Terms of trade | 一般贸易 | 8. 进口国（地区）:<br>Country/Region of purchase  新加坡 | |
| 6. 合同号:<br>Contract No.  JS2004A085 | | 9. 付款方式:<br>PAYMENT  信用证 | |
| 7. 报关口岸:<br>Place of clearance  上海海关 | | 10. 运输方式:<br>Mode of transport  海上运输 | |

| 11. 商品名称:<br>Description of goods  非供零售用其他绢纺纱线(含丝及绢丝85%及以上纱线) | | 商品编码:<br>Code of goods **50050090.10** | |
|---|---|---|---|

| 12. 规格、等级<br>Specification | 13. 单位<br>Unit | 14. 数量<br>Quantity | 15. 单价（USD）<br>Unit price | 16. 总值（USD）<br>Amount | 17. 总值折美元<br>Amount in USD |
|---|---|---|---|---|---|
| 140N/2绢丝 | 公斤 | *7,500.0 | *20.3000 | *152,250 | $152,250 |
| 210N/2绢丝 | 公斤 | *1,500.0 | *24.5000 | *36,750 | $36,750 |
| | | | | | |
| 18. 总  计<br>Total  公斤 | | *9,000.0 | | *189,000 | $189,000 |

| 19. 备  注<br>Supplementary details | 20. 发证机关签章<br>Issuing authority's stamp & signature |
|---|---|
| | |

附件 3-12

## 进出口货物代理报关委托书

编号：

| 委托单位： | 嘉兴市进出口公司 | 十位编码 | 33049/000/ |
|---|---|---|---|
| 地址： | 浙江嘉兴城东路535号 | 联系电话 | 0573－2073233 |
| 经办人： | 朱XX | 身份证号 | 31010569032644/ |

我单位委托　　　　　　　公司代理以下进出口货物
的报关手续,保证提供的报关资料真实,合法,与实际货物相符,并
且愿承担由此产生的法律责任.

| 货物名称 | | 商品编号 | | 数量 | |
|---|---|---|---|---|---|
| 重量 | | 价值 | | 币值 | |
| 贸易性质 | | 货物产地 | | 合同号 | |
| 是否退税 | | 船名/航次 | | | |
| 委托单位开户银行 | | 中行嘉兴分行 | 帐号 | 45/8201018090150153 | |

随附单证名称、份数及编号：

1. 合同　　　　　　份　　　　6. 机电证明　　　　　份 编号：

2. 发票　　　　　　份　　　　7. 商检证　　　　　份

3. 装箱清单　　　　份

4. 登记手册　　　　份 编号：

5. 许可证　　　　　份 编号：

(以上内容由委托单位填写)

| 被委托单位 | | 十位编码 | |
|---|---|---|---|
| 地址 | | 联系电话 | |
| 经办人 | | 身份证号 | |

(以上内容由委托单位填写)

| 代理(专业)<br>报关企业章<br>及法人代表<br>章： | 委托单位章<br>及法人代表<br>章： |
|---|---|

年　　月　　日

附件 3-13

# 上海招商国际货运有限公司
# 海 运 出 口 委 托 书

外运编号：_____

SHIPPER（发货人）

_____

CONSIGNEE（收货人）

_____

NOTIFY PARTY（通知人）

现委托贵公司承运下列货物，请于出运后据此向

我方（或我指定方）收取费用。

委托方（盖章）_____

联　系　人：_____

Dated on：_____

Tel：_____

| PLACE OF DELIVERY （目的港） | 预配船： | | 预配船期： | L/C 号期： | L/C 效期： |
|---|---|---|---|---|---|

| MARKS & NOS. （标记、号码） | NO OF P'KGS （件数、包装） | DESCRIPTION OF GOODS （货　名） | GROSS WEIGHT (Per each p'kg) （每件重量） | DIMENSION （长×高×宽） | MEASUR MNT 尺码（立方米） |
|---|---|---|---|---|---|
| | | | | | |
| | | | | | |
| | | | | | |

TOTAL：P'KGS _____　　　_____ KGS　　　_____ M³

| B/L 份数： | 正 | 别 | 运费方式： | 预付/到付 | 准/不准分批 | 准/不准转船 |
|---|---|---|---|---|---|---|

| L/C 要求 特别条款： | |
|---|---|

| 货物存放地： | | 货交日期： | | 联系人： | | TEL： | |
|---|---|---|---|---|---|---|---|

| 自送我库/车站/码头到货自运/货运公司派车提货 | 是/否危险品 | 性能 | | 国际危规号 | |
|---|---|---|---|---|---|
| 海运费付款人： | | 外汇报号： | | TEL： | |
| 中文名称及地址： | | | | 邮编： | |
| 人民币付款人名称： | | | 报号及 开户行： | | |
| 地　　址： | | | TEL： | 邮编： | |

| 此 支 每 司 分 结 向 到 列 | 实际船名： | | 航次： | | 海运费： | |
|---|---|---|---|---|---|---|
| | B/L | | 件数： | | 包干费： | |
| | 备注： | | | | | |

附件 **3-14**

## 空运出口委托书

TO：张先生　　FAX NO：62697720　　FROM：上海增发服饰有限公司

| SHANGHAI | TOKYO , JAPAN | FREIGHT PREPAID |
|---|---|---|
| 收货人及地址：<br>CHAMBRE DE CHARME CO., LTD.<br>23-8 , MOTOYOYOGI-CHO , SHIBUYA-KU ,<br>TOKYO , JAPAN | | 箱唛：　　C.D.C<br>LPACW-21-306<br>LA'POCHE/AMBIDEX<br>N.W:　KGS<br>G.W:　KGS<br>C/NO.1-4<br>MADE IN CHINA |
| 通知人及地址：<br>CHAMBRE DE CHARME CO., LTD.<br>23-8 , MOTOYOYOGI-CHO , SHIBUYA-KU ,<br>TOKYO , JAPAN | | |
| 托运人及地址：<br><br>SHANGHAI ZHENG FA GARMENT CO., LTD. | | |

| 件　　数 | 重　　量 | 体 积 及 尺 寸 | 货 物 名 称 |
|---|---|---|---|
| 4 CARTONS | 50 公斤 | 53X32X47<br><br>0.32 立方米 | LADIES' SWEATER<br>CONTRACT NO.LPACW-21-306<br>(113-73136 , 113-79137) |

托运要求：

　　此单货十月二十三日上午进仓，请帮忙安排十月二十四日的航班。
　　确切箱数以报关单证为准，费用还是由香港 LA' POCHE 公司支付。
　　谢谢！

所附单证：

| 托运人盖章： | 托运日期：<br>　　2001 年 10 月 22 日 |
|---|---|
| | 经办人员：<br>　　叶斌晨　BP: 96118-428601 |
| | 电话号码：<br>　　62214227　13601797350 |

附件 3-15

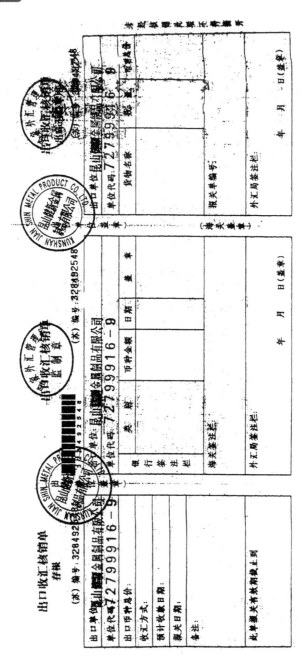

附件 3-16

出口退税专用

```
*******
 * 主页 *
*******
```

中华人民共和国海关出口货物报关单

预录入编号：　523101050-　Page. 1　　　　海关编号：　523101050-

| 出口口岸 吴淞海关 (22 / 02) | 备案号 C23032300322 | 出口日期 2003-01-31 | 申报日期 2003-01-29 |
|---|---|---|---|
| 经营单位 苏州　　电子有限公司 3205931559(3205016O8237049) | 运输方式 江海运输 | 运输工具名称 HUNSA BHUM/S060 | 提运单号 SHACB3122931*04 |
| 发货单位 苏州　　电子有限公司 3205931559(3205016O8237049) | 贸易方式 进料对口 0615 | 征免性质 进料加工 (0503) | 结汇方式 电汇 |
| 许可证号 | 运抵国(地区) 泰国 (0136) | 指运港 曼谷 (1497) | 境内货源地 苏州其他 (32059) |
| 批准文号 329536621 | 成交方式 FOB | 运费 000/ .000/ | 保费 000/ .000/ | 杂费 000/ .000 |
| 合同协议号 JL024/2002 | 件数 6 | 包装种类 PLT | 毛重(公斤) 2946 | 净重(公斤) 2763 |
| 集装箱号 | 随附单据 出境货物 | | 生产厂家 |

标记唛码及备注　178 USD 4394.95　B：

| 项号 | 商品编号 | 商品名称、规格型号 | 数量及单位 | 最终目的国(地区)单价 | 总价 | 币制 | 征免 |
|---|---|---|---|---|---|---|---|
| 01 [0001] | 85182900. | 扬声器 S08F | 25114.00个 | 泰国 (136) | 4394.95 | USD 美元 | 全免 |

税费征收情况

| 录入员 | 录入单位 | 兹声明以上申报无讹并承担法律责任 | 海关审单批注及放行日期(签章) | |
|---|---|---|---|---|
| | | | 审单 | 复核 |
| 报关员 | | | 征税 | 统计 |
| 单位地址 | 　　　7926 申报单位(签章) 靖江天安联合货运有限公司 | | 查验 | 放行 |
| 邮编 | 电话 | 填制日期 2003/03/05 | | 签发关员:2530 签发日期:2003/03/05 |

附件 3-17

日本郵船(中國)有限公司
**NYK LINE (CHINA) CO., LTD.**
集 裝 箱 發 放 設 備 交 接 單
EQUIPMENT INTERCHANGE RECEIPT

**OUT**出 場

No. 0305010

| 用箱人／運箱人(CONTAINER USER／HAULIER) | | 提箱地點(PLACE OF DELIVERY) |
|---|---|---|
| 天原 27237 | | 华发 |
| 发往地点(DELIVERED TO) | 返回／收箱地点(PLACE OF RETURN) | |
| AEJEA | 外一 | |

| 船名／航次(VESSEL／VOYAGE NO.) | 集裝箱号(CONTAINER NO.) | 尺寸／類型(SIZE, TYPE) | 背運人(CNTR.OPTR.) |
|---|---|---|---|
| P&O.NEDLLOYD. PUSAN V102W | | 20/8P | |

| 提单号(B／L NO.) | 铅封号(SEAL NO.) | 免费期限(FREE TIME PERIOD) | 运载工具牌号(TRUCK.WAGON.BARGE NO.) |
|---|---|---|---|
| NYKS 469349070 | | | |

| 出场目的／状态(PPS OF GATE-OUT/STATUS) | | | 出场日期(TIME OUT) | 进场日期(TIME IN) |
|---|---|---|---|---|
| | | | 月　日　时 | ／　月　日　时 |

出场检查记录(INSPECTION AT THE TIME OF INTERCHANGE)

| 普通集裝箱(GP CONTAINER) | 冷藏集裝箱(RF CONTAINER) | 特种集裝箱(SPECIAL CONTAINER) | 发电机(GEN SET) |
|---|---|---|---|
| ☐ 正常 (SOUND)<br>☐ 异常 (DEFECTIVE) | ☐ 正常 (SOUND)<br>☐ 异常 (DEFECTIVE) | ☐ 正常 (SOUND)<br>☐ 异常 (DEFECTIVE) | ☐ 正常 (SOUND)<br>☐ 异常 (DEFECTIVE) |

损坏记录及代号(DAMAGE & CODE)

| **BR**<br>破 损<br>(BROKEN) | **D**<br>凹 损<br>(DENT) | **M**<br>丢 失<br>(MISSING) | **DR**<br>污 箱<br>(DIRTY) | **DL**<br>危 标<br>(DG LABEL) |
|---|---|---|---|---|

左側(LEFT SIDE)　右 側 (RIGHT SIDE)　前 部 (FRONT)　集裝箱内部 (CONTAINER INSIDE)

顶 部 (TOP)　底 部 (FLOOR BASE)　箱 门 (REAR)　如有异状，请注明程度及尺寸(REMARK).

除列明者外，集裝箱及集裝箱设备交接时完好无损，铅封完整无误
THE CONTAINER／ASSOCIATED EQUIPMENT INTERCHANGED IN SOUND CONDITION AND SEAL INTACT UNLESS OTHERWISE STATED

用箱人／运箱人签署
(CONTAINER USER/HAULIER'S SIGNATURE)

码头／堆场值班员签署
( TERMINAL／DEPOT CLERK'S SIGNATURE)

NYK留底

附件 3-18

# 中华人民共和国出入境检验检疫
## ENTRY-EXIT INSPECTION AND QUARANTINE
## OF THE PEOPLE'S REPUBLIC OF CHINA

正 本
ORIGINAL

## 熏 蒸 / 消 毒 证 书
### FUMIGATION/DISINFECTION CERTIFICATE

编号 No.: 310400 202065821

发货人名称及地址
Name and Address of Consignor ____ CHINA ABRASIVES IMPORT & EXPORT CORP. HAINAN BRANCH

收货人名称及地址
Name and Address of Consignee ____ KALAMAZOO PAPER CHEMICALS, DIV. OF JOYCECO INC. AND 2ND NOTIFY A.N. DERINGER CUSTOMS BROKER, 2100 DEVON, ELK GROVE VILLAGE, IL 60007, FAX: 847 734 0098

品名      产地
Description of Goods ____ 20 PALLETS FOR TITANIUM DIOXIDE    Place of Origin ____ CHINA

报检数量      -20- PALLETS
Quantity Declared ____ -19268- KGS G.W.    -19068- KGS N.W.

启运地
Place of Despatch ____ SHANGHAI

到达口岸
Port of Destination ____ KALAMAZOO, MICHIGAN-CUSTOMER'S DOOR

运输工具
Means of Conveyance ____ KAGA V.87E32

标记及号码
Mark & No.

N/M

## FUMIGATION / DISINFECTION TREATMENT

Date: 03-04 AUG., 2002      Duration & Temperature: 24 HOURS 31 ℃

Treatment: FUMIGATION      Chemical & Concentration: METHYL BROMIDE 48   $g/m^3$

## ADDITIONAL DECLARATION

MASTER BILL OF LOADING: OOLU58058220
OOLU3378218/D196128
DEGASSED

註：大陸出口的貨物，外包裝如果是
木條箱、木箱或使用木機板，輸往
下列國家諸如美國、加拿大、澳卅
巴西等，BUYER會要求出口商檢附
熏蒸，証書。
這與三檢中的植物檢不同，植檢
是看貨物的項目是否需要檢驗，
而且是由大陸的有閞單位規定的。

签证地点 Place of Issue ____ WU SONG, SHANGHAI   签证日期 Date of Issue ____ 07 Aug. 2002

Official Stamp

授权签字人 Authorized Officer ____ ZHA LIWEN   签 名 Signature ____

[c 7-1(2000.1.1)]

A 1664063

## 附件 3-19　出入境檢驗檢疫報檢委託書

　　本单位与受托人 ＿＿＿＿＿＿＿＿＿＿＿＿＿＿＿＿＿＿ 协商后达成本委托书，将本单位进口／出口如下貨物的出入境检验检疫报检工作全权委托受托人办理，并保证向受托人提供的用于办理报检手续的所有单证均眞实无讹：

品　　名：　　　　　　　　　　数（重）量：

外贸合同号：　　　　　　　　　提（运）单号：

委　托　日　期：　　　　　　　年　　月　　日

本委托书有效期：　　年　　月　　日至　　　年　　月　　日


委托人（印章）：＿＿＿＿＿＿＿＿＿＿＿＿＿


单位地址：＿＿＿＿＿＿＿＿＿＿＿＿

机构性质：＿＿＿＿＿＿＿＿＿经营范围：＿＿＿＿＿＿＿＿＿

法人代表（印章）：＿＿＿＿＿＿联系电话：＿＿＿＿＿＿＿＿

---

### 受托人确认声明

　　本单位完全接受本委托书，将根据出入境检验检疫的有关法规规定，办理委托人所委托的上述货物的出入境检验检疫报检并配合检验检疫工作，如在所委托事项中发生违规或违法行为，自愿接受检验检疫机构的处理、处罚并负法律责任。


受托人（印章）：＿＿＿＿＿＿＿＿＿＿＿＿


单位地址：＿＿＿＿＿＿＿＿＿＿＿＿

确认日期：＿＿＿＿年＿＿＿＿月＿＿＿＿日

## Unit 3-3
# 轉廠（深加工結轉）的意義及操作程序

## 一 轉廠的意義

　　中國大陸政府為鼓勵出口產品的深加工，提高產品的價值，允許加工貿易企業，保稅進口的料件經過加工後的成品或半成品，可以不直接出口而轉給另一企業，繼續深加工之後出口，這種保稅貨物在不同企業之間的流轉加工業務，稱為深加結轉或轉廠。

　　同關區企業之間的結轉稱為同關區轉廠，轉出方與轉進方在同一海關辦理手續，很快即可完成貨物結轉，若企業不在同一關區，其結轉稱為「異地結轉」，分轉關運輸及非轉關運輸二種方式辦理貨物結轉。

　　使用「非轉關運輸」方式的企業，需具備下列條件：

1. 轉出企業是A類企業。
2. 轉出企業願交付海關相當於結轉貨物的稅款作為保證金。
3. 轉入企業屬於保稅工廠或保稅區內的加工生產企業。
4. 經轉出地海關核准，每次結轉的保稅貨物價值10萬人民幣以下，且重量低於5,000公斤。

　　一般來說，使用「轉關運輸」方式的程序較為繁複，而且要用「海關監管車」將貨物轉關至轉入地海關，車資較貴。

## 二〉 異地轉廠的程序

### （一）非轉關運輸方式的結轉程序

| 轉出企業 |：向轉出地海關提出申請，須提供「申請表」、「登記手冊」、「購銷合同」。

↓

| 轉出地海關 |：審核同意，並將合同備案資料傳至轉入地海關。

↓

| 轉入企業 |：填寫由轉出企業轉交的「申請表」，交給轉入地海關提出申請。

↓

| 轉入地海關 |：核對轉入企業遞交的文件與轉出地海關傳輸的數據是否相符。

↓

| 轉入企業 |：收貨後轉出及轉入企業方共同向轉入地海關辦理結轉報關手續。

↓

| 轉入地海關 |：核對結轉報關資料及手續。

## （二）轉關運輸方式的結轉程序

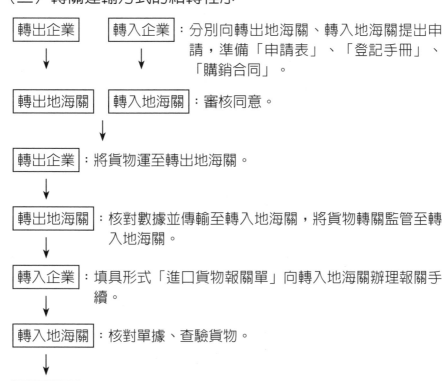

轉出企業　轉入企業：分別向轉出地海關、轉入地海關提出申請，準備「申請表」、「登記手冊」、「購銷合同」。

轉出地海關　轉入地海關：審核同意。

轉出企業：將貨物運至轉出地海關。

轉出地海關：核對數據並傳輸至轉入地海關，將貨物轉關監管至轉入地海關。

轉入企業：填具形式「進口貨物報關單」向轉入地海關辦理報關手續。

轉入地海關：核對單據、查驗貨物。

轉出企業：填寫形式「出口貨物報關單」向轉出地的海關辦理報關手續。

## （三）深加工結轉貨物，應向海關提交的單證

1. 轉出方登記手冊。
2. 經報關行預錄入的「形式」，出口報關單正本（如附件3-20-1）。
3. 轉進方登記手冊。
4. 經報關行預錄入的「形式」，進口報關單正本（如附件3-20-2）。
5. 深加工結轉申請表。

6. 轉出方與轉進方購銷合同。

　　保稅貨物的結轉，從關務上來看，視同貨物的進出口，因此轉出方要填報出口報關單，轉入方要填報進口報關單，但實際上這些保稅貨物是在中國境內流通，從轉出地企業運至轉入地企業並沒有真正的進出境，因此填報的報關單稱爲「形式報關單」。

　　進出口報單上的幣制要用美金，但買賣方結算時，可以使用人民幣。

## （四）轉廠實務操作舉例說明

　　例如：某一臺商在深圳成立來料加工廠生產電源線，這樣他就可以向當地主管海關申辦「登記手冊」，以保稅方式進口原料，例如：從臺灣進口銅線，加工做成電源線之後，除了可以直接外銷出口外，也可以用轉廠方式，賣給國內需要用電源線，再繼續組裝成製成品出口的廠商，例如：台達電東莞廠。如圖示：

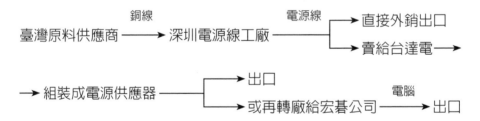

## （五）轉廠在運用上應注意的事項

1. 未經加工的進口料件，如上述例子的銅線，是不可以直接結轉給台達電的，因爲這樣有違政府深加工提高價值的政策及用意。銅線必須經加工後變成另一商品編號 （H.S. CODE） 的產品，才可以結轉。
2. 結轉的對象一定是從事加工貿易出口的企業，亦即將結轉來的

貨物繼續深加工做成產品出口，不可以內銷，但可以再轉給另一企業再加工後將產品出口，例如：台達電又把電源供應器賣給宏碁公司做成電腦出口。

3. 轉出、轉入申請手續完備後，貨物從深圳電源線工廠運至台達電工廠，雙方在轉入地海關各自辦理報關手續。但在東莞、深圳地區實務作業上，很多工廠基於時效性，往往先送貨再辦理轉廠手續，海關似乎也瞭解這一事實而睜一眼閉一眼默許。

4. 實務作業上，省與省之間的轉廠困難度高，例如：廣東的電源線工廠要以轉廠方式賣給蘇州的宏碁電腦公司，由於各省規定不盡相同，加上海關擔心貨物長途運輸途中被調包走私，會要求轉出企業繳交貨物的稅款保證金，因此廣東的轉出單位往往會選擇乾脆把貨物出口到香港，再從香港轉運到上海，然後再從上海運送至蘇州的宏碁。

用這種「繞道」的迂迴方式，其實還有一個很重要的原因，那就是為了解決轉出與轉入單位之間的買賣價格問題，因為很多臺商在中國大陸設廠，會先在第三地成立境外公司，再用境外公司控股方式在中國大陸設廠，如此不但可以節稅，而且利用境外公司的操作將外匯存留境外，也可以規避中國大陸的企業所得稅。

例如：前述例子，深圳電源線工廠向臺灣購買銅線每公斤美金10元，加工做成電源線後，以每公斤20元賣給德國的Buyer，假設工廠的加工費用為每公斤5元，則銷貨20元減加工費5元再減進項原料10元，剩下的5元作為企業所得稅的稅基。但如果深圳電源線工廠以境外公司的名義所設立，則可用境外公司向臺灣買銅線每公斤10元美金，再由境外公司以12元賣給自己的深圳工

廠,作成製成品電源線後,以18元賣給自己的境外公司,再由境外公司以20元賣給德國的Buyer,如此銷貨18元減加工費5元再減進料12元,剩下的1元作為企業所得稅的稅基,這樣就可以達到節稅的目的。如圖示:

由於利用境外公司的操作,使得進入中國大陸的原料價格已失真,因此會使得轉廠時,買賣雙方的價格不一致,甚至出現矛盾的現象,容易被海關查覺有異,到時如被追查來源,發現有逃偷企業所得稅的情形,麻煩就大了。因此,轉出單位為了避免這種問題,乾脆不用轉廠方式而把電源出口到香港(此時當初進料加工備案合同就可以辦理核銷),然後再依客戶的成交價格從香港轉運給蘇州的宏碁電腦。

(註:國外的企業或在第三國的境外公司以控股方式在中國大陸設立企業,雙方可說是關聯企業。根據中國大陸所得稅法的規定,關聯企業之間的往來應按獨立企業之間以公平成交價格的原則進行業務往來,違反此一原則即有可能透過關聯企業內部的轉讓訂價,人為扭曲收入和費用達到逃避稅收等不正當的目的,稅務機關有權進行查核、補稅及罰款。)

另外要把轉出的貨物經由境外再運給轉入企業,有下列二種情況:

⑴一種就是轉出企業為了要退稅的關係，因為只有貨物出口才能申請退稅，境內轉廠只能核銷但不能退稅。

⑵另一種是當轉出企業與轉入企業在料件的核銷計算單位不同時，例如：轉出企業是以重量，而轉入企業是以件數為單位核銷時，為了避免換算的困擾，乾脆將轉廠的貨物出口到香港，然後再由轉入企業用手冊保稅進口。

5. 有些中間商把境內企業製造的產品（成品或半成品）賣給另一境內的企業，為了不讓買方知道此產品來自境內，會利用保稅區內貿易公司的名義來操作，如圖示：

昆山A企業　——產品——→　外高橋保稅區貿易公司　————→　濟南B企業

　　如果濟南B企業以手冊保稅方式從保稅區進口，則不用繳增值稅，如果用「一般貿易」方式則需繳稅，這樣透過保稅區貿易公司的運作，如同貨物進出香港一樣，買方B企業不知產品出自A企業。

　　自從2005年上海保稅物流倉庫及蘇州保稅物流倉庫成立之後，貨物在此進出又比保稅區更方便，更省錢（只有二次報關，比保稅區少一次），而且出口方可以辦理出口退稅。

（註：貨進保稅區雖然視同出口，但貨物沒有離境，因此不能申請出口退稅。）

　　以前華東地區的出口貨物，需要借道「香港一日遊」的Case，現在都改由此保稅物流倉庫進出。

**附件 3-20-1**

中华人民共和国海关出口货物报关单

主页

预录入编号：9725000062-7　Page 1　　海关编号：9725000063

| 出口口岸 供保税区 (57 / 92) | 备案号 C68301J00079 | 出口日期 0 | 申报日期 2002-01-22 |
|---|---|---|---|
| 经营单位 ＿＿＿＿电子科技有限公司 4007948069 (4007817192584124) | 运输方式 非保 | 运输工具名称 | 提运单号 |
| 发货单位 ＿＿＿＿子科技有限公司 4007948069 (4007817192584124) | 贸易方式 进料对口 0615 | 征免性质 进料加工 (0503) | 结汇方式 |
| 许可证号 | 运抵国(地区) 中国 (01121) | 指运港 中国境内 (01121) | 境内货源地 4007 |
| 批准文号 LJ2896987 | 成交方式 FOB | 运费 000/ | 保费 000/ 000 | 杂费 000/ 000 |
| 合同协议号 01-04 | 件数 340 | 包装种类 纸箱 | 毛重(公斤) 3283 | 净重(公斤) 3207 000/ |
| 集装箱号 | 随附单据 | | 生产厂家 |

标记唛码及备注　收货:奕福科技电子公司

| 项号 商品编号 | 商品名称、规格型号 | 数量及单位 | 最终目的国(地区) | 单价 | 总价 | 币制 | 征免 |
|---|---|---|---|---|---|---|---|
| 01 84733090. [0002] | 彩色显示器(不含显像管) SKD-1554A(15") | 2562.82千克 650.000套 | 中国香港 (110) | 29.000 | 18850.00 | 美元 USD | 全免 用途:加工复销 |
| 02 84733090. [0004] | 彩色显示器(不含显像管) SKD-1770A(17") | 244.40千克 50.000套 | 中国香港 (110) | 40.000 | 2000.00 | 美元 USD | 全免 用途:加工复销 |

税费征收情况

录入员　录入单位 000

报关员

单位地址

邮编　　电话　　填制日期

兹声明以上申报无讹并承担法律责任
申报单位(签章)

海关审单批注及放行日期(签章)
审单
审价
征税
统计
查验　放行

# 附件 3-20-2

2-43

## 中华人民共和国海关进口货物报关单

\*\*\*\*\*\*\*\*
★ 末页 ★ 编号
\*\*\*\*\*\*\*\*\*

海关编号：

台山公益

A 日

| 进口口岸 | 312000728-7 Page. 1 | 备案号 | | 312000028- | | 申报日期 | 2002-01-28 |
|---|---|---|---|---|---|---|---|
| 经营单位 台公益港 有限公司 1 440794001 | (68 / 31) 1) 有限公司 | 进口 01301400073 其余方式 | 运输工具名称 | 2002-01-28 征免性质 | 0054 | 流运单号 征税比例 | 2002-01-28 |
| 许可证号 | | 起运国(地区) 进料深加工 | | 085入 货物港 | (0000) | 境内目的地 | |
| 批准文号 | | 成交方式 | 运费 (0142) | 中国境内 | 保费 (0142) | 过口 杂费 | (44079 |
| 合同协议号 | 件数 | 000 | 包装种类 000 | 000 毛重 (公斤) | 000 | 净重 (公斤) | 699 |
| 舱单号 | 随附单据 | | 深装 | | 699 | 用途 | 699 |

标记唛码及备注    转自C51301200031手册

| 项号 商品编号 | 商品名称 规格型号 | 数量及单位 | 原产国(地区) | 单价 | 总价 | 币制 | 注 |
|---|---|---|---|---|---|---|---|
| 01 85322200. [0037] | ★电解电容器 | 699.33千克 1165.550千个 | 中国 (142) | 6.6666 | 4662.20 用途:加工返销 | USD 美元 | 全免 |

税费征收情况

## 已 抵 扣
（12—2）

接单环节交单核放

| 录入员 0000 | 录入单位 | 兹声明以上申报无讹并承担法律责任 审结人代码: 9999 审结人: 计算机 审结日期: 2002 | 海关审单批注及放行日期(签章) 审单    审价 |
|---|---|---|---|
| 报关员 陈 单位地址 | | 申报单位(签章) 山市万 电子科技有限公司 | 审证    统计 复核    查验 |

## Unit 3-4

# 中國大陸從事內貿的方式及其優缺點比較

## 一 使用轉廠方式

如前所述,在沿海經濟技術開發區設立加工貿易生產企業,亦即來料加工或進料加工都可以申請「登記手冊」,以保稅方式進口料件作成產品,一方面可以直接外銷,另一方面也可以利用轉廠方式把產品賣給國內同樣作加工貿易的外銷廠商。

·優點:可以取得中國大陸進出口經營權(但僅限自產貨品,不可以代理他人產品),並可以申請登記手冊保稅進口料件,不必繳交關稅及進口增值稅。

·缺點:進口的貨物僅限自用的原物料、零組件,出口的產品也僅限於自己生產的製成品,不可以代理他人的產品,營業產品範圍受限。

(註:2004年底,中國大陸政府已開放加工貿易企業,可以申請設立自己的貿易公司,代理其他產品出口。)

## 二 透過國有的外貿公司

．缺點：

⑴ 需支付進口代理費給外貿公司。

⑵ 需課徵關稅、進口環節增值稅。

⑶ 成立內貿公司要花費很多人力、時間及金錢來建立通路，
　而且設立內貿公司需借用中國大陸的人頭（中國大陸籍人
　民），至於好的經銷商不容易找，另外收款也是個問題。

⑷ 客戶支付人民幣，扣除管銷費用外，所賺的錢無法經由正
　常管道匯回臺灣，因為內貿公司或經銷商均不能在銀行開
　設外匯帳戶，而透過不合法的地下管道將錢匯出，則需承
　擔風險。

⑸ 經銷商／內貿公司年終企業所得稅率33%，稅賦高而且沒有
　像其他外商投資企業享有2免3減半等的租稅優惠（現已取
　消）。在保稅區設立外貿公司從事內銷，企業所得稅比照
　區內的生產事業只有15%，而且還享有1免2減半的優惠。

．優點：只要一有新的產品或市場急需的商品，就可以機動性地
　搶先進入市場。

### 三　在保稅區設立貿易公司

　　在2004年7月之前，中國大陸政府除了在保稅區允許外商可
以獨資設立貿易公司外，其他地區不准外商設立貿易公司從事內
貿買賣。一般貿易大都要透過國有的外貿公司代理進出口業務，
因此外商要合法地在中國大陸進行內貿，可以在保稅區內成立貿
易公司，然後透過區內管理局的「市場交易中心」的運作，開立
以自己貿易公司名義的銷售增值稅發票，合法地進行內銷買賣。
（註：有關中外合資的對外貿易公司，其設立的資格限制很大、
很難申請，請參閱附錄3-16。）

在保稅區成立貿易公司或設廠的優缺點說明如下：（請參閱附錄3-9）

保稅區因具有「視同出口」及「境內關外」的特點及政策，對於從國外進口到保稅區內的貨物，貨主可以享有下列優惠措施：

1. 免繳關稅。
2. 免繳進口環節增值稅。
3. 免申辦登記手冊、許可證。
4. 無外匯管制，外幣／人民幣可以自由兌換，不像區外，外匯是有嚴格管制的。

保稅區因具有以上特點，因此吸引不少企業前往投資，在保稅區設立的公司，主要有下列幾種類型：

1. 加工生產企業：尤其是國際性的大公司，例如：Philip、HP、Motorola、Panasonic等，因為保稅區大都靠近港口，從國外進口的原物料、零配件從港口卸貨後，運進保稅區或製成品從保稅區運往港口裝船，可以節省不少運輸成本。不過中小企業並不喜歡在此設廠，主要的原因有二：
   (1) 營建成本高；因保稅區土地貴，遠比昆山、蘇州等地的經濟技術開發區高。
   (2) 保稅區大都位於港口附近，住家少，工人招募不易，人才養成後流動率高，容易跳槽至區內的國際性大企業。
2. 倉儲運輸業：有不少物流業者及貨代進駐在保稅區，可以就近承攬區內加工生產企業的進出口貨物，而且在此設立發貨倉庫，一方面可以快速供貨給區外的客戶，同時也可以減少積壓資金，因為進入保稅區的貨品可以暫時免繳關稅、增值稅，等

到要提領出去區外時才需繳交。對於要一次大量進口而且價值又高的貨品，分批賣給區外的客戶，在保稅區設立倉儲或物流中心，是可以減少積壓資金的成本，因為只有提領的部分運出保稅區時才要繳關稅、增值稅，其餘留在區內的貨物還是免稅的。

3. 貿易公司：除了可以從事轉口貿易外，也可以從事內銷，詳情如前所述。

（註：在保稅區設立的外商獨資國際貿易公司，其經營範圍包括：國際貿易、轉口貿易、保稅區企業間的貿易及貿易代理、透過國內有進出口經營權的企業與非保稅區企業從事貿易業務、保稅區內商務諮詢服務。）

## 四 》 在沿海大城市設立貿易公司

中國大陸政府已於2004年7月開放外商可以獨資設立貿易公司，資本額100萬人民幣。可以從事進出口貿易的代理業務，但沒有分銷業務權，不能進行經銷業務，所代理進口的商品，還是需要透過內資的經銷商來作銷售事宜。

・優點：外商自己獨資成立貿易公司，不必再透過國有的外貿公司，不用擔心資料外洩。

・缺點：雖然中國大陸政府在2004年7月就已開放，但申請手續，各地城市地方政府也不太瞭解，因此時間上可能會拖上3個月以上，另外商貿易公司與其代理的加工企業之間的合約及合作關係，也不像國有的外貿公司那麼有經驗及信任度。

（註：外商貿易公司如要代理中國大陸的加工企業出口貨物，可以參考本書Unit 3-22附錄的代理出口協議範本。）

## Unit 3-5

# 臺灣→香港→中轉廣東地區貨物運送路線及費用的說明、比較

## 一》 往東莞、深圳的貨物運送路線

1. 臺灣港口裝船→香港（國際碼頭）卸櫃→中轉拖車→進中國大陸工廠
2. 臺灣港口裝船→香港（中流作業）卸櫃→二程船→進中國大陸小港口→拖車運至工廠
3. 臺灣港口裝船→直靠鹽田、蛇口等廣東的港口

〔說明〕

　　1. 的運送路線是臺灣的原物料或零配件在臺灣的港口裝船後，船到了香港維多利亞港停靠國際碼頭，這個國際碼頭叫做 Hong Kong International Terminal，簡稱HIT，一次可以停泊近30艘船，船公司會將船上的貨櫃卸下後，用拖車載運至深圳及東莞，途經中國大陸與香港的邊境口岸──皇崗／文錦渡／沙頭角（三者之一，視Consignee工廠的交通方便而定）。

　　2. 的運送路線是臺灣的原物料、零配件在臺灣的港口裝船後，船到了香港海域，不停靠任何碼頭而在海面上將船上的貨櫃卸到接運的駁船上（亦即二程船；大約可承載幾十個貨櫃，有些駁船備有吊桿，有些沒有，需依賴第三條躉船上的吊桿，將母船上的櫃子吊到駁船上），這種作業方式稱為「中流作業」（Mid-stream Operation）。然後駁船再駛往廣東沿海鄰近工廠的小港口

卸貨（如太平、沙田、中山、容奇、南海、江門等），再用拖車運往工廠。

（註：

1. 在廣東省，除了比較大的港口像鹽田、蛇口外，還有很多小港口，例如：廣州港、福永港、太平、沙田、麻涌、中山、珠海、江門……等港口，請參閱附件3-21。鄰近這些小港口的工廠可以從此地報關，將貨物用駁船載運進出口。

2. 2008年12月15日兩岸開放直航後，臺灣的船隻可以直靠鹽田、珠海、蛇口、廣州、虎門等中國大陸港口，航程及運費可以縮短及降低。）

## ■三▶ 往東莞、深圳的貨物運費比較

以從臺中至長安為例：

1. 中轉拖車：

全程運費：US720／20'，US850／40'，CFS貨：US35／CBM（Min. 3CBM）。包含臺中至香港海運費＋香港吊櫃費＋香港至長安拖車費。

2. VIA二程船：

全程運費：US630／20'，US740／40'，CFS貨：US30／CBM。包含臺中至太平海運費＋太平至長安拖車費。

〔說明〕

使用中流作業二程船的運送方式，其費用比船直靠國際碼頭再用拖車中轉至中國大陸的陸運方式便宜，因為碼頭的船泊費及吊櫃費比中流作業的成本高，但中流作業係在海面上進行裝卸作業，風浪較大、船身搖晃也大，吊貨櫃時貨物容易碰壞，因此貨

物如屬易碎品，例如：陶瓷、玻璃、顯像器、電子儀器等，比較不適合使用中流作業。

## 三〉〉 往珠江流域的貨物運送路線

1. 臺灣港口裝船→香港（中流作業）卸櫃→二程船中轉→珠海、中山等港口卸貨→拖車運至工廠
2. 臺灣港口裝船→澳門（直靠）卸櫃 ,拖車經拱北海關→運至中國大陸工廠
3. 臺灣港口裝船→直靠珠海、湛江、虎門等港口

〔說明〕

珠江流域包括的範圍很廣，上至廣州、黃浦、佛山、南海、番禺、順德，下至中山、珠海、澳門。

拱北海關是中國大陸與澳門的邊境口岸，就像中國大陸與香港的邊境口岸一樣（皇崗、文錦渡、沙頭角）。所謂邊境口岸是指貨物最先抵達國境的港口海關，或貨物最後離開國境的港口海關。

臺灣的貨物用船運至澳門，船直靠碼頭後，船公司把船上的貨櫃卸下，用拖車經過拱北關運至珠海或中山等目的地的工廠。

2008年12月15日直航後，兩岸的船可以直靠對方的港口。但由於不景氣影響，貨量少，航班不穩定，有些船隻只停靠臺中港，北部的貨物須轉運，會增加一些費用。

## 四〉〉 往珠江流域的貨物運費比較

往中山、珠海方面，以從基隆至中山（外貿碼頭）為例：

1. 二程船中轉香港：

   全程運費：US370／20'，US550／40'，CFS貨：US55／CBM（Min. 3 CBM），包含基隆至中山（外貿碼頭）海運費。

2. 經澳門：

   全程運費：US800／20'，US1,250／40'，CFS貨：US95／CBM（Min. 3CBM），包含基隆至澳門海運費＋澳門至中山（To Door工廠）拖車費。

3. 直航：

   全程運費：US100／20'，US200／40'。由於貨量關係，目前班次不穩定，有些船隻只停靠臺中港。

〔說明〕

　　從1.及2.的費用來比較，2.幾乎是1.的兩倍，因二程駁船比拖車便宜，如果從運費的角度來看，貨主當然會選擇使用1.中流作業二程船的運送方式，但當貨主在趕出貨或急需原物料、零配件時，貨主還是會使用2.的方式，因為考慮到時間的問題。使用1.的方式從臺灣裝船直到貨進中山、珠海的工廠，所需時間大約7天（含通關），但使用2.的方式全程則只需5天，工廠在趕貨的壓力，運費再貴也會考慮使用2.的運送方式。

## 五〉在臺灣的裝貨港Shipper要支付的當地費用

　　臺灣出口的Local Charge（當地費用）：

1. 報關費：NT2,500／20'，NT3,000／40'，NT2,200／CFS。
2. 吊櫃費：NT5,600／20'，NT7,000／40'。
3. 併櫃費：NT380／CBM。
4. 提單費：NT800／Per B/L。
5. 電放費：NT200／Per B/L。

〔說明〕

※ 何為電放（電報放貨），為什麼要使用電放？

　　東南亞航線各港口距離很短，從臺灣到香港船的航行時間只需48小時，到韓國釜山72小時，到日本的大阪、神戶也差不多72小時，南下馬尼拉、吉隆坡，遠至新加坡，也不過5天的時間，如果裝船之後，貨主因押匯關係，把B/L經由銀行轉給Consignee，此時船可能比提單先到卸貨港，在這種情況下會產生二種後遺症：第一，Consignee沒有提單不能提貨；第二，貨物如果是CFS併櫃貨可能產生倉租費，因貨要拆櫃進倉，貨物如果是CY整櫃貨，則可能產生貨櫃滯留費（Demurrage）。因此在東南亞地區的國際貿易中，付款方式大都採用「T/T」電匯的方式，而不使用「L/C」信用狀付款，這就是為什麼貨主要使用電放的原因。

（註：如果是使用L/C付款，買方也會要求賣方先將1/3正本提單用快遞寄給收貨人先行提貨，2/3提單再經銀行押匯轉寄。）

　　那麼何為電放？電放就是當貨物On Board裝船後，船公司或貨運承攬公司（Forwarder） 就會簽發提單給Shipper。如果Shipper要求電放，運送業者就會請貨主填寫「電放切結書」並加蓋公司大小章，同時繳回發放的正本提單，運送業者就會致電給卸貨港的船務代理商，請其直接放貨給提單上的Consignee，此為電放，如附件3-22的電放提單。因電放需經過上述手續，所以要向Shipper收取手續費，一般約為NT200，但有些運送業者為了爭取生意，政策性地不向貨主收取電放手續費，以討好貨主。

## 附件 3-21　廣東省城市位置圖

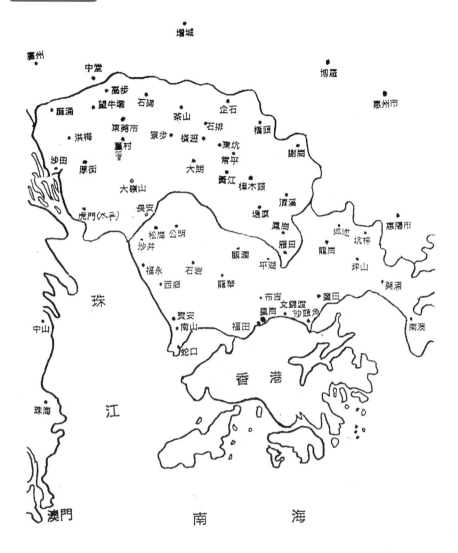

## 附件 3-22　電放提單

| | | |
|---|---|---|
| Shipper<br>TRANS POWER INT'L LOGISTICS (HK) CO., LTD.<br>O/B SULI SPORTING GOODS FACTORY | | B/L NO. TPHK0204331<br>Reference No. |
| | | TRANS POWER INT'L LOGISTICS (HK) CO.,LTD.<br>**BILL OF LADING** |
| Consignee<br>SOU EFFECT ENT. CO., LTD.<br>9F-2, NO.1 KUANG FU S RD., TAIPEI, TAIWAN<br>TEL: 2-2748-2126   FAX: 2-2748-2168 | | RECEIVED by the Carrier the goods specified herein in apparent good order and condition unless otherwise noted, |
| Notify party<br>SAME AS CONSIGNEE | | |

| Pre-Carriage by* | Place of Receipt* | TRANS POWER INTERNATIONAL CORP. |
|---|---|---|
| | | 7F-2, NO.200, SEC.3 NANKING E.RD., TAIPEI, TAIWAN, R.O.C. |
| Ocean Vessel    Voy. No. | Port of Lading | TEL: 2-2773-6070 EXT.230 |
| LT PEACE    N006 | HONG KONG | ATTN: MS CHERRY |
| Port of Discharge | Place of delivery* | Final Destination for information only |
| KEELUNG | KEELUNG | |

| Container No. Seal No.<br>Marks and Numbers | No. of Containers<br>or pkgs | Kind of package, description of goods | Gross weight | Measurement |
|---|---|---|---|---|
| SE<br>20211<br>C/NO.1-129<br>MADE IN CHINA | 129CTNS<br>VVVVVV | SPORTING GOODS & ACCESSORIES<br><br>**TELEX RELEASE**<br>*** CFS-CFS / 129CTNS ***<br>"FREIGHT PREPAID"<br>SAY TOTAL ONE HUNDRED TWENTY NINE<br>(129) CARTONS ONLY. | 2612KGS | 16.15CBM |

ATTN: 進口部<br>請於91年4月18日前將所要更改<br>資料告知 NO. 02,<br>ETA: 基隆 17/ 高雄：<br>台北 TEL: 27736070轉 231～233、235<br>FAX: 27110693、27110637、27110396<br>世 樺 國 際 聯 運 有 限 公 司

| Freight and Charges | Revenue Tons | Rate | per | Prepaid | Collect |
|---|---|---|---|---|---|
| OCEAN FREIGHT | | | | AS ARRANGED | |

| Ex Rate | Prepaid at | Payable at | Place and date of issue |
|---|---|---|---|
| | HONG KONG | | HONG KONG APR. 19, 2002 |
| | Total prepaid in local currency | No. of original B(s)/L<br>NIL | TRANS POWER INT'L LOGISTICS (HK) CO.,LTD |
| | Laden on board the Vessel | | |
| Date<br>19-Apr-02 | BY | | BY<br>As carrier |

# 直通關提單

| | |
|---|---|
| **Shipper**<br>CHIA TENG INDUSTRIAL CORP. | **2327** 77 |
| **Consignee**<br>CORETRONIC (SUZHOU) CO., LTD. NO.7 DONG XING ROAD,<br>SUZHOU INDUSTRIAL PARK, SUZHOU CITY JIAN SU<br>PROVINCE PRC. TEL:86-512-67260101 EXT:3742<br>BUTER: JINNY FAX:86-512-67260707 | **ORIENTAL LOGISTIC CO., L**<br>TO: 竹毛乙 |
| **Notify Party (Complete name and address)**<br>SAME AS CONSIGNEE　　　0305380 | **BILL OF LADING**<br>19F, 90, SEC. 2, NANKING E. RD., TAIPEI, TAIWAN<br>LICENSE NO.702 |

| Place of Receipt | Precarriage By | Excess Value Declaration: Refer to Clause 6(4) (B) + (C) on reverse side |
|---|---|---|
| **Vessel & Voy. No**<br>CHAO SHAN HE 267N | **Port of Loading**<br>KEELUNG, TAIWAN | Inland Routing (for the Merchant's reference only) |
| **Port of Discharge**<br>SHANGHAI | **Place of Delivery**<br>SUZHOU | Final Destination (for the Merchant's reference only) |

Particulars furnished by the Merchant

| Container No. And Seal No. Marks & Nos. | Quantity And Kind of Packages | Description of Goods | Measurement (CBM) Gross Weight (KGS) |
|---|---|---|---|
| N/M | 1X20<br>VVVVV | SAID TO CONTAIN 327 CTNS<br>SHIPPER'S LOAD & COUNT & SEAL.<br>FRAME | 1,319.20(K |
| | | TELEX RELEASE "直通阁" | |
| CRXU-1256269/20'/1,319.20KGS/327 CTNS/FCL-FCL | | 3/19 | |
| | | "FREIGHT COLLECT" SVC TYPE:FCL-FCL | |
| **TOTAL NUMBER OF CONTAINERS OR PACKAGES (IN WORDS)** | | SAY TOTAL ONE (1) TWENTY FEET CONTAINER ONLY | |

| FREIGHT & CHARGES<br>OCEAN FREIGHT | Revenue Tons | Rate | Prepaid | Collect<br>AS ARRANGE<br>(4765) |
|---|---|---|---|---|

| Service Type<br>FCL-FCL | Exchange Rate<br>US$1=NT$34.9600 | | Prepaid at | Payable at<br>DESTINAT |
|---|---|---|---|---|

RECEIVED by the Carrier the Goods as specified above in apparent good order and condition unless otherwise stated, to be transported to such place as agre authorized or permitted herein and subject to all the terms and conditions appearing on the front and reverse of this Bill of Lading to which the Merchant agre by accepting the Bill of Lading, any local privileges and customs notwithstanding.

The particulars given above as stated by the shipper and the weight, measure, quantity condition contents and value of the Goods are unknown to Carrier.

In WITNESS whereof three original Bills of Lading has been signed if not otherwise stated before one of which to be completed the other(s) to be void.

If required by the Carrier three original Bills of Lading must be surrendered duly endorsed in exchange for the Goods or delivery order.

| Number of Original B(s)/L<br>THREE (3) | Place of B(s)/L Issue/Date<br>TAIPEI TAIWAN MAY. 14.2003 | ORIENTAL LOGISTIC CO., LTD. |
|---|---|---|
| B/L NO.<br>ES730513235 | Laden on Board the Vessel<br>MAY. 14.2003 | **COPY NON-NEGOTIABLE** |
| For delivery of goods please apply to<br>BONDEX CHINA CO., LTD.<br>RM12.25/F, INTERNATIONAL TRADE TOWER 6 XIHUAN ROAD<br>SUZHOU 215004 CHINA ATTN: SIMON<br>TEL:51268270907 FAX:51268270906 | | by<br>AS CARRIER |

## Unit 3-6

# 廣東地區貨物出口的運送路線及費用的說明

### 一〉 從香港的路線

1. 經陸路：
   運送流程：工廠→在轄區海關申報通關手續→貨經邊境口岸→香港碼頭裝船
2. 經水路：
   運送流程：工廠→廣東省沿海的小港口，如太平港→駁船→香港接母船

〔說明〕

1. 工廠在轄區的海關辦好報關手續後，拖車將貨物載運經過上述的邊境口岸（皇崗、文錦渡、沙頭角）其中之一，到香港碼頭裝船。深圳的工廠可以使用直出單（報單如附件3-23），但東莞的工廠則需使用一般的出口報關單（如附件3-24）。
2. 工廠也可以經由鄰近的小港口報關裝船出口，例如：長安鎮的工廠可以在太平海關報關之後，從太平港裝駁船再到香港接運母船到世界各地。

### 二〉 從深圳的路線

經陸路：
運送流程：工廠→在轄區海關申辦關封手續→貨到鹽田（或蛇口）辦理通關及裝船

〔說明〕

　　深圳的工廠直接到鹽田港或蛇口港辦理通關手續及裝船，要打列出口報關單，不能使用前述的集中月報單（此只限用於陸運方式中轉香港進出口）。東莞的工廠在當地主管海關辦理報關手續時，還需申請關封，然後用拖車把貨物運至鹽田港裝船，在鹽田海關需辦理轉關手續（費用大約RMB200元）。

※ 何為關封，什麼情況之下要辦理關封，舉例說明如下：

　　這類似臺灣的基隆海關管轄五堵支關、六堵支關、暖暖支關……等。長安鎮的工廠要從太平港出口，當然可以在太平海關報關及裝船，叫作「本地報關」，無須辦理關封，但如果長安的工廠要從不同的主屬海關的鹽田港裝船出口，則工廠先要向主管的太平海關辦理報關手續並申請關封，然後才可以把貨運至鹽田港裝船，像這樣跨關區報關，就要申請關封。再如浙江省的工廠有貨物要從上海港裝船出口，同樣也要辦理關封，因屬不同直屬海關管轄。

（註：跨關區報關，海關的正式名稱叫作異地報關備案。）

※ 什麼叫作關封？

　　舉前述的例子，關封就是長安的工廠請主管的海關—太平關，出具工廠的出口貨物報關單裝在太平海關的信封中，密封後交由貨主隨同貨物轉給鹽田海關辦理轉關手續，如此鹽田海關不

但有從太平海關經由電腦傳送來的資料，也有關封依據可供比
對。有人將關封稱爲「放行單」，因爲只要主管海關肯出具關
封，就表示同意放行。

## 三〉 從珠江流域的路線

1. 經水路：
   運送流程：工廠→珠海、中山等港口→駁船→香港接母船
2. 經陸路：
   運送流程：工廠拖車經拱北關→澳門裝船

## 四〉 從香港及從深圳出口的費用及優缺點比較

以從公明出口至漢堡爲例：

| | | VIA香港 | VIA鹽田 |
|---|---|---|---|
| 海運費 | | US1,275 / 20'，US2,550 / 40' | US1,300 / 20'，US2,600 / 40' |
| Local Charge | 拖車費 | HKD2,500 / 20'，HKD2,900 / 40' | HKD1,100 / 20'，HKD1,200 / 40' |
| | 報關費 | HKD600 / 20'，HKD800 / 40' | RMB250 / 20'，RMB300 / 40' |
| | 吊櫃費 | HKD2,065 / 20'，HKD2,750 / 40' | US141 / 20'，US269 / 40'（ORC碼頭費類似THC） |
| | 併櫃費 | HKD198 / CBM | HKD50 / CBM |
| | 提單費 | HKD120 / Per B/L | HKD110 / Per B/L |

（註：鹽田港歐美航線的吊櫃費稱爲ORC，近洋線則爲THC，費
用不一樣，ORC如上所述，THC則爲US45 / 20'，US68 / 40'。）

〔說明〕

　　一般來說，船公司或Forwarder在報價時，從香港到歐美的運費會比從鹽田到歐美便宜大約小櫃US25、大櫃US50，因為香港航班比較多。總括來說，廣東省的工廠從鹽田港裝船出口的費用會比從香港出口便宜，主要是工廠到鹽田的距離近，拖車費比工廠到香港便宜，另外在鹽田的報關費、進倉費及吊櫃費也比香港便宜。

　　如果貨主想從鹽田港出口，在接訂單時就要事先跟Buyer談好Shipment from Hong Kong or Yantian，否則屆時L/C開過來，規定Shipment from Hong Kong，那麼貨主就非得從香港裝船不可了。在實務的作業上，很多廣東地區的工廠，寧可捨近求遠，不從鹽田出口而要從香港出口，原因有二：

1. 工廠趕貨，時間來不及從鹽田裝船（因為在鹽田港出口，貨物通常要在結關前進倉，以便完成報關手續）而改由香港出。因香港班次較多而且香港通關作業快，結關當天船開之前8小時，貨物還來得及裝船（類似臺灣的保留艙單，在香港稱為「Late Come」，延結之意）。

2. 鹽田港海關要求的單據比較嚴格，尤其跨關區的貨物還要辦理轉關手續，另外被抽查的櫃數如果多的話，櫃子有可能因海關沒有及時驗畢放行，導致無法裝上這班船而必須延至下班船，造成延誤。

〔註：建議貨主如果是CY貨，最好在結關前1天進貨櫃場，而CFS貨最好提前2天進倉，這樣萬一海關要抽驗貨物，也不會因海關查驗不及而延誤裝船。〕

## 五 》 從廣東到臺灣的運送路線及費用項目

　　由於臺灣與中國大陸先後於2001年底加入世界貿易組織（WTO），經濟部陸續開放中國大陸的商品進口，在開放市場與降低關稅的誘因下，有很多中國大陸商品進口到臺灣來，這其中當然包括中國大陸臺商的產品回銷到臺灣市場。

1. 以從公明Via香港至基隆為例：

　⑴ 全程運費：US610／20'，US750／40'。包含公明至香港拖車費＋香港至基隆海運費＋香港吊櫃費＋文件費＋電放費。

　⑵ 臺灣進口的Local Charge：

　　① 報關費：NT3,000／20'，NT3,200／40'，NT2,500／CFS。

　　② 吊櫃費：NT5,600／20'，NT7,000／40'。

　　③ 拆櫃費：NT380／CBM。

　　④ 換單費：NT1,100／Per B/L。

　　這裡的換單費是運送業者收取的手續費，大約在NT1,000至1,500之間。

〔說明〕

※ 何為換單，為什麼要換單？

　　貨物在裝船後，運送業者會簽發B/L給Shipper，貨主再把正本B/L寄給Consignee或經由銀行贖單方式交給收貨人，收貨人拿了B/L不能直接去報關提貨的，必須要向運送業者換取D/O（Delivery Order提貨單）才能報關提貨，這個動作稱為換單。

※ 為什麼要換單？

　　因為B/L是代表特定貨物的物權證券，可以經由背書而轉讓

方便國際貿易進行，因此B/L上的Consignee一欄可以打上To Order
（待指示），經由Shipper在B/L背面空白背書，即可將B/L上的物
權轉讓出去，但到最後總要有特定的人（公司）出面來報關及提
領貨物，向海關及倉庫負責，所以B/L要換成D/O（在D/O上的提
貨人是不能像B/L一樣再背書轉讓的）。此時一旦有申報不實或
貨物有短溢卸情況發生時，D/O上的提貨人是要向海關及倉庫負
責的。

2. 以從中山Via澳門至基隆為例：

　　⑴ 全程運費：

　　　　① 整櫃貨：US600／20'，US900／40'（含To Door拖車
　　　　　　費）。

　　　　② CFS貨：US35／CBM＋卡車費HKD900（澳門↔中山）
　　　　　　（Min. 5 CBM）。

　　⑵ 吊櫃費：HKD500／20'，HKD650／40'。

　　⑶ 裝櫃費：HKD130／CBM。

　　⑷ 文件費：HKD80／Per B/L。

附件 3-23

中华人民共和国深圳海关
出口集中报关货物申报单

布集出

*090052381O6*

贴条形码

备案合同备案编号：

| 发货单位： | | | 收货单位 For and on behalf of | | | | | |
|---|---|---|---|---|---|---|---|---|
| | | | | LEADER SPORTING COMPANY LIMITED | | | | |
| 合同号： | | 贸易性质： | | 贸易国别(地区)： | | | | |
| 项号 | 备案序号 | 货 名 及 规 格 | 消费国 | 数(重)量 | 单位 | 币制 Signature(s) | 总 价 | |
| 1 | | | | | | | | |
| 2 | | | | | | | | |
| 3 | | | | | | | | |
| 4 | | | | | | | | |
| 5 | | | | | | | | |
| 6 | | | | | | | | |
| 7 | | | | | | | | |
| 8 | | | | | | | | |

| 司机簿海海关编号 | 境内车牌号 |
|---|---|
| 总件数 440.. 总重量 （公斤） | 集装箱号码 |
| 上述申报无误： | 海关批注： |
| 运输公司(签章) | |
| 起运 | 海关签章 |
| | |
| 出口日期　　年　月　日 | 　年　月　日 |

注意事项：备案序号请按海关核发合同备案装席号填写

第三联：企业存查

附件 3-24

中华人民共和国海关出口货物报关单

来料加工专用
补偿贸易
长安办事处

2-35　　主页
预录入编号：

第1页　共1页　　　　海关编号：　630220751-1

| 出口口岸 皇崗海关 (53 / 01) | 备案号 BS2050164405 | 费卸口岸 「84」长安车检场 0000-00-00 | 申报日期 2000-08-11 |
| 运营单位 广东古东莞清产进出口公司 (44199180077) | 运输方式 汽车 | 运输工具名称 | 提运单号 32-61987 |
| 受货单位 长安灌岗长华五金家具厂 | 贸易方式 来料加工 0214 | 批免性质 来料进工 (0502) | 的汇方式 先出后结 |
| 许可证号 | 运往国(地区) 加拿大 (9501) | 指运港 温哥华 | 境内货源地 东莞 (44199) |
| 批准文号 | 成交方式 FOB | 运费 000/ | 保费 000/ | 杂费 000/ |
| 合同协议号 NY0210000 | 件数 245 | 包装种类 | 毛重(公斤) 5012 | 净重(公斤) 5521 |
| 集装箱号 HL007055255 * 1( 2) | 随附单据 245 | | | 生产厂家 |
| 标记唛码及备注 | | | |

| 项号 商品编号 商品名称 规格型号 | 数量及单位 | 最终目的国(地区)单价 | 总价 | 币制 征免 |
|---|---|---|---|---|
| 01 94017100. 0003 安乐椅 铁、塑胶、二层皮 | 245.00个 245.000张 | 加拿大 (501) 119.500 | 29277.50 | HKD 全免 |

| 报费征收情况 | | | |
| | FOB价 [共 1项商品]： | 29277.50 | |

| 录入员 张汉磊 录入单位 | 兹声明以上申报无讹并承担法律责任 | 海关审单批注及放行日期(签章) | |
| 报关员 麦明生 5316520 麦悦成 5316520 | | 审单 | 审价 |
| 单位地址 | 申报单位(签章) 东莞市福民(集团)报关服务有限公司 | 征税 | 统计 |
| 邮馬　　　　电话 | 填制日期　2000/09/11 | 查验 | 放行 打印时间:10:00:53.74 |

## Unit 3-7

# 實例說明從深圳出貨經香港到臺灣的文件及費用

### 一》 香港報關文件說明

　　有一票貨（129箱木滑板零件），從深圳公明鎮的工廠——速力運動器材廠，經由香港轉運到臺灣基隆港給Consignee——泰譽企業公司，其整個運送流程、相關的文件及費用說明如下：

〔說明〕

　　速力工廠在深圳的主管海關報完關後，由貨代——世樺國際聯運公司將此129箱的貨物，交由專跑邊境的雙牌車（有香港及廣東的車牌），經由皇崗口岸通關進入香港境內，此時貨代會把雙牌車上的129箱貨物搬運到香港本地的卡車，再運到碼頭進倉。

（註：雙牌車運費貴，專跑廣東、香港邊界，而香港本地車比較便宜，由其裝運貨物排隊進倉比較省運費。）

　　這票貨物從深圳的皇崗口岸進入香港時，香港方面通關需準備一張「香港進／出口載貨清單」（如附件3-25），上面註明車牌號碼、運輸公司名稱、地址、貨物品名、數量、重量、付（寄）貨人姓名、地址及收貨人姓名、地址等。

（註：如果臺灣的Consignee在香港沒有分公司，可以使用香港的Forwarder作為收貨人。）

　　這129箱貨物在香港裝船後14天之內，香港的報關代理要向海關申報Import or Export Declaration（如附件3-26及3-27，類似臺灣的進／出口報關單。）

1. 進口報單內容填上：（附件3-26）

　　進口商名稱：Remble International Limited

　　申報日期：2002.04.19

　　貨物到達日期：2002.04.15

　　運送方式：Road（陸運）

　　出口國家：CN（China）

　　車號：JP6823

　　裝運地：Shenzhen

　　貨物名稱：Sporting Goods & Accessories

　　HS Code（即臺灣所謂的 CCC Code）：85445100

　　件數：129

　　包裝類別：CT（Carton）

　　貨物價格：CIF HKD20,911

2. 出口報單內容填上：（附件3-27）

　　出口商名稱：Remble International Limited

　　申報日期：2002.4.19

　　貨物離境日期：2002.4.19

　　運送方式：Maritime（海運）

　　船名：LT Peace

　　航次：N006

最後目的地：Keelung

目的地國家：TW（Taiwan）

卸貨港：Keelung

進口商名稱：Sol Effect Ent. Co., Ltd.

地址：9F-2, No.1 Kuang Fu S. Road Taipei, Taiwan

嘜頭：SE 20211 C/No. 1-129 Made in China

提單號碼：TPHK0204331

品名：Sporting Goods & Accessories

貨櫃號碼：NA （Nothing Available）

　　　　　（CFS貨用卡車運送，因此沒有櫃號）

Origin Country：CN（China）

HS Code（即臺灣所謂的 CCC Code）：85445100

## 二》 香港報關費用說明

至於此票貨物所產生的費用如下：（見附件3-28 Debit Note）

海運費O/F：HKD48.09

併櫃費CFS：HKD1,014.75

文件費：HKD117.30（請參閱附件3-29）

陸運費：HKD1,200，係從公明鎮速力工廠到香港境內的卡
　　　　車費

搬運費：HKD645，是雙牌車上的貨物過車搬到香港本地車
　　　　的費用

代理費：HKD260，是香港中轉報關代理費

登記費：HKD180，卡車進倉的費用

〔說明〕

　　船抵基隆後，由臺灣的報關行把報關資料輸入電腦，向海關申報（如附件3-30），由於此進口貨品：滑板板子及輪子，係屬經濟部開放進口的商品，所以報關手續與從其他歐美國家進口是一樣的，不但可以打上中國大陸的賣方：Suli Sporting Goods Factory及地址：深圳市寶安區公明鎮將石新園工業區，也可以打上生產國別(29) China - CN，及Shipping Mark：Made in China的字樣。

（註：如果進口的中國大陸商品是經濟部沒有開放的項目，而是從第三地假藉第三地的產品輸入臺灣的話，必須注意所有的貨物及報關文件不可有Made in China的字樣，否則將視情況被海關沒入或退運。）

## 三　臺灣報關費用說明

　　此票貨物臺灣方面的通關稅費清表（見附件3-31）說明如下：

關稅：NT21,683

倉租：NT2,645，含CFS拆櫃費及倉租

輪船運費：NT1,260，其實是換單費，因這票貨物運費是
　　　　　　Prepaid，在香港已付

理貨服務費：NT1,500，報關行在倉庫現場人員的提貨費用

通關服務費：NT735，就是報關行收取的報關費

另附件3-22是此票貨物的電放提單Copy。

附件 **3-25**

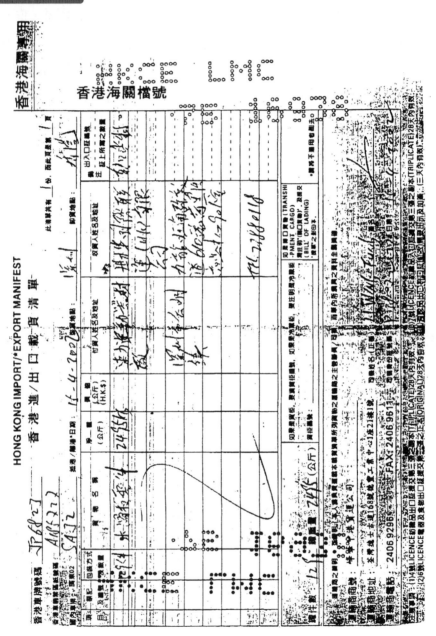

## 附件 3-26　香港的進口報單

Declaration Reference :

### IMPORT DECLARATION

TO: ERIC
FM: SANDY

New Import Declaration (Original)　　　Customer Reference

_____

### (1) Importer and Transport Information

| Importer | | Form Type |
|---|---|---|
| REMBLE INTERNATIONAL LIMITED | | Import TDEC Form 1 |

| Declaration Date 20020419 *<br>(CCYYMMDD)<br>Arrival Date<br>20020415 *<br>(CCYYMMDD) | Transport Mode<br>Road ▼<br>Fill in only if 'Others' is selected<br>▼ | Exporting Country<br>CN |
| Vessel Name/ Wagon/ Vehicle No.<br>JP6823 | Voyage No. / Flight No. | Port of Loading<br>SHENZHEN |

▽ Go to Summary
　　Information

### (2) Goods Description

| | BL/AWB/Rail CR/Customs Ref./P.O. No.<br>7516938　　　　Copy |
|---|---|
| No. 1 Clear | House BL/AWB No.　　Consolidated<br>Shipment? |

Import Declaration

| Marks & Numbers | NA |
|---|---|
| NO MARK | |

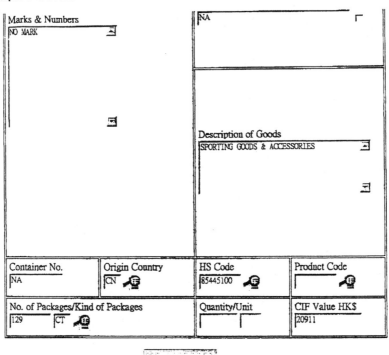

Description of Goods
SPORTING GOODS & ACCESSORIES

| Container No. | Origin Country | HS Code | Product Code |
|---|---|---|---|
| NA | CN | 85445100 | |
| No. of Packages/Kind of Packages | Quantity/Unit | | CIF Value HK$ |
| 129    CT | | | 20911 |

▲ Back to the Top    ▼ Go to Summary Information

## (3) Summary Information

| Designation | | |
|---|---|---|
| CLERK | | |
| Total No. of Packages | Notice Ref. No. | Total Value HK$ |
| 129 | | 20911    Sum |

▲ Back to the Top

SAVE    SAVE AS TEMPLATE    SEND    CANCEL

## 附件 3-27　香港的出口報單

Declaration Reference : N218458350BVK9

### EXPORT DECLARATION

*New Export Declaration(Original)*　　　*Customer Reference*

*(1) Exporter and Transport Information*

| Exporter<br>*REMBLE*<br>*INTERNATIONAL*<br>*LIMITED* | Form Type<br>Export TDEC Form 2 | Final Destination<br>KEELUNG |
|---|---|---|
| Declaration Date<br>20020419 *<br>(CCYYMMDD)<br>Departure Date<br>20020419 *<br>(CCYYMMDD) | Transport Mode<br>Maritime(Ocean) ▼<br>Fill in only if 'Others' is selected ▼ | Destination Country<br>TW 🔍 |
| Vessel Name/ Wagon/<br>Vehicle No.<br>LT PEACE | Voyage No. / Flight No.<br>N005 | Port of Discharge<br>KEELUNG |

*Consignee Information*

| Consignee Name | SOL EFFECT ENT CO. LTD | |
|---|---|---|
| Unit/Floor<br>9F-2 | | Street<br>NO.1 KUANG FU S.RD |
| District<br>TAIPEI | | City<br>TAIWAN |

▽ Go to Summary
　　Information

*(2) Goods Description*

Export Declaration

| | BL/AWB/Rail CR/Customs Ref./P.O. No. |
| --- | --- |
| | TPHK0204331　　　　　　　　　　Copy |
| | |
| *No. 1* Clear | House BL/AWB No.　　　Consolidated Shipment? |
| Marks & Numbers | NA |
| SE<br>20211<br>C/NO.:1-129<br>MADE IN CHINA | |
| | Description of Goods |
| | SPORTING GOODS & ACCESSORIES |

| Container No. | Origin Country | HS Code | Product Code |
| --- | --- | --- | --- |
| NA | CN | 85445100 | |
| No. of Packages/Kind of Packages | | Quantity/Unit | FOB Value HK$ |
| 129　　CT | | | 20911 |

▲ Back to the Top　　▼ Go to Summary Information

*(3) Summary Information*

## 附件 3-28　貨代的收費帳單

世 樺 國 際 聯 運 (香港) 有 限 公 司
TRANS POWER INT'L LOGISTICS (H.K.) CO., LTD.
深圳市春風路3007號桂都大廈2503-4室
TEL:(755)2316764　FAX:(755)2316758/59

### *** DEBIT NOTE ***

TO:　泰譽企業股份有限公司　　　　　　　REF#: TPHK0204331F

GLSG:　16-Apr-02　　　ETD: 19-Apr-02　　　　ETA: 21-Apr-02

進出口商:　　　　　　　　　　　　B/L#:　TPHK0204331

VESSEL: LT PEACE N006　　　　　　　CFS

吊 櫃 費 (侍柜費)　　$1,014.75

P.O.#:　SE-0415　　　　　　文 件 費:　　$117.30

裝貨港: HONGKONG　　　　　　船公司手續費:　　$0.00

卸貨港: KEELUNG　　　　　　空/海運費:　　$48.09

櫃 數: 1X5T (半)　　　　　　報 關 費:　$20.97

件 數: 129CTNS,2612KGS, 6.15CBM　陸 運 費:　$1,200.00

Remarks :　　　　　　　　　　搬 運 費:　$645.00

代 理 費:　$260.00

登記費　雜 費:　$180.00

停車費:　$10.00

Total HKD :　$3,496.11

PIC: JANE　　　Date: 30-Apr-02　　　Checker:

請核對此帳單,若核算無誤請盡速安排匯款,若有錯誤請與本公司會計部聯絡,謝謝合作!
順祝商祺

世樺會計部　　敬上

## 附件 3-29　香港貨代收費發票

TRANS POWER INT'L LOGISTICS(H.K.)CORP.

Room901,Hollywood Plaza,610 Nathan Road,Mongkok,Kowloon,Hong Kong

TEL: 852-23880118　FAX: 852-23883678

\*\*\*\*\*\*\*\*\*\*INVOICE\*\*\*\*\*\*\*\*\*\*

| | |
|---|---|
| MESSRS | Invoice No.: TPHK0204331 |
| SOL EFFECT ENT.CO.,LTD. | DATE: APR 19, 2002 |
| | RATE: 7.82 |

| | |
|---|---|
| JOB FILE NO. | : TPHK0204331 |
| VESSEL/VOYAGE | : LT PEACE V.N006 |
| PORT OF LOADING | : HONG KONG |
| E.T.D. DATE | : APR 19, 2002 |
| PORT OF DELIVERY | : KEELUNG |
| BOOKING NO. | : TVL/KEE-1679 |
| CONTAINER NO. | : CFS / 129CTNS |
| HOUSE B/L NO. | : TPHK0204331 |

Total Quantity　　129 CARTON(S)　/　16.15 CBM　/　2612 KGS

**PARTICULAR**

| | | | | | | |
|---|---|---|---|---|---|---|
| O/F | 6.15 | X | USD | 1.00 | HKD | 48.09 |
| CFS | 6.15 | X | HKD | 165.00 | HKD | 1,014.75 |
| DOC | 1 | X | USD | 15.00 | HKD | 117.30 |

HKD　　1,180.14

SAY TOTAL ONE THOUSAND ONE HUNDRED EIGHTY AND CENTS FOURTEEN ONLY.

All cheques should be made payable to　　　　　　　　　　　for and on behalf of

"TRANS POWER INT'L LOGISTICS　　　TRANS POWER INT'L LOGISTICS (HK) CO.,LTD.

(HK) CO., LTD."

And the officail receipt shall only be valid

after the subject clearance of your cheque(s)

PREPARED BY: JANE

## 附件 3-30　中華民國進口報單

關01001

# 進口報單

| 報關人名稱、簽章 | 專責人員<br>姓名、簽章 | | | |
|---|---|---|---|---|

類別代號及名稱(7)　　　聯別　　　共 12 頁　收單

有價(1) 海外出動連動開別 民國年度 船或關代號 結單或收序號 理單編號<br>(3)　AW　/　91　1884　1363

高僑強報關<br>有限公司

胡宸榕<br>83A A B28

126 ; (1)　(2)

進口報單

元一国(9) 21225536<br>納稅義務人(10)名稱、地址

泰譽企業股份有限公司<br>SOL-EFFECT ENTERPRISES CO.,LTD.<br>台北市南京東路四段120巷29弄23號1樓<br>索碼

賣方國家代碼、統一<br>編號、志願監管編號<br>名稱、地址(14)　HK　SJSGGS

國別(1)

1

SULI SPORTING GOODS FACTORY<br>深圳市寶安區公明鎮將石新圍工業區

運輸方式(5)

報單份數(3)

0012075592<br>貨物存放處所(4)

起運口岸(民國)(16) 報關日期(民國)(17)<br>年 月 日 91年04 月22<br>FOB Value 離岸價格(18)別 91 金額<br>運費(19) USD 6,137.00<br>保險費(20) USD 129.20<br>加（21）費 USD 28.20<br>應（22）減<br>起岸價格(23) USD<br>CIF Value TWD 6,294.40<br>20,587.00

收貨人APUTO環球倉庫 2<br>HKHKG

進口船（機）名及呼號（班次）09<br>H9VC

國外出口日期(民國)(24)別外幣匯率<br>年 月 日 26.04匯率<br>04 18 外（進口從價）稅款<br>匯率

| 項次(27) | 貨物名稱、牌名、規格等(29) | 生產國別(28) | 購入貨價或完稅價值<br>商品標準分類號列(31)<br>稅則號別<br>（主管機關指定代號） | 統計<br>號別 | 輸<br>出(32)<br>入<br>別 | 經件、數別 | 淨重（公斤）(33)<br>數量（單位）(34)<br>（統計用） | 完稅單價(35)<br>價格<br>數量(36) | 稅率(37)<br>從價 | 納<br>稅<br>辦<br>法(38) |
|---|---|---|---|---|---|---|---|---|---|---|
| 1 | SPORTING GOODS & ACCESSO-<br>RIES<br>----<br>31"±7.75 SKATEBOARD DECK<br>(滑板板子) | CHINA-CN | CI999999999999-001<br>9506.99.00.90-4<br>(　　)　2.52 | | | FOB USD | 1,320.00<br>1,500PCE | 135,867<br>4.60% | 3 |
| 2 | 54±36MM PU WHEEL (滑板輪<br>子) | CN | "　　　-001<br>9506.99.00.90-4<br>(　　)　0.28 | | | FOB USD | 641.20<br>8,400PCE | 84,540<br>4.60% | 3 |
| 3 | STICKER (貼紙) | CN | NIL<br>3919.10.00.00-2<br>(　　)　0.0010 | | | FOB USD | 20.00<br>5,000PCE | 180<br>5.00% | 3 |

| 總件數(25) 單位 | 總毛重(公斤)(26) | 海關簽註事項 | | | | 進口稅 | 10,147 |
|---|---|---|---|---|---|---|---|
| 129 CTN | 2,612.00 | | | | | 商港建設費 | 0 |
| SE<br>20211<br>C/NO.1-129<br>MADE IN CHINA<br>CONT NO.:WHLU5160255 /2/4500 | | | 收單建檔補檔 | 模發投單 | | 推廣貿易<br>服務費 | 0<br>11,536 |
| | | | 分估計稅親證 | 稅款登錄 | | | |
| | | | 分估複核 | 放行 | | 稅費合計 | 21,683 |
| 其他申報事項 | 及期責任:91/01/01-91/12/31 | | | | | 營業稅稅基 | 230,734 |
| | | | 通關方式<br>C1 | （申請）審驗方式 | 滯納金<br>（日） | | |

## 附件 3-31

進 出 口 貨 物 通 關 稅 費 清 表

編　　　號：
報單編號：＿＿＿＿　4/3
日　　　期：＿＿＿＿

泰興

台照

2002·0114

| 稅　費　名　稱 | 稅費金額 | 摘要 | 稅　費　名　稱 | 稅費金額 | 摘要 |
|---|---|---|---|---|---|
| 一 關　稅　局 | | | 五 檢　驗　局 | | |
| (1) 關稅／滯報費 | △ 21683 | | (1) 檢　驗　費 | | |
| (2) 押款／罰款 | | | (2) 檢　驗　車　資 | | |
| (3) 治港事設費 | | | (3) 鑑驗手續費 | | |
| (4) 記帳業務費 | | | (4) 檢　驗　旅　費 | | |
| (5) 海　關　規　費 | | | (5) 檢　對　立　資 | | |
| (6) 退出口文件簽退規費 | | | (6) 延　長　作　業　費 | | |
| | | | (7) 檢 驗 其 他 費 用 | | |
| 二 國　貿　局 | | | | | |
| (1) 簽證手續費 | | | 六 其 他 代 墊 項 目 | | |
| | | | (1) 保　險　費 | | |
| 三 裝卸公司及貨櫃站 | | | (2) 公　證　費 | | |
| (1) 倉　　　租 | 2645 | | (3) 重 運 簽 證 費 | | |
| (2) 裝　卸　費 | | | (4) 領事簽證費 | | |
| (3) 碼頭通過費 | | | (5) 車　　　資 | | |
| (4) 夜間設備 | | | (6) 檢　關　工　資 | | |
| (5) 過　磅　費 | | | (7) 退 出 倉 工 資 | | |
| (6) 集中查驗費用 | | | (8) 翻　倉　工　資 | | |
| (7) 場　地　費 | | | (9) 押　運　車　資 | | |
| (8) 夜間過磅費 | | | (10) 文 件 寄 送 費 | | |
| (9) 其　他　費　用 | | | (11) 其　他　費　用 | | |
| 四 運　關　公　司 | | | (12) 報 關 鍵 輸 費 | | |
| (1) 拖　船　運　費 | ▷ 1260 | | | | |
| (2) 貨櫃 C F S 費 | | | | | |
| (3) 貨櫃吊櫃費 | | | 七 報 關 公 司 行 號 | | |
| (4) 提單製作費 | | | (1) 理 貨 服 務 費 | 1500 | |
| (5) 貨櫃延滯／滯留費 | | | (2) 文 件 服 務 費 | | |
| (6) 航　空　運　費 | | | (3) 通 關 服 務 費 | 735 | |
| (7) 空運處理費 | | | (4) 其 他 服 務 費 | | |
| (8) 空　運　倉　租 | | | | | |
| (9) 搭 卡 車 運 費 | | | | | |
| (10) 其　他　費　用 | | | 合　計　金　額 | 27823 | |
| (11) 貨櫃場 EDI 費用 | | | 預　收　金　額 | 22843 | |
| | | | 應 找（退）金 額 | 4980 | |

合計新台幣　　佰　拾貳 萬 柒仟捌佰貳 拾參 元整

附註　隨表檢送各項單據所驗收，嗣後如發生遺失等情事，敝公司概不負責。

報關公司
行號

高強報關有限公司

口貨物稅費繳納證
兼匯款申請書

| | | | | AW | 當謚藏出月期91/05/06 |
|---|---|---|---|---|---|
| | | | | | 稅單號碼 AW111110847689 |

輸出(出售)人 SOL-EFFECT ENTERPRISES CO., LTD.

統一編號 21225526

| 出口別 (I/E) I | 貨物進口日期 91/04/22 | 出口收單日期 | 船(機)名及呼號（班次） H9VC | 稅費項目 | 金額（折台幣：元） |
|---|---|---|---|---|---|
| 報關行箱號 126 | 提裝貨單號碼 0012075592 | 報單號碼 AW/ /91/1884/1363 | | 進口稅 | $10,147 |
| 應否查驗 N | 出口貨物離岸價格(新台幣：元) | | 貨名 95069900904 | 商港建設費 | |
| | | | | 推廣貿易服務費 | |
| 件數 120CTN | 列印者代號 | | 核發機關 | | |
| 2 | 填發日期 91/04/22 | | | 營業稅 | $11,536 |
| 1.加退未成 2.申請繳現 3.非沖抵較得保額度不足 4.申請EDI線上扣帳 | 填發頁數 EDI | | | 稅費合計 | $21,683 |
| | | | | 營業稅捐費 | $230,734 |

利用連匯辦理繳款者有關資料詳見收據聯背面

(營業稅稅港)

收款銀行戳記

銀行代號

## Unit 3-8
# 廣東省空運貨物的運送路線及費用項目

### 一》運送路線說明

　　廣東省的工廠有空運貨物要出口至歐美等國時，通常貨主會選擇將貨物用卡車至運香港赤鱲角機場，再裝機出口，主要的原因如下：

1. 廣州的白雲機場及深圳的寶安機場，國際航班遠不如香港密集，尤其是直飛歐美地區的班次更少，而且大多數的航空公司還要在香港、北京或其他第三地轉機，如此一來，航程時間就會拉長，一般而言，從廣東的機場使用轉機的航班到歐美等地，大概要4天的時間，比起香港的航班要慢1至2天，這對急貨是有很大影響的。

2. 廣州及深圳的機場，其電腦設備及空運人員的專業服務不如香港好，尤其是貨物追蹤系統軟體（Cargo Tracing System），貨物從香港裝機出口，貨主要查尋貨物情況比較方便容易。

3. 貨物從香港裝機，海關申報手續比在廣東的機場簡便。

　　但從廣州及深圳機場進出口的貨物，貨代收取的報關費及代理費（Handling Charge），大約各為RMB250元及RMB100元，總而言之，比香港機場便宜，尤其是內陸運輸費用更節省不少，因此廣東的貨主如能有計畫地配合航班從廣東的機場進出，費用會比從香港便宜許多。

（註：2004年10月，新的廣州機場已經開始營運，新增多家全貨機起降，艙位大為增加而且直飛，貨主可以多加利用）。

## 二 香港空運費用項目說明

　　例如（附件3-32）：23箱的溜冰鞋，從東莞工廠運到香港赤鱲角機場，再裝機到德國漢堡的費用如下：

1. 空運費：

Quotation

| Fm：HK　To：Main Port　Rate (HKD)：Per KGS | | | |
|---|---|---|---|
| Destination | +100k | Air Lines | T/Time |
| Hamburg | 23.90 | CV. JL… | 2 Days |

2. 香港當地有關費用：

　　⑴ 空運公司手續費：HKD200／SHPT票（Shipment簡寫）。

　　⑵ 文件費：HKD15／SHPT票。

　　⑶ 機場通關費：HKD283／SHPT票。

　　⑷ T/C：HKD1.71／K（Min. HKD 60）。

　　⑸ CFS：HKD0.7／K（Min. HKD 160）。

　　⑹ 工廠到機場卡車費：HKD1,550／車。

〔說明〕

1. 空運費：HKD23.90／K。

　　從香港到漢堡100公斤以上的空運費，使用的航空公司CV（盧森堡航空）、JL（日本航空）。T/T（航程）2天。

2. 手續費：HKD200～250／Shipment。

　　空運公司收取的Handling Charge。

3. 文件費：HKD15／Shipment。

隨機文件作單費。

4. 通關費：HKD283。

機場海關的通關規費。

5. T/C：HKD1.71／K。

即倉租費（Terminal Charge）。

6. CFS：HKD0.7／K。

即打盤費。海關放行後，航空公司地勤人員將貨物疊放在鐵盤上面，用PVC塑膠布覆蓋在貨物上面，然後再以網子加以固定，這樣作，一方面可以防止貨物在停機坪裝機時遭雨淋濕，一方面也可以避免飛機遇到不穩定氣流時，貨物散開。

（註：附件3-33舉例某公明鎮工廠出口空運貨物，分別從深圳機場及香港機場到漢堡的費用比較。）

## 三〉 臺灣與香港在空運收費上的比較

　　香港的空運費率幾乎每一項都比臺灣貴，茲將臺灣的空運出口收費列於下面供比較：

1. 空運公司手續費：NT600。

2. 文件費：含在手續費中。

3. 機場通關規費：正常情況下，除了EDI電腦連線費用NT240元外，通關過程中，海關幾乎沒有收取其他規費。

4. 倉租費：貨物重300公斤以下，每公斤NT5元，如果貨物重300公斤以上，超過300公斤的部分，每公斤只收NT1.5元。

5. 打盤費：已包含在倉租費中。

## 附件 3-32 香港貨代收費發票

WORLD BOOK SERVICE LTD.

TOPPAN PRINTING CENTRE
1 FUK WANG STREET,
YUEN LONG INDUSTRIAL ESTATE,
NEW TERRITORIES,
HONG KONG

Invoice No.    WBS-14-1185
Date    31 MARCH 99.

### INVOICE

TO :    SOL-EFFECT ENTERPRISES CO., LIMITED

ORDER NO. : ....................      JOB NO. : ..............

TITLE :    溜冰鞋 .....................

TOTAL QUANTITY : ..... 23 CTNS .....

| ~~PACKING CHARGES~~ : | | | |
|---|---|---|---|
| LOCAL DELIVERY CHARGES : 東莞謀沅→ 香港赤鱲角機場 (3 噸) | HK$ | 1,500.00 |
| ~~FREIGHT CHARGES~~ : 東莞路費 | HK$ | 25.00 |
| HANDLING CHARGES : 香港機場入閘費 | HK$ | 40.00 |
| ~~POSTAL CHARGES~~ : 香港隧道費 | HK$ | 80.00 |
| CUSTOM'S DECLARATION FEE | HK$ | 33.00 |

----------------------------------------------------------------

T o t a l :             HK$    1,678.00

0110 出空運倉 11>38

ORIGINAL

WORLD BOOK SERVICE LTD.

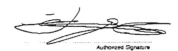

Authorized Signature

### 附件 3-33

## 收貨地址：公明或平湖

**深圳至漢堡門到港優惠運費明細：**
1. 拖車費：USD65.00／車（1,500KGS，12CBM以下）公明至深圳機場。
2. 空運費：USD2.65／KG（深圳至比利時再轉陸運到漢堡）。
3. 中轉費：USD100.00／Shipment（+500KGS以上免費）。
4. 文件費：RMB50／Bill。
5. 報關費：RMB250。
6. 航空公司：CZ（中國南方航空公司）
7. 航程時間：3～4天（Transit Time）。

**香港至漢堡門到港優惠運費明細：**
1. 拖車費：HKD1,100／3T，HKD1,300／5T，公明拖車至香港邊界附近過車地點。
2. 交倉登記費：HKD180.00（實報實銷）。
3. 搬運費：HKD4.00／CTNS（20KGS／CTN以下），Min.：HKD400.00。
4. 空運費：HKD22.50／KG。
5. 香港機場Local費用：HKD2.40／KG（+100KGS）（機場Handling Charge：包含管理費HKD283 ＋ THC1.71 ＋ CFS0.7）。
6. 香港報關手續費：HKD300（含0.1%報關稅，貨物價值高時，另外收取）。
7. 航空公司：MP、CV（馬丁航空、盧森堡航空）。
8. 航程時間：2～3天（Transit Time）。

## 附件 3-34　中國大陸電報放貨切結書樣張

电报放貨担保函

致：中国　　　　　　　外轮代理公司

　　　　　　　　　　提单项下承运人


船名、航次：

提单号：

麦头：

貨名：

件数：

重量：

尺码：


发貨人 ＿＿＿＿＿＿＿＿＿＿＿＿＿ 安排上述貨物由上述船舶自

＿＿＿＿＿＿＿＿（装运港）至 ＿＿＿＿＿＿＿（卸貨港）

全套正本提单已由发貨人交承运人，我司 ＿＿＿＿＿＿＿＿＿

（客户）请求不凭正本提单提貨。我司愿意承担并赔偿因此特殊

操作而造成贵司的一切责任和遭受的一切损失。


　　　　　　　　　　　　　（法人代表签字并加盖法人章）

　　　　　　　　　　　　　　年　　月　　日

## Unit 3-9
# 香港報關行代理報關收費項目及費用

## 一 〉CFS併櫃貨案例（見附件3-35）

　　貨主「CY&C」的工廠在深圳的龍華，出口211箱的CFS貨，經由香港到英國Southampton，香港的報關代理——飛立實業有限公司向貨主收取的費用，說明如下：

〔說明〕

1. 入／拆箱費HKD1,415.70：即臺灣所謂的裝／拆櫃費。
2. 文件費HKD300：類似臺灣的Handling Charge（含提單費）。
3. 入／出口報關費HKD70：此為香港海關向貨主收取的報關申報費，根據貨物FOB價值的0.05%徵收，轉口貨物一進一出共0.1%。
4. 中國產地加簽費HKD120：中國大陸貨物經由香港轉口到歐盟國家，如果Buyer有要求G. S. P. Form A（優惠關稅產地證明書），則此Form A須拿到香港的中國檢驗公司去加簽（加簽規費是HKD120），證明此票貨物在香港停留或轉運期間沒有再經過任何加工處理。
   由於香港與中國大陸在世界關貿總協中是屬於不同的關稅區，歐盟國家只對中國製造的產品有減免關稅的優待，因此大部分歐洲的Buyer會要求此項規定。

5. 卡車費HKD1,750：從龍華工廠到香港碼頭倉庫的3噸卡車費。

6. 過車入倉費HKD1,160.50：係雙牌車從龍華工廠經皇崗口岸進入香港境內後，把車上的貨物搬運到香港本地車的搬運費，再加上運至倉庫的運費及進倉費用等（過車入倉費1箱港幣5至5.5元，Min. HKD500）。

7. 電話傳眞費HKD150：香港報關行聯絡臺灣的貿易公司及中國大陸工廠的聯絡費用。

8. 文件加簽費HKD150：香港報關行將中國大陸所簽發的Form A拿到中國檢驗公司去加簽的跑腿費。

9. 代理費HKD800：支付給報關行的服務費，亦即臺灣所謂的報關費。

（註：在香港中轉的進出口貨物，貨代間收取的報關費，由於競爭的關係，價錢差異大，貨主宜多方打聽比較。）

### 二》 CY整櫃貨案例（見附件3-36）

龍華工廠出口1×40'的貨物經由香港裝船到美國紐約。

〔說明〕

1. 碼頭吊櫃費HKD2,855。

2. 文件費HKD120（不同的貨代收取的Handling Charge也不相同，例如：前述案例一CFS部分的文件費是HKD300）。

3. 入／出口報關費HKD80：香港海關向貨主徵收的入／出口報關申報費。

4. 拖櫃費HKD3,800：1×40'貨櫃從龍華工廠拖運到香港碼頭的拖車費。

5. 電話／傳真費HKD150：香港報關行聯絡中國大陸工廠及臺灣貿易公司的電話及傳真費用。

6. 代理費HKD800：支付給報關行的服務費，亦即臺灣所謂的報關費。

（註：在香港中轉的進出口貨物，報關行或貨代間收取的代理費價錢差異大，貨主宜多方打聽比較。）

## ■三 香港Forwarder向貨主收取的各項海運費率表

1. Terminal Handling Charge（吊櫃費）：
各航線收取的費用不一樣，同一航線冷凍櫃（Reefer Container）也比一般貨櫃（Dry Container）貴。

2. CFS Charge（裝／拆櫃費）：
各航線的費率不一樣，其中Intra Asia亞洲線是HKD165／CBM，比歐美線及澳洲線的HKD198／CBM便宜。

3. Handling Charge（代理費）：
Forwarder向貨主收取的代理服務費，各家不盡相同，依每票提單收取HKD150左右。

⑴ Storage Charge（倉儲費）：各倉庫收取的倉租費不盡相同，介於HKD120～150之間／Per Week，其中進口貨物有3～4天的Free Time（免費期），出口貨物有5～7天的Free Time。

⑵ Gate in/out Handling Charge：貨車進出倉庫的登記手續費，介於HKD120～180之間，在香港稱為入閘費。

4. Documentation Charge（提單費）：
每票B/L約HKD120～145之間，視不同的運送業者而異。

5. Others（其他）：

⑴ 拖車費：依香港拖車公會費率收費。

⑵ 入／出口報關費：香港海關依貨物價值徵收0.05%的報關申
報費（一進一出加起來則要0.1%）。

⑶ GOH（吊衣櫃）：專門運送高級成衣的貨櫃，此種貨櫃裡
面裝有吊衣服的衣架（類似公車上的拉環），可以將工廠
生產出來的衣服一件一件地掛在貨櫃中，然後運到國外的
百貨公司，再把衣服從貨櫃中拿出來，直接掛到專櫃的展
示架上。

**附件 3-35** 香港報關行收費發票

飛 立 實 業 有 限 公 司
FLYING NICE INDUSTRIES LTD

Flat B, 20/F., Chatham Commercial Bldg., 397-9 Chatham Road North,
Hunghom, Kowloon, H.K  Tel : 23031097  Fax : 23638527

## INVOICE
發 票

Ref no. FN-91

| Messrs. | | No. CYC · | 99063 |
|---|---|---|---|
| C.Y & C MANUFACTURING CORP | | Date | 9-Jun-00 |
| Bill of Lading No. | Commodity | Cy/Cfs | Container no. |
| HKG0242972/001 | PVC MATTRESS COVER | CFS | |
| Vessel | Port of Loading | Destination | Quantity |
| DUSSELDORF EXP. V.15WD22 | HONG KONG | SOUTHAMPTON | 211 CTNS |

| Description | 品名 | HK$ | US $ AT 7.74 |
|---|---|---|---|
| Freight Charge | 海 / 空 運 費 | | |
| T.H.C/Gate Charge | 碼 頭 吊 櫃 費 | | |
| C.F.S Charge | 入 / 拆 箱 費 | 1,415.70 | US$183 |
| Doc. Fee/ Handling Charge | 文 件 費 | 300.00 | US$39 |
| O.T Storage Charge | 碼 頭 倉 租 費 | | |
| Post & Telex Fee | 郵 電 費 | | |
| Declaration/ Import & Export | 入 / 出 口 報 關 費 | 70.00 | US$9 |
| Certificate of Origin : Re-export | 香 港 轉 口 証 | | |
| Licence Fee/Form A or C.O | 中 國 產 地 証 書 | | |
| Licence Fee/ C.I.C.L | 中 國 產 地 加 簽 費 | 120.00 | US$16 |
| Licence Fee/ Handling | 中 國 產 地 手 續 費 | | |
| Transportation Fee/Drayage | 拖 櫃 費 | | |
| Transportation Fee/Trucking    3 T | 卡 車 費 | 1,750.00 | US$226 |
| Vanning or Devanning 5.5/CTN | 過 車 入 倉 費 | 1,160.50 | US$150 |
| Overnight Surcharge | 濘 港 過 夜 費 | | |
| Telephone & Fax Fee | 電話、傳真費 | 150.00 | US$19 |
| Handling fee for Re-exp & CICL | 文 件 加 簽 費 | 150.00 | US$19 |
| Agency Fee | 代 理 費 | 800.00 | US$103 |
| Total | 合 計 | HK$5,916.20 | US$764 |

戶名: Flying Nice Industries Limited
帳號: 016-830-01-16752-12
銀行: Dao Heng Bank
Connaught Road Central Branch

89年6月11

For and on behalf of
飛 立 實 業 有 限 公 司
FLYING NICE INDUSTRIES LIMITED

Authorized Signature(s)

附件 3-36　香港報關行收費發票

**FLYING NICE INDUSTRIES LTD**

Flat B, 20/F., Chatham Commercial Bldg., 397-9 Chatham Road North,
Hunghom, Kowloon, H.K　Tel - 23031097　Fax - 23638527

## INVOICE
## 發　票

Ref no. FN-71

| Messrs. C Y & C MANUFACTURING CORP | | | No. CYC - | 99043 |
|---|---|---|---|---|
| | | | Date | 24-Dec-99 |
| Bill of Lading No. | Commodity | | Cy/Cfs | Container no. |
| HKNEW912034 | VINYL ZIPPERED BAGS | | 1X40 | CCLU4118035 |
| Vessel | Port of Loading | Destination | | Quantity |
| TRADE APOLLO 9908E | HONG KONG | NEW YORK | | 1321 CTNS |

| Description | | 品名 | HK$ | US $ AT 7.74 |
|---|---|---|---|---|
| Freight Charge | | 海 / 空 運 費 | | |
| T.H.C/Gate Charge | | 碼 頭 吊 櫃 費 | 2,855.00 | US$369 |
| C.F.S Charge | | 入 / 拆 箱 費 | | |
| Doc. Fee/ Handling Charge | | 文 件 費 | 120.00 | US$16 |
| O.T Storage Charge | | 碼 頭 倉 租 費 | | |
| Post & Telex Fee | | 郵 電 費 | | |
| Declaration/ Import & Export | | 入 / 出 口 報 關 費 | 80.00 | US$10 |
| Certificate of Origin : Re-export | | 香 港 轉 口 証 | | |
| Licence Fee/Form A or C.O | | 中 國 產 地 証 書 | | |
| Licence Fee/ C.I.C.L | | 中 國 產 地 加 簽 費 | | |
| Licence Fee/ Handling | | 中 國 產 地 手 續 費 | | |
| Transportation Fee/Drayage | 1X40 | 拖 櫃 費 | 3,800.00 | US$491 |
| Transportation Fee/Trucking | | 卡 車 費 | | |
| Vanning or Devanning | | 過 車 入 倉 費 | | |
| Overnight Surcharge | | 滯 港 過 夜 費 | | |
| Telephone & Fax Fee | | 電 話 、 傳 真 費 | 150.00 | US$19 |
| Misc | | 什 項 費 | | |
| Agency Fee | | 代 理 費 | 800.00 | US$103 |
| Total | | 合 計 | HK$7,805.00 | US$1,008 |

戶名：　Flying Nice Industries Limited

帳號：　016-880-01-16752-12

銀行：　Dao Heng Bank
　　　　Connaught Road Central Branch

*For and on behalf of*
先 主 實 業 有 限 公 司
FLYING NICE INDUSTRIES LIMITED

················································
*Authorized Signature(s)*

## 附件 3-37　香港報關委任書

# 委　任　書

委任人　　　　　於　年　用　日裝由　　　　　　公司輪／班機自
進／出口貨物乙批共　　　件，茲委任　　　　　　報關行填具第
　　號進／出口報單向　貴局辦理報關手續，其於通關過程中應為之一切
手續，諸如代繕及遞送報單、會同查驗貨物、簽認查驗結果，繳納應完稅捐、規
費及提領放行之貨物等，受任人有為一切行為之權，並包括捨棄認諾與收受有關
本批貨物之　貴局一切通知與稅款繳納等文件，以及領取本批貨物之貨樣，以及
出口貨物因不可抗力因素下須整船退關時，同意改裝他船出口之特別委任權。委
任人如嗣後擬對受任人之權限加以限制，撤回或予解除委任時，應先以書面通知
　貴局，經　貴局書面同意後始發生效力，否則不得以其他事項對抗　貴局。


　　　　此致
財政部　　　關稅局
　　　委任人：　　　　　　　　　　　　　　　　　　　簽章
　　　負責人姓名：　　　　　　　　　　　　　　　　　簽章
　　　負責人身分證統一編號：
　　　地址：
- - - - - - - - - - - - - - - - - - - - - - - - - - - - - - - - - - - - - - -
　　　受任人：　　　　　　　　　　　　　　　　　　　簽章
　　　負責人姓名：　　　　　　　　　　　　　　　　　簽章
　　　負責人身分證統一編號：
　　　地址：

中華民國　　　　年　　　月　　　日

# Unit 3-10

# 大上海地區貨物運送、報關實務

## 一　臺商投資設廠選擇長江三角洲的原因

多年來，臺商前往中國大陸投資，大都選擇在長江三角洲，包括上海、昆山、蘇州、無錫、常熟、南京、吳江、吳縣及浙江省的杭州、寧波、溫州等，主要的原因有五：

1. 廣東省的治安較差，臺商被殺害或綁票大都發生在廣東地區。
2. 廣東及華南沿海的地區，由於改革開放較早，臺商及港商大量湧入，造成海關、稅務單位紅包文化盛行，交際金額也愈來愈高。
3. 長江三角洲地理位置適中，國民平均所得也高，適合前進中國大陸作內銷的企業進駐。商品要賣到華北、華南等地交通方便，往南往北位置適中，要賣往內地如武漢、成都、重慶，還可以利用長江的內河運輸，運費也比陸運便宜。
4. 長江三角洲的各級縣市政府，近年來積極招商鼓勵外商投資的條件優渥，而且作業比較透明化，海關、稅務、臺辦等單位也大都依法令規範來行事。
5. 江、浙地區連接上海的高速公路陸續完成，浦東機場及寧波機場，對進出口非常方便及節省運輸成本。

## ■二〉 臺灣→大上海地區的運送路線及費用

直航前：

```
                    3天              子船         +2天
臺灣港口──→石垣島──→上海港──────────────→南京／張家港
          （彎靠而已）
```

```
                    3天              拖車         +1天
臺灣港口──→石垣島──→上海港──────────────→昆山／蘇州
          （彎靠而已）
```

直航後：

```
          直靠  2.5天        拖車      +1天
臺灣港口───────→上海港──────────→昆山／蘇州
```

```
          直靠  3天
臺灣港口───────→南京／張家港
```

| 運費 | 上海 | 昆山 | 蘇州 | 張家港／南京 |
|---|---|---|---|---|
| CFS | US4／CBM | US30／CBM | US35／CBM | US50／CBM |
| 20' | US250 | US500 | US550 | US540／子船 |
| 40' | US500 | US800 | US900 | US860／子船 |

（以上包括海運費、附加費、拖車費或子船費。）

（註：2008年12月15日，兩岸開放直航，航程大約縮短半天，運費方面視供需而定，淡、旺季亦不同，因此貨主在接單報價前，須與運送業者洽詢最近有關的費用報價。從上海到張家港、南京如果使用拖車，費用很高但運送時間很快，半天即可送達。進口清關大約3天。）

臺灣出口的Local Charge：

1. 文件費：NT800／Per B/L。
2. 裝櫃費：NT380／CBM。
3. 吊櫃費：NT5,600／20'，NT7,000／40'。
4. 報關費：NT2,500／20'，NT3,000／40'，NT2,200／CFS。

〔註：一般而言，只有整櫃貨貨主要付吊櫃費，但有些臺灣的貨代會把THC費用（吊櫃費），轉嫁給CFS的貨主來分攤，收取所謂的LCL吊櫃費。〕

## 三〉上海→臺灣運送路線及費用

直航前：

南京／張家港 ──子船或拖車→ 上海港 ──母船→ 石垣島（彎靠）── 臺灣港口

蘇州／昆山 ──拖車→ 上海港 ──母船→ 石垣島（彎靠）── 臺灣港口

直航後：

南京／張家港 ──母船→ 臺灣港口

海運費（上海→臺灣港口）：

1. CFS貨：US5／CBM。
2. CY貨：US200／20'，US400／40'。

上海當地出口的Local Charge：

1. 報關費：RMB200／票。

2. 手續費：RMB150／票（含提單費）。

3. 裝櫃費：RMB30／CBM。

4. THC：RMB370／20'，RMB560／40'。

　　臺灣進口的Local Charge：

1. 換單費：NT1,000～1,500。

2. 拆櫃費：NT380／CBM。

3. 吊櫃費：NT5,600／20'，NT7,000／40'。

4. 報關費：NT2,800／20'，NT3,200'／40'，NT2,500／CFS。

〔說明〕

1. 2008年前，由於政府規定兩岸不能直航，因此從臺灣啟航到上海的船隻必須先彎靠第三地，我們所熟知的香港由於在臺灣下方，到上海並不順路，因此船公司就選擇彎靠琉球的小港口——石垣島，而不彎靠香港。

　　（註：2008年12月15日，兩岸開放直航，臺灣及中國大陸的船隻可以直航對方的港口及機場，相關內容請參閱本書Unit 3-18「對兩岸直航及臺灣境外航運中心的看法」。）

　　一般貨物要到南京、張家港等地，除了從上海轉陸運之外，還可以從上海轉江輪進去，前者使用拖車運費較貴，但時間上較快1至2天。

　　至於上海到昆山、蘇州、吳江等地，由於長江沒有流經該地，所以幾乎都是從上海港使用拖車運送。上海港進口清關時間大約3至4天。

2. 併箱進口：

　　分撥費：即臺灣所稱的拆櫃費再加上從碼頭運至進口倉庫的移動費，如果進出的貨物需要作檢驗，則貨主需繳交檢驗檢疫局規費及場地費。

3. 整箱進口：

上海港THC是繳給船公司，而港建港雜費（亦稱港雜包干費）是繳給港務局的，兩者的費用性質不一樣。

4. 上海港分成9、10區，14區，及16區：（註：2007年開始增加羊山港）

9、10區亦稱吳淞碼頭，14區寶山碼頭，16區則位於長江口的外高橋碼頭，吳淞及寶山碼頭位於黃埔江畔，長年以來由於淤泥堵塞，目前只能停靠600TEU以下的近洋貨輪，而外高橋由於港區水深10餘公尺，可以停靠1,000TEU以上的遠洋貨輪，因此歐美航線的大船都停靠在外高橋，但由於距離上海市區比較遠，拖車運費貴一點。羊山港深水碼頭興建完成後，2008年所有往返歐洲的船隻都停靠羊山港，由於距離更遠，報關費用及拖車運費也比較貴。

## 四 海運貨物進出口運送、報關作業流程及費用項目說明

中國大陸海空貨物運送及報關雖然運送路線有所不同，諸如華南、華東、華北……等地區，但作業上大同小異，例如：各地所使用的報關文件、裝船文件、許可證等幾乎全國一致。限於篇幅，本書就舉大上海及廣東兩地的操作來說明，讀者從中就能一窺全貌了。

（一）出口

1. 出口作業流程：

⑴ 貨物流程：

貨主：託運委託書→貨代：託運訂艙單→船公司：簽發關

　　　單→貨代：向船公司領取集裝箱設備交接單→堆場領取空
　　　箱→貨主工廠裝貨→重櫃連同裝箱單、設備交接單→碼頭
　　　收貨→裝船→船公司簽發裝船提單→貨代簽發提單→貨主

　⑵ 報關文件流程：

　　　貨主：報關單據→貨代：電腦報關預錄→出境海關：核
　　　驗、蓋章放行的裝貨單→船公司提供裝船艙單→海關：核
　　　發出口報關單退稅聯→貨代→貨主

2. 出口報關所需文件：

　⑴ 正本報關單、Invoice、Packing List、報關委託書、出口
　　收匯核銷單、登記手冊（使用於來料、進料加工復出口成
　　品）。

　⑵ 根據品名（H. S. Code）及貿易國的規定，確定報關所需其
　　他文件，例如：許可證等。

3. 出口所需費用：

　⑴ LCL拼箱：

　　① 報關費：RMB200 / 票。

　　② 商檢換單費：RMB80 / 票。

　　③ 裝箱費：RMB30 / CBM。

　⑵ FCL整箱：

　　① 報關費：RMB200 / 票。

　　② 訂艙費：RMB200 / 20'，RMB300 / 40'

　　③ 內裝費：

　　　A. 9、10區（上海吳淞碼頭）：RMB500 / 20'，RMB950
　　　　/ 40'。

　　　B. 14區（上海寶山碼頭）：RMB500 / 20'，RMB980 /
　　　　40'。

C. 16區（上海外高橋碼頭）：RMB700／20'，RMB1,200
／40'。

（註：所謂內裝費就是堆場將貨主送來的CFS貨物裝進貨櫃成爲
CY整櫃貨的裝櫃費，加上運至碼頭的拖車費。CNY是指人民幣
Chinese Yen，但大部分用RMB代表人民幣。）

## （二）進口

1. 進口作業流程：

    ⑴ 貨物流程：

$$
\begin{array}{l}
\text{船進港→貨進碼頭堆場}
\begin{cases}
\text{·CY/CY→貨代報關→貨主提櫃}\\
\text{·CY/CFS→貨代總箱報關}\\
\text{→進口倉庫→貨代發放分撥提單}\\
\text{→貨主各自報關→提貨出倉}
\end{cases}
\end{array}
$$

    ⑵ 報關文件流程：

    貨主：準備報關單據→貨代：電腦報關預錄、全套報關單
    據→進境海關核驗、蓋章放行提貨單（D/O）→查驗貨物→
    繳稅→放行

2. 進口報關所需文件：

    ⑴ Ocean B/L（Copy）。

    ⑵ D/O（提貨單）。

    ⑶ 報關委託書。

    ⑷ 報檢委託書正本（商檢用）。

    ⑸ Invoice。

    ⑹ Packing List。

    ⑺ 來料、進料加工提供手冊。

(8) 機電產品須提供進口許可證。

(9) 進出口貨物徵免稅申請表（使用於外商投資企業鼓勵類免稅進口機器設備）。

3. 進口所需費用：

(1) 拼箱：

① 分撥費：RMB120／CBM（Min.3CBM）（類似臺灣的拆櫃費加上此櫃從碼頭拖到進口倉庫的移動費）。

② 換單費：RMB250／票。

③ 報關費：RMB300／票。

④ 三檢：RMB100／票（大金額貨物除外；三檢是指動植檢、衛檢、商檢的通稱，此處是指審單費，如須檢驗貨物，另外繳付檢驗費用）。

⑤ 查驗費：RMB350／票（海關查驗貨物，港區場地收取的規費）。

⑥ 車資：RMB60／票（報關行代表貨主前往海關查驗貨物場地的車馬費）。

⑦ 查驗短駁：RMB250／5噸以內，大貨另議（短駁費類似臺灣所謂的受驗櫃子的移動費）。

⑧ 出倉費：RMB30／票。

⑨ 機械費：RMB20／票（倉庫搬運貨物）。

(2) 整箱：

① 報關費：RMB300／票。

② 換單費：RMB250／票。

③ THC：RMB370／20'，RMB560／40'。

④ 包干費：RMB550／20'，RMB850／40'（內含：港雜費、三檢費、汽代、還箱、理貨）。

4. 其他額外產生非正常費用供參考：

(1) 上海港口附加費：少數船公司收取此項（如：中遠、中海）；約計：RMB130／20'，RMB190／40'。

(2) 上海疏港費：船到港後第7天14:00起疏港；約計：RMB300／20'，RMB600／40'；另加RMB4.0／DAY／20'T，RMB9.0／DAY／40'T。

(3) ① 查驗場地費：（整箱）RMB300／20'，RMB450／40'。

② 查驗倒箱費：半倒RMB450／CTNR，全倒RMB900／CTNR。

③ 查驗代理車費：RMB60／SHPT。

④ 拼箱場地費：RMB300／SHPT＋RMB60／代辦費。

⑤ 短駁：RMB250／5噸車以內（貨物移至查驗區的移動車費）。

(4) 超期租箱費：即臺灣所謂的貨櫃延滯費。

| | 20' | 40' |
|---|---|---|
| 1～10天 | 免費 | 免費 |
| 11～20天 | USD5／天 | USD5／天 |
| 21～40天 | USD10／天 | USD20／天 |

(5) 法定動檢：（約）

① 代辦費：RMB60／SHPT。

② 場地費：RMB50／20'，RMB100／40'。

③ 動檢費：RMB44／20'，RMB76／40'。

(6) 法定衛檢：（約）藥水檢：RMB50／CTNR＋RMB60／SHPT。

(7) 法定商檢：（約）代辦費：RMB60／SHPT。

(8) 汙箱處理費：RMB160／20'，RMB241／40'。

(9) 關稅：貨主提供8位數編碼及徵稅記錄。

(10) 增值稅：（貨價＋關稅）×17%。

(11) 滯報金：到港後14天未報關，貨價的萬分之5／天。

(12) 滯納金：到港後7天未繳稅費（關稅＋增值稅），千分之1／天。

(13) 監管費：一般約貨價的千分之1至千分之3，機電產品為千分之1.5。

(14) 商檢費：實際的商檢費用依貨主的商品而定，從商品價值的千分之1.5至4.5不等。

## 五 》 空運貨物進出口運送、報關作業流程及費用項目說明

### （一）出口

1. 浦東機場空運貨物出口流程：

貨主 ⟶ 貨進貨代倉庫 ⟶ 航空公司打盤區 ⟶ 停機坪裝機
（在機場附近由海關監管）
⟶ 提供報關文件 ⟶ 貨代報關 ⟶ 海關放行

2. 出口報關所需文件：與海運出口一樣。

3. 出口所需費用：

報關費：RMB300／票。

Handling Charge：RMB150／票。

正常情況下，貨代通常只收上述二種費用。

## （二）進口

1. 浦東機場空運貨物進口流程：

   停機坪卸貨→航空公司拆盤區→貨代倉庫→報關→查驗→海關
   放行→貨主提貨

2. 進口報關所需文件：除了Ocean B/L及D/O改爲空運提單外，其
   餘與海運進口一樣。

3. 進口所需費用：

   換單費：RMB150／票。

   清關費：RMB300／票。

   正常情況下，貨代通常只收取上述二種費用。

4. 蘇州空運出口標準程序運作說明（參閱附件3-38）。

5. 上海某空運公司提供的費率表，如下供參考：

收費幣種：人民幣

| 項目 | 收費標準 | 費用收取說明 |
|---|---|---|
| 報關費 | 正常報關費：300／票<br>加急報關費：500／票 | 含報關單預錄費。 |
| 單證操作費 | 200／票 | 即換單費。 |
| 倉儲費 | 普貨：<br>0.10／kg／day（10天內）<br>0.20／kg／day（超過10天） | 本市客戶免費3天，<br>外地客戶免費5天，<br>20元起收。 |
| | 危險品：0.50／kg／day | 無免費期，50元起收。 |
| | 冷藏品：0.60／kg／day | 無免費期，50元起收。 |
| 代收費 | 0.50／kg | 東航倉儲費及裝卸費。<br>20元起收。 |
| 起運費 | 0.50／kg | 進出倉庫費，鏟車費<br>（Forklift）20元起收。 |

| 項目 | 收費標準 | 費用收取說明 |
|---|---|---|
| 三檢費<br>衛檢費 | 代收代付 | 付商檢局。 |
| 三檢勞務費<br>海關開箱檢驗費 | 50元／票<br>150元／票 | |
| 到付運費手續費 | 費用總額的4% | 最低每票180元，含東航2%，以飛機抵達日期為準，超過15天付款，每天加收0.5%的滯報金。 |

〔註：如客戶在週一至週五的17:30至22:00提貨，或在週六，週日，節假日提貨，我公司加收0.05元／公斤的加班費，每票貨起點（Min.）加收10元。〕

## 附件 3-38　蘇州空運出口標準程序運作說明

| 運作程序 | 說明 |
|---|---|
| 計畫 | ✓檢閱出口商所提供預估貨量。<br>✓分析並訂定貨物預先進艙資料。 |
| 貨物預先訂位<br>（註：MET是某一<br>空運公司） | ✓確認貨物運送計畫艙位，是依據預報貨量準備充分且充足而訂定。<br>✓訂定MET的溝通行動計畫，用以確認客戶訂位是達到客戶的要求。 |
| 供應商文件 | ✓出口商傳真或透過電子轉換出貨文件（Commercial Invoice and Packing List）給MET上海公司。 |
| 提貨 | ✓MET卡車的派遣是根據每日提貨依據而取貨，提貨同時並向出口商索取正本出貨文件。<br>✓提貨同時，MET卡車司機必須依據客戶所提供之包裝明細來核對所提貨物數量是否正確，若有不一致之處，應馬上通知相關負責人員。 |
| 出口報關 | ✓蘇州關：貨物資料經由電子連線方式傳輸給海關，貨物被運送至蘇州保稅區並出示正本報關文件予蘇州海關，一旦貨物通關完成並放行，蘇州海關會將卡車貼上封條並轉至上海關。 |
| 進艙 | ✓貨物經由上海海關放行並拆封條後，進至航空貨運站，等待航空公司打盤。<br>✓重新與航空公司確認貨物訂位與等待通知。 |
| 航空公司貨物打盤 | ✓航空公司確認貨物資料並將貨物打盤。 |
| 飛機起飛後 | ✓確認貨物已上指定機位並提供上貨資料給MET美國公司，作以提供客戶每日出貨報告依據。 |
| 預警文件 | ✓所有出貨文件掃描並提供給MET美國公司作預先進口報關事宜。 |

**附件 3-39**　國際貨物運輸代理業專用發票（一級貨代所開的發票）

国际货物运输代理业专用发票
INTERNATIONAL FREIGHT FORWARDING SPECIAL INVOICE

发票代码：231000470105
发票号码：00000101

存．根　联
REFERENCE

开户银行名称：上海浦东发展银行新虹桥支行
账　号：RMB 076376-9886015474000626
BANK ACCOUNT: US$

第一联留存备查

上海迈特国际货运有限公司
MET INTERNATIONAL LOGISTICS (SHANGHAI) CO., LTD.

| | | | |
|---|---|---|---|
| 付款单位 PAYER | 英顾达 | 开票日期 DATE ISSUED | 2005-3-10 |
| 船名/航次/航班/车次 VESSEL/VOY/FRT/TRAIN NO. | 空运进口 NX316/2005-03-10 | 提（运）单号 B/L NO. | |
| 起运港 LOAD PORT | TAIPEI | 卸货港 DIS. PORT | |
| | | | 675-03471580 |
| | | 目的港 DESTINATION | SHANGHAI |
| | | 开航日期 DATE SAILED | 2005-3-10 |

| 收费内容（货物名称，数量，单价）PARTICULARS (DESCRIPTIONS, QUANTITY, UNIT PRICE) | 金额 AMOUNT | 备注 REMARKS |
|---|---|---|
| 抽单费及劳务费 | 160.00 | HAWB: |
| 进出仓及铅线费 | 1,418.00 | MET-921354 |
| | | 件数：6件 |
| | | 重量：1575KGS |
| 合计 LUMP SUM | RMB 1,578.00 | |

金额合计（大写）
TOTAL IN CAPITAL　　……壹仟伍佰柒拾捌元整

企业盖章 BUSINESS SEAL

工商登记号 3101052008058
BUSINESS REGISTER NO.
税务登记号 310105762642181
TAX REGISTER NO.

复核 CHECKED BY
（手写无效）
HAND WRITING NULL AND VOID.

制单 ISSUED BY

周华
me tpd

# Unit 3-11

# 中國大陸出口貨物廠商的船務人員作業要點

## 一　臺灣與中國大陸在出口Shipping及報關上不同的地方

### （一）訂艙

1. 中國大陸：只能向貨代訂艙或船公司所屬的貨代訂艙，而且最好在結關前5～7天。

2. 臺灣：可以直接向船公司訂艙，也可以向Forwarder訂艙，通常在結關前2～3天簽S/O即可。

### （二）拖櫃

1. 中國大陸：找貨代或拖車公司。

2. 臺灣：直接找拖車公司，很少委託Forwarder。

### （三）報關

1. 中國大陸：找貨代或報關行或由自己公司的報關員申報。

2. 臺灣：幾乎找報關行申報。

### （四）文件

1. 中國大陸：由於外匯管制，出口報關需申請外匯核銷單，有些商品需要申請出口許可證。

2. 臺灣：外匯自由化，出口報關不用外匯核銷單，大部分商品不需要申請許可證。

## （五）進倉

1. 中國大陸：貨物最好提早在結關日前2天進倉，尤其是CFS併櫃貨，以免遭海關查驗而延誤裝船。（在中國大陸，貨物要進到港區的倉庫才可以開始報關。）

2. 臺灣：在結關日進倉即可，海關查驗正常狀況下，一定會趕在裝船前放行，不會延誤。（在臺灣，貨櫃場都是海關監管倉庫，貨進櫃場就可報關。）

## （六）一條龍服務

1. 中國大陸：貨代可以提供全套的服務，從訂艙、提空櫃，到工廠裝貨，再把重櫃運至港區裝船及報關。

2. 臺灣：貨主通常把提空櫃及送重櫃到貨櫃場的業務交給拖車公司，而把報關工作交給報關行，裝船交給船公司或Forwarder。

## （七）合同

1. 中國大陸：外資企業大都以保稅方式進口原物料，須事先辦理合同登記備案領取「登記手冊」，製成品出口後，登記手冊須由海關核銷。

2. 臺灣：自由市場經濟，一般貨主進口原物料須先繳關稅及營業稅。

## （八）進出口申報

1. 中國大陸：由於關稅及增值稅高，貨主進口以多報少，出口以少報多，申報不實的情形比較多，也有人把保稅品非法內銷甚至走私逃偷稅金。

2. 臺灣：關稅低，走私違規情形少。

## （九）海關查驗

1. 中國大陸：比率高，出口約15%，進口約25%，高單價電子產品查驗比率甚至高達30%以上。

2. 臺灣：出口查驗比率低約8%，進口查驗比率約15%。

## （十）G.S.P. Form A

1. 中國大陸：出口到歐盟國家，要提供G.S.P. Form A 可享減免關稅優惠。

2. 臺灣：經濟上早已進入已開發國家層次，貨物從臺灣出口至歐盟只要提供一般產證（C/O）即可，無法享有減免關稅優待。

〔說明〕

1. 在中國大陸Shipper要簽S/O，一定要向貨運代理訂艙，不能直接跟船公司簽S/O，這一點與臺灣不一樣；在臺灣，貨主要走船公司可以直接找船公司Booking Space，如果貨物要走Forwarder也可向Forwarder簽S/O。在中國大陸，貨代的功能比船公司大很多，船公司只作些Control Space、調度空櫃及聯絡一些大的貨主／貨代的工作，不像貨代可以提供「一條龍」的服務；從簽S/O、提空櫃、到工廠裝貨，再把此重櫃送至港區裝船報關等一整套的服務。

2. 由於臺灣很多傳統產業工廠外移到中國大陸，因此從臺灣出口的貨量愈來愈少，而中國大陸的貨量卻愈來愈多，所以目前臺灣並無Space缺乏的現象，臺灣的Shipper通常都在結關前3～4天才會去S/O，反觀中國大陸，貨主須提早去訂艙以免簽不到Space，另外由於中國大陸貨量大，海關及港口作業人員不足，加上效率比較低的關係，貨物最好提早在結關日前1天進倉，以免因海關抽驗查櫃而延誤裝船。

3. 中國大陸出口的貨物如果是與電相關的小家電產品，大都需要國家法定檢驗以確保產品的安全、質量水準及消費者的安全。另外如果是動物或植物及其相關的貨物，則需辦理動植物檢驗，沒有檢疫局出具的「出境貨物通關單」，海關是不會受理報關的。

4. 出口報關所需文件：出口報關單、Invoice、Packing List、通關單及外匯核銷單交給貨代，並提供裝櫃明細（如Container No.、Seal No.、數量、重量、體積等）以便報關用。

5. 貨物在On Board當天，就可以向船公司或貨代進行B/L確認，確認後由貨代發B/L給企業。

6. 另外還需強調一點，就是客戶是否需要提供普惠制證書（Form A）或一般原產地證書（C/O）具體申請方法如下：
Form A或C/O申請時，廠商需準備Invoice、Packing List、申請書及企業打好之Form A、C/O證書，到出入境檢驗檢疫局檢務科去申請，由其簽發證書（一般在On Board Date之前申請完成），若企業在On Board Date後去申請也可以，但不要超過1星期而且需再提供B/L Copy一份，出入境檢驗檢疫局會在簽發證書同時加蓋例章（有些地方檢驗檢疫單位要加收RMB100～200元）。
由貨代代為申請一份Form A費用大約要RMB200元（包括規費及服務費），於Form A簽發後不能修改，必須重作也須再付費一次，因此工廠打好Form A表格後，最好先Fax回臺灣給貿易商，經與L/C核對無誤後，再拿到檢驗局蓋章。
一般歐盟國家大都需要Form A，如果Buyer要求廠商提供C/O，沒有特別指名Form A，廠商最好還是申請Form A，根據過去的經驗，有些歐盟國家的小Buyer不知道要何種產地證明。

## 二》 臺灣與中國大陸在進出口方面常用的術語 / 專有名詞對照表

| 中國大陸 | 臺灣 |
|---|---|
| 集裝箱 | 貨櫃 |
| 堆場 | 貨櫃場 |
| 拼箱 | 併櫃 |
| 門到門 | 整櫃貨 （CY to CY） |
| 屯車 | 卡車 |
| 集卡 | 貨櫃車 |
| 沖港 | 類似「保留艙單」 |
| 加急費 | 急件加班費 |
| HS Code | CCC Code |
| Late Come | 延結 |
| 落貨紙（廣東） | S/O裝貨單 |
| 托單（華中、華北） | S/O裝貨單 |
| 訂艙 | 簽船 |
| 普惠制產地證明書 | 優惠關稅產地證明書 |
| 異地報關 | 跨關區報關 |
| 深加工結轉（華中、華北） | 間接合作外銷 |
| 轉廠（廣東） | 間接合作外銷 |
| 分撥 | 拆櫃進倉 |
| 售貨合同 | 銷售合約 （Sales Contract） |
| 購貨合同 | 銷售合約 （Purchase Contract） |
| 包干費 | 包含其他相關的費用 |
| 白卡 | 海關監管車 |
| 企業 | 廠商 |
| 封志 | 封條 |

| 中國大陸 | 臺灣 |
|---|---|
| 綠色通道 | 免稅通道 |
| 紅色通道 | 應稅通道 |
| 信用證 | 信用狀 |
| 進境地 | 入境地 |
| 口岸 | 港口 |
| 一切險 | 全險 |
| 不作價設備 | 免計成本設備 |
| 指運港 | 目的港 |
| 運抵國 | 目的地國家 |
| 截單期 | 船公司接受訂艙最後期限 |
| 堆存 | 倉庫儲存 |
| 地服（地面服務費） | 航空公司地勤打盤費 |
| 尾紙（香港） | 進倉單 |
| 貨代 | Forwarder（貨運承攬商） |
| Invoice（出口發票） | Commercial Invoice（商業發票） |
| 增值稅專用發票 | 類似三聯式營業稅發票 |
| 信得過企業 | 績優廠商 |

## Unit 3-12

# 中國大陸進出口貨物報關單內容說明

## 一▶ 出口報關單內容說明（見附件3-40-1）

1. 經營單位：指對外簽訂並執行進出口貿易契約的企業，要註明其海關註冊編碼（亦稱十位數編碼，這是進出口企業在所在地主管海關辦理報關註冊登記時，海關給企業的註冊登記編碼），沒有進出口權的企業則無此號碼。

2. 發貨單位：指自行出口貨物的生產工廠或委託外貿公司出口貨物的企業。

　　附件3-40-1的出口報關單上，由於經營單位自設工廠，所以發貨單位與經營單位名稱一樣，都是杭州海緯進出口有限公司，但附件3-40-2的報關單上的經營單位與發貨單位不同，經營單位是「廣東省東莞畜產進出口公司」，而發貨單位則是「長安鳳崗榮豐五金傢俱廠」，前者為國有企業，代理後者民營企業的出口貨物，其原因有可能是下列二種之一：

　(1) 發貨單位：長安鳳崗榮豐五金傢俱廠沒有進出口權（沒有十位數編碼），因此委託國有的廣東省東莞畜產進出口公司出口貨物（給付代理費約貨價的1~2%）。

　(2) 發貨單位無法自己申請到合同，因此必須利用廣東省東莞畜產進出口公司的合同來出口。（給付買合同的費用，一般收費行情視商品不同而異，從人民幣1,000至5,000元不等。）

3. 貿易方式：附件3-40-1的報關單，貿易方式爲一般貿易，是要照章徵稅的，而附件3-40-2的報關單，貿易方式爲來料加工，是貨主用登記手冊，按照海關核發的徵免稅證明中批註「免徵稅」填報。

4. 批准文號：附件3-40-2上的報關單批准文號爲015009578是指「出口收匯核銷單」的號碼，中國大陸政府規定出口廠商要憑出口報關單退稅聯及出口收匯核銷單，才可以辦理核銷及退稅，爲了核對此核銷單，確實與這批出口貨物有關聯，因此中國大陸政府規定，出口報關單上要填上核銷單的號碼。

5. 合同協議號：指進出口貿易合同的號碼。

6. 商品編號：中國大陸使用HS稅則號列，亦即臺灣所謂的CCC Code（商品標準分類號列），中國大陸的商品編號一共有8位數，前6碼全世界海關通用，後2碼中國大陸海關自編號作爲徵稅用，而臺灣的CCC Code共有11位數，前6碼一樣全世界通用，第7及第8供海關作爲課徵關稅之用，第9及第10供政府機關統計及國貿局管理用途，第11位數字則爲檢查號碼。

中國大陸的進出口貨物報關單上的商品名稱，不常見的貨品最好加註中文，不要只用英文，否則容易遭海關卡關及查櫃（爲了確認貨品）。

## 三》進口報關單與出口報關單內容不同之處

1. 出口報關單上註明「發貨單位」。
   進口報關單相對的註明「收貨單位」（如附件3-41）。

2. 出口報關單上註明「運抵國」（指出口貨物直接運抵的國家）、「指運港」（出口貨物運往境外的目的港）、「境內貨源地」、「最終目的國」。

而進口報關單上相對的註明「起運國」（指進口貨物起始運出的國家）、「裝貨港」（進口貨物境外的裝運港）、「境內目的地」、「原產國」。

3. 出口報關單有「批准文號」欄，要註明出口收匯核銷單的號碼，進口報關單則不用填。最近海關對於企業進口付匯使用L/C、D/P、D/A等方式，規定企業申請進口付匯時要填寫「付匯方式情況表」，不過此辦法處於試行階段。

4. 附件3-20-1，此出口貨物報關單是使用在轉廠時，轉出的企業要向海關申報的，其內容與一般出口貨物所申報的出口報關單不同的地方在於：「運抵國」欄註明中國，「指運港」欄註明中國境內。

5. 附件3-20-2，此進口貨物報關單是使用在轉廠時，轉入的企業要向主管海關申報的，其內容與一般進口貨物所申報的進口報關單不同的地方在於：「起運國」欄要註明中國，「裝貨港」要註明中國境內，「原產國」註明中國。因為轉廠的性質類似國內貨物買賣。

附件 3-40-1

JG07
主页
1

中华人民共和国海关出口货物报关单

出口退税专用

预录入编号： 835083073　　　　海关编号： 223320050835083073

| 出口口岸 浦东机场 2233 | 备案号 | | 出口日期 2005-03-05 | 申报日期 2005-03-04 |
|---|---|---|---|---|
| 经营单位 杭州海绵进出口有限公司 3301960772 | 运输方式 航空运输 | 运输工具名称 / | 提运单号 77400809395 | |
| 发货单位 杭州海绵进出口有限公司 3301960772 | 贸易方式 一般贸易 0110 | 征免性质 一般征税 （101） | 结汇方式 电汇 | |
| 许可证号 | 运抵国(地区) 英国 （502） | 指运港 美国 （502） | 境内货源地 杭州其他 （33019） | |
| 批准文号 015009578 | 成交方式 FOB | 运费 | 保费 | 杂费 |
| 合同协议号 HZHYST05008 | 件数 18 | 包装种类 纸箱 | 毛重(公斤) 326 | 净重(公斤) 291.5 |
| 集装箱号 | 随附单据 B | | | 生产厂家 |

标记唛码及备注
随附单证号： 310300205027385

| 项号 商品编号 | 商品名称、规格型号 | 数量及单位 | 最终目的国(地区) | 单价 | 总价 | 币制 征免 |
|---|---|---|---|---|---|---|
| 1.9404901090 | 羽毛枕 | 291.500千克 | 美国 （502） | 4.0686 | 1186.00 USD 照章征税 | 美元 |
| | 400PCS | 291.500千克 | | | 用途： | |

税费征收情况

| 录入员 录入单位 | 兹声明以上申报无讹并承担法律责任 | 海关审单批注及放行日期（签章） |
|---|---|---|
| 报关员 | | 审单　　审价 |
| 单位地址 | 申报单位(签章) 上海迈特国际货运有限公司 | 征税　　统计 |
| 邮编　　电话 | 填制日期 | 查验　　放行 签发关员 刘为 签发日期： 2005-03-14 |

附件 3-40-2

来料加工专用
补偿贸易

中华人民共和国海关出口货物报关单

长安办事处

2 - 35

　　　主页
预录入编号：　　　　　　第1页　共1页　　　海关编号：　　630220751-1

| 出口口岸 | | 备案号 | | 出运口岸 | | 申报日期 |
| 皇岗海关 | (53 / 01) | B52050101405 | | 0000-00-00 | | 2000-09-11 |
| 经营单位 | | 运输方式 | 运输工具名称 | | 提运单号 | |
| 广东省东莞富产进出口公司 | (4419918007) | 汽车 | | | 02-61997 | |
| 发货单位 | | 贸易方式 | | 征免性质 | | 结汇方式 |
| 长安涌岗荣华五金家具厂 | | 来料加工 | 0214 | 来料加工 (0502) | | 无出后结 |
| 许可证号 | | 运抵国(地区) | 指运港 | | 境内货源地 | |
| | | 加拿大 (9501) | 温哥华 (3089) | | 东莞 (44199) |
| 批准文号 | | 成交方式 | 运费 | 保费 | | 杂费 |
| 44A21H669 | | FOB | .000 | .000 | | .000 |
| 合同协议号 | | 件数 | 包装种类 | 毛重(公斤) | | 净重(公斤) |
| CS0061YE046 | | 245 | 纸箱 | 6612 | | 5521 |
| 集装箱号 | | 随附单据 | | | 生产厂家 | |
| U3CU7055255　*　1( 2) | | | | | | |

标记唛码及备注

| 项号 | 商品编号 | 商品名称.规格型号 | 数量及单位 | 最终目的国(地区) | 单价 | 总价 | 币制 | 征免 |
|---|---|---|---|---|---|---|---|---|
| 01 | 94017100. | 安乐椅 | 245.00个 | 加拿大 | 119.500 | 29277.50 | HKD | 全免 |
| 0003 | | 铁.塑胶.二层皮 | 245.000张 | (501) | | | | |

现费征收情况

FOB价【共 1项商品】：　　29277.50

| 录入员 张汉超 | 录入单位 | 兹声明以上申报无讹并承担法律责任 | 海关审单批注及放行日期(签章) | |
|---|---|---|---|---|
| | 麦朗生　5316520 | | 审单 | 审价 |
| 报关员 | 麦悦威　5316520 | | 征税 | 统计 |
| 单位地址 | | 申报单位(签章)　东莞市福民报国报关服务有限公 | 查验 | 放行 |
| 邮编　　　电话 | | 填制日期　2000/09/11 | 打印时间:10:00:53.74 | |

附件 3-41

中华人民共和国海关进口货物报关单

江门外海

★★★★★★
★ 主页 ★
预算交稿号：　121012527-3　Page. 1　　　海关编号：121012527-

| 进口口岸 江门外海 (68 / 12) | 备案号 C68301400079 | 进口日期 2001-10-21 | 申报日期 0 - - |
|---|---|---|---|
| 经营单位 科技有限公司 44079480( 8424) | 运输方式 江海 | 运输工具名称 JIANG MEN 132… EJM01H2922 | |
| 收货单位 科技有限公司 | 贸易方式 进料对口 0615 | 征免性质 进料加工 (0503) | 征税比例 ％ |
| 许可证号 | 起运国(地区) 香港 (0110) | 装货港 香港 (0110) | 境内目的地 江门 (44079 |
| 批准文号 | 成交方式 CIF | 运费 000/ .000/ | 保费 000/ .000/ | 杂费 000/ . |
| 合同协议号 01-04 | 件数 28 | 包装种类 纸箱 | 毛重(公斤) 475 | 净重(公斤) 451 |
| 集装箱号 | 随附单据 | | 用途 |

标记唛码及备注

| 项号 商品编号 | 商品名称、规格型号 | 数量及单位 | 原产国(地区) | 单价 | 总价 | 币制 | 征 |
|---|---|---|---|---|---|---|---|
| 01 85412900. [0006] | 晶体管 | 200000.00个 145.020千克 200.000千个 | 台湾 (143) | 32.500 | 6500.00 用途:加工返销 | USD 美元 | 全免 |
| 02 85412100. [0005] | 场效晶体管 | 10000.00个 14.680千克 10.000千个 | 台湾 (143) | 310.000 | 3100.00 用途:加工返销 | USD 美元 | 全免 |
| 03 85411000. [0004] | 二极管 | 290000.00个 123.540千克 290.000千个 | 台湾 (143) | 18.000 | 5220.00 用途:加工返销 | USD 美元 | 全免 |
| 04 85322300. [0002] | 陶质电容器 400V-2200PF | 3.70千克 7.400个 7.400千个 | 台湾 (143) | 2.000 | 14.80 用途:加工返销 | USD 美元 | 全免 |
| 05 85421330. [0014] | 集成块 KA3842B | 5000.00个 4.380千克 5.000千个 | 台湾 (143) | 203.000 | 1015.00 用途:加工返销 | USD 美元 | 全免 |

税费征收情况

录入员 徐淑贤　录入单位　　　兹声明以上申报无讹并承担法律责任　　海关审单批注及放行日期(签章)

审单　　审价

报关员

单位地址　　　　　　　　报关单位(签章)　　　　征税　　统计
　　　　　　　　　　　　江门外海运输实业有限公司
邮编　　　　　　　填制日期 0　　有限公司　　　查验　　放行

# Unit 3-13

# 中國大陸進出口報關操作流程

## 一》進口報關

如次頁圖1：

1. 工廠通知運輸公司裝貨時間、地點。裝箱單、司機紙用快遞或其他方式送到運輸公司。

2. 向報關行提供報關資料（司機紙影印件、貿易合同、發票、進口裝箱單）。

3. 根據工廠提供的貨物及司機資料作成報關單後，打單、過電腦、並將資料傳送到口岸海關。

4. 轉關信息傳遞。

5. 報關行通知司機可以進境報關的時間。

6. 司機申報進境（憑司機本、司機紙、裝箱單等）。

7. 口岸海關對進境車輛施封、蓋章後，出具放行資料。

8. 轉關信息反饋。

9. 將司機本、司機紙、裝箱單交報關行，報關行檢查、核對無誤後，在司機紙後訂上報關單第五聯，並將司機本、司機紙交還司機。

10. 將報關單、裝箱單遞進海關通關科，審核完畢後，報關行通知司機入場，如沒被要求查車或待處理，司機即可由放行通道離場，並在車場出口將司機本和司機紙交由通道關員蓋放行章。

11. 報關行到通關科取回號牌,並通知工廠車輛基本情況。

### 圖1 進口報關操作流程

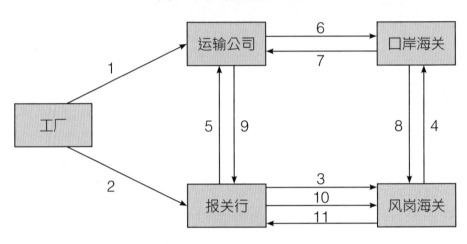

### 圖2 出口報關操作流程

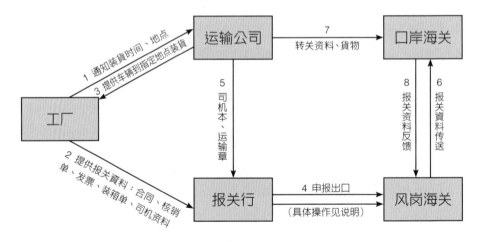

# ◼二〉 出口報關

報關行在海關具體操作流程，如前頁圖2：

報關單作成、打單、過機申報 → { 海關審單中心人工審核放行 ⎫
                              電腦自動放行                  ⎬

→ 遞單（由通關科組長掃描報關單條形碼，夾單號牌條碼）

→ 關員審核 → { 退單 → 刪單窗口：刪單重報；退廠；退港

正常放行 { · 合同蓋章 → 派發合同
         · 司機紙貼施封鎖條碼、夾封條、輸進場指令
           → 司機紙蓋「海關監管貨物」章
           → 派發封條、司機紙
           → 司機持司機紙、司機本，鎖好封條進場驗

→ { (1) 待處理：交通道問題處理室處理
     (2) 查驗：交查驗窗口 → 掛號牌到通關科查出該單海關作業留存聯後，封箱送查驗科查驗
        ① 發現問題後，上送調查科處理
        ② 查驗正常，作廢原封條，重新換封條施封離場
     (3) 放行：駛往出場口 → 蓋海關放行章，輸放行指令，車輛離場

→ 待司機離場後，報關員持號牌到通關科兌換號牌夾，海關核銷該號牌條碼

## 三》 刪單程序

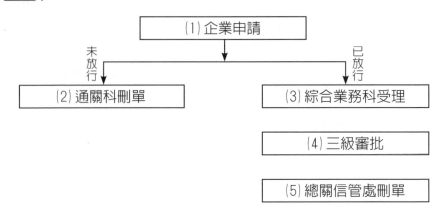

1. 填寫刪單申請報告一份，刪單申請表一式兩份，連同錯單一併遞交給受理窗口。
2. 關員接單後交由值班科長審批後刪除。
3. 關員接單後交給理單組查出報關單第一、二聯。
4. 經接單關員、主管科長、主管關長審批後，將信息傳輸到總關信管處。
5. 總關信管處根據收到的刪單信息，刪除錯單。

## 四》 進出口報關卡關原因

1. 報關單填報錯誤：商品編號、貿易方式、計量單位等。
2. 單貨不符：報關單中所填報的項目與實際貨物不符。
3. 單證不符：報關單中所填報的項目與隨附單證不符。
4. 缺證：欠缺政府規定所需的進出口許可證……等。

※ 加工貿易深加工結轉貨物操作流程：

報關行預錄入→交驗單證→關員審核（1. 敏感商品超過50噸，需科長、關長審批；2. 其他商品超過20噸，需科長審批）→打白單（來料加工進口不用）→蓋章→核發單證

※ 加工貿易深加工結轉貨物時，應向海關提交以下單證：

1. 轉出方銷售合同及手冊。
2. 經報關行預錄入的出口報關單正本（一式五聯）。
3. 轉進方購買合同及手冊。
4. 經報關行預錄入的進口報關單正本（一式五聯）。
5. 深加工結轉審批表。

## Unit 3-14

# 三角貿易及OBU在三角貿易實務上的運用

## 一 何謂三角貿易

所謂三角貿易，即是進口國的進口商，向第三國的中間商訂貨，中間商再向出口國的供應商採購，貨物則由出口國的供應商直接運給進口商，這種貿易方式對第三國的中間商來說，就是三角貿易。一般而言，做生意本來是買賣雙方直接洽商，但問題是買方不知道哪裡有他想買的商品的供應商，賣方也不知道哪裡有客戶想要買他的貨品，中間商及三角貿易於焉而起。

### （一）三角貿易常見的三種起因

1. 是地區代理權造成的：

例如：英國生產的A產品在遠東地區由新加坡甲公司總代理，臺灣的進口商想要買此產品，就必須向甲公司購買，然後甲公司再向英國的供應商訂貨，產品則由英國直接出貨給臺灣的進口商，臺灣的買方非經過新加坡的甲公司不可，這種三角貿易是由於地區代理權造成的。

2. 是由於資源的掌握造成的：

例如：日本商社，他們既不是真正的買方，也不是真正的供應商，但他們對貨品的供應來源及買家的資訊很靈通，主要是靠著他們在世界各地的業務代表蒐集情報資料，匯總給總公司，所以他們很清楚哪裡有供應商，哪裡有買家，從而扮演起中間

商的角色。

譬如：日本商社知道臺中有很多製造自行車的工廠，同時他們也知道德國法蘭克福有很多客戶想買自行車，於是他們就做起中間商的生意了，這種三角貿易就是因日商的資訊靈通，能掌握資源造成的。

3. 是目前常見的臺商在臺接單，然後由境外的工廠出貨給進口商：

這種三角貿易就是國外的進口商下單給臺灣的工廠或貿易商（通稱臺商），但臺商告訴進口商說，他們的工廠已外移至中國大陸或東南亞地區，出貨須由這些境外的工廠直接運給他們（進口商）。

(註：在三角貿易中，除了第一種類型文件比較透明外，其餘二種類型 Supplier 及 Buyer 雙方只有出貨的關係，不知道價錢，甚至不知道雙方的名稱及地址。)

## （一）臺灣三角貿易發展的三階段

1. 第一階段（1950～1965）：

1949年國民政府從中國大陸撤退到臺灣，帶來龐大的軍隊及百姓，由於臺灣本來就缺乏天然資源，仰賴農業爲生，暴增的人口壓力，促使政府鼓勵興建民生工業以增加食、衣、住、行的供應，當時喊出「增產報國」的口號，但興建工廠需要機器設備及各種原物料，亟需從國外採購進口，當時臺灣貿易不發達，不知道歐、美、日本等先進國家的供應商，於是紛紛透過臨近的香港、新加坡及日本的中間商來進行採購，因爲香港及新加坡接觸西方文明較早，對歐、美國家的情況比較瞭解。這就是臺灣進行三角貿易的第一階段（如圖1所示）。

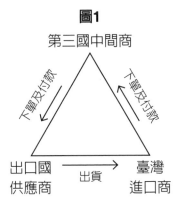

圖1

〔說明〕

　　臺灣的進口商向第三國的中間商下訂單及付款，中間商再向出口國的供應商下訂單及付款，所購買的貨物由出口國的供應商直接裝運給臺灣的進口商，這構成很典型的三角貿易。

2. 第二階段（1965～1985）：

歷經第一階段約15年的設廠及生產，臺灣的民生工業不但能滿足國內的需求，而且還有能力外銷，當時政府就積極鼓勵出口外銷來賺取外匯，但我們的出口商對國際市場並不十分了解，外語能力也不足，除少數公司有能力直接從國外買家接單外，其餘大多仰賴日本、香港及新加坡的貿易商。由於臺灣所生產的商品，諸如塑膠玩具、腳踏車、雨傘、鞋子、罐頭等大都物

美價廉,頗受國際買家的歡迎,出
口量大增,臺灣也從此躋身世界貿
易大國之列。這是臺灣三角貿易的
第二階段(如圖2所示)。

〔說明〕

　　進口國買家向第三國中間商下訂
單及付款,中間商再向臺灣的出口商
下訂單及付款,臺灣的出口商把商品
裝運給進口國的買家。

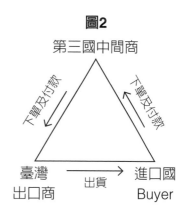

圖2

第三國中間商

下單及付款

下單及付款

臺灣
出口商

出貨

進口國
Buyer

3. 第三階段(1985～2000):

　　經過第二階段約20年大量外銷的結果,臺灣累積了相當龐大的
外匯存底,中產階級的上班族愈來愈多,所得也愈來愈高,但
隨之而來的是土地價格愈來愈貴,工資也大幅揚升,製造成本
水漲船高,出口商在接單利潤壓縮的情況下,配合政府當時所
提出的「南下政策」,到東南亞等國家設廠來降低生產成本。
之後隨著中國大陸改革開放,臺灣也解除戒嚴,政府逐步允許
人民到中國大陸探親、旅遊、經商,由於臺灣與中國大陸同文
同種,語言、習慣相近,加上中國大陸的工資、土地便宜,臺
灣的廠商紛紛前往投資設廠。這
是臺灣三角貿易的第三階段(如
圖3所示)。

〔說明〕

　　這是很典型的臺灣接單、中國
大陸生產、中國大陸出口、臺灣押
匯收款的模式,貨物直接從中國大
陸裝運給進口國的買家。

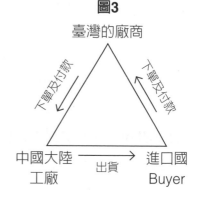

圖3

臺灣的廠商

下單及付款

下單及付款

中國大陸
工廠

出貨

進口國
Buyer

## ■二〉 文件按照**Buyer**在信用狀或訂單上的指示

通常歐盟的Buyer要求中國大陸的G.S.P. Form A，以便輸入的貨品能享有減免關稅的優待，貨物如果從香港裝船出口，Form A還需要到中國檢驗公司加簽。

例如：附件3-42的信用狀，其中第6項的要求：

「需要有中華人民共和國的Form A（註：在中國大陸Form A稱爲普惠制產地證明書），Form A要由有關單位（指檢驗檢疫局）簽發及簽字，而且也要有出口廠商共同簽字，Form A上要記載註冊碼（註：出口工廠申請註冊登記證時，如附件3-43，檢驗局給的號碼）及顯示出口到奧地利。

如果貨物要從香港裝船出口，Form A的第四欄必須加註下列條文：『茲證明在本證明書（指Form A）上所記載的貨物，在香港停留及轉運期間末再加工、處理，這個證明要由（指在香港的）中國檢驗公司簽字、蓋章及加註日期。』」

由於中國大陸與香港是屬於不同的關稅區，中國大陸製造生產的商品如果要經由香港轉運，歐洲大部分的Buyer均會要求在中國大陸所申請的Form A，要拿到香港的中國檢驗公司加簽，其用意在證明這些貨物在香港轉運期間沒有再加工、處理過，完完全全是中國大陸製造，如此才能享有歐盟國家的減免關稅的優待。

### （一）如何申請 Form A

貨物裝船前2至3天，工廠打好申請書（見附件3-44）及一式三張的Form A，拿到工廠所在地的檢驗檢疫局掛號申請蓋章（很多地區使用電腦連線申請），一般申請一份Form A大約要花RMB

200元（含規費及貨代服務費），1天即可完成，由於Form A蓋好章後就不能更改，必須重新製作，因此工廠最好在打好後先傳回給臺灣的貿易商，經與L/C核對無誤後，再拿去申請核發的單位蓋章比較保險。

## （二）Form A 的內容說明（見附件 3-45-1）

左上角第一欄：填寫出口廠商名稱及地址。

第二欄：收貨人的名稱、地址及國家。

第三欄：運送方式及路線（註：所謂運送方式是指空運、海運、陸運或者水運）。

第四欄：空白（註：此票貨物是從中國大陸的鹽田港出口，沒有經過香港，所以不必拿到香港的中國檢驗公司加簽）。

第四欄上面有Form A的英文全名Generalized System of Preferences Certificate of Origin Form A。

右上最上面有Reference No.，是廠商申請產地證明註冊證時，由檢驗局給的註冊號碼，後面再加上申請的日期。

左下角第十一欄：由有關單位「深圳檢驗檢疫局」加蓋的公章及簽字。

右下角第十二欄：由出口廠商加蓋公章及簽字。

最下面要註明進口國的國家（如此處的Austria）。

附件3-45-2也是一張Form A，與前述Form A不同的地方在於第四欄有香港中國檢驗公司加簽的條文，因為這票貨物是經由香港轉口裝船到法國的（由第三欄運送的方式及路線就可知道此票貨物是從深圳用卡車載送到香港，然後再用海運轉運至法國）。

由於第一欄的出口廠商往往與信用狀上的受益人不同，在臺灣押匯時，銀行審單人員可能會對此認定有瑕疵，因此貿易商最

好在接單時就請Buyer在L/C上註明：「Third Party Documents are Acceptable」，或者在第一欄出口廠商的下面打上「O/B臺灣的貿易公司」。（註：O/B是On behalf of的簡寫，即「代表」的意思。）

如果有些中國大陸檢驗檢疫局的官員，不允許Form A第一欄上加註O/B某某公司的話，可以請工廠在申請蓋章時先不要打列，等到蓋完章後再自己偷偷地把O/B某某公司打上去。如附件3-45-1上所打列的O/B：Yeh Hung Plastic Factory。

〔說明〕

臺灣的貿易商，如果怕中國大陸的工廠利用申請Form A的機會搶走Buyer，不妨預做下面的防範動作：

1. 告訴中國大陸的工廠申請Form A時，不要打上詳細的地址，如附件3-45-2上的Form A第一欄，出口廠商只註明某某Plastics（Shenzhen） Co., Ltd. Shenzhen, China。

   像這沒有詳細的地址，Buyer就不容易聯絡上工廠。

2. 告訴工廠Consignee正確的名稱，但模糊的地址，因為進口國的海關只看進口商的名稱是否正確，地址錯誤可以在進口當地報關時再改正，如此一來，工廠就不知道Buyer正確的地址了。

   例如：Buyer——ABC進口公司正確的地址是德國漢堡市中山北路3段100號，您就告訴中國大陸的工廠說ABC進口公司的地址是德國漢堡市中山路100號，如此工廠要聯絡到Buyer可能就不容易了，因為中山路有北路及南路，且都有100號。

### 三 ▶ Buyer對B/L的要求

如附件3-42中第二項的規定——要全套已裝運的正本清潔

「複合運送提單」，所謂清潔的意思是貨物進倉時，外觀包裝沒有被雨淋濕也沒有破損。而「複合運送提單」是指提單上所記載的貨物，在運送過程中至少涵蓋二種以上不同的運送方式，例如：附件3-46的提單，此票貨物是從鹽田港裝船，用海運的方式到漢堡港卸貨，然後再用陸運方式，運送至奧地利的目的地Salzburg，因這票貨物運送過程中，已涵蓋海運及陸運二種方式，所以本質上已符合UCP600（信用狀統一慣例600版）對複合運送提單的定義。銀行在審單時是看提單的性質來認定是否為複合運送提單（Combined Transport B/L）或是海運提單（Ocean B/L或稱Marine B/L）。

所謂海運提單根據UCP600的定義是說：提單上所記載的貨物在運送過程中是港至港運送，例如：從高雄港至漢堡港或從基隆港到溫哥華港，這個提單就是海運提單，而不是看提單的名稱，因為提單通常只標明Bill of Lading，如附件3-46顯然是複合運送提單，但名稱也只是標明Bill of Lading。

一般船公司或 Forwarder為了避免貨主要求在Bill of Lading前面加註Ocean或Combined Transport字樣的困擾，因此在Bill of Lading下方會用小字加註「For combined transport or port to port shipment.」。

## 四 〉三角貿易信用狀交易的文件操作

### （一）第一種情況，如 P.395 圖 1

假設臺商是德商的代理，德商下單給臺商，臺商將此訂單下給中國大陸的工廠，俟生產完成，貨物由中國大陸工廠直接裝船運送到德國，這是很典型的三角貿易的交易模式。

　　由於臺商是德商的代理，臺商不怕德商知道中國大陸的工廠，也不怕工廠知道德商的名稱。至於價格，三方已公開談妥內含臺商的代理佣金，因此一切作業是透明的，在此情況下，付款方式可由德商開立Transferable L/C給臺商，臺商再將此L/C經由轉讓銀行，轉讓給中國大陸在第三地的公司，例如：香港。

〔註：目前臺灣的公司如在第三地設有境外公司，則可由臺灣的銀行的OBU開狀至中國大陸給工廠，如果臺商沒有境外公司，則可由DBU（任何外匯指定的銀行）透過他們在第三地的分行，開狀至中國大陸。〕

　　從2003年4月起，政府已開放讓臺灣的DBU也可以直接開狀至中國大陸，不必再經由第三地轉開。同樣，中國大陸的銀行也可以直接開狀至臺灣的銀行。

　　俟中國大陸工廠出貨後，工廠在香港的公司，就可準備出貨單據，諸如Commercial Invoice、Packing List、B/L等，直接針對德商的L/C押匯，德商則透過德國的開狀銀行贖單取得所有的單據。

　　這種情況，德商、臺商、工廠的作業及單據操作，完全公開透明。

## （二）第二種情況，如次頁圖2

　　假設德商是臺商的Buyer而不是Agent關係，臺商不想讓Buyer及工廠互相知道對方，更不想讓他們知道接單及下單的價格，臺商可以請德商開立L/C過來，然後要求往來銀行，例如：彰銀，以此L/C作為「Master L/C」開立「Back to back」子L/C給中國大陸工廠在香港的公司，或者臺商另外請銀行開立一張獨立的L/C給工廠的香港公司（L/C也可以直接開給中國大陸的工廠）。

工廠出貨後，從船公司取得B/L，連同Invoice、P/L等有關的單據來押這一張由臺商開過來香港的L/C。

此時這張B/L的內容為：

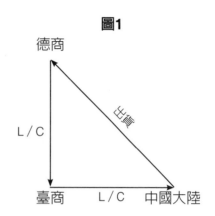

圖1

- Shipper：中國大陸工廠在香港的公司
- Consignee：To order of 彰銀
- Notify：臺商
- P/L：實際裝貨的港口
- P/D：實際卸貨的港口

　　臺商當然要從彰銀付款贖單，如果當初是用德商開來的L/C當Master L/C，則可先行準備好押匯文件如Invoice、Packing List，請彰銀先讓臺商押Master L/C，再用此款項去支付子L/C的付款，如此臺商可利用Master L/C作為開狀額度，免於另外要準備周轉金。

　　另外，臺商從彰銀取得香港轉來的B/L，要拿到船公司在臺灣的代理，把B/L上的記載改成：

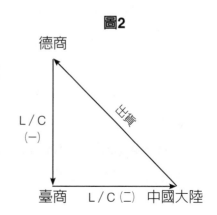

圖2

- Shipper：臺商
- Consignee：To order of 德國開狀銀行
- Notify：德商
- P/L：實際裝貨的港口
- P/D：實際卸貨的港口

　　因爲臺商要針對德商開來的L/C押匯，B/L內容當然要符合此L/C的要求，這種換單稱爲Switch B/L，如此一來，臺商押匯寄給德商的一切文件，都沒有工廠的字樣，也沒有工廠的價格（因臺商已把工廠的Invoice及Packing List換成自己公司所打列的）。至於T/T付款方式的換單也是同樣的操作，只是付款比L/C簡便而已。

　　臺灣買方開L/C給中國大陸供應商的途徑：

1. 例如：彰銀的OBU ———直接開給———→ 中國大陸銀行
　　（臺灣買方須在第三地設有境外公司）

2. 例如：彰銀的DBU ———直接開給———→ 中國大陸銀行
　　（臺灣買方無須在第三地設有境外公司）

3. 例如：彰銀的DBU ——透過——→ 第三地彰銀分行 ——→ 中國大陸銀行

4. 例如：彰銀的DBU ———直接開給———→ 中國大陸供應商在第三地的公司

　　如果上述第二種情況，彰銀所開的子L/C直接給中國大陸的工廠，則B/L上的Shipper就是中國大陸工廠，而不是中國大陸工廠在香港的公司。

　　空運方面，由於隨機文件沒有時間做換單，所以請空運公司做二種單據：一種是FCR（收貨證明）給中國大陸工廠押匯用；另一套以臺商爲Shipper的空運提單隨機去給德商，Invoice及Packing List可從臺灣做好後，直接Fax給德商即可。

（註：一般實務操作上，臺商大都以T/T方式直接電匯給中國大陸的廠商來支付貨款，要求供應廠商把貨交給貨代即可，同時，貨代簽發FCR給工廠作為交貨的證明）。

### 五　OBU在三角貿易上的運用

#### （一）為何要到第三國設立境外公司及開立 OBU 帳戶（Off-shore Banking Unit 的縮寫，亦即境外金融業務分行）

1. 早期1985～2000年間，臺灣企業為了規避政府「戒急用忍」的政策及兩岸政治上不穩定的風險，很多企業先到第三國，諸如新加坡、香港、英屬維京群島等地設立境外公司，再由境外公司轉投資到中國大陸設廠，如此就可以適用中國的外商投資企業保障協議的保護（臺商當時無法簽訂此類協議）。
2. 由於臺灣的所得稅採用「屬地主義」，亦即臺灣的國民，不論在臺灣或中國大陸所賺的所得，都要課稅。（根據中華民國憲法，中國大陸屬於政府的管轄範圍），於是許多臺灣的企業就想到在第三國設立境外公司，把賺的錢留在所謂「免稅天堂」的境外公司。（例如：英屬維京群島，其政府規定，在境內設立的外商公司，從國外所賺的錢不必課稅，此等國家就是所謂的免稅天堂。）

#### （二）如何運作

　　由於境外公司設在第三國，距離臺灣的控股公司遙遠，如果要在當地實際操作，既耗時也費錢，根本不划算，但只要在臺灣的銀行開立OBU帳戶，就可解決境外公司收款、付款的金流問題，至於貨流方面，只需在臺灣的控股公司操作即可，如次頁圖3。

圖**3**

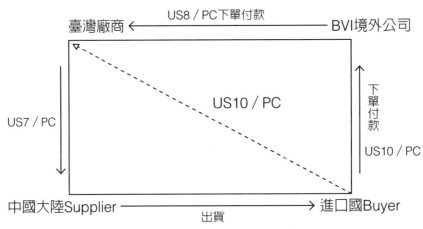

〔說明〕

　　假設Buyer買手機直接下單給在臺灣的廠商，單價US10／PC
（如虛線所示），臺灣的廠商再把訂單下給中國大陸US7／PC，
如此一來，臺灣的廠商賺了US3／PC的毛利，這將報繳公司年度
的營利事業所得稅25%。另外，公司的大股東在個人綜合所得稅
也會被課繳（有些高達40%以上）。

　　在稅負的考量下，臺灣的廠商紛紛前往免稅天堂設立境外
公司，然後請Buyer把定單下給我們的境外公司，單價一個手機
US10元，我們再使用境外公司的名義下訂單給臺灣的控股公司，
但把交易價格改為US8／PC，之後我們再下單給中國大陸工廠
US7／PC。如此一來，我們在臺灣的毛利變成只有US1/PC，繳稅
當然就變少了，節稅的目的也就達成了。雖然我們的境外公司賺
了US2／PC，但因免稅天堂的關係，境外所得不必課稅，因此也
沒有稅負的問題。

**圖4**

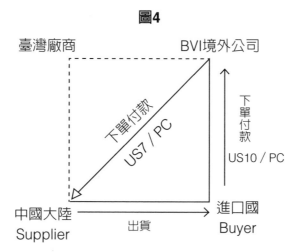

〔說明〕

經過圖3的運作,臺灣的廠商可以少繳稅,但多少還是要繳稅,因此有些臺灣的廠商乾脆把境外公司的訂單跳過臺灣,直接下給中國大陸的工廠。如圖4實線部分:Buyer下單給境外公司US10／PC,境外公司下單給中國大陸工廠US7／PC,如此一來臺灣的廠商根本沒有營業行為,所以不必納稅,境外公司雖然賺了US3元,但因免稅天堂的關係,也不用繳稅。

受益人是在BVI的境外公司,但L/C有註明臺北市復興北路某某地址轉交(C/O:Care of 的縮寫),彰化銀行不會直接通知在BVI的境外公司。由於L/C的受益人是境外公司,因此這張信用狀一定要在臺灣的OBU分行開戶才能押匯,不能在DBU押匯。(DBU是Domestic Banking Unit的縮寫,亦即國內一般有辦理外匯業務的銀行。)

因為所有境外公司的印鑑、文件都在臺灣的控股公司,因此只要在臺灣操作即可。另外,這張信用狀所Cover的訂單是在臺灣生產,貨物亦從臺灣出口,經由香港轉運至廣東省的惠陽,同樣地,我們控股公司也在臺灣處理裝運事宜。

**圖5**

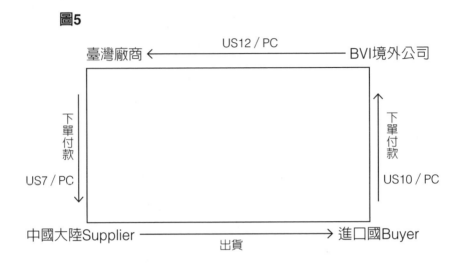

〔說明〕

　　有些臺灣的廠商為了財務帳面數字好看，想向銀行借錢，或者別具用心想藉發布接單利多消息來拉抬自家股價，會使用境外公司把原先從Buyer那邊下的訂單，再轉單給臺灣，但價格改成US12／PC，假設生產成本或發單出去的價格是US7／PC，如此一來，這張訂單的毛利就變成US5／PC，雖然要多繳稅，但為了達到上述的目的，不惜打腫臉充胖子，作犧牲打的動作。

## （三）進口商開給境外公司的 L/C 如何處理

　　以下是一張由Buyer中國大陸深圳的「中國民生銀行」開給臺北「彰化銀行」的信用狀，詳細說明請參閱P.438第2點。

```
----------------------- Message Header --------------
  Swift Output  : FIN 700 Issue of a Documentary Credit
√ Sender        : MSBCCNBJ004
                  CHINA MINSHENG BANKING CORPORATION
                  (SHENZHEN BRANCH)
                  SHENZHEN CN
  Receiver      : CCBCTWTPXXX
                  CHANG HWA COMMERCIAL BANK LTD.
                  TAIPEI TW
  MUR : 2003041500139861
----------------------- Message Text --------------
  27: Sequence of Total
      1/1
 40A: Form of Documentary Credit
      IRREVOCABLE
  20: Documentary Credit Number
      1813LCC3000051
 31C: Date of Issue
      030415
  31D: Date and Place of Expiry
      030515IN TAIWAN
  50: Applicant
      ▬▬▬▬▬▬▬▬▬▬▬▬▬▬▬▬▬ MOTOR
      IMP.AND EXP. CO. LTD.
      SHENZHEN,CHINA
  59: Beneficiary - Name & Address
      ▬▬▬▬▬▬▬ & BOX 3301,ROAD
      TOWN,TORTOLA BRITISH VIRGIN
      ISLANDS,C/O ▬▬▬▬▬▬▬ FU HSING
      N. RD.,TAIPEI,TAIWAN
  32B: Currency Code, Amount
```

## 附件 3-42　信用狀要求貨物經由香港出口，產地證明要由中國檢驗公司加簽的註記

TELEX: 11310 FIRSTBK
P.O.BOX 395 TAIPEI
SWIFT FCBKTWTP
信用狀查詢專線：(02)23481726
１００台北市重慶南路一段３０號

**FIRST COMMERCIAL BANK**
HEAD OFFICE
TAIPEI, TAIWAN, R.O.C.

和　一　商　業　銀　行

091　　DATE: JULY 10 2000

Beneficiary

AKING TRADING CO. LTD
P.O.BOX 58425
9F-2, 110 JEN AI ROAD, SEC 4
TAIPEI, TAIWAN

Our advice No.

OSN: 887898　　PAGE: 2

```
*** CONTINUED ***
    AT USD 3,05/SET
    :
    CIF SALZBURG (AS PER INCOTERMS)
46A(DOCUMENTS REQUIRED):
    1) COMMERCIAL INVOICE, 3-FOLD, ALL DULY SIGNED
    2) FULL SET CLEAN ON BOARD COMBINED TRANSPORT BILLS OF
       LADING
       MADE OUT TO ORDER, BLANK ENDORSED,
       MARKED 'FREIGHT PREPAID',
        NOTIFY:
        SPEDITION MULTICOM, A-5033 SALZBURG
          PHONE: 0662 641705, FAX: 451641
        AND APPLICANT
    3. PACKING LIST, 3-FOLD
       SHOWING MARKING AND CONTENTS OF THE CARTONS, CONTAINER
       AND ACCORDING CONTAINER NUMBER
    4. INSPECTION CERTIFICATE OF LOBECK CONCEPT AG
    5. GS/TUEV CERTIFICATE
       SHOWING MAX. 80 KG
    6. CERTIFICATE OF PEOPLE'S REPUBLIC OF CHINA ORIGIN
       AS PER GSP FORM A,
       ISSUED AND MANUALLY SIGNED BY AN AUTHORITY
       ALSO MANUALLY SIGNED BY EXPORTER BEARING A REFERENCE
       NUMBER AND SHOWING EXPORTED TO AUSTRIA
       IN CASE OF SHIPMENT FROM HONG KONG EVIDENCING THE
       FOLLOWING IN COLUMN 4:
       'THIS IS TO CERTIFY THAT THE GOODS STATED IN THIS
       CERTIFICATE HAD NOT BEEN SUBJECTED TO ANY PROCESSING
       DURING THEIR STAY/TRANSSHIPMENT IN HONG KONG'
       DATED, STAMPED AND SIGNED BY CHINA INSPECTION COMPANY
       LTD.
    7. INSURANCE CERTIFICATE OR POLICY FOR THE INVOICE VALUE
       PLUS 10 PERCENT, ENDORSED IN BLANK, COVERING
       ICC (A) WAR RISKS AS PER IWC (CARGO) INST. STRIKE CLAUSES
       CARGO, FROM SELLER'S WAREHOUSE TO BUYER'S WAREHOUSE
       CLAIMS PAYABLE IN AUSTRIA, NAMING A CLAIM SETTLING AGENT
       IN AUSTRIA.
    8. CERTIFICATE WITH ORIGINAL/COPY OF COURIER RECEIPT
       CERTIFYING THAT PHOTOCOPIES OF THE FOLLOWING DOCUMENTS
       HAVE BEEN SENT TO APPLICANT BY COURIER SERVICE: INVOICE,
       PACKING LIST, B/L, GSP FORM A AND INSURANCE CERTIFICATE
47A(ADDITIONAL CONDITIONS):
    + UPON RECEIPT OF DOCUMENTS STRICTLY COMPLYING WITH CREDIT TERMS

                        *** TO BE CONTINUED NEXT PAGE ***
```

附件 **3-43**　產地證註冊登記證

中华人民共和国出入境检验检疫局

产地证注册登记证

注　册　号：　012388

申请单位名称：　上海■■■■家用品制造有限公司

申请单位地址：　上海市青浦区赵屯镇青赵路■■■号

经营方式/项目：　一

　　经审核，你单位合符合《中华人民共和国普遍优惠制原产地证明书签证管理办法》和《中华人民共和国出口货物原产地规则实施办法》的有关规定，准予注册登记。

本证自发证之日起贰年内有效

发证日期：2002 年 11 月 18 日

中华人民共和国
上海出入境检验检疫局

年　审　记　录

注意事项：

一、经注册登记后凭此证办理申请签证。

二、此证不得伪造、涂改和转借。

三、产品品种、原料来源如有变化应及时申报。

四、此证遗失须立即向原发证机构申报挂失，申明作废。

五、有效期满后，申请人须及时申请办理复审手续。

附件 **3-44**

# 普惠制产地证明书申请书

申请单位(盖章):                                              证书号:＿＿＿＿＿
申请人郑重声明:                                              注册号:＿＿＿＿＿
　　本人是被正式授权代表出口单位办理和签署本申请书的。
　　本申请书及普惠制产地证格式A所列内容正确无误, 如发现弄虚作假, 冒充格式A所列货物, 擅改证书, 自愿接受签证机关的处罚和负法律责任。现将有关情况申报如下:

| 生产单位 | | 生产单位联系人电话 | |
|---|---|---|---|
| 商品名称<br>（中英文） | | H．S税目号<br>（ 以六位数<br>码计 ） | |
| 商品（FOB）总值（以美元计） | | 发 票 号 | |
| 最终销售国 | | 证书种类划"✓"　　加急证书　　普通证书 | | |
| 货物拟出运日期 | | | |

贸易方式和企业性质(请在适用处划"✓")

| 正常贸易<br>C | 来料加工<br>进<br>L | 补偿贸易<br>B | 中外合资<br>H | 中外合作<br>Z | 外商独资<br>D | 零售<br>Y | 展卖<br>M |
|---|---|---|---|---|---|---|---|
| | | | | | | | |

| 包装数量或毛重或其他数量 | |
|---|---|

原产地标准;
本项商品系在中国生产, 完全符合该给惠国给惠方案规定, 其原产地情况符合以下第　　条;
　(1) "P"（完全国产, 未使用任何进口原材料）;
　(2) "W"其H．S税目号为………………………（含进口成份）;
　(3) "F"（对加拿大出口产品, 其进口成份不超过产品出厂价值的40%）。
本批产品系:　　1. 直接运输从＿＿＿＿＿＿＿＿到＿＿＿＿＿＿＿)
　　　　　　　　2. 转口运输从＿＿＿＿＿＿＿中转国 （地区）＿＿＿＿到＿＿＿＿＿

申请人说明                                              领证人（签名）
                                                      电　话:
                                                      日期　　年　　月　　日

　　现提交中国出口商业发票副本一份, 普惠制产地证明书格式A（FORM　A）一正二副, 以及其他附件　　份, 请予审核签证。
　　注: 凡含有进口成份的商品, 必须按要求提交《含进口成份受惠商品成本明细单》。

| 检验检疫局联系记录 |
|---|
| |
| |
| |
| |

上海出入境检验检疫局制
SB—5

## 附件 3-45-1　普惠制產地證明書（未經過香港出口）

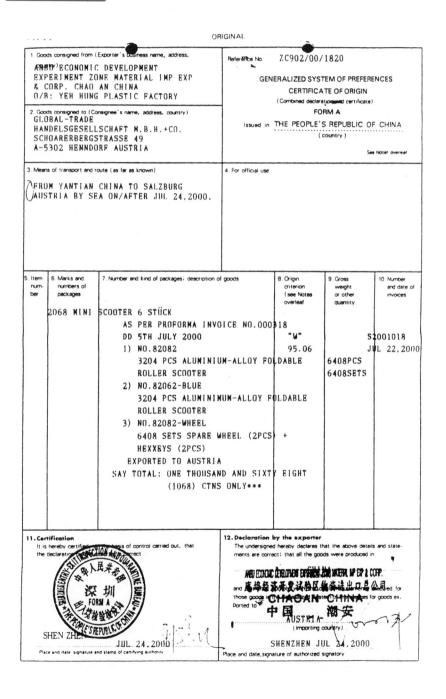

ORIGINAL

| 1. Goods consigned from (Exporter's business name, address,<br>ANHU ECONOMIC DEVELOPMENT<br>EXPERIMENT ZONE MATERIAL IMP EXP<br>& CORP. CHAO AN CHINA<br>O/B: YEH HUNG PLASTIC FACTORY | Reference No. ZC902/00/1820<br><br>GENERALIZED SYSTEM OF PREFERENCES<br>CERTIFICATE OF ORIGIN<br>(Combined declaration and certificate)<br>FORM A<br>Issued in THE PEOPLE'S REPUBLIC OF CHINA<br>( country )<br>See Notes overleaf |
|---|---|
| 2. Goods consigned to (Consignee's name, address, country)<br>GLOBAL-TRADE<br>HANDELSGESELLSCHAFT M.B.H.+CO.<br>SCHOARERBERGSTRASSE 49<br>A-5302 HENNDORF AUSTRIA | |
| 3. Means of transport and route (as far as known)<br>FROM YANTIAN CHINA TO SALZBURG<br>AUSTRIA BY SEA ON/AFTER JUL. 24, 2000. | 4. For official use |

| 5. Item number | 6. Marks and numbers of packages | 7. Number and kind of packages; description of goods | 8. Origin criterion (see Notes overleaf) | 9. Gross weight or other quantity | 10. Number and date of invoices |
|---|---|---|---|---|---|
| | 2068 | MINI SCOOTER 6 STÜCK<br>AS PER PROFORMA INVOICE NO.000318<br>DD 5TH JULY 2000<br>1) NO.82082<br>3204 PCS ALUMINIUM-ALLOY FOLDABLE<br>ROLLER SCOOTER<br>2) NO.82062-BLUE<br>3204 PCS ALUMINIMUM-ALLOY FOLDABLE<br>ROLLER SCOOTER<br>3) NO.82082-WHEEL<br>6408 SETS SPARE WHEEL (2PCS) +<br>HEXXBYS (2PCS)<br>EXPORTED TO AUSTRIA<br>SAY TOTAL: ONE THOUSAND AND SIXTY EIGHT<br>(1068) CTNS ONLY*** | "W"<br>95.06 | 6408PCS<br>6408SETS | S2001018<br>JUL 22, 2000 |

| 11. Certification<br>It is hereby certified, on the basis of control carried out, that the declaration by the exporter is correct<br><br>SHEN ZHEN JUL. 24, 2000<br>Place and date, signature and stamp of certifying authority | 12. Declaration by the exporter<br>The undersigned hereby declares that the above details and statements are correct; that all the goods were produced in<br>ANHU ECONOMIC DEVELOPMENT EXPERIMENT ZONE MATERIAL IMP EXP & CORP.<br>and 廣埠經濟開發試驗區物資進出口總公司 for those goods in ... stated in state ... es for goods exported to CHAOAN CHINA<br>中國 潮安<br>AUSTRIA<br>(importing country)<br>SHENZHEN JUL 24, 2000<br>Place and date, signature of authorized signatory |
|---|---|

## 附件 3-45-2　普惠制產地證明書（經過香港出口）

· ORIGINAL                                                  562493

| 1. Goods consigned from (Exporter's business name, address, country) | Reference No.　D422/00/0147 |
|---|---|
| ▮▮▮▮▮▮▮ PLASTICS (SHENZHEN) CO., LTD. SHENZHEN, CHINA | GENERALIZED SYSTEM OF PREFERENCES<br>CERTIFICATE OF ORIGIN<br>(Combined declaration and certificate)<br>FORM A<br>Issued in THE PEOPLE'S REPUBLIC OF CHINA<br>------------------------------------<br>(country)<br>See Notes overleaf |
| 2. Goods consigned to (Consignee's name, address, country)<br>▮▮▮▮▮▮▮▮▮▮▮▮▮<br>59700 MARCQ EN BAROEUL<br>FRANCE | |
| 3. Means of transport and route (as far as known)<br><br>FROM SHEN ZHEN TO HONGKONG BY TRUCK<br>ON/AFTER JUL. 04, 2000.<br>THENCE TRANSHIPPED TO FRANCE VIA<br>ANTWERP BY SEA | 4. For official use<br><br>THIS IS TO CERTIFY THAT THE<br>GOODS STATED IN THIS CERTIFICATE<br>HAD NOT BEEN SUBJECTED TO ANY<br>PROCESSING DURING THEIR STAY/<br>TRANSHIPMENT IN HONG KONG.<br>SIGNATURE |

| 5. Item number | 6. Marks and numbers of packages | 7. Number and kind of packages; description of goods | 8. Origin criterion (see Notes overleaf) | 9. Gross weight or other quantity | 10. Number and date of invoices |
|---|---|---|---|---|---|
| | ACCENT<br>ANTWERP<br>C-NO. 1B-175B<br>1C-384C<br>MADE IN CHINA | ZIPPERED BAGS (PVC)<br>ACCORDING TO PROFORMA INVOICES<br>NO CY15942 DATED 000531 AND<br>CY15963R1 DATED 000608 | "W"<br><br>19.23 | 63,556PCS | 0147<br>JUL. 04, 2000 |
| | | SAY TOTAL FIVE HUNDRED AND FIFTY NINE<br>(559) CTNS ONLY** | | | |
| | | L/C NUMBER 4460942011001M<br>FRANCE AS COUNTRY OF DESTINATION | | | |

| 11. Certification<br>It is hereby certified, on the basis of control carried out, that the declaration by the exporter is correct.<br><br>中华人民共和国<br>深圳<br>FORM A<br>THE PEOPLE'S REPUBLIC OF CHINA<br><br>SHEN ZHEN<br>Place and date, signature and stamp of certifying authority | 12. Declaration by the exporter<br>The undersigned hereby declares that the above details and statements are correct, that all the goods were produced in<br><br>CHINA<br>(country)<br><br>and that they comply with the origin requirements specified for those goods in the Generalized System of Preferences for goods exported to<br><br>FRANCE<br>(importing country)<br><br>SHENZHEN JUL. 04, 2000<br>Place and date, signature of authorized signatory |

# 附件 3-46　複合運送提單

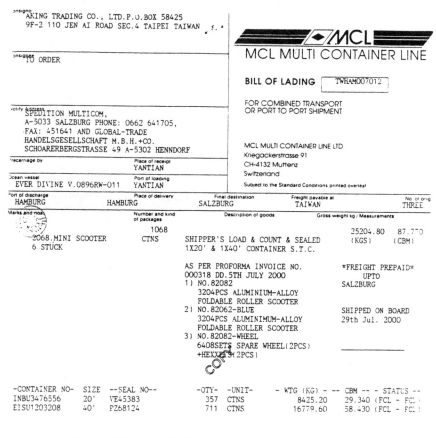

onsignor
AKING TRADING CO., LTD.P.O.BOX 58425
9F-2 110 JEN AI ROAD SEC.4 TAIPEI TAIWAN　S.

Consignee
TO ORDER

Notify Address
SPEDITION MULTICOM,
A-5033 SALZBURG PHONE: 0662 641705,
FAX: 451641 AND GLOBAL-TRADE
HANDELSGESELLSCHAFT M.B.H.+CO.
SCHOARERBERGSTRASSE 49 A-5302 HENNDORF

**MCL**
**MCL MULTI CONTAINER LINE**

BILL OF LADING　TWHAM007012

FOR COMBINED TRANSPORT
OR PORT TO PORT SHIPMENT

MCL MULTI CONTAINER LINE LTD
Kriegackerstrasse 91
CH-4132 Muttenz
Switzerland
Subject to the Standard Conditions printed overleaf

| Precarriage by | Place of receipt YANTIAN | | | | |
|---|---|---|---|---|---|
| Ocean vessel EVER DIVINE V.0896RW-011 | Port of loading YANTIAN | | | | |
| Port of discharge HAMBURG | Place of delivery HAMBURG | Final destination SALZBURG | Freight payable at TAIWAN | | No. of orig THREE |

| Marks and nos | Number and kind of packages | Description of goods | Gross weight kg / Measurements | |
|---|---|---|---|---|
| 2068.MINI SCOOTER 6 STÜCK | 1068 CTNS | SHIPPER'S LOAD & COUNT & SEALED 1X20' & 1X40' CONTAINER S.T.C. | 25204.80 (KGS) | 87.770 (CBM) |
| | | AS PER PROFORMA INVOICE NO. 000318 DD.5TH JULY 2000 1) NO.82082 3204PCS ALUMINIUM-ALLOY FOLDABLE ROLLER SCOOTER 2) NO.82062-BLUE 3204PCS ALUMINIMUM-ALLOY FOLDABLE ROLLER SCOOTER 3) NO.82082-WHEEL 6408SETS SPARE WHEEL(2PCS) +HEXXXXH(2PCS) | *FREIGHT PREPAID* UPTO SALZBURG  SHIPPED ON BOARD 29th Jul. 2000 | |

| -CONTAINER NO- | SIZE | --SEAL NO-- | -QTY- | -UNIT- | - WTG (KG) - | -- CBM -- | - STATUS -- |
|---|---|---|---|---|---|---|---|
| INBU3476556 | 20' | VE45383 | 357 | CTNS | 8425.20 | 29.340 | (FCL - FCL) |
| EISU1203208 | 40' | FZ68124 | 711 | CTNS | 16779.60 | 58.430 | (FCL - FCL) |

TOTAL IN WORDS : ONE THOUSAND AND SIXTY EIGHT (1068) CTNS ONLY

ACCORDING TO CONSIGNORS DECLARATION

Received and shipped in apparent good order and condition, unless otherwise noted herein. The goods and instructions are accepted and dealt with subject the standard conditions printed overleaf and to which the merchant agrees by accepting this combined transport bills of lading. One of these combined transport bills of lading must be surrendered in exchange for the goods. In witness where of original combined transport bill of lading all of this tenor and date have been signed in the number stated above, one of which being accomplished, the other(s) to be void

| Place and date of issue HONG KONG, 29th Jul. 2000 | Freight and charges / Special remarks * FREIGHT AS ARRANGED * |
|---|---|
| For release of the goods apply to CARGO PARTNER CR S.R.O. P.O. BOX 20, AVIATICK 12/1048 CZ - 160 08 PRAHA 6-RUZYNE, CZECH REPUBLIC Tel : 420 2 20116500 Fax : 420 2 20113543 | As agent for the carrier MCL MULTI CONTAINER LINE LIMITED M + R FORWARDING (H.K.) LTD.  AS AN AGENT FOR OR ON BEHALF OF THE CARRIER |

# 附件 3-47　香港出口通知（紡織品）
## （Export Notification, Textiles）

<table>
<tr><td colspan="3">TRADE DEPARTMENT'S COPY</td><td colspan="2">EXPORT NOTIFICATION II<br>(TEXTILES)<br>No. RA 7416204</td></tr>
<tr><td colspan="2">IMPORT AND EXPORT ORDINANCE (Cap. 60)<br>IMPORT AND EXPORT (GENERAL) REGULATIONS</td><td>Exporter's TT Registration No.</td><td colspan="2" rowspan="2">Import Notification (Textiles)<br>No. and Date of Importation/<br>Import Licence (Textiles) No.<br>and Date of Issue</td></tr>
<tr><td colspan="2" rowspan="2">Exporter (Name and Address)</td><td rowspan="2">Validity Period:</td></tr>
<tr></tr>
<tr><td>TCR No. (if any)<br>BR No.</td><td>Fax No.<br>Tel No.</td><td>Date of Departure</td><td colspan="2">Name of Vessel and Voyage/<br>Flight/Vehicle No.</td></tr>
<tr><td colspan="2" rowspan="2">Consignee (Name and Address)</td><td rowspan="2">C.O. Processing/C.O. Re-export<br>No. (if any)</td><td colspan="2" rowspan="2">Country of Final Destination</td></tr>
<tr></tr>
<tr><td colspan="2"></td><td colspan="3">USE OF THIS NOTIFICATION IS SUBJECT TO COMPLIANCE<br>WITH THE CONDITIONS OVERLEAF</td></tr>
<tr><td>Mark(s) and<br>Number(s),<br>Origin Marking<br>(if any) on<br>Packages</td><td>No. of<br>Packages</td><td>Full Description of Goods     Origin Marking<br>(if any) on<br>the goods</td><td>No. of Units</td><td>Value f.o.b.<br>HK$</td></tr>
<tr><td colspan="3" rowspan="2">註：來產地中國的紡織品貨物，經由香港轉運<br>　　有 BUYER 會要求這張証明「EXPORT NOTIFICATION"<br>　　　　　　　　　　　　　（TEXTILES）<br>　　目的在証明這批貨物經過香港期間沒有加<br>　　加工處理過。<br>　　這種証明要向香港政府貿易局申請費用大約<br>　　港幣 120 元。</td><td></td><td></td></tr>
<tr><td></td><td>Total Value f.o.b.<br>HK$</td></tr>
</table>

Exporter's Declaration                Date: _____

I, _____ signing for and on behalf of _____
(Name of Signatory)                           (Name of Exporter)

hereby declare that I am the exporter of the goods covered by this notification, that I have read and understood, and agree to abide by the conditions overleaf, and that the particulars given herein are true. I further declare that no principal manufacturing process has been carried out in Hong Kong on the goods above which would permit the issue, in accordance with the specifications laid down by the Director-General of Trade of a Certificate of Hong Kong Origin in respect of the goods. The goods were imported from _____ under Import
(Country of Origin)

Notification (Textiles)/Import Licence (Textiles)* No. _____ , a true copy of which is attached. (*Delete as appropriate)

_____            _____
(Signature)                      (Chop)

**Warning:** A trader registered as a textiles trader who exports any goods covered by a notification must comply with the conditions of exemption; and any breach of condition is an offence under the Import and Export Ordinance, Cap. 60. A breach of any of the conditions of use of this notification (see overleaf) also renders the trader's exemption and/or registration liable to be revoked or suspended by the Director-General of Trade whether or not other appropriate legal and/or administrative action is taken against the trader concerned. Heavy penalties are provided for false declarations and false and/or misleading information.

For Chinese translation of this notification form, please refer to the inside front cover of the pad containing the notification forms. 本通知書的中譯本載於每本通知書的封面內頁

TRA 551              **COPYRIGHT RESERVED**

## 附件 3-48　香港轉口證

# 香港轉口證

Exporter (full name and address)

CERTIFICATE NO

Consignee (if required)

## CERTIFICATE OF ORIGIN —
## RE-EXPORT

Departure Date (on or about)

Vessel/Flight/Vehicle No

Place of Loading
HONG KONG

Port of Discharge

Final Destination if on Carriage

## TRIPLICATE

Marks Nos and Container No  No and Kind of Packages Description of Goods

Quantity or Weight
(in words and figures)

Brand Names or
Labels (if any)

Destination Country

I HEREBY CERTIFY THAT THE GOODS DESCRIBED ABOVE ORIGINATE IN _____

香港工業總會
Federation of
Hong Kong Industries
A Chamber of Commerce
established since 1960

for FEDERATION OF HONG KONG INDUSTRIES

A competent authority exercising power delegated by the
Hong Kong Government for the issue of Certificates of Origin

CR2

## Unit 3-15

# 從Buyer、臺商、中國大陸廠商之間的交易條件，探討費用分攤的問題

　　一般來講，國外的Buyer下訂單給臺灣的廠商，臺商又把訂單下給中國大陸的工廠或其他第三地的工廠去生產，然後從工廠直接出貨給國外的Buyer，這就構成很典型的三角貿易型態，也產生三者之間交易條件及相關費用分攤的問題。

## 一 〉〉 從中國大陸出貨最常見的交易條件

### （一）出貨地的 FOB 條件

　　亦即Buyer以FOB方式向臺商下訂單，同時指定船公司或Forwarder，臺商又以FOB方式向中國大陸工廠訂貨指定同樣的運送業者，例如：工廠在廣州，那麼訂單的交易條件最好是「Shipment from FOB廣州」；如果工廠是在中山，那麼交易條件就是「Shipment from FOB中山」，不必一定要工廠報「Shipment from FOB香港」。

　　這樣工廠的報價會比較方便而且準確，因為出貨港就在工廠附近，相關費用容易估算（廣東省除了鹽田、蛇口之外，還有很多小港口，貨物可以從此報關裝船，然後再到香港接母船到歐美各地）。

## (二)目的地的 CIF 條件

　　假設Buyer是在德國的法蘭克福,Buyer與我們臺商的交易條件是CIF,那麼臺商也可以請中國大陸工廠直接報CIF到法蘭克福的交易條件,只要工廠的報價,臺商覺得有利潤可以接受,就讓工廠自己去找運送業者,由他們付運費把貨運送給Buyer。

## 二 從中國大陸出貨最常見的交易條件利弊比較

### (一)出貨地的 FOB 條件

・利:Buyer指定的運送業者,提供的運費及服務一定對Buyer比較好,否則就不會指定。

・弊:Buyer指定的運送業者對工廠收的手續費 (Handling Charge)通常比較高,工廠往往會抱怨。另外,工廠有可能把自己交貨的延誤,藉口說指定的運送業者沒有Space或沒有空櫃等。

### (二)目的地的 CIF 條件

・利:由工廠自己挑選運送業者,工廠會選擇長期配合良好或運費便宜的運送業者,這樣報價會比較有競爭性。

・弊:工廠於利潤的考量,有可能選擇最便宜的運送業者而不考慮其服務品質,這樣對Buyer的服務可能會有影響,例如:船到目的港時到貨通知、換單費、提貨速度等的服務品質。

## 常見的交易條件 Shipper 應付的費用比較表

| | T.H.C./O.R.C. | 出口海運費 | 保險費 | 進口港T.H.C. | 進口通關報關費 | 進口關稅 | 內陸運輸費 |
|---|---|---|---|---|---|---|---|
| EXW（XX工廠東莞） | … | … | … | … | … | … | … |
| FOB（鹽田） | ✓ | … | … | … | … | … | … |
| CFR（鹿特丹） | ✓ | ✓ | … | … | … | … | … |
| CIF（鹿特丹） | ✓ | ✓ | ✓ | … | … | … | … |
| CPT（XX城鎮） | ✓ | ✓ | … | ✓ | … | … | ✓ |
| CIP（XX城鎮） | ✓ | ✓ | ✓ | ✓ | … | … | ✓ |
| DDP（Door to Door） | ✓ | ✓ | ✓ | ✓ | ✓ | ✓ | ✓ |

| | | | |
|---|---|---|---|
| T.H.C. | 臺灣出口 | 20' | NT5,600 |
| | | 40' | NT7,000 |
| O.R.C.（歐美線） | 廣東省出口 | 20' | US141 |
| | | 40' | US269 |
| T.H.C.（近洋線） | — | 20' | RMB370 |
| | | 40' | RMB560 |

T.H.C. : Terminal Handling Charge
O.R.C. : Original Receiving Charge

## 附件 3-49  中國大陸貨代的到貨通知書

### ○○国际货运代理有限公司上海分公司
### ARRIVAL NOTICE
### 到货通知书

## TO:

一、贵司有貨物以 _____ 港发出至上海港

　　船名 _____ 航次 _____

　　提单号 _____

　　_____ PKGS _____ KGS _____ CBM

　　预计在 ____ 月 ____ 日抵达上海港，请于 ____ 月 ____ 日 _____ 起
　　来我司办理换单手续。

二、换单费用如下：

　　1. 换单费　RMB _____　　　　　正本

　　2. 分拨费　RMB _____

　　3. 代理费　RMB _____

　　4. 海运费　RMB _____　　　　　电放

　　5. THC　　RMB _____

三、请在收到本通知后，携带加盖公章的正本提单前来换单（如果提单是电放
　　的，请携带贵司正本电放保函）；若贵司未收到提单，请速与发货人联系
　　并向其索取，我司不承担由于通知不到所引起的一切责任和产生的费用。

四、根据海关规定，货到港14天內未向海关申报，由此产生的海关费用由收
　　货人承担；货到港后3个月內不提取货物，作无主货处理。

五、我司将竭诚为客户服务，欢迎新老客户亲临我司洽谈进出口报关、运送、
　　订舱等业务，现海关报关要求较为严格，建议贵司改由我司报关。

※我司地址：○○○○○○○○○

　　电　话：○○○○○○○○○

　　传　真：○○○○○○○○○

　　联系人：○○○○○○○○○

## Unit 3-16

# 運送業者要提醒Shipper注意的事項

一、盡早簽S/O，貨物最好在結關前1天就送進貨櫃碼頭，不要等到結關那天，以免延誤航班。

在香港由於碼頭費用昂貴，船公司盡量縮短裝卸時間，以便船隻能盡早開航，因此延結時間有限，頂多5～6個小時，類似臺灣的保留艙單延結1天的情形很少。

二、拖空櫃裝貨的日期、時間要確實配合工廠貨物完成的時間；東莞及深圳地區由於空櫃通常用拖車從香港拖至工廠，裝好貨物隨即由原拖車運至港口裝船，如果空櫃到了工廠而貨物還沒做好，或其他因素無法馬上裝櫃，超過3小時以上則工廠要支付逾時費用港幣100至300元給拖車司機，如延遲至隔天則需付過夜費港幣1,000至1,500元。

這一點與臺灣大不相同，臺灣由於地方小，拖車把空櫃拉到工廠後隨即離開，等工廠裝完貨物再回來把櫃子拖至貨櫃場。另外，由於中國大陸地區遼闊，對於領空櫃後延誤裝貨，可能產生空櫃的延滯費（Detention）或裝了貨物延遲裝船所產生重櫃的滯留費（Demurrage），都要提醒貨主注意

三、在臺灣，貨主出貨時，可以自己委託報關行報關，拖車公司拖櫃，向船公司或Forwarder簽艙位；但在中國大陸，貨主如果要分開來處理，不但工作耗時，費用也不見得會節省，最好把這些工作全部交給 Forwarder去處理，從訂艙位、拖

空櫃、到報關裝船，這樣一方面運送責任明確，二方面由於Forwarder的貨量大、經驗豐富，他們提供的運費及處理事情的專業性，都會比貨主自己分開來處理比較經濟且有效率，尤其是CFS併櫃貨，很多船公司是不收的。

選擇Forwarder最好是找在臺灣、香港及深圳三地均設有分支機構的承攬運送業者，這樣如果發生問題時，比較方便溝通處理。

四、由於目前的三角貿易型態，很多都是貿易商在臺灣接單，貨物直接從中國大陸出口，押匯單據中，提單可以在中國大陸做好後再寄過來或在臺灣換單，但Form A或C/O則一定要在中國大陸申請做好後再寄來臺灣，而且不能修改，有錯字就要重新申請，需再花費人民幣200元，因此這些文件打好後，最好先傳真回來臺灣，Check無誤後，到中國檢驗局簽章。

提單也一樣，最好先傳回來校對後再到船公司領取提單，然後再寄來臺灣，以免日後更改，浪費時間。

五、從臺灣出口到中國大陸的原物料配件等櫃子，中國大陸海關查驗的比率很高（20%以上），貨物的品名、件數、淨毛重與報關清單如有不符，被罰的機率很大而且影響通關時間，因此類似以前貨主在貨櫃裡面夾帶沒有申報的物品，實在沒有必要，甚至得不償失。

另外，中國大陸的進口貨物報關單上，不常見的英文品名最好加註中文，因此貨主在向船公司簽S/O時，同時註明中文品名，方便船公司註明在艙單上以利清關。

六、進出口中國大陸的貨物如屬高單價的電子產品或易碎貨品，如電腦的Monitor、電子儀器、陶瓷器等，最好避免使用中流

作業的船隻，因母船與二程船在海上作業風浪較大，吊櫃時搖晃大，貨物容易受損。

七、外貿廠商在接單時，對於三角貿易的訂單，數量最好湊一整櫃，如果不得已要CFS出貨時，毛利（Profit Margin）一定要加高一點，以免到頭來白忙一場，因為CFS的運送過程不論是卡車費、報關費及海運費，平均的單位成本均比整櫃貨來得高，而且CFS貨在運送途中容易受損。

同時由於大多數的船公司不收CFS貨，只有少數Forwarder有開櫃，因此貨主對航班的選擇性也較少。

八、提醒貨主留意歐洲Buyer在訂單或L/C上對出口文件的要求；歐洲的Buyer大都要求中國大陸的G.S.P. Form A，以便輸入的貨品能享有減免關稅的優待，貨物如果從香港裝船出口，Form A還需要到香港的中國檢驗公司加簽，亦即在Form A的第四欄上註明"This is to certify that the goods stated in this certificate had not been subjected to any processing during their stay/transhipment in Hong Kong."其意為「茲證明Form A上所註明的貨物在香港停留／轉運期間沒有經過任何加工處理」。

（註：請參考附件3-42──L/C上的規定及附件3-45-2──G.S.P. FormA）。

九、與Buyer簽定Order時，最好報FOB離中國大陸工廠最近的港口；以前三角貿易臺商下單給廣東省的工廠時，裝船地往往規定Shipment from FOB Hong Kong，但這樣的報價對工廠來講，比較麻煩而且不精確，最好是報Shipment from FOB「離工廠最近的港口」（例如：沙田、太平、廣州、南海、容

奇……等），這樣對工廠比較方便，而且運費成本也容易計算。

十、臺灣的供應商在接中國大陸買方的訂單時，交易條件最好不要接受「DDP」的條件，因為賣方要負責把貨物送到買方的交貨地點，這當然包括中國大陸方面的報關及進口關稅，問題是有些商品，中國大陸政府規定要有「進口許可證」，才可以清關，而這種文件並不是我們臺灣的賣方所能掌控的，萬一延誤很久才申請下來，貨物卡在海關的倉租費勢必相當驚人，而且是要由賣方負擔的。

十一、中國大陸開過來臺灣的L/C，最好註明「Transhipment is Allowed」可以轉運。以前由於「兩岸人民關係條例」規定船及飛機不能直航，必須灣靠第三地，空運方面從臺灣到中國大陸幾乎都要到香港轉機，已屬Transhipment的事實，雖然海運提單可以直接Show從臺灣的裝貨港到中國大陸的卸貨港，但為了方便起見，最好還是要求中國大陸的買方開信用狀時，註明「Transhipment is Allowed」比較有彈性。

（註：從2008年12月15日開始，兩岸的海、空貨運可以直航，亦即海運的船隻或空運的飛機，都可以從臺灣的港口或機場、直航中國大陸的口岸。同樣地，中國大陸的飛機或船隻亦可直接從中國大陸的機場或港口直靠臺灣的口岸，如此一來，Transhipment是否Allowed，就無關緊要了。）

# Unit 3-17

## 在中國大陸船公司與一級貨代的服務項目比較

### ➡ 服務項目比較表

| 項目 | 船公司 | 一級貨代 |
|---|---|---|
| 貨主直接訂艙 | 不行（除少數簽約客戶外） | 可以 |
| 進出口貨物報關 | 不行 | 可以 |
| 空櫃調度 | 擁有控制權 | 沒有 |
| 提空櫃至工廠 | 沒此服務 | 有 |
| 運重櫃至港區 | 沒此服務 | 有 |
| 提供併櫃服務 | 較少 | 有 |

　　所謂一級貨代是指擁有國際貨物運輸代理權，並且有經稅務機關核發的專用發票的貨運業者，一級貨代可以提供貨主整套一條龍的服務，從訂艙、提空櫃、送重櫃、報關、收運費、開發票、簽發提單等。

　　不是一級貨代的Forwarder，稱為二級貨代，例如：代表處，他們可以聯絡貨主承攬貨物及內陸貨物運送業務，但不得開發票收取海空運費，也沒有報關權，因此，二代必須仰賴一代才能營運。

　　由於中國大陸在2004年底才允許外商獨資成立一級貨代（少數擁有特權的外商船公司，先前設立的分公司除外），因此臺灣的Forwarder在中國大陸，大多數不是與中方合資，就是成立代表處在運作，2005年後，外商獨資的一代才紛紛成立。

## 二〉貨主、貨代、船公司的互動及作業日程表

1. 第一天：
   (1) 貨主向貨代訂艙。
   (2) 貨代向船公司訂艙並取得提單號碼（兼作S/O號碼）。
   (3) 貨代通知貨主送空櫃日期時間。
   (4) 貨主準備出口文件。

2. 第二天：
   (1) 貨代安排提空櫃及送空櫃至工廠。
   (2) 貨主繼續準備出口文件。

3. 第三天：
   (1) 貨代安排把工廠裝好的重櫃送至港區。
   (2) 貨主需提供貨代完整的出口文件。
   (3) LCL併櫃貨須先送至堆場併櫃後才能進港區。

4. 第四天：
   (1) 報關。
   (2) 海關查驗（如被抽驗到）。

5. 第五天：
   船公司安排裝船計畫及作業。

6. 第六天：
   船開航。

7. 第七天：
   (1) 貨代準備作提單並傳真B/L內容供貨主確認。
   (2) 貨代傳真Local Charge給貨主，請其準備付款。
   (3) 寄正本提單給貨主。

## ■三》 空運出口作業日程表

1. 第一天：
   ⑴ 貨主向貨代訂艙。
   ⑵ 貨代向航空公司訂艙。
   ⑶ 貨主準備出口文件。

2. 第二天：
   ⑴ 貨主將貨送至機場貨代倉庫進倉。
   ⑵ 貨代進行報關。

3. 第三天：
   ⑴ 海關核驗文件、貨物放行。
   ⑵ 航空公司打盤裝機。

4. 第四天：
   ⑴ 貨代將提單及發票傳真給貨主供確認。
   ⑵ 貨代領取提單並付費。

## ■四》 海運出口船期時間安排表（附件3-50）

　　是要提醒Shipper，貨物何時進倉才不致延誤裝船，例如：船週一要開航，一般船公司訂的結關日（Closing Date）大都在船開航的前2天，由於星期日、六是週休二日，因此提早在週四結關、CFS的併櫃貨物要在週四15:00前進倉，CY的整櫃貨物則在週五上午進倉，才來得及報關裝船。（海關規定貨物要進到港區倉庫才可以報關，唯一的例外是上海的羊山港深水碼頭，由於羊山港位處較遠，貨物須先報完關才可以進入港區。）

　　中國大陸除了極少數外，在海關審單、查櫃及港區裝船作業上比較慢，加上貨量大，因此貨物最好提早在結關前1天進倉，才不致因海關查驗不及而延誤裝船。

　　另外，中國大陸很多地區在CY整櫃貨物的裝櫃作業上與臺灣是不同的，中國大陸拖車把空櫃運到工廠時，司機會在現場等貨物裝好櫃子後，馬上把此重櫃拖到港區裝船（大客戶除外），不像臺灣拖車把空櫃拖到工廠後，司機會把空櫃留下，讓工廠慢慢裝貨，他及拖車頭則回去作其他生意，等工廠裝好貨後，他再回工廠把此重櫃拖到貨櫃場等候裝船。（由於臺灣地方小，拖車公司與貨主、港區距離較近有關。）

　　目前中國大陸針對一些大的工廠來不及裝貨的情況下，也會留空櫃在工廠，等工廠裝好貨以後再拖櫃。

　　中國大陸的拖車公司由於車牌稅金高，大多數運輸公司是一個拖車頭配一個車架，沒有多餘的車架，因此無法把空櫃留在工廠，讓工廠慢慢裝貨，如果工廠因裝貨延誤，則須付逾時費或待時費給拖車司機，所以貨代只是針對一些大客戶，才會把空櫃留在工廠。

## 附件 3-50　貨代海運出口時間安排表

To: Dear All Customers,
致：尊敬的愡迅客戶，

In order to accommodate the new custom clearance regulation after Jan-1st, 2001, please kindly find following 'KN Operation Time Table After Jan-1st-2001' for your reference and look forward your kind cooperation. Thanks!
為配合上海海关自2001年1月1日起案行的「进港损关」的规定，请注意愡迅公司下列操作规程并息请予以配合。谢谢！

New Operation Time Table After Jan-1st-2001
愡迅2001年海运出口操作时间安排表

| | Mon<br>周一 | Tue<br>周二 | Wed<br>周三 | Thu<br>周四 | Fri<br>周五 | Sat<br>周六 | Sun<br>周日 |
|---|---|---|---|---|---|---|---|
| Sailing Date:<br>升航日 | | | | | | | |
| CFS Closing Date:<br>仓库截案时间 | Thu: 15:00<br>周四：15：00 | Thu: 15:00<br>周四：15：00 | Sun: 12:00<br>周日：12：00 | Mon: 15:00<br>周一：15：00 | Tue: 12:00<br>周二：12：00 | Wed: 15:00<br>周三：15：00 | Wed: 17:00<br>周三：17：00 |
| Latest CY Loading Date: shanghai:<br>门到门最晚装箱时间　上海境内： | Fri.morning<br>周五上午 | Fri.morning<br>周五上午 | Mon.morning<br>周一上午 | Tue.morning<br>周二上午 | Tue.morning<br>周二上午 | Thu.morning<br>周四上午 | Thu.morning<br>周四上午 |
| out of sha:<br>外省： | Thu<br>周四 | Thu<br>周四 | Sun<br>周日 | Mon<br>周一 | Tue<br>周二 | Wed<br>周三 | Wed<br>周三 |
| Latest Documents Receiving Date:<br>全套报关文件截止时间 | Thu: 12:00<br>周四：12：00 | Thu: 12:00<br>周四：12：00 | Fri: 12:00<br>周五：12：00 | Mon: 12:00<br>周一：12：00 | Tue: 12:00<br>周二：12：00 | Wed: 12:00<br>周三：12：00 | Wed: 12:00<br>周三：12：00 |

# Unit 3-18
# 對兩岸直航及臺灣境外航運中心的回顧

## 一〉何謂境外航運中心

　　政府於民國89年規劃「境外航運中心」，讓高雄港與中國大陸的廈門港／福州港可以使用權宜輪直接通航，貨物得以「不通關不入境」的方式在高雄港轉口至歐美等國，用意在爭取福建省出口到歐美國家的貨物來高雄港轉運，搶一些香港的轉口生意，因為福建的出口貨物，很多都是用子船到香港轉母船再到歐美，但由於廈門／福州到高雄，比廈門／福州到香港近，而且運費也比較便宜，當初政府規劃「境外航運中心」，即考慮這樣可以減少廠商的時間及成本，以此作為誘因，爭取貨源到高雄港來轉運。

　　實施之後效果不如預期，主要因為貨物不能通關不能入境，只能在狹小的「境外航運中心」設置的範圍內，從事簡單的加工，加上中國大陸廠商及航商早已習慣香港的轉運作業，還有中國大陸政府的不配合，導致運量無法提升。

　　因此我們政府又於民國90年修正「境外航運中心設置作業要點」，放寬境外航運中心內的中國大陸出口貨物，得以保稅方式通關入境，准許運出管制區外到高雄小港及桃園國際機場，以海空聯運出口。

　　修正的要點有三項：

1. 增加境外航運中心貨物的作業內容，由原可從事與轉運作業相關的簡單加工變更為從事加工、重整及倉儲作業，以提升加工

層次進而增加產品附加價值。

2. 增加境外航運中心從事加工、重整及倉儲作業的區域，貨物以保稅方式運送至加工出口區、科學工業園區、保稅工廠、保稅倉庫（限發貨中心及重整專用保稅倉庫）及物流中心等地區從事相關作業。

3. 境外航運中心貨物出口運送方式得以海海聯運、海空聯運及空海聯運的方式進行，但臺灣與中國大陸地區之間的運輸仍限海運，而且僅限高雄港。

這將產生下列的影響：

1. 貨源會增加；從以前只有海海聯運的海運貨物，增加中國大陸到臺灣轉空運的海空聯運貨物，而且不論是從廈門用海運或陸運到香港轉空運，都比廈門用海運來高雄轉空運，在海運費及空運費上貴（海空聯運流程圖，請閱附件3-51）。

2. 今後臺灣的工廠不必整廠外移中國大陸，只要在中國大陸設立簡單的加工廠，把初級的加工部分在中國大陸組裝成半成品即可，或根本不必去設廠，用委外加工方式請中國大陸的工廠加工也可以，然後再把這些半製品經由境外航運中心運回臺灣，再進一步組裝成製成品再出口。

這樣不但臺灣的廠商可以保有關鍵性零組件及技術，也可以申請Made in Taiwan的產標行銷全世界（申請條件，請參考附件3-52）。

3. 將來如果兩岸的政府能增加通航的港口，如上海、寧波、基隆等，那將與中國大陸發揮垂直式的分工合作，有助於廠商根留臺灣的作用。

4. 擴大境外航運中心的功能，可以暫時消除直接通航對臺灣安全及政治上的疑慮，進而為將來兩岸三通建立良好的合作關係。

5. 2008年12月15日兩岸直航後，實施11年的境外航運中心將劃下休止符，不過它已發揮了歷史上階段性的任務而功成身退。

## 二》何謂兩岸大三通

　　2008年12月15日，政府開啟兩岸大三通，亦即空運直航、海運直航及通郵。

1. 空運方面：

　　貨機直航，我方以桃園、小港為航點，中國大陸為廣州及上海。客機方面，臺灣開放8個航點，主要的有松山、桃園、臺中及高雄，中國大陸則有21個航點，主要的有上海、廈門、北京、重慶、杭州等。

2. 海運方面：

　　准許雙方國輪及部分權宜輪，臺灣開放基隆、高雄、臺中、花蓮等11港口，中國開放天津、上海、大連、鹽田等48處海港與15座河港（例如：南京、張家港、江陰等）。

3. 通郵：

　　兩岸郵件由現行中轉香港、日本等第三地，改為直接通郵運送，節省遞送時間及郵資。

　　兩岸直航對航商而言，重要的是縮短航程及節省彎靠第三地的「過路費」，也就是簽證費及燃料費。對貨主而言，運費可望降低，生產製程可以縮短，有利接單。對整體產業面而言，兩岸可以作垂直式的分工，資源作最有效的利用，但也有財經學者認為，中國大陸經濟規模大於臺灣，物價也比較便宜，當兩岸交通往來更為便利，臺商將會加速外移對岸，使臺灣經濟更為空洞化。

## 附件 3-51　海空聯運流程圖

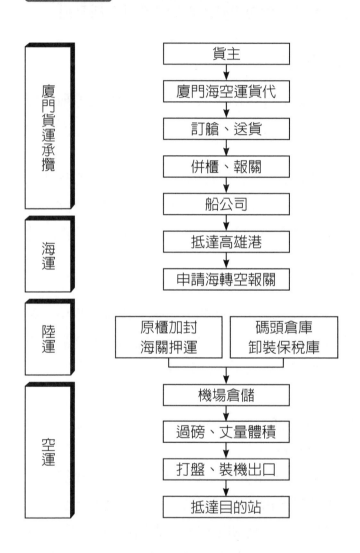

廈門貨運承攬

海運

陸運

空運

貨主
↓
廈門海空運貨代
↓
訂艙、送貨
↓
併櫃、報關
↓
船公司
↓
抵達高雄港
↓
申請海轉空報關

原櫃加封
海關押運

碼頭倉庫
卸裝保稅庫

↓

機場倉儲
↓
過磅、丈量體積
↓
打盤、裝機出口
↓
抵達目的站

### 附件 3-52　國產品產地認定標準

一、法規依據：「臺灣地區產地證明書管理辦法」第三條至第五條。

二、認定標準：

（一）貨品在我國境內進行完全生產者。

（二）貨品非在我國境內進行完全生產者，以在我國境內進行最終實質轉型或賦予產品新特性者為限。

1. 實質轉型之定義（除進口國另有規定，或主管機關視貨品特性另訂認定基準者外）：

　　⑴ 原材料經加工或製造後，所產生之貨品與原材料歸屬之我國商品標準分類前六位碼號列相異者。

　　⑵ 貨品之加工或製造雖未造成號列改變，但已完成重要製程或附加價值率超過百分之三十五者。

　　※附加價值率之計算：

　　〔貨品出口價格（FOB）減直、間接進口原材料及零件價格（CIF）〕除以貨品出口價格（FOB）。

2. 非屬實質轉型或賦予產品新特性之作業：

　　⑴ 運送或儲存期間所必要之保存作業。

　　⑵ 貨品為上市或為裝運所為之分類、分級、分裝與包裝等作業。

　　⑶ 貨品之組合或混合作業，未使組合後或混合後之貨品與被組合或混合貨品之特性造成重大差異。

　　⑷ 簡單之裝配作業。

　　⑸ 簡單之稀釋作業未改變其性質者。

## Unit 3-19

# 合同核銷及出口退稅的基本概念

**一》 加工貿易企業從設廠開始到貨物出口辦理退稅的流程**

設廠（辦理事項如右）

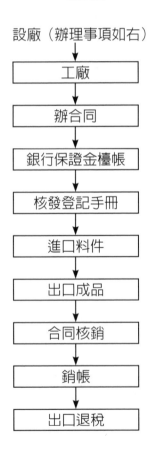

工廠
↓
辦合同
↓
銀行保證金檯帳
↓
核發登記手冊
↓
進口料件
↓
出口成品
↓
合同核銷
↓
銷帳
↓
出口退稅

設廠要先辦理下列事項，
同時進行蓋廠房及進設備：

1. 設廠申請表。
2. 項目生產可行性報告。
3. 公司章程。
4. 董事會成員名單。
5. 法定代表人證明文件。
6. 工商註冊登記證。
7. 廠房租賃合同。
8. 環保部門意見書。
9. 進口設備及辦公用品清單。

## 二》何謂合同核銷（核銷手冊）

　　加工貿易企業的「來料加工合同」或「進料加工合同」到期後或最後一批成品出口後一個月內，經營單位應持下列單證到主管海關辦理合同核銷手續：

1. 登記手冊：手冊中的「進口料件登記表」和「出口成品登記表」的進出口記錄，需有入出境海關的簽章確認。
2. 進出口貨物報關單：報關單上須有入出境地海關的簽章確認，報關單內容應與「登記手冊」的進出口記錄一致。
3. 經營單位填寫的「核銷申請表」或「進口料件使用情況表」：海關對經營單位提供的核銷單證，經審核合同執行情況正常的，海關對合同予以核銷結案，經營單位憑海關核發的「銀行保證金檯帳核銷聯繫單」向原開設銀行保證金檯帳的銀行辦理銷帳手續。

## 三》有關核銷手冊的一般說明

1. 手冊只是針對保稅進口原物料、零組件、出口製成品，不針對機器設備。（機器設備需憑設備清單向主管機關申請批文，再向主管海關申報進口。）
2. 貨物有進有出平衡，核銷後再申請新手冊，如此重複滾動。
3. 核銷之後不平有餘料時，除非海關同意轉入新手冊，否則海關規定要補稅（進口的關稅及增值稅）。
   （註：海關一般都會對企業放鬆要求。）
4. 海關核銷主要是看帳面（即手冊上的「進口料件登記表」及「出口成品登記表」）是否對應沒有矛盾，不管企業倉庫實際的堆放，海關雖然要監管數量及地點，但不分手冊監管。

5. 手冊跟手冊之間進口的原料不可以互相串用，串料是海關不准許的。

企業同時有內外銷時，針對內銷的進料要用「一般貿易」方式徵稅進口，外銷用的進料要用手冊以「來料加工」或「進料加工」方式保稅進口。

只有當原來的出口訂單減少時，進口原料無法通過出口消耗掉，才可向海關申請轉內銷，經批准後補徵稅，但不能超過營業執照上的內銷比率。

## 四 〉 何謂出口退稅

中國大陸政府為了支持發展外貿，規定有出口經營權的企業出口或代理出口的貨物，可以在報關出口後並在財務上作銷售後，憑有關證明，按月報送稅務機關批准退還或免徵增值稅和消費稅。

但利用手冊進行保稅來料或進料加工復出口的貨物，不必辦理出口貨物退稅。

另外，出口企業從小規模納稅人購進並持有普通發票的貨物，不論是內銷或出口，均不得作扣除或退稅。

## 五 〉〉 出口貨物退稅管理辦法

| 稅　目 | | 徵稅率 | 退稅率 2003 | 退稅率 2005 |
|---|---|---|---|---|
| 1. 進口或者銷售下列貨物 | | 17% | — | — |
| 產品項目 | 紡織原料及其製品 | — | 17% | 13% |
| | 鋼材及其製品 | — | 15% | 13% |
| | 機電產品 | — | 17% | 13% |
| | 自行車、照明器具、塑膠製品 | — | 15% | 13% |
| | 玩具、化工原料、運動用品 | — | 15% | 13% |
| | 鐘錶、鞋、陶瓷 | — | 15% | 13% |
| 2. 進口或者銷售下列貨物 | | 13% | 6% | 6% |
| 產品項目 | 糧食、食用植物油、飼料、 | — | — | — |
| | 農藥、化肥、圖書、報紙、 | | | |
| | 雜誌、煤氣、天然氣、石油液化氣 | | | |
| | 農產品 | 13% | 5% | 5% |
| | 煤炭 | 13% | 13% | 13% |
| 3. 提供加工、修理修配勞務 | | 17% | — | — |
| 4. 出口貨物 | | 0% | — | — |

（註：由於美、日等國認為，中國大陸政府給予外銷廠商出口退稅，有違WTO公平競爭的原則，要求中國大陸取消這種類似變相補貼的政策，因此中國大陸在2004年起，將原先17%及15%的退稅率改為13%，而原先13%的退稅率改為11%，陸續會逐年全面降低。）

## 六 》 企業辦理出口退稅必須提供的憑證

1. 購進出口貨物的增值稅專用發票抵扣聯。
2. 出口商品專用發票（即出口貨物銷售明細帳）。
3. 蓋有「海關驗訖」章的出口貨物報關單退稅聯。
4. 出口收匯核銷單。

## 七 》 出口退稅辦法

（一）「先徵後退」的計算

1. 先徵：貨物出口當月先按17%的徵稅率徵收生產銷售環節的增值稅。
2. 後退：一個季度結束後，按17%、15%、13%等不同退稅率計算退稅。

（二）「免、抵、退」的計算

　　基本規定說明：

1. 「免」稅：是指對出口貨物免徵生產銷售環節增值稅。
2. 「抵」稅：是指出口貨物應予免徵或退還的所耗用原材料、零部件等已納稅款抵頂內銷貨物的應納稅款。
3. 「退」稅：是指生產企業因為應抵頂的稅額大於應納稅額而未抵頂完時，對未抵頂完的稅額部分予以退稅。

## 八 》 辦理退稅延誤的原因

1. 出口貨物報關單退稅聯，海關核發慢。
2. 出口收匯核銷單因貨款回收延誤而無法及時辦理外匯核銷手續。
3. 辦理出口貨物退稅的稅務承辦官員，對於報關單或供應商所開

具的專用發票內容有疑問時，會分別發函給有關部門查詢，耗費時間。

4. 退稅單據齊全，但碰上當地政府財政短絀，退稅可能延後。

## 九 退稅的補充說明

1. 退稅不是一票一票退，而是按月匯總向當地國稅局辦理，前後大約要2個月時間，因為要先核完後才能申請退稅。

2. 海關簽發出口報單退稅聯，是在海關放行出口貨物裝船離境後才開始作業，由於一條船裝載的件數多，海關通常須花2個星期的時間才能處理完畢。另外，有些內地海關轉關的貨物，須要出境口岸的海關出具回執後才准予辦理貨物退稅，因此退稅時間可能更久。

3. 貨代與貨主之間的運費、報關費等費用支付，有時為月結或2個月結一次，貨代為了促使貨主如期結清費用，有些會要求貨主付清後才交付退稅文件（出口報關單及出口收匯核銷單）。

4. 增值稅的減免稅規定，與外商投資企業直接有關係的項目就是：來料加工、來件裝配和補償貿易所需進口的設備。其他減免稅項目就跟外商投資企業比較沒有關係，例如：農業生產者銷售的自產農業產品，或直接用於科學研究、試驗和教學的進口儀器、設備等。

5. 准予從銷項稅中抵扣的進項稅額，包括：
   ⑴ 從銷售方取得的增值稅專用發票上註明的增值稅額。
   ⑵ 從海關取得的完稅憑證上註明的增值稅額（如附錄3-13）。

6. 下列項目的進項稅額不得從銷項稅額中抵扣：
   ⑴ 購進固定資產。
   ⑵ 用於免稅項目的購進貨物或勞務。

## 附件 3-53　出口收匯核銷單

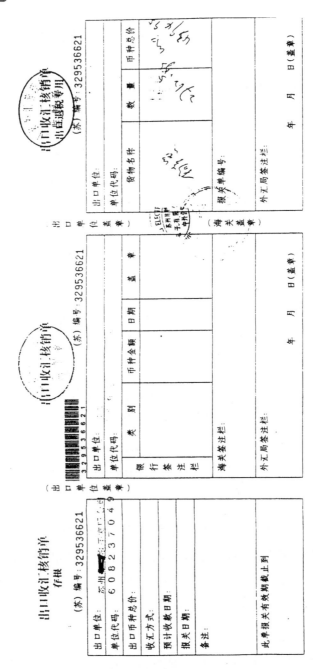

# Unit 3-20

# 兩岸金融互通應有的認識

## 一 》 兩岸金融往來回顧

1. 財政部於2001年11月開放OBU（國際金融業務分行）得與中國大陸地區金融機構直接通匯，本國銀行及外國銀行在臺分行總計約57家已核准與中國大陸地區銀行往來。

2. 財政部於2003年4月開放DBU（外匯指定銀行）得與中國大陸銀行直接通匯，兩岸匯款不必經過第三地，5月分開始，各銀行就可以接受一般民眾透過國內外匯指定銀行直接匯款到中國大陸，不過還是受個人每年500萬美元，企業每年5,000萬美元上限的限制。

   DBU得與下列對象從事金融業務往來：外商銀行中國大陸分支機構、中國大陸地區金融機構及中國大陸銀行海外分支機構。

3. 早在2002年，各銀行的OBU就陸續辦理兩岸直接通匯，但OBU的客戶主要是法人戶（工商企業行號），一般民眾無法透過OBU進行直接通匯，因此財政部開放外匯指定銀行直接通匯，對兩岸民眾通匯的意義較為重大，與間接通匯相比，銀行所收取的匯款手續費較過去少，及匯款時間縮短。

4. 財政部此次開放DBU有關匯出、匯入款的範圍，包括：
   個人接濟或捐贈親友的匯款；辦理「中國大陸出口、臺灣押匯」廠商的再匯出款：進口中國大陸地區物品所涉及的匯款；

赴中國大陸地區從事文教活動、參加國際會議、洽辦商務、參加商展等費用的匯款……等。

## 二》 與臺灣或臺商往來關係較為密切的中國大陸銀行

1. 國有獨資商業銀行：中國銀行、中國工商銀行（此二銀行在中國大陸境內分行最多、分布最廣）。
2. 股份制商業銀行：上海浦東發展銀行、深圳發展銀行、中國民生銀行（這三家銀行與臺灣通匯往來較多）。
3. 外資銀行：外資獨資銀行、外國銀行在中國大陸之銀行。

## 三》 OBU功能重新定位

1. OBU之定義：OBU英文全名為Off-shore Banking Unit 簡稱 OBU，為境外金融中心，在我國則稱為國際金融業務分行，成立於民國73年。
2. OBU之功能：
   (1) OBU原為要吸引境外資金作為境外投資與貸款，以發展成為國際金融中心。
   (2) 提供許多租稅優惠以吸收外資。
   (3) 作為控股公司資金調度中心
   (4) 作為兩岸臺商進、出口及匯兌業務往來之橋樑。
      （由於政府已開放DBU得與中國大陸銀行直接通匯，此項功能將日趨式微，但作為控股公司資金調度中心及節稅方面仍有存在價值。）
3. 開設OBU銀行帳戶之優點：
   (1) 免稅（Tax Free）。

⑵ 不受外匯管制。

⑶ 不受境內金融法令的限制。

⑷ 不受利率管理條例管制（銀行可以自己定）。

⑸ 資金可自由進出。

⑹ 不受匯率波動影響（因OBU不使用臺幣）。

⑺ 進、出口業務操作較為便利。

4. 適用OBU銀行帳戶開戶資格

⑴ 自然人：持有外國護照，且在中華民國境內無住所之個人。（或國人亦可開戶，但比照DBU帳戶扣稅。）

⑵ 法人：境外法人如下所條列。

　① 境外公司（香港公司、新加坡公司、英屬BVI公司等）。

　② 外國企業（不包括在臺之分支機構）。

　③ 外國政府及金融機構。

## 四　兩岸往來信用狀押匯應注意的問題

中國大陸開過來臺灣的L/C有三種途徑：

1. 中國大陸境內銀行開到臺灣的銀行的OBU（國際金融業務分行）

例如：Sender: Guangdong Development Bank Shenzhen CN

　　　Receiver: Chang Hwa Commercial Bank LTD. (Offshore Banking Unit) Taipei TW

從這L/C內容開頭一看，就知道這是由中國廣東發展銀行深圳分行，開到臺灣臺北彰化商銀國際金融業務分行（OBU）的L/C，這種信用狀受益人大都是境外公司：

例如：Beneficiary - Name & Address

　　　　ABC Co., Ltd. Hong Kong. C/O 3FL. No. 100

　　　　Chung Shan Road, Taipei, Taiwan

由於受益人是境外公司ABC Co., Ltd. 在香港設立不在臺灣，但實務操作是在臺灣進行，因地址前面加上「C/O」表示「轉交」的意思，這樣L/C就可以在臺灣的OBU押匯了。

2. 中國大陸境內銀行直接開到臺灣的銀行（外匯指定銀行）

例如：Sender: China Minsheng Banking Corp. Shenzhen CN

　　　　Receiver: Chang Hwa Commercial Bank Ltd. Taipei TW

但受益人是境外公司：

例如：Beneficiary - Name & Address

　　　　ABC Corp., P. O. Box 123 Tortola, British Virgin Islands, C/O No. 50, Hsin Yi Road, Taipei, Taiwan

雖然此信用狀是直接開到彰化銀行，沒有註明OBU分行，但受益人是給在BVI的境外公司，因此也要在銀行OBU押匯。（請參閱P.401）

3. 中國大陸境內銀行直接開到臺灣的銀行（外匯指定銀行）

例如：Sender: Bank of China Shanghai CN

　　　　Receiver: First Commercial Bank Ltd. Taipei TW

受益人直接開給臺灣的公司：

例如：Beneficiary - Name & Address

　　　　ABC Co., Ltd. No. 1 Jen Ai Road, Section 2, Taipei Taiwan

受益人臺北的ABC公司可以直接在往來的銀行押匯（不能在OBU押匯）。

〔說明〕

1. 從以上可以看出中國大陸境內的銀行可以開狀到臺灣的銀行，不論是OBU或DBU，由於中國大陸的銀行尚無OBU，所以不可能像臺灣的銀行一樣，可以從OBU開狀出去。

2. 中國大陸境內直接開來的信用狀「Date And Place of Expiry」最好註明在臺灣，這樣我們押匯比較好控制，如果註明在中國大陸，則我們必須在L/C有效期內提早10天押匯，否則可能趕不及把文件寄到中國大陸的對方銀行。

   如果「Date and Place of Expiry」註明第三地，例如：香港，則此L/C可能要修改，因為沒有註明香港某一特定的銀行，押匯單據無法寄送，但如果臺灣的押匯銀行願意接受的話，則不必修改。

   （註：一般押匯的日期及地點都在出口國，只有少數的L/C規定在進口國的開狀銀行，而指定在第三地某銀行的情形則更少）。

3. 不論是臺灣開狀到中國大陸或者中國大陸開狀來臺灣，L/C上的Transhipment 最好註明 Allowed，這樣貨物在運送上比較方便處理。

   開狀時，L/C要求的提單如果是複合運送提單（Combined Transport B/L），銀行所開的L/C上面「Transhipment」通常會註明「Allowed」，這樣比較好。有問題的地方往往出在開狀時，L/C要求的提單是海洋提單（Ocean B/L）而銀行在L/C上面「Transhipment」如果註明「Not Allowed」，在這種條件下，例如：貨物從臺灣到蘇州；提單上「Port of Loading」註明「Keelung」，「Port of Discharge」註明「Shanghai」，「Final Destination」註明「Suihou」，則押匯銀行會認定有瑕疵。

同理從臺灣到東莞也一樣，因為海洋提單本質上是港至港運送的提單，貨物除了從裝貨港到卸貨港外，還到內陸點的話，將被視為有轉運。但複合運送提單則無此問題，因為此種提單本質上就是貨物在過程中，涵蓋二種以上不同的運送方式，轉運是必然的。

尤其是空運，從臺灣到中國大陸或從中國大陸到臺灣，飛機必須經由第三地轉機，因此L/C上的Transhipment一定要註明Allowed。

（註：從2008年12月15日開始，兩岸的海、空貨運可以直航，亦即海運的船隻或空運的飛機都可以從臺灣的港口或機場，直航中國大陸的口岸。同樣地，中國大陸的飛機或船隻亦可直接從中國大陸的機場或港口直靠臺灣的口岸，如此一來Transhipment是否Allowed，就無關緊要了。）

縱然要彎靠第三地不能直航，但提單可以直接Show臺灣的港口、中國大陸的港口及最後目的地。看起來好像沒問題，但因牽涉到上述的兩種不同的提單，性質有異，UCP600對單據的解釋有所不同，因此不論何種B/L，最好還是要求Transhipment is Allowed比較好辦事。

4. 臺灣的公司如果是利用境外公司與國外的客戶作買賣，例如：美國的Buyer開狀給香港的境外公司，貨物從中國大陸大連直接運到西雅圖，這張L/C可以在香港押匯，也可以在臺灣的銀行OBU押匯。

（註：在臺灣進行押匯，當然比在香港省時省費用。）

附件 3-54　中國大陸直接開來臺灣的信用狀

## L/C

```
-------------------- Instance Type and Transmission --------------
  Original received from SWIFT
  Priority           : Normal
  Message Output Reference  : 0747 030416CCBCTWTPAXXX7173689867
  Correspondent Input Reference : 1738 030415BKCHCNBJA45A0854619799
---------------------------- Message Header ----------------------
✓ Swift Output   : FIN 700 Issue of a Documentary Credit
✓ Sender         : BKCHCNBJ45A
                   BANK OF CHINA
                   (SHENZHEN BRANCH)
                   SHENZHEN CN
✓ Receiver       : CCBCTWTPXXX
                   CHANG HWA COMMERCIAL BANK LTD.
                   TAIPEI TW
  MUR : SZIM03
---------------------------- Message Text ------------------------
   27: Sequence of Total
       1/1
   40A: Form of Documentary Credit
       IRREVOCABLE
   20: Documentary Credit Number
       LC45A0073603
   31C: Date of Issue
       030415
✓ 31D: Date and Place of Expiry
       030515HONG KONG
✓ 50: Applicant
       ████ GREAT WALL COMPUTER SHENZHEN
       CO.,LTD.  GREAT WALL BLDG.,KEFA
       RD.,SCIENCE AND INDUSTRY PARK,
       NANSHAN DISTRICT,SHENZHEN,CHINA
✓ 59: Beneficiary - Name & Address
       ████ TECHNOLOGY INC.
       ████████████████,NEIHU
       TAIPEI,114,TAIWAN,R.O.C.
   32B: Currency Code, Amount
       Currency       : USD (US DOLLAR)
       Amount         :          #205,000.00#
   41A: Available With...By... - BIC
       BKCHCNBJ45A
       BANK OF CHINA
       (SHENZHEN BRANCH)
       SHENZHEN  CN
       BY ACCEPTANCE
   42C: Drafts at...
       60 DAYS
   42A: Drawee - BIC
       BKCHCNBJ45A
       BANK OF CHINA
       (SHENZHEN BRANCH)
       SHENZHEN  CN
   43P: Partial Shipments
       ALLOWED
   43T: Transhipment
```

## Unit 3-21

# 透視貿易的各項風險,如何確保交易的安全?

## 一〉 進出口流程圖

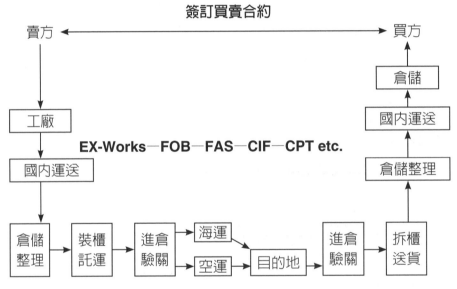

（註：不論何種交貨條件,進出口流程是一樣的。）

## 二〉 進出口廠商的貿易風險及控管

風險所在:主要的有客戶、交貨條件、匯率的變化、運送過程及工廠等。分別說明於下:

## （一）客戶

| 風　　　險 | 控　　　管 |
|---|---|
| 1. 新客戶：Cancel訂單、拒付貨款、索賠。<br>（註：不知新客戶的信用、生意情況。） | ・從交易過程中蛛絲馬跡來判斷：客戶的往來廠商、目錄等。<br>・徵信：透過銀行、外貿協會、同業、運送業者等。<br>・Payment先由L/C開始，測試其與銀行的關係。 |
| 2. 舊客戶：<br>・L/C有瑕疵，出口商要求修改時，客戶藉機要求Discount。<br>・L/C付款方式改為D/A、D/P、T/T、（影響出口商資金周轉、收款風險增高）。 | ・產品被疑有瑕疵，要求客戶提供相片及公證報告。<br>・賠償有損壞的部分零組件，不要整件更換。<br>・D/A金額不要超越公司承擔能力。<br>・奧客要繼續或放棄，視要求是否過分。 |

## （二）交貨條件

| 風　　　險 | 控　　　管 |
|---|---|
| 1. FCA/FOB：指定的Carrier（運送人）費用高，配合度不佳。<br>2. CFR/CIF：運費調漲風險。<br>3. CPT/CIF：運送過程延長，增加風險。<br>4. DDP：因缺證或進口許可證延誤，產生倉儲費、貨櫃延滯費。 | ・買方市場或賣方市場來決定（供需原則：市場供過於求，買方市場；市場求過於供，賣方市場）。<br>・向Buyer反應指定的Carrier服務不佳或費用偏高。<br>・簽定Order時，註明因進口商延誤產生的費用，由買方負責。 |

## （三）匯率的變化

| 風　　險 | 控　　管 |
| --- | --- |
| 1. 匯兌損失，壓縮利潤。<br>2. 市場購買力下降，訂單減少。 | 透過外匯預售或預購：<br>・出口：臺幣對美金看升時，預售外匯。<br>・進口：臺幣對美金看貶時，預購外匯。 |

## （四）運送過程

| 風　　險 | 控　　管 |
| --- | --- |
| 1. Delay：<br>　延誤交貨、L/C過期。<br>2. Damage（毀損）：<br>　遭客戶Complain或Claim。<br>3. Loss（滅失）：<br>　遭客戶Complain或Claim。 | ・及早簽S/O以免被退關、走直航的船（飛機）。<br>・不要因省一點包裝Cost，而使用較差的外箱或省掉內盒，避免運送過程中，貨物遭到毀損或滅失。<br>・裝船前Double Check嘜頭、櫃號，避免裝錯櫃。 |

## （五）工廠

| 風　　險 | 控　　管 |
| --- | --- |
| 1. 包裝尺寸不合：造成Overflow（溢出），材數超過整櫃的容量，增加額外費用。<br>2. 交貨Delay。<br>3. 品質瑕疵：樣品與生產中的產品品質不符。<br>4. 付款條件：要求訂金會影響資金周轉。 | ・驗貨要確實（走動式驗貨：生產中、包裝前、包裝後）。<br>・生產過程中，隨時掌握生產進度。<br>・新工廠先用L/C付款方式，避免T/T，先測試其與銀行的信用狀況。<br>・嚴格要求驗貨人員不可接受過度的饋贈、招待。 |

## （六）其他

　　不可預期的颱風、地震、水災、火山爆發等，會影響交貨Delay、運費大漲等。

# Unit 3-22

# 附錄

## 附錄 3-1　代理出口協議範本

### 大陸加工企業委託外貿公司出口，雙方簽署的代理出口協議範本

代理出口协议

编号：
签订日期：　年　月　日
签订地点：上海

甲方（代理方）：
乙方（委托方）：

甲乙双方本着互利互惠、平等合作原则，经友好协商，就乙方委托甲方代理出口其所有的货物（以下简称"货物"）至乙方指定国家或地区的乙方客户或出口货物收货人（以下简称"外商"）处之事宜，达成如下协议：

一、双方权利义务

（一）、甲方权利义务

1、乙方为实现对外商的货物出口，委托甲方将货物出运至乙方确认的外商处。乙方因故无法使得甲方与外商签订《出口销售合同》，乙方确认因上述出运货物事实而在甲方与外商间形成的买卖合同关系为其委托的出口合同关系，并承担甲方作为出口方的合同责任与风险。甲方与外商没有签定出口合同的事实、和直接出运货物而导致存在的任何合同或法律风险及由此引起的一切后果均由乙方承担。

2、双方就外商的付款方式无特别约定的，甲方即应以"货物出运后 T/T 收汇"的方式与外商结算货款。如外商付款方式为信用证方式的，甲方可将信用证以传真形式通知乙方，就信用证中存在的软条款（包括客检条款等）等要求，乙方均接受并承诺由乙方承担包括收汇在内的一切风险。乙方应当严格按照信用证要求和出口的规定、惯例向甲方提交制作出口单据的"资料、数据和信息"（包括但不限于制作运单、发票和装箱单内容等）。

3、出口货物如涉及使用商标（包括来样、定牌）或专利等知识产权的，乙方应向甲方披露，并向甲方提供经甲方认可的商标或专利等的权利或使用许可证明文件。

4、甲方不承担任何收汇风险，外商无故不履行部分或全部合同，或拖欠货款三个月以上的，甲方应按乙方要求向外商催促履约付款，为此发生的一切费用及后果由乙方承担；乙方也可自行与客户商定解决方法，确定的解决方法应及时通知甲方并不得损害甲方利益。

5、非因甲方原因导致本协议不能部分或全部履行的，甲方免除责任；如外商在出口合同关系中违约的，在乙方书面委托并提供费用及协助下，甲方应及时代乙方对外索赔，并将索赔所得转给乙方；索赔所发生的一切费用由乙方承担。

6、甲方可以随时抽看货物；如乙方货物存在质量瑕疵或缺陷的，甲方可拒绝收货包括拒绝履行本协议项下义务；为简化操作程序，乙方同意委托甲方代收其供货工厂货物，乙方同时提供供货工厂出具的《代理出口协议之代送货证明》（附件1），此代送收货行为只能视作为生产工厂向乙方交货，甲方与工厂不产生任何法律关系；甲方对货物的任何收货/验收行为，均不代表甲方对乙方出口货物的质量认可。

7、甲方可接受乙方书面委托办理出口货物保险并代为办理保险索赔事宜。如乙方或外商自行办理或不办理保险，则甲方不承担办理保险索赔事宜的责任和因未办理保险造成货物损失的责任。

8、乙方交貨後應及時向甲方提供合格的增值稅發票等有關退稅單據並由甲方辦理出口退稅；非因甲方原因導致退稅不能或退稅不足的，該法律後果或風險由乙方承擔。

(二)、乙方權利義務

1、乙方須至少在出運日前的_____個工作日就每次委託出口事項通知甲方，通知形式可採用《代理出口委託單》(格式見附件 2)；或是以其他書面形式通知，通知內容包括但不限於《代理出口委託單》內需要載明的內容；

2、乙方負責備妥委託甲方代理出口的商品，依約定交貨物；如系甲方提供的，乙方應當在計劃出運日前_____工作日備妥貨物。乙方負責出口貨物的內部包裝，及該內部包裝與出運方式相適合，保證出口貨物包裝符合進口國的法律、政策要求。乙方保證其實際送交或委託生產工廠送交甲方的出口貨物與其《代理出口委託單》或出口通知中列明的品名及記載內容一致，甲方在收貨時並無驗收義務；除乙方能夠提供證據證明外，甲方出口至外商的貨物即為乙方送交甲方的貨物。乙方保證貨物的質量符合外商的要求或法律規定，任何因產品質量、安全原因導致的質量質量索賠或產品責任索賠，乙方負責承擔最終法律責任；

3、乙方保證甲方向外商出口、出運該貨物的行為符合我國、進口國的法律法規和國際公約的規定；保證甲方的行為並未存在對任何他方的權利造成侵害或導致違約；保證甲方對外商的出口符合外商購買該批出口貨物的誠實商業目的；

4、出口運輸和與出口運輸相關的合同履行中存在的商業或合同風險由乙方承擔。如系乙方負責貨物出口運輸的、或系乙方特別指定船務公司/貨代公司負責出口運輸的、或經乙方/乙方指定對出運確認的，乙方應對運單的記載內容負責，自行負責運單的合法性、真實性及運單與 L/C、發票、裝箱單、報關單等出口單證、單據的一致性。乙方應保證上述資料的正確、完整和真實，除有相反證據證明外，甲方繕制的單據載明的信息即是乙方提供的信息。如因單據信息有誤或其它乙方原因導致甲方遭致任何損失（包括受到海關、商檢等行政處罰的），乙方除應承擔全部最終責任外，還應以該次出口發票金額的 30%向甲方支付違約金；

5、乙方充分了解出口貨物在出口國的出口法律、政策規定和在進口國的進口法律、政策規定，乙方負責告知甲方出口貨物在進出口環節中需要辦理的手續。除乙方在《代理出口委託單》中注明的報關提示外，甲方無須再辦理其他出口手續；

6、非因甲方自身原因造成貨物無法出口的，甲方可以免責；甲方可以拒絕墊付一切非應甲方承擔的費用；

7、乙方承擔所有收匯風險，並承擔因收匯不能或收匯不足造成的外匯核銷不能和退稅不到或不足的損失；

8、當發生對外商索賠或理賠時，乙方應在查清情況後委託甲方對外開展工作，並向甲方提供有效證據及預支相關費用，甲方須及時向乙方通報進展情況；由於乙方的責任，未能及時對外理賠，乙方除承擔對外商的一切經濟、法律責任外，還應賠償甲方所受的一切損失；

9、非因甲方原因致使本協議書不能全部或部分履行的，乙方應償付甲方代墊的費用和利息、支付代理手續費和承擔外銷合同項下的法律義務和責任；如因乙方違約導致本協議書解除或無法履行的，乙方除承擔上述責任外，還需向甲方支付以委託出口貨物總價 5%計算的違約金。

二、鑒於本協議簽訂日的美元與人民幣匯率、出口退稅率、人民幣利率等政策、情形：

1、雙方同意選擇如下方式計付代理費用：

□ 甲方在按照出口發票金額全額收匯，收取需要乙方開具或提供的增值稅發票等所有合格出口退稅申報單據以後，以實際收匯金額為基數，根據扣除銀行費用等所有出口費用後的金額，按照 1 美元折_____元人民幣的換匯比率（分別對應出口退稅率為_____），在兩週內向乙方結算出口貨物的貨款，其它余款為甲方代理費用；

□ 乙方於貨物出運後兩週內，依據出口發票金額_____% 向甲方計付代理費用。甲方

出口收汇并办理出口退税，税款到帐后，将外汇货款按照结算当日美元兑换人民币的国家牌价汇率折算为人民币连同退税款一并支付予乙方；

☐ 其他方式：＿＿＿＿＿＿＿＿＿＿＿＿＿＿＿＿＿＿＿＿＿＿＿＿＿＿＿＿＿

2、乙方同意并委托甲方根据生产工厂开具的增值税发票金额向该开票工厂直接结算代理出口的商品货款；

3、乙方应在《代理出口委托单》或书面代理出口委托通知中注明正确的出口商品海关税则编号，甲方根据该编号及对应的退税率申报出口报关手续和出口退税手续，并就此依据本协议相对应的换汇率结算出口货物的货款。如因乙方未提供出口商品的海关税则编号或因乙方提供错误编号的，则应以甲方申报的编号为准，因此发生申报错误的，由乙方承担相应后果和责任；

4、如外汇汇率、人民币利率、出口退税率和关税等国家财税政策或其他业务相关因素发生变化，甲方可以依据该变化相应调整上述货款的换汇比率。

5、出口代理中，甲方应承担如下选择确定的费用：

　　☐银行费用　☐运输费用　☐仓储费用　☐报关、商检费用　☐市内杂费
　　☐保险费用　☐其他费用：＿＿＿＿＿＿＿＿＿＿＿＿＿＿＿＿＿＿＿，

如无约定，乙方负责承担出口业务中的所有费用，如由甲方先行替乙方垫付其他费用的，双方在结算时一并扣除。

三、除特别约定外，甲方在出口收汇前，不存在对乙方或其指定工厂提前预支货款的情形。甲方在收汇前包括为帮助乙方解决生产资金等任意情形向乙方提前支付的所有款项，双方均一致认为是甲方对乙方的贷款，该种款项支付关系均独立于本协议合同关系，乙方不得以借款关系外的任何合同关系提出抗辩。

四、此协议项下发生的所有货物均由乙方向指定国外客户进行供货，乙方提供产品数量、质量与交期上的保证，且所有产品数量、质量与交期均由乙方与国外客户进行了确认，与甲方无关。

五、本协议未尽事宜按照《中华人民共和国合同法》，《中华人民共和国对外贸易法》和外经贸部发布的《关于对外贸易代理制的暂行规定》办理。

六、本合同在履行过程中，如发生争议时应协商解决，如协商不成，任何一方应当向代理方经常住所地的上海市黄浦区人民法院诉讼解决。

七、本协议一式两份，经双方签字盖章生效。

八、本协议自＿＿＿＿年＿＿＿月＿＿＿日起至＿＿＿＿年＿＿＿月＿＿＿日止（系指代理出口货物的装运日期）。本协议条款自然适用协议期内双方之间发生的每一笔交易。除双方另行特别书面约定外，双方在该协议有效期间发生的所有货物交付并出口的行为，均为出口委托代理合同关系，适用本协议上述条款。协议期满，须另外签订新的协议。

九、其他条款：＿＿＿＿＿＿＿＿＿＿＿＿＿＿＿＿＿＿＿＿＿＿＿＿＿＿＿＿＿＿＿

附件：1、《代理出口协议之代送货证明》。
　　　2、《代理出口委托单》


甲方盖章：　　　　　　　　　　　乙方盖章：
法定代表人　　　　　　　　　　　法定代表人
或委托人　　　　　　　　　　　　或委托人
办公地址：　　　　　　　　　　　办公地址：
电话：　　　　　　　　　　　　　电话：
传真：　　　　　　　　　　　　　传真：
开户银行：　　　　　　　　　　　开户银行：
银行帐号：　　　　　　　　　　　银行帐号：

附件有效：营业执照，法定代表人或委托人身份证复印件，委托人授权书复印件。

## 附錄 3-2　代理出口委託單

代理出口委托单

TO: _____ （出口代理方）

出单日期：
传真电话：

| 出口委托方 | 名称 | | | 地址 | | |
| | 联系人 | | 电话 | | 传真 | |
| 出口货物生产工厂 | 名称 | | | 地址 | | |
| | 联系人 | | 电话 | | 传真 | |
| 指定船务公司(货代公司) | 名称 | | | 地址 | | |
| | 联系人 | | 电话 | | 传真 | |

| 船名/航次 | | 船期（计划） | | 运单确认方 | |
| 发运港 （港口/国家）<br>Port of Loading | | 目的港（港口/国家）<br>Port of Discharge | | | |
| 出运合计 | 箱数： | 体积： | 毛重： | 净重： | 数量： | 总价： |

| 发货人<br>Shipper | | 麦头 | 运单批注内容 |
| 收货人<br>Consignee | | | |
| 通知人<br>Notify Party | | | |
| 运费支付 | □ COLLECT □ PREPAY | 运单寄交------ | |
| 发票买方 | | 订单号 | |

| 商品号<br>ITEM<br>NO. | H/S | 品名 | 单位 UNIT | | | | 数量及<br>单位<br>Quantity | 总计 TOTAL | | | | 包装<br>Package |
| | | | 单价<br>Price | 毛重<br>G.W. | 净重<br>N.W. | 体积<br>M | | 总价<br>Amount | 毛重<br>G.W. | 净重<br>N.W. | 体积<br>M | |
| | | | | | | | | | | | | |
| | | | | | | | | | | | | |
| | | | | | | | | | | | | |
| | | | | | | | | | | | | |
| | | | | | | | | | | | | |
| | | | | | | | | | | | | |

| 商标定牌情况： | | | | | |
| 收汇方式：□ T/T | □D/P | □L/C | □others： | | |
| 运输方式 | | 出口价格条款 | | | |
| 包装明细 | 另附<包装明细单> | | | | |
| 报关提示 | □FORMA □CCPIT | □配额许可证 | □其他提示： | | |
| 货妥时间 | 年 月 日 时 | 送仓方式 | □工厂等自行送仓 | □至工厂处提货装箱 | |
| 备注 | | | | | |

出口委托方：_____ （签章）

# 附錄 3-3　代理出口協議之代送貨證明

## 代理出口协议之代送货证明

致：东方国际集团上海利泰进出口有限公司

　　我厂_____作为贵公司出口委托方_____的供货工厂，根据该公司要求和编号 （_____）《代理出口协议》第一条第（一）款第6项规定，代其将出口货物送交贵公司。

　　如因需要我厂向贵公司可能开具增值税发票，也是根据委托方_____在上述《代理出口协议》第一条第（一）款第8项规定代替其履行合同义务。

　　我厂同时承诺，除有特别另行书面约定外，我厂对贵公司的送货均是基于上述《代理出口协议》作出，并不与贵公司发生加工承揽或购销买卖合同关系。

证明人：_____ （厂方签章）
　　　　　　　年　　月　　日

出口委托方：_____ （签章）
　　　　　　　年　　月　　日

## 附錄 3-4　付款委託書

# 付款委托书

致：东方国际集团上海利泰进出口有限公司

　　就我司委托贵公司代理出口事宜，根据贵我双方签署的《代理出口协议》（协议编号：＿＿＿＿＿＿＿＿＿＿＿＿＿＿），·我司委托贵公司与生产工厂（即开票单位）结算出口货物货款，将货款支付予该工厂。

　　就代理结算款项按约定换汇扣除上述货款及所有相关费用后的差额部分，请汇付至以下账户：

账户名称：

开户银行：

银行账号：

付款金额：

　　我公司确认以上单位收款后，视为贵公司与我单位结算，委托付款中产生的任何风险和责任由我方承担。

委托方/出口委托方：＿＿＿＿＿＿＿＿＿＿＿（签章）

年　　　月　　　日

附錄 **3-5**　中華人民共和國海關出口貨物報關單

## 中华人民共和国海关出口货物报关单

| 预录入编号： | | 海关编号： | | | |
|---|---|---|---|---|---|
| 出口口岸　SHANGHAI | | 备案号 | 出口日期 | 申报日期 | |
| 经营单位　工业品商场 | | 运输方式 BY AIR | 运输工具名称 | 提运单号 783 0111 559 | |
| 发货单位　3205910237 | | 贸易方式　G.T. | 征免性质 | 结汇方式 T/T | |
| 许可证号　320502837757451 | | 运抵国(地区) JAPAN | 指运港 TOKYO | 境内货源地 | |
| 批准文号　328522212 | | 成交方式 CFR | 运费 | 保费 | |
| 合同协议号 | | 件数 7 | 包装种类 CARTON | 毛重(公斤) 76.50 | 净重(公斤) 66.00 |
| 集装箱号 | | 随附单据 | | 生产厂家 | |

标记唛码及备注

```
        SSK           QTITY           MADE IN CHINA
      SANKYO          COL/NO:
      S/NO:           C/NO
                      TOKYO
```

| 项号 商品编号 | 商品名称、规格型号 | 数量及单位 | 最终目的国(地区) | 单价 | 总价 | 币制 征免 |
|---|---|---|---|---|---|---|
| 61043200 | KNITTING WEAR | 463PCS | JAPAN | | USD2546.50 | |
| | | TOTAL: | | | USD2546.50 | |

税费征收情况

| 录入员　　　录入单位 | 兹声明以上申报无讹并承担法律责任 | 海关审单批注及放行日期 (签章) | |
|---|---|---|---|
| | | 审单 | 审价 |
| 复核员 | | | |
| | 申报单位 (盖章) | 征税 | 统计 |
| 单位地址 | | | |
| | | 查验 | 放行 |
| 邮编　　　电话　　　填制日期 | | | |

附錄 **3-6**　裝箱單

### ■■工业品商场
### INDUSTRIAL PRODUCTS MARKET
■■ GUANQIAN STREET, SUZHOU, CHINA

Tel:0086-512-52333■■　　　　Fax:0086-512-52132■

### 裝　箱　单
### PACKING LIST

To:　■■■ SEIKO CO., LTD.
　　　11-12, TOMIZAWA-CHO, NIHONBASHI CHUO-KU,
　　　TOKYO, JAPAN

装船口岸　　　　　　　　　　　发票号码
From　SHANGHAI　　　　　　Invoice No: 2002E00531
目的地　　　　　　　　　　　发票日期
To:　TOKYO　　　　　　　　Date of Inv: MAY 27, 2002

| Cartons | Commodity Name | Quantity (PCS) | Weight(KGS) | | Meas. (CBM) |
|---|---|---|---|---|---|
| | | | Gross | Net | |
| 7 | KNITTING WEAR | 463 | 76.50 | 66.00 | 0.582 |
| 7 | TOTAL | 463 | 76.50 | 66.00 | 0.582 |

SAY TOTAL PACKED IN SEVEN CARTONS ONLY.

附錄 3-7　商業發票

**████工业品商场**

**████ INDUSTRIAL PRODUCTS MARKET**

██ GUANQIAN STREET, SUZHOU, CHINA

Tel:0086-512-52333██　　Fax:0086-512-52132██

商 业 发 票

**COMMERCIAL INVOICE**

To: ████ SEIKO CO., LTD.

　　11-12, TOMIZAWA-CHO, NIHONBASHI CHUO-KU,

　　TOKYO, JAPAN

From: SHANGHAI　　　　　Invoice Number 2002E00531

To: TOKYO　　　　　Date of Invoice MAY 27, 2002

| 唛头号码<br>Mark & Number | 货品名称<br>Goods Description | 数　量<br>Quantity | 总　值<br>Amount |
|---|---|---|---|
| | | | CFR TOKYO |
| SSK | KNITTLNG WEAR | 463PCS | US$2, 546. 50 |
| SANKYO<br>S/NO:<br>QTITY<br>COL/NO:<br>C/NO<br>TOKYO<br>MADE IN CHINA | | | |
| | | TOTAL: | US$2, 546. 50 |
| | SAY TOTAL AMOUNT IN U.S.DOLLARS TWO THOUSAND FIVE<br>HUNDRED FORTY SIX AND CENTS FIFTY ONLY. | | |

# 附錄 3-8 出口收匯核銷單

## 附錄 3-9　保稅區與其他非保稅區的政策優勢比較
### （2015年資料僅供參考）

寧波保稅區與其他非保稅區區域的政策優勢比較

| 項目 | | 本波保稅區 | 出口加工區 | 開發區 | 非保稅區 |
|---|---|---|---|---|---|
| 海關 | 1. 生產企業進口自用機器設備、生產用零配件、生產燃料 | 1. 免徵進口關稅及進口環節增值稅 | 1. 免徵進口關稅及進口環節增值稅 | 1. 國家允許部分經審批免征 | 1. 國家允許部分經審批免征 |
| | 2. 企業進口自用辦公用品、基建物資 | 2. 免徵進口關稅及進口環節增值稅 | 2. 免徵進口關稅及進口環節增值稅 | 2. 征稅 | 2. 征稅 |
| | 3. 進口生產用原輔材料、零部件 | 3. 無須審批全額保稅 | 3. 保稅 | 3. 征稅或保證金 | 3. 征稅或保證金制 |
| | 4. 進口（進區）貨物 | 4. 保稅 | 4. 保稅 | 4. 征稅 | 4. 征稅 |
| | 5. 進出口商品許可證、進出口配額 | 5. 免領 | 5. 免領 | 5. 憑證 | 5. 憑證 |
| | 6. 加工貿易銀行執行保證金臺帳 | 6. 免設,產品內銷無限制,內銷征原物料關稅 | 6. 免設,產品不鼓勵內銷,內銷征成品關稅 | 6. 設,內銷有比例限制 | 6. 設,內銷有比例限制 |
| | 7. 加工產品自營出口 | 7. 允許 | 7. 允許 | 7. 外商投資企業及有進出口經營權企業允許 | 7. 外商投資企業及有進出口經營權企業允許 |
| 外匯 | 1. 內資企業開立外匯帳戶 | 1. 允許 | 1. 允許 | 1. 外商投資企業及有進出口經營權企業允許 | 1. 不允許 |
| | 2. 進出口貿易外匯核銷 | 2. 不核銷 | 2. 不核銷 | 2. 核銷 | 2. 核銷 |
| | 3. 企業經營外匯所得 | 3. 自由保留 | 3. 自由保留 | 3. 結匯或限額保留 | 3. 結匯或限額保留 |
| 投資經營 | 1. 國內企業從事國際貿易 | 1. 鼓勵 | 1. 限制 | 1. 國家批准 | 1. 國家批准 |
| | 2. 外商投資國際貿易 | 2. 鼓勵 | 2. 限制 | 2. 禁止 | 2. 禁止 |
| | 3. 保稅倉庫 | 3. 鼓勵 | 3. 限制 | 3. 國家批准 | 3. 國家批准 |
| | 4. 國家限制性生產項目（技術工藝先進） | 4. 允許 | 4. 限制 | 4. 限制 | 4. 限制 |
| | 5. 服務貿易 | 5. 允許 | 5. 限制 | 5. 限制 | 5. 限制 |

| 項目 | | 區域類別 | 事放保稅區 | 出口加工區 | 開發區 | 非保稅區 |
|---|---|---|---|---|---|---|
| | | | 區內加工企業可委托非保稅區企業或委托非保稅區進行加工業務；保稅區企業從非保稅區購進貨物出口或經加工後再出口，按規定辦理出口手續，并予以出口退稅；保稅區企業經營範圍固放明，業務允許交叉. | | | |
| 企業稅負 | | 1.企業所得稅率 | 1.15% | 1.33%或15% | 1.33%或15% | 1.33% |
| | | 2.生產性企業所得稅減免 | 2.五免五減半 | 2.二免三減半 | 2.二免三減半 | 2.無減免或減免則限 |
| | | 3.非生產性企業所得稅減免 | 3.一免二減半 | 3.無此項目 | 3.無減免 | 3.無減免 |
| | | 4.出口產品生達鍵節增值稅 | 4.免征 | 4.免征 | 4.免征 | 4.先征后退 |
| | | 5.房產稅 | 5.5年內免征 | 5.征 | 5.征 | 5.征 |
| | | 6.區內固定資產投資方向調節稅 | 6.5年內免征 | 6.征 | 6.征 | 6.征 |
| | | 保稅區企業稅后利潤用于區內再投資的，可返退再投資部分已繳納的所得稅的80%，投資高新產業的，可返退100%；保稅區企業從非保稅區進貨物和消費稅，免征增值稅和消費稅. 退可享受保稅區管委會賦予的其他優速政策. | | | | |
| 政策法令穩定性 | | | 按國際慣例設置運作較昌成熟，政策法令穩定. | 中國政府以試驗性質主，政策法令尚未成熟，穩定性較差 | 特定的開發期限過完后，政策法令調整 | 政策法令隨發情況調整 |

附錄 3-10　中華人民共和國營業執照

中华人民共和国
企业法人
营业执照
（副本）

注册号：企作沪总副字第023989号(青浦)

证照编号0000000220000511 0214
企业标识R0000000219970916 14018

该企业经核准登记注册，具有

法人资格，准予开业。

编号：N? 1019256

| | |
|---|---|
| 企业名称 | （中文）上海喜美龙金属制品有限公司 |
| | （外文）SHANGHAI FOUMILON METAL PRODUCTS CO., LTD. |
| 住　所 | 上海市青浦区大盈镇青赵公路3686号 |
| 企业类别 | 合作（港澳台） |
| 经营范围 | 生产仓库笼、万能置物架、展示架、台车及相关物流周转用品、销售本公司自产产品。 |
| 注册资本 | 美元叁拾万元 |
| 董事长 | 喜金松 |
| 副董事长 | 钟英倩　叶明德 |
| 总经理 | 喜金松 |
| 副总经理 | 黄惠诗　下浦通祥　简茂炎 |
| 分支机构 | |
| 经营期限 | 自九九七年九月十六日　至二0三二年九月十五日 |
| 执照正本有效期限 | 自九九七年九月十六日　至二000年十一月十九日 |

中华人民共和国
国家工商行政管理局　局长　王众孚

二000　年　11　月　19　日

本副本有效期至

每年一月一日至三月十五日

## 附錄 3-11　銷售合約

售货合同
### SALES　CONTRACT

合同编号:
CONTRACT NO:
日期:
DATE:

卖方:　　　　　　　　　　　　　　买方:
The Sellers:　　　　　　　　　　The Buyers:
地址:　　　　　　　　　　　　　　地址:
Add:　　　　　　　　　　　　　　Add:
电话:　　　　　　　　　　　　　　电话:
Tel:　　　　　　　　　　　　　　　Tel:
传真:　　　　　　　　　　　　　　传真:
Fax:　　　　　　　　　　　　　　Fax:

双方同意按照本合同所列条款由卖方出售，买方购进下列货物:

Whereby the Sellers agree to sell and the Buyers Agree to buy the under mentioned commodity(ies) according to the terms and condition stipulated below:

| 1.　商品名称、规格及包装<br>Name of Commodity, Specification & Packing | 数量<br>Quantity | 单价<br>Unit Price | 总价<br>Total Value |
|---|---|---|---|
| | | | |
| TOTAL: | | | |
| REMARKS: | | | |

2. 装运唛头:
Shipping Mark(s):

每件货物上应引明到货口岸，件号，每件毛重及净重，尺码及右列口唛头　(如系危险及/或有毒货物，应按惯例在每件货物上明显列出有关标记及性质说明).

On each package shall be stencilled conspicuously: port of destination, package number, gross and net weights measurement the shipping mark shown on the right side ( For dangerous and /or poisonous cargo, the nature and generally adopt symbol shall be marked conspicuously on each package.)

3 保险: 由卖方按发票总值的　　%投保　　　　　　　险. 如买方欲增加其他险别或超过上述额度保险时须事先证得卖方同意，其增保费用由买方负担。

Insurance: To be covered by the Sellers for　　% of the total invoice value against　　　　　　　risks. Should the Buyers desire to cover for other risks besides the afore-mentioned or for an amount exceeding the afore-mentioned limit, the Sellers approval must be obtained first and all additional premium charges incurred therewith shall be for the Buyers' account.

4. 装船口岸:　　　　　5. 目的口岸:
Port of Shipment:　　　　Port of Destination:

6. 装船期限:
Time of Shipment:

7. 付款条件:
Terms of Payment :

8. 装运单据: 卖方应向议付银行提供下列单据.
Shipping Documents: The sellers shall present the following documents to the negotiating bank for payment:

(1) 全份装船清洁空白抬头空白背书提单, 注明运费已付.
　full set clean on board of shipped Bills of Lading made out to order and blank endorsxed marked "Freight Prepaid"

# 購買合約

购货合同

PURCHASE CONTRACT

合同编号:

CONTRACT NO:

日期:

DATE:

| 卖方: | 买方: |
|---|---|
| The Sellers: | The Buyers: |
| 地址: | 地址: |
| Add: | Add: |
| 电话: | 电话: |
| Tel: | Tel: |
| 传真: | 传真: |
| Fax: | Fax: |

**双方同意按照本合同所列条款由卖方出售，买方购进下列货物:**

Whereby the Sellers agree to sell and the Buyers Agree to buy the under mentioned commodity(ies) according to the terms and condition stipulated below:

| 1. 商品名称、规格及包装<br>Name of Commodity, Specification & Packing | 数量<br>Quantity | 单价<br>Unit Price | 总价<br>Total Value |
|---|---|---|---|
|  |  |  |  |
| TOTAL: |  |  |  |
| REMARKS: |  |  |  |

2. 装运唛头:

Shipping Mark(s):

每件货物上应引明到货口岸，件号，每件毛重及净重，尺码及右列唛头 （如系危险及/或有毒货物，应按惯例在每件货物上明显列出有关标记及性质说明）。

On each package shall be stencilled conspicuously: port of destination, package number, gross and net weights measurement the shipping mark shown on the right side ( For dangerous and /or poisonous cargo, the nature and generally adopt symbol shall be marked conspicuously on each package.)

3. 保险: 由卖方按发票总值的    % 投保          险, 如买方欲增加其他险别或超过上述额度保险时须事先征得卖方同意, 其增保费用由买方负担。

Insurance: To be covered by the Sellers for    % of the total invoice value against          risks. Should the Buyers desire to cover for other risks besides the afore-mentioned or for an amount exceeding the afore-mentioned limit. the Sellers approval must be obtained first and al additional premium charges incurred therewith shall be for the Buyers' account.

4. 装船口岸:          5. 目的口岸:

Port of Shipment:          Port of Destination:

6. 装船期限:

Time of Shipment:

7. 付款条件:

Terms of Payment :

8. 装运单据: 卖方应向议付银行提供下列单据。

Shipping Documents: The sellers shall present the following documents to the negotiating bank for payment:

(1) 全份装船清洁空白抬头空白背书提单, 注明运费已付。

full set clean on board of shipped Bills of Lading made out to order and blank endorsxed marked "Freight Prepaid"

附錄 **3-12**　來料加工協議書

# 协　议　书

东*建* 协字(*97*)第 *055*　　号

一九九*七*　年 *七* 月*二十二*日于东莞

为发展双方友好贸易来往，东莞市对外加工装配服务公司协同 *东莞市*

*凤岗镇对外经济发展公司*（简称甲方）与 *香港捷讯实业有限公司*

（简称乙方）在平等互利的基础上，就来料加工 *五金塑胶制品* 业务，双方于

一九九 *七*　年 *七* 月*二十二*日在东莞进行了充分协商，一致同意达成如下协

议：

## 一、双方责任

乙方负责以 *不作价*　　　　　　　　的方式提供加工生产所需的设备

（详见清单），由一九九 *七*　年　*七*　月开始分期分批运进甲方工厂。

设备总值HK $ *1445500*。其中作价设备总值为HK $　*／*　　，由甲方

工厂在收取加工费中逐批按 *—* ％偿还，至偿还完毕后，其设备归甲方工

厂所有，设备质量和价格须经甲方核实为准。不作价设备产权属乙方。

乙方不作价提供全部原料、辅料及包装物料。甲方提供相应的厂房、

电力和劳动力，在协议期内为乙方加工生产，收取加工费或收取厂租、土

地使用费和管理费，产品全部出口交乙方。

设备运进甲方工厂后，乙方应尽快派出技术人员到甲方工厂进行协助

安装和技术指导、乙方技术人员的工资、旅差费、电话费、生活用电以及

膳宿费由乙方负责，甲方提供方便。

二、加工费总值

第一年加工费总值为HK $ *100万* ，第二年后的加工费总值，应在第一年的基础上有所增加，年递增率不低于 *10* %。

三、加工费的计算

1、来料加工的加工费，应坚持互利的原则，经双方友好协商，具体在签订生产合同时，按来样议定或经过试产定价。试产期内由乙方负责按每人每月HK $ *600′* 付给甲方（第一批 *30* 人，以后用 *100* 人）。试产期满后，按厂内工人数计算，人平每月(26个工作日、每日 8 小时)加工费不少于HK $ *800′*

2、甲方负责提供厂房和场地、厂房面积为 *3000* 平方米，厂房租金为 *12′* /平方米.月；场地面积为　　　　　 平方米，场地使用费　　　/平方米.月 。厂房租金及场地使用费由乙方在加工费中缴付。厂房租金税由甲方负责缴纳。工人管理费，每人每月HK $ *10′* 由乙方在加工费中缴付。

3、以上厂房的租金、土地使用费、工人的管理费，从第二年后，年递增率不少于 *10* %。

四、社会基础设施费

企业凡雇请外来劳动者，须向当地劳动部门缴交社会基础设施费。

五、质量责任、试产期和损耗次品率

乙方负责派人到甲方工厂验收产品质量。因原辅料质量不符或技术指导错误造成废次品的，由乙方负责，需返工的，费用由乙方负责。

从协议生效日起，试产期为 叁 个月，试产期的损耗率和次品率实报实销，期满后的实际损耗率和次品率由双方另行商定。

六、来料和交货期

乙方保证按本协议规定的加工量，按每月提供足够数量的原辅料和包装物料，为使甲方工厂能正常生产，乙方须于每批产品生产前 十 天将所需原辅料运进甲方工厂。为使乙方业务能正常发展，甲方工厂应按双方商定的具体交货期、按时、按样、按量交货，具体事项在签订具体合同中订明。

七、付款方式

加工费付款方式，双方同意采用 先出后结 每周结清。乙方通过香港　　　　　银行用结汇方式汇款给甲方，逾期不汇，乙方应按香港当时的银行利率计息补偿给甲方，必要时甲方有权停止出货。

八、运输

原辅料及成品进出口均经深圳皇岗口岸（或文锦渡、沙头角、太平口岸），由香港至甲方工厂来回双程路段，所需的运杂费均由乙方负责。根据乙方的运货量、条件具备的甲方可协助乙方办理 - 吨直通车　　辆。

九、保险

1、原辅料及包装物料运进及成品运出由乙方办理投保综合险；生产设备及在厂的原料、辅料、包装物料、在产品及成品由乙方投保财产火险。以上保险费均由乙方负担，并由乙方与东莞保险公司签订具体保险合同。

2、双方同意全体职工参加社会劳动保险并按工资比例缴交社会劳动保险金。

十、纳税

双方同意，保证依章缴税。

十一、不可抗力

由于战争和严重的自然灾害以及双方同意的其他人力不可抗力事故，致使一方不能履行合同时，遇有上述事故的一方，应尽快将事故情况通知对方，并与对方协商延长履行协议的期限，对方由此而产生的损失，不得提出赔偿要求。

十二、仲裁

本协议在执行过程中，如发生争议，双方应本着友好方式进行协商解决，如未能解决时，提请中国国际贸易促进委员会仲裁机构进行仲裁。仲裁裁决为终局裁决，对双方均有约束力。仲裁费用由败诉一方负担。

十三、协议有效期及其它

本协议经有关部门批准后生效。本协议从生效之日起为期 伍 年，届时如需要延长或终止，应提前半年经双方友好协商确定。

本协议如有未尽事宜，随时经双方协商修改补充并经原批准机关批准，如缺一方或未经批准均属无效。

本协议正本一式四份，甲方二份，商务代理一份，乙方一份，具有同等效力；副本若干份。

1、按加工费总额千分之五的口岸费，由乙方负责支付，甲方开发票时同时开列。

2、企业在招收工人、安排工种、厂房设施等方面，必须按照《劳动安全卫生管理条例》和《中华人民共和国消防条例》执行。要保障劳动者的合法权益，为劳动者提供符合劳动安全卫生要求的劳动场所和生活设施，保障劳动者身体健康。

3、凡属以下情况之一，单方作终止协议处理：

（1）、本协议生效半年内，乙方没有进口生产设备的；

（2）、本协议期满后半年，仍不办理延期手续的；

本协议有进口设备的，单方终止协议后，报海关作出处理。

*(3)五金塑胶制品各组．A办公室组．电脑桌椅．电视音响等．木结构作组．厨房．浴厕各组花园工具，用品组．烤肉用品组．运动器材组．商品展示架组。*

*For and on behalf of*
JIBSON INDUSTRIES LIMITED
捷訊實業有限公司

甲　　方：东莞市凤岗镇对外经济发展公司

乙　　商　方：

号：捷讯实业有限公司 *Authorized Signature(s)*

地　　址：凤岗镇侨联大厦
电　　话：7751132
代　　表：

地　　址：香港九龙浦船坞里83号华厦工业大厦又字楼7室
电　　话：2811112
代　　表：

甲方工厂：东莞凤岗凤德岭润丰金属塑胶制品厂
地　　址：东莞市凤岗镇凤德岭管理区．
电　　话：775189
代　　表：黄道舒
商务代理：东莞市对外加工装配服务公司
地　　址：东莞市莞城西正路6号
电　　话：228891
代　　表：

# 備案證明書（又稱批文）

## 对外加工装配补偿贸易协议备案证明书

（97）东外委证字第577　号

东莞市对外加工装配服务公司报来该公司协所

东莞凤岗凤德岭润丰金属塑胶制品厂　　　　　与

香港捷讯实业有限公司　　　　　　　签定的

加工五金塑胶制品　　　　　　　协议书

〔编号为东建协（97）055号　　　〕及壹个附件，

经审查，符合本委1997年07月25日（97）东外加字

第6386　号批准证书规定的内容，准于备案。该项

协议书可于1997年07月25日起生效。

东莞市对外经济贸易委员会
1997年07月25日

## 附錄 3-13　中華人民共和國海關代徵增值稅繳款書

上海吳淞 **海关**　**代征增值税** **专用缴款书**

| 收入系统： | 填发日期： 1999 年 3 月 25 日 | | | 号码 No. (3303)029144084-L02 | | | |

| 收款单位 | 收入机关 | 中央金库　（交换号：202） | 缴款单位（人） | 名　称 | 东方国际集团上海市对外贸易有限（上海福亚化工有限公司） | | |
| | 科　目 | 代征增值税　预算级次　中央 | | 帐　号 | 0201 | | |
| | 收款国库 | 上海市工行营业部国库 | | 开户银行 | | | |

| 税号 | 货物名称 | 数量 | 单位 | 完税价格(¥) | 税率(%) | 税款金额(¥) |
|---|---|---|---|---|---|---|
| 1.38121000 | 绳胶助剂STRUKTOL PRODUCTS RESI | 25.000.000 | 千克 | 536.518 | 17.0 | 91,208.0 |

| 金额人民币(大写)　玖万壹仟贰佰零捌元零陆分 | | 合计(¥) 91,208.06 |

| 申请单位编号 | 报关单编号 029144084 | 填制单位 | 收款国库(银行) |
| 合同(批文)号 | 运输工具(号) SU YUE/9918 | | |
| 缴款期限　79年85月93日前 99年3月26日前 | 提/装货单号 SY9918-145 | | 130月56 |
| 备注　照章征税　99.03.25　进 USD　8.2796000 | | | |
| 成交:CIF | | | |

从填发缴款书次日起、限七日内(星期日和法定假日除外)缴纳，逾期按日征收税款总额千分之一的滞纳金。

---

上海吳淞 **海关**　**进口关税** **专用缴款书**

| 收入系统： | 填发日期： 1999 年 3 月 35 日 | | | 号码 No. (9003)029144084-A01 | | | |

| 收款单位 | 收入机关 | 中央金库　（交换号：202） | 缴款单位（人） | 名　称 | 东方国际集团上海市对外贸易有限（上海福亚化工有限公司） | | |
| | 科　目 | 进口关税　预算级次　中央 | | 帐　号 | 0201 | | |
| | 收款国库 | 上海市工行营业部国库 | | 开户银行 | | | |

| 税号 | 货物名称 | 数量 | 单位 | 完税价格(¥) | 税率(%) | 税款金额(¥) |
|---|---|---|---|---|---|---|
| 1.38121000 | 绳胶助剂STRUKTOL PRODUCTS RESI | 25.000.000 | 千克 | 496.776 | 8.0 | 39,742.08 |

| 金额人民币(大写)　叁万玖仟柒佰肆拾贰元零捌分 | | 合计(¥) 39,742.08 |

| 申请单位编号 | 报关单编号 029144084 | 填制单位 | 收款国库(银行) |
| 合同(批文)号 | 运输工具(号) SU YUE/9918 | | |
| 缴款期限　79年03月93日前 99年3月26日前 | 提/装货单号 SY9918-145 | | |
| 备注　照章征税　99.03.25　进 USD　8.2796000 | | | |
| 成交:CIF | | | |

从填发缴款书次日起，限七日内(星期日和法定假日除外)缴纳，逾期按日征收税款总额千分之一的滞纳金。

# 中華人民共和國進口關稅及增值稅繳款書

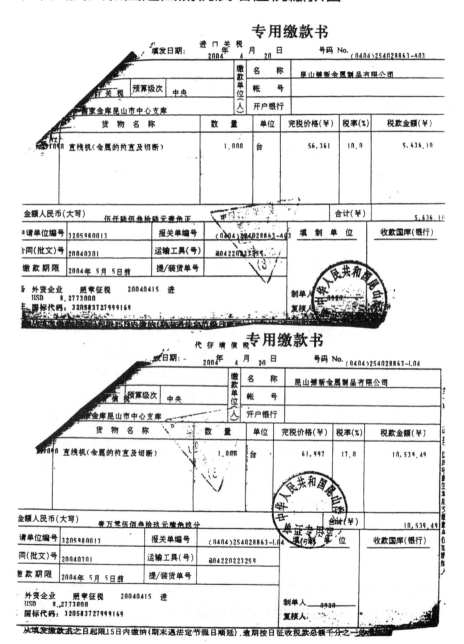

**专用缴款书**

进口关税

填发日期: 2004 年 4 月 20 日　　　号码 No. (0404)254028863-A03

| 关税 | 预算级次 | 中央 | | 缴款单位(人) | 名　称 | 昆山镀新金属制品有限公司 |
| | | | | | 帐　号 | |
| 国家金库昆山市中心支库 | | | | | 开户银行 | |

| 货　物　名　称 | 数　量 | 单位 | 完税价格(¥) | 税率(%) | 税款金额(¥) |
|---|---|---|---|---|---|
| 直线机(金属的拉直及切断) | 1.000 | 台 | 56,361 | 10.0 | 5,636.10 |

金额人民币(大写)　伍仟陆佰叁拾陆元壹角正　　　　合计(¥)　5,636.10

| 申请单位编号 | 3205980013 | 报关单编号 | (0404)254028863-A03 | 填制单位 | 收款国库(银行) |
| 合同(批文)号 | 20040301 | 运输工具(号) | a0422022325f | | |
| 缴款期限 | 2004年 5月 5日前 | 提/装货单号 | | | |

外资企业　照章征税　20040415　进
USD　8.2773000
国标代码: 320583727999169

制单人
复核人

---

**专用缴款书**

代征增值税

填发日期: 2004 年 4 月 20 日　　　号码 No. (0404)254028863-L04

| 增值税 | 预算级次 | 中央 | | 缴款单位(人) | 名　称 | 昆山镀新金属制品有限公司 |
| | | | | | 帐　号 | |
| 国家金库昆山市中心支库 | | | | | 开户银行 | |

| 货　物　名　称 | 数　量 | 单位 | 完税价格(¥) | 税率(%) | 税款金额(¥) |
|---|---|---|---|---|---|
| 直线机(金属的拉直及切断) | 1.000 | 台 | 61,997 | 17.0 | 10,539.49 |

金额人民币(大写)　壹万零伍佰叁拾玖元肆角玖分　　　合计(¥)　10,539.49

| 请单位编号 | 3205980013 | 报关单编号 | (0404)254028863-L04 | 填制单位 | 收款国库(银行) |
| 同(批文)号 | 20040301 | 运输工具(号) | a0422022325f | | |
| 缴款期限 | 2004年 5月 5日前 | 提/装货单号 | | | |

外资企业　照章征税　20040415　进
USD　8.2773000
国标代码: 320583727999169

制单人
复核人

从填发缴款书之日起限15日内缴纳(期末遇法定节假日顺延),逾期按日征收税款总额千分之一的

## 附錄 3-14 列舉幾個國家的港口吊櫃費供參考比較

# T.H.C.（Terminal Handling Charge）

| 國家 | 港口 | T.H.C. | |
|---|---|---|---|
| | | 20' | 40' |
| 荷蘭 | ROTTERDAM | NLG303<br>（約 US $ 137） | NLG303<br>（約 US $ 137） |
| 德國 | HAMBURG | DM298<br>（約 US $ 142） | DM298<br>（約 US $ 142） |
| 比利時 | ANTWERPP | BF4503<br>（約 US $ 119） | BF4503<br>（約 US $ 119） |
| 法國 | LE HAVRE<br>FOS | FF809<br>（約 US $ 123） | FF809<br>（約 US $ 123） |
| 義大利 | GENOVA<br>VENICE | LR255,000<br>（約 US $ 121） | LR255000<br>（約 US $ 121） |
| 英國 | FELIXSTOWE | GBP69<br>（約 US $ 104） | GBP69<br>（約 US $ 104） |
| 台灣 | 北、中、南 | NT $ 5600<br>（約 US $ 165） | NT $ 7000<br>（約 US $ 206） |
| 香港 | HONG KONG | HK $ 2065<br>（約 US $ 260） | HK $ 2750<br>（約 US $ 357） |
| 廣東省 | 各港口（歐美線） | US $ 141 | US $ 269 |
| 福建、浙江、<br>上海、山東 | 各港口 | RMB370<br>（約 US $ 45） | RMB560<br>（約 US $ 68） |

※可以在電腦貿易系統 FOB 報價中 FREIGHT 這一欄加上 US $ 若干元，亦可以直接自動反應成本。

## 附錄 3-15　香港出口轉口證

| Exporter (full name and address) | | CERTIFICATE NO |
|---|---|---|
| Consignee (if required) | | |
| | | CERTIFICATE OF ORIGIN — RE-EXPORT |
| Departure Date (on or about) | | |
| Vessel/Flight/Vehicle No | Place of Loading HONG KONG | ORIGINAL |
| Port of Discharge | Final Destination if on Carriage | |

Marks, Nos and Container No. No. and Kind of Packages Description of Goods — Quantity or Weight in words and figures — Brand Names or Labels (if any)

〔註〕：這張表稱為「轉口證」，當你的 BUYER 要求要 CERTIFICATE OF ORIGIN RE－EXPORT 時，再到香港工業總會申請，一份規費約需港幣150元，通常是經濟開發中的國家如中東、中南美的 BUYER 才會要求轉口證，目的是證明原產地中國的貨物經過香港轉運的期間，沒有再加工處理過。

Destination Country

I HEREBY CERTIFY THAT THE GOODS DESCRIBED ABOVE ORIGINATE IN _____

香港工業總會
Federation of
Hong Kong Industries
A Chamber of Commerce
established since 1960

for FEDERATION OF HONG KONG INDUSTRIES
A competent authority exercising power delegated by the
Hong Kong Government for the issue of Certificates of Origin

## 附錄 3-16　中華人民共和國中外合資對外貿易公司試點暫行辦法

### 關於設立中外合資對外貿易公司試點暫行辦法

（外經貿部1996年9月30日公佈施行）

第一條：為了進一步擴大對外開放，促進我國對外貿易的發展，根據＜中華人民共和國對外貿易法＞和＜中華人民共和國中外合資經營企業法＞及其它有關法律、法規，制定本辦法。

第二條：本辦法適用於外國的公司、企業（以下簡稱「外方公司」）。同中國的公司、企業（以下簡稱「中方公司」）在中國境內（試點地區）設立專門從事進出口貿易的中外合資外貿公司（以下簡稱「合資外貿公司」）。

第三條：合資外貿公司為有限責任公司。合資外貿公司的註冊資本中方公司所占比例不得低於51％；外方公司所占比例應在25％以上。法定代表人應由中方公司委派。

第四條：設立合資外貿公司應符合下列條件：
　（一）外方公司應具備以下條件：
　　1.申請前一年營業額在50億美元以上；
　　2.申請前三年年平均對華貿易額在3,000萬美元以上；
　　3.申請前已在中國境外設立代表處三年以上，或在中國境內投資超3,000萬美元。
　（二）中方公司應具備以下條件：
　　1.具有外貿經營權；
　　2.申請前三年年平均進出口額在2億美元以上，其中出口額不低於1億美元；
　　3.已在中國境外設立分公司、子公司以及合資企業3個以上，申請前三年境外企業平均營業額超過1,000萬美元。
　（三）合資外貿公司應具備下列條件：
　　1.註冊資本不得低於1億元人民幣；
　　2.有自己的名稱和組織機構；
　　3.有與其對外貿易經營相適應的營業場所、專業人員以及其他必備的物質條件。

第五條：申請設立合資外貿公司，中方公司須將下列文件通過當地外經貿主管部報國家外經貿主管部門審查：
　（一）項目建議書、中外各方簽署的可行性研究報告、合同、章程；
　（二）中外各方的註冊登記證明文件（複印件），資信證明文件和法定代表人證明文件；
　（三）外方公司在中國已投資企業的批准證書（複印件）或設立駐華代表處的批准文件（複印件）、營業執照（複印件）和中國註冊會計師事務所出具的驗資報告（複印件）；
　（四）中方公司在境外設立的分公司、子公司以及合資企業的註冊登記證明（複印件）；
　（五）中外各方近三年的資產負債表及審計機構出具的確認證明；
　（六）擬設立合資外貿公司的經營商品範圍；
　（七）國家外經貿主管部門要求的其它文件。
合資外貿公司經國家外經貿主管部門審查並報國務院批准後，由國家外經貿主管部門頒發批准證書。

# 跨境電商物流

Unit **4-1**

# 跨境電商物流操作實務

## 一 》 臺灣物流三階段

　　早期物流就是貨運，近30幾年來採用美軍的Logistic（後勤支援）一詞，作爲物流的通稱。

1. Transport（貨運）：安全把貨物送達客戶，例如：早期的新竹貨運。

2. Logistics（物流）：安全、準時把貨物送達客戶，在此階段，貨運業者開始擴大功能、強化組織。

   (1)目標：提高效率、降低成本。

   (2)作法：加強倉管。例如：實施先進先出、Bar Code、零庫存管理、倉儲兼賣場等方式。

3. Supplier Chains Management（供應鏈管理）：整合零組件，完成市場上需求的產品。

   (1)目標：提高效率、降低成本、創造利潤。

   (2)作法：市調→設計→採購→製造→行銷→物流→消費者→客服。例如：手機在生產前，先進行市調以瞭解消費者的需求及使用習慣，再進行設計、製造，產品才能夠廣獲市場接受。

※物流的種類：國際物流、國內物流。主要差別在於：國際物流因貨物進出國境，需要報關通關；後者則免，例如：臺北貨物運送至臺中、高雄等地。

# 二〉 何謂電商物流

1. 概述：電商企業整合商流、物流、資訊流及資金流時，運用物流電子化的優勢，開展電子商務整合應用的服務。

2. 電商物流在臺灣蓬勃發展的原因：大環境Wifi普及、3C發達、資本小、年輕人不喜歡當朝九晚五的上班族想自行創業。

3. 電商物流失敗收場的原因探討：消費者不知道你的產品，也吸引不到消費者，競爭者愈來愈多，退貨率高，造成利潤下降，刊登廣告的交易平臺（例如：PChome、momo）整體營業額下滑。

4. 電商物流致勝關鍵：

   (1) Sourcing獨特商品、新產品、文創商品。

   (2) 宣傳產品手法與時俱進，跟著潮流走，視物品性質、資金多寡、選擇購物平臺商城、短視頻、FB、IG、LINE……等。服飾類著重視覺效果，利用影片突顯顏色、式樣、款式。

   (3) 降低進貨成本（例如：充量）。

   (4) 爭取最低配送運費。

   (5) 避免退貨費用，例如：請客戶改換貨。

5. 跨境電商物流組織架構：

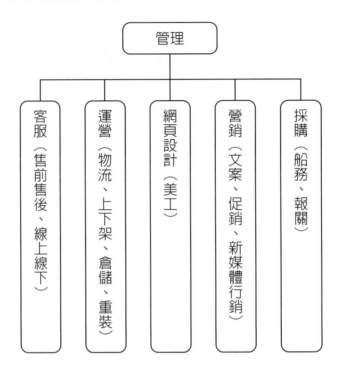

（註：視情況可精簡人力，一人兼數職。）

### 三〉 跨境電商物流與進出口廠商物流的異同

1. 兩者的特性、連動性：
   ⑴進出口廠商：批量大、長週期、行銷多層次（進口商→批發商→零售商）。
   ⑵跨境電商：批量小、短週期、直送消費者。
   　受到電商蓬勃發展，進口商市場受到鯨吞蠶食，傳統的進出口貿易逐漸式微。
2. 相同點：貨物運送、進出國境需要報關通關。

3. 不同點：

⑴ 運送方式：進出口貿易由於數量較大，大都使用海運或海陸複合運送，電商客戶大都要求交貨快，使用空運及快遞多。

⑵ 商品的揀選、車輛、倉儲安排都有很大的差別，例如海運的整櫃、併櫃安排。

⑶ 付款方式：

　① 進出口廠商大都採用L/C、D/P、D/A、T/T。

　② 跨境電商透過金流支付平臺，以確保付款安全。

⑷ 進出口廠商報關依CCC Code申報課稅。跨境電商以集運貨代名義申報，選擇集運貨品中最低稅率的商品申報，有投機成分在。

⑸ 索賠方式：

　① 正貿：有第三方公正客觀的規範，例如：國貿條規（INCOTERMS）、信用狀統一慣例（UCP 600）、國際海空運公約等，這些都可以作為仲裁、訴訟的依據。

　② 跨境電商物流：近10幾年來才興起的商業活動，缺乏國際規範，以致大小糾紛不斷，僅能透過當地的法律訴訟，買賣雙方需要掌握有利的證據，而且曠日費時，不易得到理賠，尤其金額小，打官司不合算，往往都是買家吃虧。

　③ 建議：預防重於治療，找對賣家很重要，選擇嚴謹的上架平臺，避免打帶跑的個人。尤其從中國大陸進貨，由於退貨不易，特別是電子、電器產品，因為海關有合同核銷的問題，很難得到賣方的認定及獲得賠償，建議買家上網投訴、評價、向賣方施壓。

## 四 ⟩⟩ 出口報關通關流程

### 1. 作業流程：

出口商 → 報關行 → 打單投單（出口報單）→ 關貿網路 ⎤
⎬ 碰檔

出口商 ⟨ 海運貨物 → 貨櫃場 → 進倉訊息 → 關貿網路 ⎦
　　　　　　　空運貨物 → 機場貨運站

⟶ 海關通關系統 → 通關方式 ⟨ $C_1$免審免驗：70%
　　　　　　　　　　　　　　　$C_2$應審免驗：20%
　　　　　　　　　　　　　　　$C_3$應審應驗：10%

⟶ 海關查驗方式 ⟨ 簡易查驗：1件
　　　　　　　　　一般查驗：30件以下
　　　　　　　　　詳細查驗：50%以上

（註：投單報關的資料與實際貨物進倉的資料符合時，才會被關貿網路的電腦接受，俗稱碰檔。例如：件數不符則無法碰檔，也無法進入海關的通關系統。）

### 2. 通關方式對貨主的影響：

$C_1$
　　⎱ 節省時間、金錢
$C_2$

$C_3$由於要查驗，會產生費用 ⟨ 併櫃貨：堆高機或機械使用費
　　　　　　　　　　　　　　　整櫃貨：1×20'約NT3,500元
　　　　　　　　　　　　　　　　　　　1×40'約NT4,000元

（註：這些費用不是貨主要支付給海關的，而是要支付給貨櫃場業者，將貨櫃吊上吊下及移動至海關集中查驗區的費用。）

## 3. 關貿網路主要項目簡介：空運業界自動化系統（ACCS）

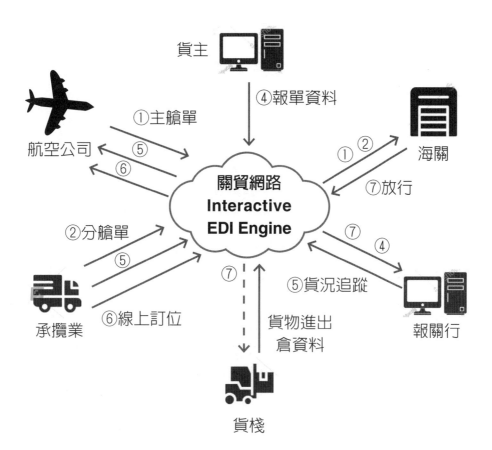

## 五 〉〉 跨境電商交易流程

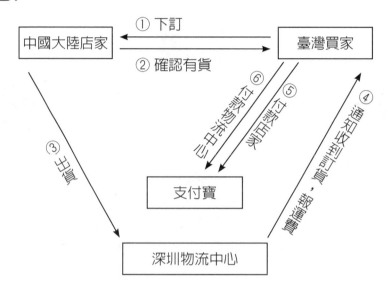

1. 理賠：據理力爭，互相理解磨合，建立彼此互信。
   (1) 量少，退換貨不符管銷費用，寧可放棄。
   (2) 利用上網投訴、評價、給賣方施加壓力。
2. 索賠對象：
   (1) 店家：貨物內裝件數少，品質、尺寸規格有問題。
   (2) 物流中心：貨物箱數少，外箱破損、汙染。
3. 貨物從深圳進入香港，見附件4-1。
4. 臺灣的物流提領貨物配送至買家，見附件4-2。

附件 4-1 香港進／出口載貨清單

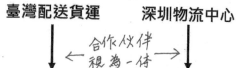

**附件 4-2　臺灣的物流提領貨物配送至買家**

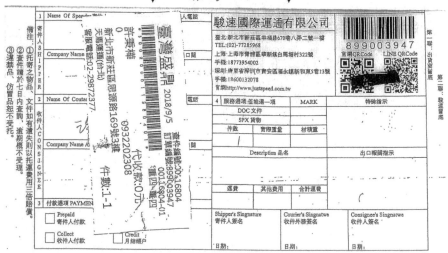

（註：貨送到時，清點揀貨，同時錄影自保。）

## 六〉電商物流該注意的地方

1. 商品包裝：要讓買方收到時，有超值喜悅的感覺。
2. 在跨境物流的過程中，每個環節環環相扣，一定要控管進度及交接的狀況，以利將來萬一發生問題時（碰到奧客），可以自保及索賠。
3. 客服對顧客退貨的處理：
   (1) 訓練客服人員的專業能力及態度。
   (2) 退貨轉為換貨，減少損失，並留住客戶。
4. 行銷管道要跟著潮流走，選擇業績好的。

⑴ 部落客 → FB → IG → LINE。

⑵ 交易平臺→PChome、momo、樂天、蝦皮。

⑶ 短視頻→畫面要有吸引人的視覺效果（尤其對衣著、鞋子、化妝品）。

⑷ 資金夠時，利用網紅宣傳。

## 七 〉 進出口貿易的演變

1. 傳統進出口模式：

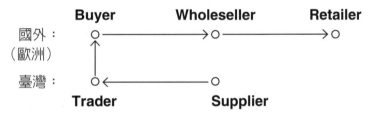

2. 受網路發達影響，買賣雙方資訊透明化，演變新的進出口模式。

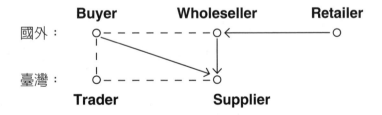

⑴ Buyer進口商跳過Trader，直接跟Supplier訂貨。

⑵ Wholeseller跳過Buyer，直接找Supplier進貨。

⑶ 由於客人訂單趨向少量多樣，而且要求交貨要快，Supplier生產勢必跟著調整。

3. 貿易商新的定位（存活的關鍵因素）：

　(1)要有市場產品的設計能力，提供創新產品。

　(2)要能承擔提供融資的財力，可以接受任何付款條件（D/A、
　　D/P）。

　(3)替進口商作好Sorting（分類、揀貨）及物流的工作。

## 八 》 國際貿易型態的改變與影響

### （一）國際貿易流程與物流

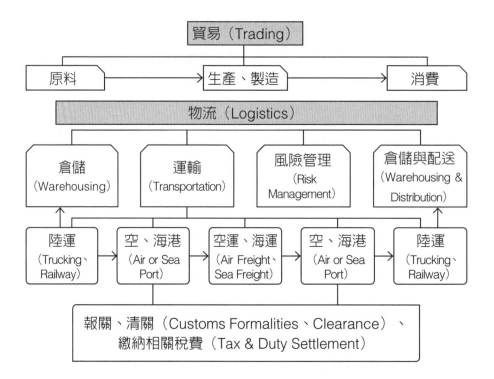

## （二）跨境電商物流作業與運營模式

模式1. 自配送

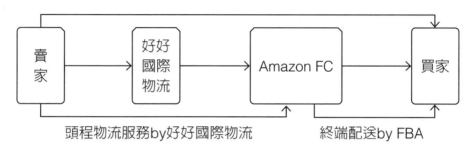

頭程物流服務by好好國際物流　　　　　終端配送by FBA

模式2. Amazon FBA

模式3. 頭程＋海外發貨倉＋配送

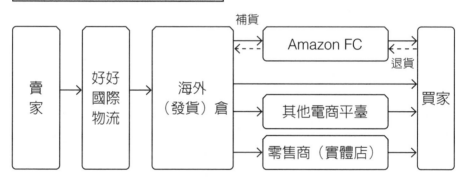

頭程＋海外倉＋配送by好好國際物流

1. 跨境電商物流作業，以亞馬遜FBA頭程物流爲例。
　　(1) 頭程物流 （1st Leg Logistics Service）定義：
　　　　① 賣家的商品經由亞馬遜的Fulfillment by Amazon （FBA）
　　　　　機制儲存並完成終端配送。
　　　　② 由賣家的工廠或是倉庫起，一直到送抵亞馬遜的物流作
　　　　　業中心（Fulfillment Center，FC）完成點收入庫。
　　　　此一整段物流作業，稱爲「頭程物流」。

③ 亞馬遜FC基本上只提供存倉與宅配功能，不擔任商品進
　口人。因此必須以「DDP條件」完稅進倉。

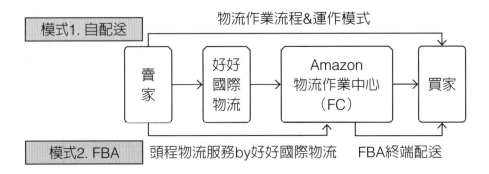

2. 跨境電商物流作業：集／併貨服務、DDP交貨進倉。

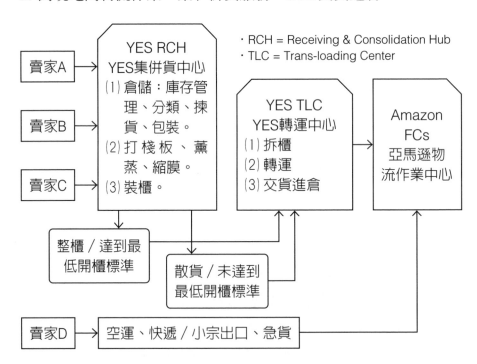

## （三）電子商務正在改變傳統貿易模式

1. 商品流通模式以及可能造成的影響：

　　(1) 傳統貿易模式：

　　　　製造商→貿易商→進口商→大、中盤商→零售商：超市、
零售商店→終端消費者

　　　　‧出廠價vs.最終銷售價：假設每個環節各加5%的毛利（不
含物流與進口稅費），則最終銷售價與原始出廠價差爲
28%。

　　(2) 電子商務，經由電商平臺銷售模式：

　　　　製造商→貿易商→電商平臺 （e-Commerce Marketplace）→
終端消費者

　　　　‧出廠價vs.最終銷售價：假設出口貿易商加5%的銷售毛利
＋電商平臺服務費（以亞馬遜一般商品爲例）15%，則最
終銷售價與原始出廠價差爲21%。

2. 對於商品出廠價與最終銷售價差異的粗略評估（i）：

　　評估模式：商品最終售價vs.原始出廠價（i）（不含物流成本
以及進口稅費）

　　(1) 傳統貿易：

毛利率：5%

| 生產製造商 | 出口貿易商 | 進口商 | 大、中盤商 | 零售商店 | 消費者 | 價差 |
|---|---|---|---|---|---|---|
| 1 | 1.05 | 1.10 | 1.16 | 1.22 | 1.28 | ＋28% |
| 毛利率 | 5% | 5% | 5% | 5% | － | － |

(2)經由電商平臺銷售：

毛利率：5%

| 生產<br>製造商 | 出口<br>貿易商 | 電商平臺<br>（以Amazon一般商品為例） | 消費者 | 價差 |
|---|---|---|---|---|
| 1 | 1.05 | 1.21 | 1.21 | +21% |
| 毛利率 | 5% | 15%（Amazon平臺服務費） | － | － |

　　如果毛利率上調為10%，則差異為61%－27%＝34%。

3. 對於商品出廠價與最終銷售價差異的粗略評估（ii）：

評估模式：商品最終售價vs.原始出廠價（ii）（不含物流成本以及進口稅費）

(1)傳統貿易：

毛利率：10%

| 生產<br>製造商 | 出口<br>貿易商 | 進口商 | 大、中<br>盤商 | 零售<br>商店 | 消費者 | 價差 |
|---|---|---|---|---|---|---|
| 1 | 1.10 | 1.21 | 1.33 | 1.46 | 1.61 | 61% |
| 毛利率 | 10% | 10% | 10% | 10% | - | - |

(2)經由電商平臺銷售：

毛利率：10%

| 生產<br>製造商 | 出口<br>貿易商 | 電商平臺<br>（以Amazon一般商品為例） | 消費者 | 價差 |
|---|---|---|---|---|
| 1 | 1.10 | 1.27 | 1.27 | 27% |
| 毛利率 | 10% | 15%（Amazon平臺服務費） | - | - |

4. 對於商品出廠價與最終銷售價差異的粗略評估（iii）：

評估模式：商品最終售價vs.原始出廠價（iii）（不含物流成本以及進口稅費）

(1) 傳統貿易：

毛利率：15%

| 生產製造商 | 出口貿易商 | 進口商 | 大、中盤商 | 零售商店 | 消費者 | 價差 |
|---|---|---|---|---|---|---|
| 1 | 1.15 | 1.32 | 1.52 | 1.75 | 2.01 | 101% |
| 毛利率 | 15% | 15% | 15% | 15% | - | - |

(2) 經由電商平臺銷售

毛利率：15%

| 生產製造商 | 出口貿易商 | 電商平臺（以Amazon一般商品為例） | | 消費者 | 價差 |
|---|---|---|---|---|---|
| 1 | 1.15 | 1.32 | | 1.32 | 32% |
| 毛利率 | 15% | 15%（Amazon平臺服務費） | | — | — |

## （四）消費習慣正在改變中

2016～2021年電商銷售額與整體零售額占比，如下圖。

2018年時預估2.842兆美元，占全球零售業總額11.9%。

**Retail Ecommerce Sales Worldwide, 2016～2021**

trillions, % change and % of total retail sales

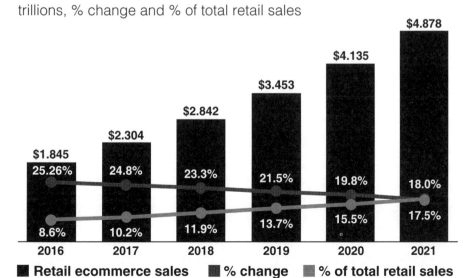

## （五）結論

綜合以上的分析及國貿趨勢：「電子商務正在改變貿易模式」、「消費習慣正在改變中」，大環境有利於電子商務的經營及發展。

# ▎作者編後感言

　　這本書是本人花了1年的時間，殫精竭慮將我在海空貨運業界15年及貿易業界5年的工作經驗，加上17年在企管顧問公司、外貿協會，海空貨運專業訓練中心教學的心得編著而成，自忖能將專業知識及訣竅傳承下去，留給進出口廠商及運送業的後起之秀參考，以提升專業水準，感到略盡棉薄，聊堪欣慰。

　　另外，由於本人長時間都在海空貨運相關的領域工作，想借此機會建議年輕的後輩在踏入這行3或5年之後，最好不要再轉行，一定要堅持走下去，否則到頭來將一事無成。本人過去在海空貨運業界的同事或同行朋友，10位轉行之中，有8位後來結果都不好，反而是那些堅持崗位，做到現在的，都已成為這個行業的翹楚，足為借鏡。本人深知興起辭職的原因不外乎：生意很競爭難做、同事不配合，甚至勾心鬥角、長官不支持有志難伸。但這些問題在其他行業也很普遍，轉行從頭開始，您在專業知識及資歷上已遠落人後，這將讓您在新的工作環境中更難發揮，遑論受同事尊敬及配合了。本人認為只要在這行業上充實自己的專業知識，以交朋友的心態對待貨主，主動表示善意與同事相處，積極工作表現給上司看，我相信到頭來，您一定會成為公司的臺柱，請記住個人的名利是可以跟著公司同步發展的。

本書編著期間，承蒙下列朋友幫忙，在此謹致謝意：

亞捷空運公司　　陳振聲先生

世貿空運公司　　呂宏隆先生

式邦船務公司　　李澤林先生

亞慶貿易公司　　黃金樹先生、楊卓融先生

泰譽企業公司　　葉明德先生、林秀娟小姐

隆昇報關行　　　游小姐、簡小姐

許坤金　謹識

2023年10月

國家圖書館出版品預行編目（CIP）資料

國貿及海空運實務完全手冊/許坤金著. -- 初
版. -- 臺北市 : 五南圖書出版股份有限公
司, 2023.11
　面；　公分
ISBN 978-626-366-719-8(平裝)

1.CST: 國際貿易實務

558.76　　　　　　　　　112017311

106A

# 國貿及海空運實務完全手冊

作　　　者 ─ 許坤金

發 行 人 ─ 楊榮川

總 經 理 ─ 楊士清

總 編 輯 ─ 楊秀麗

主　　　編 ─ 侯家嵐

責任編輯 ─ 吳瑀芳

文字校對 ─ 許宸瑞

封面設計 ─ 陳亭瑋

排版設計 ─ 賴玉欣

出 版 者 ─ 五南圖書出版股份有限公司

地　　　址：106臺北市大安區和平東路二段339號4樓

電　　　話：(02)2705-5066　傳　　　真：(02)2706-6100

網　　　址：https://www.wunan.com.tw

電子郵件：wunan@wunan.com.tw

劃撥帳號：01068953

戶　　　名：五南圖書出版股份有限公司

法律顧問：林勝安律師

出版日期：2023年11月初版一刷

定　　　價：新臺幣600元整

# 經典永恆・名著常在

## 五十週年的獻禮 —— 經典名著文庫

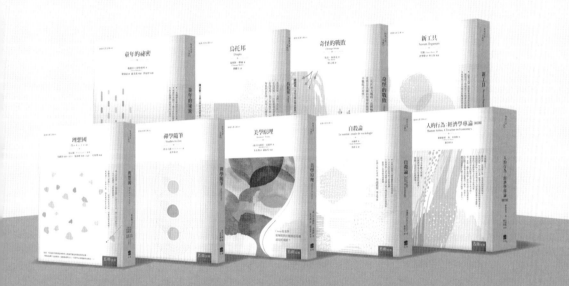

五南，五十年了，半個世紀，人生旅程的一大半，走過來了。

思索著，邁向百年的未來歷程，能為知識界、文化學術界作些什麼？

在速食文化的生態下，有什麼值得讓人雋永品味的？

歷代經典・當今名著，經過時間的洗禮，千錘百鍊，流傳至今，光芒耀人；

不僅使我們能領悟前人的智慧，同時也增深加廣我們思考的深度與視野。

我們決心投入巨資，有計畫的系統梳選，成立「經典名著文庫」，

希望收入古今中外思想性的、充滿睿智與獨見的經典、名著。

這是一項理想性的、永續性的巨大出版工程。

不在意讀者的眾寡，只考慮它的學術價值，力求完整展現先哲思想的軌跡；

為知識界開啟一片智慧之窗，營造一座百花綻放的世界文明公園，

任君遨遊、取菁吸蜜、嘉惠學子！